LUTZ HACHMEISTER

HITLERS INTERVIEWS

LUTZ HACHMEISTER

HITLERS INTERVIEWS

DER DIKTATOR UND DIE JOURNALISTEN

KIEPENHEUER & WITSCH

1. Auflage 2024

Covergestaltung Barbara Thoben, Köln
Covermotiv © Hoover Institution / Library & Archives
Gesetzt aus der Minion und Sofia
Satz Buch-Werkstatt GmbH, Bad Aibling
Druck und Bindung GGP Media GmbH, Pößneck
ISBN 978-3-462-00240-9

Inhalt

1

Prolog: Hitler reden lassen

»Mein ganzes Leben war nichts als ein ständiges Überreden.«

Adolf Hitler, 18. Januar 1942 in der Wolfsschanze

Ich rede, also existiere ich. Das war der vorrangige Lebensmodus Adolf Hitlers. Wenn man ihm das Reden verboten hätte, hätte man ihm genauso gut das Atmen untersagen können. Und das betraf das Reden in jeglicher Form. Hitlers pausenlose Suada, sein hartnäckiges Monologisieren in allen möglichen Kommunikationssituationen, der »Redekatarakt«, wie ihn 1935 Hitlers erster Exil-Biograf Rudolf Olden beschrieb – all dies war schon frühen Hitler-Beobachtern sogleich aufgefallen. Und das betraf ganz unterschiedliche kommunikative *Settings,* ob nun Hitler-Auftritte in Massenversammlungen, seine mittäglichen und abendlichen »Tischgespräche« vor der mal zwangsweise, mal begeistert zuhörenden Entourage oder eben die über hundert Interviews mit Auslandsjournalisten, von denen ein guter Teil in diesem Buch verhandelt wird. Sortiert man diese Interviews nach den Ländern, aus denen die Reporter stammten, wird allerdings ein klares strategisches und instrumentelles Interesse aufseiten Hitlers sichtbar: Es dominieren die rund 60 Gespräche mit angloamerikanischen Journalisten; es folgen in der Summierung 17 Gespräche mit italienischen und acht mit französischen Interviewern.

Die Hitler-Interviews[1] lassen sich ziemlich klar in drei Phasen einteilen: in die Frühphase des »bavarian Mussolini« bis zu seiner Festnahme 1923 und der anschließenden Landsberger Haft, dann wieder von 1930 bis 1933, als der NS-Bewegung ernsthafte Machtoptionen zukamen, und die diktatorische Phase als Staatschef und Wehrmachts-Oberbefehlshaber.

Schon der gut informierte US-Journalist John Gunther hatte 1936 die unerschöpfliche Redefähigkeit Hitlers als eine Hauptursache von dessen Aufstieg erkannt: »Er redete sich an die Macht. Das Seltsame daran, Hitler ist ein schlechter Redner. Er schreit; seine manierierte Sprechweise ist unbeholfen; seine Stimme bricht nach jedem Absatz; er weiß nie, wann er aufhören sollte. Goebbels ist als Redner weitaus feinsinniger und versierter. Dennoch kann Hitler, dessen Anziehungskraft im Allgemeinen nahezu null ist, ein Publikum in Raserei versetzen, insbesondere ein großes Publikum. Er kennt, natürlich, alle Tricks.«

Redetricks hin oder her – Hitler mochte generell keine Journalisten, die ihn befragen wollten: nicht einmal Berichterstatter des originär faschistischen Bündnispartners Italien, schon gar nicht publizistische Abgesandte demokratisch-medienkapitalistischer Institutionen, denn die waren aus seiner Sicht immer vom »Weltjudentum« gesteuert. Auch als prononcierter Rassenideologe konnte er von den Interviewern schlecht einen Ariernachweis verlangen, wusste also nicht, wen er genealogisch genau vor sich hatte, außerdem ließ er sich bei seinen Deklarationen nur ungern unterbrechen, hatte mithin gar keinen Sinn für mögliche *dialogische Formen* von Gesprächen mit Reportern, die erst ein spannendes Interview ausmachen. Zudem konnte er sich nicht sicher sein, welche Folgekommentare die Interviews nach sich ziehen würden, da sie in die übergeordnete Berichterstattung der jeweiligen Auslandsmedien zu den Vorgängen im NS-Regime eingebunden waren. Wenn ihm seine Berater, allen voran der langjährige »NS-Auslandspressechef« Ernst Sedgwick »Putzi« Hanfstaengl, zwecks Imageverbesserung Interviews mit Ausländern aufnötigten, legte er großen Wert darauf, dass die schon 1920 formulierten Kernpunkte der NS-Ideologie immer wieder vorkamen, und nutzte die publizistischen Gespräche für taktisch-strategische Themensetzungen und glatte Lügen, die ihm gerade wichtig erschienen.

Den propagandistischen Nachrichtenwert solcher Interviews hatte der selbst ernannte Medien-und-Propagandaexperte immerhin bald erkannt. Außerdem verlangte er, jedenfalls bis 1933, häufiger ein Honorar für die Interviews, um die stets knappe NSDAP-Kasse aufzufüllen. Hitler – ein Kontrollfetischist wie alle Diktatoren, Sektenführer und Autokraten – gelang es mit der Ausweitung seiner Machtsphäre seit 1930, gemeinsam mit dem 1937 abservierten Hanfstaengl und den auf »Putzi« folgenden Medienspezialisten und Vermittlern, die Begegnungen mit Auslandsjournalisten gründlich vorzubereiten, auf vorab einzureichende Fragen zu beharren, den wesentlichen Vektor des jeweiligen Interviews vorzugeben und sich natürlich die letzte Autorisierung des Textes vorzubehalten. Das klappte auch zumeist (wenn auch nicht immer); Hitler behielt fast immer die Oberhand, dennoch fühlte er sich bei solchen Treffen unbehaglich.

Anders die Rolle der Interviewer und jeweiligen Medienorganisationen: Für sie war Hitler eine *Trophäe,* der Scoop war das Interview mit dem »Führer« an sich, unabhängig von Struktur und Inhalt. Die meisten Journalisten waren auf Hitler schlecht vorbereitet, im biografischen, strategischen und politisch-konkreten Sinn. Zumeist ließen sie den sperrigen Gesprächspartner einfach reden, zwecks schneller Schlagzeilengewinnung. Und das in wechselnden politischen Hitler-Rollen: zu Beginn der »bavarian Mussolini«, die clowneske Figur mit Chaplin-Bart, der österreichische »house painter« mit der merkwürdig unklaren Biografie, nach den Wahlerfolgen der NSDAP 1930 reichsweit der schrille Exponent der völkischen Rechten, dann nach der NS-Machtübernahme für eine gewisse Zeit verblüffenderweise der Staatsmann im preußisch-militärischen Hindenburg-Gewand. Seit den Nationalsozialisten eine realistische Machtoption in Deutschland zugeschrieben werden konnte, gaben sich die Auslandsjournalisten bei Hitler die Klinke in die Hand. Der prominente US-Korrespondent Hans V. Kaltenborn beschreibt in seiner Autobiografie ein signifikantes und in so mancher Hinsicht typisches Meeting auf dem Berghof im August 1932:

> Louis Lochner, damals Deutschland-Korrespondent von Associated Press, und ich hatten beide ein Interview mit dem Führer angefragt. Ziemlich überraschend rief mich einer meiner ehemaligen

Harvard-Kommilitonen an, Ernst Hanfstaengl, zu der Zeit Hitlers Verbindungsoffizier für die Auslandspresse, und er sagte, dass uns der Führer am nächsten Tag in seinem Zuhause in Berchtesgaden sehen wollte. Wir kannten seinen Hang dazu, Zeitungsleuten Vorträge zu halten und hatten darum eine Reihe von Fragen vorbereitet, auf die wir unbedingt Antworten wollten.

Hitler hegte keine besondere Sympathie für ausländische Pressevertreter. Er begrüßte uns flüchtig und feindselig. Das Interview fand statt auf der Veranda seines malerischen Berghofs in den Bayerischen Alpen nahe der Grenze zu Österreich. Ein wunderschönes Plätzchen und von der Veranda hatte man einen herrlichen Blick auf die Berge. Es war ein warmer Sommermorgen und die Kanarienvögel zwitscherten fröhlich in den Käfigen, die überall auf der Veranda hingen. In dieser Umgebung begann Adolf Hitler finster dreinblickend zu reden, als würde er zu einer Menschenmenge sprechen. Absichtlich irritierte ich ihn mit meiner ersten Frage: »Warum unterscheidet Ihr Antisemitismus nicht zwischen den Juden, die in der Nachkriegszeit massenhaft nach Deutschland gekommen sind und den vielen feinen jüdischen Familien, die seit Generationen Deutsche sind?«

»Alle Juden sind Ausländer«, brüllte er zurück. »Für wen halten Sie sich, dass Sie mich fragen, wie ich mit Ausländern umgehe? Ihr Amerikaner nehmt keinen Ausländer auf, wenn er nicht über gutes Geld, einen guten Körperbau und gute Moral verfügt. Für wen halten Sie sich, darüber zu sprechen, wer in Deutschland aufgenommen werden sollte?« Damit waren wir bei dem Tonfall angelangt, der dann das gesamte Interview beherrschte.[2]

Zum Missvergnügen von Lochner und Kaltenborn hatte Hanfstaengl auch noch unangekündigt den Hearst-Mann Karl von Wiegand zu dem Berghof-Treffen eingeladen. Wiegand handelte sich eine Viertelstunde Exklusivgespräch mit Hitler heraus, kam danach allerdings auch zu dem Schluss: »Dieser Mann ist ein hoffnungsloser Fall. Es wird jedes

Mal schlimmer, wenn ich ihn sehe. Ich habe nichts aus ihm herausbekommen. Wenn du ihm eine Frage stellst, hält er eine Rede. Dieser ganze Besuch bei ihm war eine Zeitverschwendung.« Alle drei anwesenden US-Journalisten ließen sich noch gemeinsam mit Hitler fotografieren (siehe das Titelbild dieses Buchs); Wiegand führte später noch weitere Interviews mit dem »Führer«.

Es gibt Dutzende von ähnlichen atmosphärischen Korrespondentenerinnerungen an Begegnungen mit Hitler. Aber keine Tonbandaufnahmen davon (schon aus technischen Gründen der damaligen Zeit), nicht einmal ausgefeilte stenografische Aufzeichnungen. Nur die Abdrucke in den jeweiligen Presseorganen, sodass dem konkreten Wortlaut mit gebotener Skepsis zu begegnen ist, vor allem in der Frühphase der Hitler-Interviews bis 1923. Mit der Zeit bessert sich die Quellenlage durch begleitende Korrespondenz, Archivmaterialien, NS-autorisierte Versionen im Zentralblatt *Völkischer Beobachter.*

Von Anfang an überwogen die Interviews mit ausländischen Journalisten. Hingegen lassen sich kaum Inlandsinterviews mit dem NS-Führer finden. Dies hat mehrere Gründe. Zum einen hatten demokratische Qualitätsblätter wie die *Frankfurter Zeitung* oder das *Berliner Tageblatt* kein Interesse an dem völkischen Rabulistiker und Provinzpolitiker Hitler, der sich wiederum bis 1933 auch nicht mit Journalisten von »Judenblättern«, wie er sie nannte, treffen wollte. Danach waren sie für ihn ohnehin nicht mehr relevant. Zum anderen verfügte die NSDAP mit dem *Völkischen Beobachter* über ein eigenes Zentralorgan, in dem Hitler ab 1921 gern und häufig schrieb – so hatte er auch schon früh seine Berufsbezeichnung von »Kunstmaler« in »Tagesschriftsteller« verändert, bereits vor der Abfassung von »Mein Kampf«. Das längste Inlandsinterview von Hitler, das sich finden lässt, ist bezeichnenderweise eine Unterredung mit dem Blatt seines eigenen Pressechefs Otto Dietrich.[3]

Eines der seltenen Interviews mit einem deutschen Blatt gab Hitler schon im Herbst 1922 dem *8-Uhr-Blatt* aus Nürnberg und München, es erreichte eine erhebliche internationale Resonanz. So ging das

Adolf Hitler hielt große Stücke auf seine Propagandaspezialisten und Mediengehilfen (hier mit Propagandaminister Joseph Goebbels und Reichspressechef Otto Dietrich), die allerdings untereinander in härtester Konkurrenz standen und sich in zahllosen Eifersüchteleien ergingen. Otto Dietrich, den Goebbels 1938 als Staatssekretär in sein Reichsministerium für Volksaufklärung und Propaganda (RMVP) einbinden konnte, versuchte etwa, für sich ein eigenständiges »Presseministerium« aus dem RMVP herauszulösen, allerdings vergeblich. Einig waren sich Goebbels und Dietrich aber zumindest darin, dass Hitler-Interviews mit Auslandskorrespondenten letztlich nicht zielführend waren.

französische Rechtsblatt *L'Action Francaise* am 12. November 1922 darauf ein, wobei der »Mussolini bavarois« als »Dr. Hittler« präsentiert wurde. Der entscheidende *tipping point* für diese Beachtung Hitlers in der Auslandspresse war zweifellos Mussolinis »Marsch auf Rom« Ende Oktober 1922.[4] In seiner Unverblümtheit war dieses frühe Interview bereits ziemlich bezeichnend. So fasste die Berliner Vertretung des ungarischen *Pester Lloyd* das Gespräch in einer am 12. November 1922 gedruckten Meldung so zusammen:

Der bayrische Mussolini.

(Telegramm des Pester Lloyd.)

Berlin, 11. November.

Im Zusammenhang mit der Verhaftung Roßbachs[5] und den Treibereien des bayrischen Faszistenführers Hirtler (sic) verdient eine Schilderung Beachtung, die der Sonderberichterstatter des Acht-Uhr-Blattes aus München über einen Besuch bei Hirtler seinem Blatte sendet. Danach war dieser bayrische Mussolini früher Plakatmaler. Er steht in der Mitte der Dreißiger, ist groß, nervös und zerstreut. Er spricht in abgerissenen Sätzen und gebraucht fast fortwährend Phrasen. Sein Programm ist der krasseste Antisemitismus. Er begann die Antwort auf die erste Frage des Interviewers damit, daß er keinen Putsch veranstalten wolle. Er wolle einen Staat aufbauen, der ganz auf sozialer Grundlage stehe, aber auf jener einzig richtigen Grundlage, die der Jude niemals begreifen könne. Er bekämpfe den Marxismus als weltverderbenden Unsinn und bekämpfe die ganze deutsche Republik, weil sie verjudet sei, wie auch die wilhelminische Monarchie schon verjudet gewesen sei. Jesus sei ein Germane gewesen, wogegen der Papst A l e x a n d e r VI., Kaiser W i l h e l m II. und König E d u a r d VII. J u d e n gewesen seien, letzterer, weil seine Mutter, die Königin Viktoria, ein Verhältnis mit ihrem Leibarzt namens W o l f gehabt haben soll.

Am 4. Juni 1942 suchte der NS-Führer den Oberbefehlshaber der finnischen Armee, Marschall Carl Gustav Emil Mannerheim, mit einem Blitzbesuch anlässlich von dessen fünfundsiebzigsten Geburtstag heim, auf dem Flugplatz Immola im Südosten Finnlands. Das wäre nicht weiter bemerkenswert, wenn nicht der Tontechniker Thor Damen, angestellt bei der staatlichen Rundfunkanstalt Yleisradio, unerlaubt elf Minuten der Konversation zwischen Hitler und Mannerheim im Eisenbahnwaggon aufgenommen hätte, bis Hitlers SS-Begleitung intervenierte. Die Tonbandaufzeichnung blieb erhalten und ist auf Internetportalen verfügbar. Das Hitler-Mannerheim-Gespräch gilt bis heute als die einzig erhaltene »private« Tonaufnahme des Diktators, wenn sie auch so privat nicht ist, da es darin um die militärpolitische Lage im Russisch-Finnischen Krieg und die mittelbare Bündnistreue Finnlands geht. Nachdem der alte Mannerheim anfangs noch einige höfliche Zwischenbemerkungen zur Kriegslage machen konnte, redete ihn Hitler fortan wie üblich an die Wand, mit Statistiken zur sowjetischen Panzerproduktion und der interessanten Eröffnung, dass er gern Frankreich schon im Herbst 1939 angegriffen hätte – nur das Wetter habe nicht mitgespielt.

Man kann sich anhand dieser Tonbandaufnahme gut das Timbre vorstellen, in dem Hitler mit Auslandsjournalisten redete. Allerdings begann er auch seine Massenreden kalkuliert ziemlich leise, bevor er sich in rhetorische Ekstase steigerte. Es gibt also, abgesehen von der Lautstärke, in dem Mannerheim-Gespräch gar keine Differenz zum rituellen Kommunikationsmodus Hitlers. Auslandskorrespondenten mochten sich aber durchaus von der mitunter sanften, bajuwarisch-österreichisch gefärbten, aber immer bedrohlichen Stimmlage Hitlers täuschen lassen. Es ist eine der Thesen dieses Buchs, dass sich Hitlers Bierhallenreden, Volksansprachen, diplomatische Verhandlungen, »Tischgespräche« oder die intimeren Interviewsituationen im Grundsatz nicht unterscheiden. Es sind letztlich nur situative Varianten, mehr oder weniger kalkuliert, der immer gleichen sterilen Überredungskommunikation.

Die »Tischgespräche im Führerhauptquartier« (1941/42), aufgezeichnet von NS-Stenografen,[6] bestätigen das. In ihnen ist vollends der völkische Faselant zu erkennen, mangels jeglicher philosophischer Grundbildung unfähig zu Selbstironie und dialektischem Denken. Es spiele keine Rolle, so fiel Hitler etwa im März 1942 ein, dass immer noch von Oberführer Soundso, Straßenbahnführern, Zugführern und so weiter gesprochen werde, aber wenn es für ihn einmal einen Nachfolger geben werde, müsse man das ändern und den Ausdruck »Führer« zu einem »einmaligen Begriff erheben«. Im selben Monat, nach Lektüre von Reichsleiter Philipp Bouhlers Napoleon-Biografie, ließ er seinen anwesenden Gehilfenkreis wissen, dass Napoleon Bonaparte nicht zuletzt daran gescheitert sei, »dass seine Mitarbeiter den Anforderungen nicht entsprachen. Man könne ihm den Vorwurf nicht ersparen, daß er sich minderwertige Mitarbeiter ausgesucht habe.«[7]

Mal machte sich Hitler Gedanken um die deutsche Honigproduktion (Mai 1942, sein Vater war Hobbyimker): »Beim Abendessen wies der Chef darauf hin, dass in Deutschland das Zehnfache an Honig gewonnen werden könnte, als jetzt von den Imkern gewonnen« werde. Man müsse sich immer vor Augen halten, dass »im Altertum und im Mittelalter Bienenhonig der wesentlichste Süßstoff gewesen sei und sogar beim Nachsüßen des Weines Verwendung gefunden habe.« Oder im darauffolgenden Juni über die »ungewöhnlich große Zahl von Geisteskranken in Finnland«, Ursache dafür könne das Nordlicht sein, aber auch »die bei den Finnen besonders stark ausgeprägte religiöse Grübelei« – woher er diese Erkenntnis auch immer haben mochte. Sie gab ihm Gelegenheit, wieder einmal auf die Juden zu kommen, denn religiöse Menschen, die in der Einsamkeit eines langen Winters letzte Klarheit in ihren religiösen Vorstellungen suchten und dabei die Bibel zu Hilfe nähmen, müssten geistig verkrüppeln. Denn sie seien gezwungen, »in dieses jüdische Machwerk einen Sinn hineinzubringen, obwohl keiner da sei. Infolgedessen bohrten sie sich in irgendwelche Gedankengänge förmlich hinein und verfielen schließlich, wenn sie nicht ganz besonders widerstandsfähig seien, in religiösen Wahn.«

Nachdem Hitler 1919/20 zunächst als Reichswehr-Bildungsbeauftragter, dann als »Werbeobmann« und schließlich als Parteivorsitzender in München die Deutsche Arbeiter-Partei (DAP) gekapert hatte, setzte ziemlich rasch sein unbestrittener Erfolg als missionarischer Redner ein. Bald füllte er Biersäle im Sterneckerbräu, Hofbräuhaus oder im Kindl-Keller mit häufig mehr als 2000 Zuhörern. Allein 1920 hielt er rund neunzig solcher Reden. Er erkannte seinen Unique Selling Point und ließ seine Gestik und Mimik professionell schulen. Am 3. Februar 1921 hörten ihm bei seinem ersten Auftritt im Zirkus Krone 3500 Teilnehmer zu; dies war eine der ersten Massenveranstaltungen der neuen, aus der DAP hervorgegangenen NSDAP. Insgesamt sieben Mal hielt Hitler in diesem Jahr Reden im Zirkus Krone, vor bis zu 7000 Zuhörern (am 25. August).

Der Historiker Norman Domeier hat in seiner Habilitationsschrift[8] über die US-Korrespondenten im NS-Staat 2021 die These aufgestellt, dass ohne Hitler-Interviews »der Aufstieg des ›Führers‹ und der NS-Bewegung in den Massenmediengesellschaften des 20. Jahrhunderts schwer vorstellbar« wäre. Da könnte man durchaus anderer Auffassung sein: Wahrscheinlich wäre Hitler auch an die Macht gekommen, wenn er Auslandskorrespondenten gar keine Exklusivinterviews gegeben hätte.

Hitlers Medienbiografie fällt in eine Zeit gravierender Umbrüche; Kino, Rundfunk, Illustriertenkultur, politische Plakate, Neonreklamen tauchen auf und finden Verbreitung. Noch bedeutsamer ist aber der seit Ende des 19. Jahrhunderts entwickelte Zusammenhang von Werbung, PR, frühen Formen des Politmarketings, »Massenpsychologie« und Propaganda. Den Grundton hatte hierzu Gustave Le Bon mit seiner »Psychologie des foules« (1895) und seiner Entdeckung der »Massenseele« vorgegeben: »Nie haben die Massen nach Wahrheit gedürstet. Von den Tatsachen, die ihnen mißfallen, wenden sie sich ab und ziehen es vor, den Irrtum zu vergöttern, wenn er sie zu verführen vermag. Wer sie zu täuschen versteht, wird leicht ihr Herr, wer sie aufzuklären sucht, stets ihr Opfer.« In dieser Dichotomie von (männlichem) »Führer« und verführbarer (weiblicher) »Masse« blieb Hitler sein Leben lang gefangen.[9] Dies wurde noch dynamisiert durch die weithin überschätzte Rolle, die der Propaganda (nebst »Heerespsychologie«) im Ersten Weltkrieg zugemessen wurde, bis hin zur schlagkräftigen Formel »Im Felde unbesiegt«, die durch die Oberste Heeresleitung und später durch alle Vertreter der nationalistischen Rechten verbreitet wurde.[10]

Auch wenn kein Hitler-Analyst an einer Darstellung seiner *Performance* vorbeigekommen ist, gibt es bis heute seltsamerweise kein konsistentes Werk, das sein Gesamtrepertoire kommunikativer Zeichengebung mit den konkreten Ausprägungen der nationalsozialistischen Propaganda schlüssig in Verbindung setzt. So kann man auf der einen Seite zahlreiche Studien über Hitlers Rhetorik, seine »Symbolpolitik« und Selbstinszenierung, seine Kleidung, seine Physiognomie, seine Bibliothek und sogar seinen Bartschmuck lesen, auf der anderen Seite die Bücher über den Aufbau der NS-Medienlenkung, die »Gleichschaltung« des öffentlichen Lebens, die Wahlkampfschlachten vor 1933 (»Hitler über Deutschland«) oder über die Auslandspropaganda. Da sich die Hitler-Interviews über einen Zeitraum von mehr als zwanzig Jahren erstrecken, zeigt sich hier besonders klar der enge Zusammenhang von Hitlers Propagandakonzeption mit der entsprechenden Programmatik, Technik, Strategie und Taktik des gesamten NS-Apparats. Hitler wird damit, um es kurz zu fassen, weniger von Goebbels & Co. getrennt, als es üblicherweise geschieht.

Auf seine Gehilfen in der Propaganda- und Medienlenkung hielt sich Hitler viel zugute. So äußerte er im Februar 1942 über den Rabauken, Arisierer und NS-Verlagschef Max Amann (1891–1957), der im Ersten Weltkrieg einer seiner Vorgesetzten gewesen war: »Beim Amann kann ich nur sagen: Er ist ein Genie. Der größte Pressemann der Welt. Er tritt gar nicht in Erscheinung, aber der Rothermere und Beaverbrock sind Knirpse gegen ihn.« Amann habe schon beim *Völkischen Beobachter* »alle Mitarbeiter mit soldatischer Strenge zu äußersten Leistungen gebracht«.

Hitler verwandte in »Mein Kampf« erhebliche Anstrengungen darauf, seine Ansichten zur überragenden Rolle der Presse als Bildungsinstitution darzulegen, und begründete seine unbedingte Rassenideologie sogar biografisch mit seiner Lektüre der Wiener Zeitungen. Diese Passagen gehören zu den erhellendsten seines ausschweifenden Programmbuchs. Zunächst habe er, so schrieb Hitler, die Wiener »Weltpresse« durchaus ehrfurchtsvoll rezipiert, erstaunt »über den Umfang des in ihr dem Leser Gebotenen sowie über die Objektivität der Darstellung im Einzelnen« und »den vornehmen Ton«. Dann aber habe er entdeckt, dass gerade die vorgeblichen Qualitätsblätter vom jüdischen Kapital und Geist beherrscht seien: »Man muß diese infame jüdische Art, ehrliche Menschen mit einem Male und wie auf Zauberspruch zugleich von hundert und aber hundert Stellen aus die Schmutzkübel niedrigster Verleumdungen und Ehrabschneidungen über das saubere Kleid zu gießen, studieren, um die ganze Gefahr dieser Presselumpen richtig würdigen zu können.« Von da an gab es in »Mein Kampf« nur noch wilde Invektiven gegen »die Presse« im Allgemeinen: »geistige Raubritter«, »Strolche«, »Pack«, »Geflunker einer sogenannten Pressefreiheit«. Letztere sei die tödlichste Gefahr für jeden Staat. Die Pressefreiheit bedeute nämlich keineswegs Freiheit der Presse, sondern lediglich Freiheit einzelner Subjekte, das zu tun, was sie wollten und was ihren Interessen entspräche. Und dieses selbst dann zu tun, wenn es gegen die Staatsinteressen verstoße.

Da aber auch das NS-Regime auf die Presse nicht ganz verzichten konnte, blieb nur noch »Gleichschaltung« und Subordination des Journalistenstandes unter die Direktiven von diktatorischer Führung und vermeintlichem »Volkswillen«. Es sei anfangs nicht so einfach gewesen, erläuterte Hitler, dem Journalismus klarzumachen, dass auch er ein dienendes Glied am Ganzen sei. Man habe ihn deshalb immer wieder darauf hinweisen müssen, dass sich die Presse selbst widerlege und schädige. Denn wenn zum Beispiel in einer Stadt von zwölf Zeitungen jede über denselben Vorgang etwas anderes schreibe, so müsse der Leser zu der Überzeugung kommen, dass alles Quatsch sei. Die öffentliche Meinung laufe dann der Presse aus dem Ruder und sei zum Schluss in keiner Weise mehr mit ihr identisch, so Hitler am 15. April 1942 abends in der Wolfsschanze.

Hitler sah sich selbst als ausgesprochenen Propagandaexperten und Spezialisten in allen Pressefragen – bis in die Details hinein. Dies wird in den »Tischgesprächen« deutlich. So sollte nach seiner Vorstellung die *Leipziger Illustrierte* inhaltlich wieder fesselnder werden, um mit den angelsächsischen Illustrierten zu konkurrieren; die *Deutsche Illustrierte* dagegen könne entbehrt werden; im Frieden solle neben das Prestigeblatt *Das Reich* eine entsprechende Sonntagszeitung für die bäuerliche Bevölkerung treten, mitsamt Fortsetzungsroman, »damit die Dirndln was davon haben«. Am gefährlichsten seien, so der Medienökonomie-Fachmann Hitler, die »Annoncen-Agenturen in Judenhänden« gewesen, mit diesen könnten die Juden »durch Sperrung der Annoncen eine große Tageszeitung doch völlig ruinieren«. Mit seinem Faible für den »Drahtfunk« wiederum, der Radiosignale flächendeckend über das Telefonnetz verbreiten sollte, habe er sich bei Goebbels nicht durchsetzen können: »Der Drahtfunk! Ich habe befohlen, daß es gemacht wird. Das Propagandaministerium hat es versäbelt, weil der Postminister sagte, die Sache sei technisch noch nicht fertig!«

Die Medienfigur Hitler brauchte Vermittler und Gehilfen. Eine der unbekannteren *Intermediates* bei frühen Hitler-Interviews war der Konteradmiral a. D. Waldemar Vollerthun, ein Anhänger des kaiserlichen Marinechefs Alfred Tirpitz. Vollerthun (1869–1929), unter anderem als junger Leutnant vor Kamerun stationiert und im Nachrichtenbüro des Berliner Reichsmarineamts tätig, hatte seine große Zeit im Ersten Weltkrieg als führender Stratege in der Marinekolonie Tsingtau erlebt. Er gehörte zu den zunächst führungslosen, dann politisch umtriebigen Figuren der Heeres- und Marineleitung, die nach 1918 eine Verbindung zwischen wilhelminischem Gedankengut, Freikorps, rechtsradikalen

Geheimgesellschaften und dem neuen völkischen Volkstribun Hitler herstellen wollten. In den 1920er-Jahren war Vollerthun, der schon das Erinnerungsbuch »Der Kampf um Tsingtau« geschrieben hatte, Ressortleiter für Außenpolitik der nach rechts gedrehten *Münchner Neuesten Nachrichten (MNN)* geworden und hatte sich auch im völkischen Sinne pressepolitisch betätigt. Vollerthun stellte seine Münchner Wohnung an der Theresienwiese für Begegnungen von Hitler mit Auslandsjounalisten zur Verfügung und versuchte vor allem, eine Hitler-Tirpitz-Allianz zu schmieden. An Tirpitz schrieb Vollerthun im November 1922, Hitler sei »stundenlang bei mir in meiner Wohnung zu Gast« gewesen, und kennzeichnete den NS-Führer so: »Sein Antisemitismus ist nicht Zerstörung, sondern Aufbau, nicht Ausrottung, sondern in die Schrankenweisung.« Vollerthun steht damit prototypisch für Hitlers frühe monarchistisch-rechtsradikale Unterstützerkreise. Vor allem nutzte er die *MNN* dazu, die von ihm selbst vermittelten Interviews in deutscher Übersetzung wiederzugeben.[11]

Hitler mochte den Sinn solcher Vermittlungsbemühungen bald eingesehen haben, war aber davon nicht restlos überzeugt. Am 6. Juli 1942 ließ er sich bei einer seiner abendlichen Tischrunden über seinen langjährigen Auslandspresseberater Hanfstaengl aus, der längst in Ungnade gefallen und nach Großbritannien entwichen war. Zwar sei das Anbahnen von Interviews mit der Auslandspresse (und auch die Vermittlung von Hitler-Namensartikeln dorthin) finanziell durchaus lukrativ gewesen, aber schließlich sei »Putzi« mehr Geschäftsmann als Politiker gewesen und habe »immer nur den Gelderfolg gesehen«. Als Hitler ihn zum Beispiel beauftragt habe, »einen Artikel auf schnellstem Weg in die Presse der ganzen Welt zu jagen«, habe Hanfstaengl kostbare Zeit mit dem Versuch vertrödelt, möglichst viel Geld aus ihm herauszuschlagen. Schließlich habe er ihn voller Ärger angeschrien: »Hanfstaengl, machen Sie mich nicht rasend mit Ihrem Geiz! Wenn es mir darauf ankommt, daß der Artikel morgen in der ganzen Welt gelesen wird, spielen finanzielle Überlegungen doch nicht die geringste Rolle!«

Ernst Franz Sedgwick Hanfstaengl (1887–1975), NS-Auslandspressechef, stellte sich nach 1945 als harmloser Entertainer für Hitler und als Klaviervirtuose dar. Dabei war der Einfluss des gelernten Kunsthändlers und Harvard-Absolventen auf die NS-Auslandspropaganda beträchtlich. Niemand vermittelte mehr Hitler-Interviews als Hanfstaengl, der von Freund und Feind nur »Putzi« genannt wurde. Hanfstaengl, der nach einer Intrige von Göring und Goebbels 1937 aus dem NS-Reich floh und in den USA als Roosevelt-Berater landete, publizierte 1957 zusammen mit dem Publizisten und Ghostwriter Brian Connell seine blumigen Memoiren (»Unheard Witness«), die erst 1970 unter dem Titel »Zwischen Weißem und Braunem Haus« auf Deutsch publiziert wurden.

Den ganzen Abend über folgten weitere Anekdoten über Hanfstaengl. Der Großbürgersohn, auf den in diesem Buch noch intensiver eingegangen werden wird, war im Grunde so zufällig zu Hitler gekommen wie Hitler selbst in die Deutsche Arbeiter-Partei. Sein alter Harvardkommilitone Truman Smith[12] hatte Hanfstaengl in München zur Beobachtung einer Hitler-Rede geschickt, nachdem Smith selbst, der damals in Diensten der Berliner US-Botschaft stand, Hitler als »wunderbaren Demagogen« empfunden hatte. Schnell von Hitlers Redetalent überzeugt und auch im Grundsatz ideologisch auf seiner Linie, wurde »Putzi« zum Chefvermittler von Hitlers Kontakten zur Auslandspresse – bis dann Goebbels und die Reichskanzlei diese Aufgabe übernahmen.

Das Interview des US-Korrespondenten der Hearst-Gruppe und gebürtigen Luxemburgers Pierre John Huss mit Hitler vom Januar 1935, im Umfeld der Saarland-Abstimmung,[13] kann als paradigmatisch für die genau vorbereiteten Begegnungen des »Führers« mit Auslandsjournalisten nach 1933 gelten, war es doch von den NS-Medienstrategen besser geplant und kontrolliert als vom Journalisten selbst. Deshalb soll hier als Fallbeispiel vorab auf dieses Interview eingegangen werden.

Für das Zustandekommen dieses Gesprächs waren Dr. Karl Bömer, damals Pressechef von Alfred Rosenbergs Außenpolitischem Amt der NSDAP, und der – von Hitler sehr geschätzte – Ministerialrat Dr. Hans Thomsen von der Reichskanzlei zuständig. Huss (1901–1966) hatte zunächst den gelernten Zeitungswissenschaftler und NS-Propagandisten Bömer, den er von dessen Dozententätigkeit in den USA persönlich kannte, um ein Hitler-Interview gebeten. Am 14. Dezember 1934 signalisierte Thomsen, an den der anglophile »Charly« Bömer den Interviewwunsch weitergeleitet hatte, diesem ein grundsätzliches Plazet des »Führers und Reichskanzlers« für das Gespräch; Bömer meldete sich Anfang Januar des folgenden Jahres bei der Reichskanzlei noch einmal zurück: »Ich selbst werde mit Huss am 10. abends in die Saar fahren und am 14. morgens zurückkehren. Huss wird seinen Bericht dann fertiggestellt haben, ihn durch das Interview mit dem Führer ergänzen und sofort nach New York und die deutsche Presse durchgeben.«

Als Journalisten noch wie Diplomaten aussahen: Der gebürtige Luxemburger Pierre J. Huss, Korrespondent für die Blätter des Hearst-Konzerns, schilderte seine Begegnungen mit Hitler in ausschweifenden Einzelheiten. Von seinen Kollegen wurde er häufiger verdächtigt, über Gebühr mit den NS-Potentaten zu poussieren. 1945 konnte er mit den siegreichen alliierten Truppen auch in seine luxemburgische Heimat zurückkehren. Hitler bevorzugte als Interviewer Korrespondenten mit deutschen Vorfahren oder zumindest deutsch klingenden Namen: Huss, Knickerbocker, Lochner, Viereck, Kaltenborn, Wiegand oder Delmer.

Huss hatte auf Verlangen seines treu sorgenden Betreuers Bömer sechs Fragen vorab schriftlich eingereicht, zum Beispiel: »Gerüchte wollen wissen, dass nach der Saarabstimmung eine neue Reorganisierung und Säuberung in der NSDAP vorgenommen, dass ein neuer Kampf mit der Katholischen Kirche und eine neue Handhabung der evangelischen Kirchenfrage bevorstehe, und dass überhaupt eine straffere Parteiherrschaft einsetzen werden soll. Was ist daran richtig?« Bömer blockte diese heikle Frage schon im Vorfeld ab – die Röhm-Aktion vom Juni 1934 und ihre Wirkung in der Auslandspresse (»Nacht der langen Messer«) waren noch in frischer Erinnerung.[14] Er beschäftigte Huss im Saarland nach Kräften, unter anderem durch die Vermittlung von Begegnungen mit NS-Offiziellen wie dem Saarlandbeauftragten und Gauleiter Josef Bürckel. So konnte Bömer vor dem eigentlichen Hitler-Interview einen freundlichen Bericht über die »Korrektheit« der Saar-Abstimmung einheimsen.

Als Huss dann Hitler auf dem Obersalzberg gegenübersaß, öffnete er mit der vorab eingereichten Abschlussfrage Tür und Tor für den üblichen Redefluss seines Interviewpartners: »Haben Sie, Herr Reichskanzler, nach Ihrem großen Erfolg in der Saar-Abstimmung etwas zu sagen, das von besonderem Interesse gerade für das amerikanische Volk sein könnte?« Da war die Saar-Abstimmung noch nicht einmal gelaufen, aber Huss hatte ihren erwartbaren Ausgang antizipiert. Das nutzte Hitler in einer auch über das NS-offizielle Deutsche Nachrichtenbüro (DNB) verbreiteten Meldung zu seiner momentan »einzigen Bitte« an das US-Volk: »Millionen amerikanischer Bürger werden seit Jahren und in den letzten Monaten über die Saar das Gegenteil von dem gehört und gelesen haben, was jetzt durch diese freie, offene Wahl bekundet ist. Ich würde glücklich sein, wenn man dies erkennen wollte, um auch in Zukunft den beruflich internationalen Brunnenvergiftern und Hetzern unserer Emigranten kein Wort mehr zu glauben. So wie sie über die Saar gelogen haben, lügen sie über Deutschland und belügen damit praktisch die ganze Welt.« Das »amerikanische Volk« solle wenn möglich selbst nach Deutschland kommen, um sich ein Bild von einem

Staat zu machen, »für dessen Regime heute die überwältigende Mehrheit einer Nation« eintrete.

Zudem nutzte Hitler das Huss-Interview dazu, wieder einmal zu versichern, dass er nach der Rückkehr des Saargebietes zu Deutschland »keine territorialen Forderungen mehr an Frankreich« stellen werde: »Ich tue es, um durch dieses schwerste Opfer beizutragen zur Befriedung Europas.« Das war natürlich glatt gelogen, Hitler als Revanchist hatte nicht vor, Elsass-Lothringen den Franzosen zu überlassen – und im Zuge der Westfeldzugs-Planungen wurde dann sogar erwogen, ganz Burgund als altes »Reichsland« zu annektieren. Frankreich sollte so oder so zerstückelt werden, prominent beteiligt an solchen Planungen: Konrad Adenauers späterer Kanzleramtschef Hans Globke.[15]

Pierre J. Huss hat seine Begegung mit Hitler auf dem Obersalzberg 1942 – da war er wieder zurück in den USA – in seinem Buch »Heil! and Farewell!« noch einmal blumig und mit allerlei Hitler-Psychologien geschildert, ohne genauer auf die Vorgeschichte dieses Interviews einzugehen. Er schildert seinen Spaziergang mit dem *»Nazi-Fuehrer«*, bei dem er mit Hitler und dessen *»großem ungarischen Hund«* durch den tiefen Schnee gestapft sei und Hitler ihn gebeten habe, einen Schneeball zu formen und diesen durch die Luft zu werfen: »Hitler zog eine Automatikwaffe und schoss zielsicher auf meinen Schneeball. Einen Sekundenbruchteil, nachdem der Schuss ertönte, platzte der Schneeball in der Luft, von der Kugel zerfetzt. Ich wirkte wohl etwas skeptisch, denn Hitler forderte mich auf, einen weiteren Schneeball zu werfen. Betulich schoss er und, so schien es mir, fast ohne zu zielen, doch der Schneeball wurde gewaltsam in der Luft zerfetzt.« Hitler habe ihm bei dieser Gelegenheit noch verraten: »Ich glaube, ich kann mit Fug und Recht behaupten, dass ich gegenwärtig einer der wenigen vielseitigen Schusswaffenkenner der Welt bin.« Solche Episoden mag man glauben oder nicht – jedenfalls fand Huss 1942 die Zeit, Hitler für sein angloamerikanisches Publikum im Grundsatz als den programmtreuen Fanatiker darzustellen, der er war. Allerdings ließ er nicht durchblicken, dass Hitler und seine PR-Leute in Anbahnung und Autorisierung die

Deutungshoheit über solche Interviews hatten, erst recht, wenn sie in deutscher Übersetzung durch das DNB und den *Völkischen Beobachter* verbreitet wurden.

Hitler als Führerphänomen ist kein Geheimnis, dabei aber weder durch die Erforschung familiärer Hintergründe noch durch ausgefeilte Psychopathologien gewinnbringend zu erklären. Schon die Journalisten seiner Zeit erkannten, dass die Familiengeschichte mit all den Hiedlers, Hüttlers und Schicklgrubers zwar verwickelt ist, Hitler aber nicht der einzige Sprössling des Waldviertels mit einem autoritären Vater und ausgeprägter Mutterverehrung gewesen sein dürfte. 1934 fuhren John Gunther und sein Kollege Marcel Fodor, der für den *Manchester Guardian* schrieb, in das niederösterreichische Dorf Spital, um Verwandte des NS-Herrschers aufzufinden – Cousins und Tanten, aus denen aber nicht viel herauszubekommen war. Die Ergebnisse der Familienrecherchen waren für die Reporter enttäuschend. Sie sahen einige Kindheitsfotos von Adolf und seiner Mutter, als diese bereits ihrem Lebensende nahe war. Außerdem fanden sie heraus, dass seine Mutter Dienstmädchen im Haushalt der zweiten Frau von Hitlers Vater gewesen sei. »Und das beweist was?«, fragte Gunther. »Ich sag dir die Wahrheit – gar nichts«, gab Fodor zu.

Adolf Hitler ist ohne Zweifel der am besten erforschte und am umfangreichsten interpretierte Staatslenker der Welt, mit gehörigem Abstand zu anderen Diktatoren, kriegslüsternen Monarchen und Autokraten wie Napoleon Bonaparte, Mao Tse-tung, Stalin, Franco oder Mussolini. Das hat natürlich mit der Einzigartigkeit seines Staatsterrorismus und seinem unbedingten Vernichtungswillen zu tun und mit der Tatsache, dass sich seine Herrschaft über ein und mittels eines westlichen oder mitteleuropäischen »Kulturvolkes« vollzog, mit seiner zunächst schwer nachvollziehbaren politischen Karriere seit 1919 – sowie mit einer verhältnismäßig guten Quellenlage. Wer will, kann sich heute über nahezu jede Autofahrt oder Flugreise Hitlers informieren, über seine Reden und Auftritte sowieso, dazu noch über die jeweilige innen- und außenpolitische Situation in Bezug zu Hitlers jeweiliger »Entschlussbildung«. 2016 brachte der gelernte Speditionskaufmann Harald Sandner ein mehrere Tausend Seiten umfassendes Werk unter dem Titel »Hitler – Das Itinerar« in vier Bänden heraus, in dem tatsächlich nahezu alle recherchierbaren Wegstrecken und Begegnungen Hitlers von seiner Geburt bis zum Tod nachgezeichnet sind, inklusive aller Behandlungen durch Leib- und Zahnärzte. Bereits in den 1960er-Jahren hatte der Würzburger Lehrer und Archivar Max Domarus (1911–1992), der zumeist in adeligen Diensten tätig war, die ebenfalls vierbändige Reihe »Hitler – Reden und Proklamationen 1932–1945 (kommentiert von einem deutschen Zeitgenossen)« ediert, die vor allem im Ausland lange Zeit als Standardwerk benutzt wurde – trotz vieler eher obskurer Zwischenkommentare des »deutschen Zeitgenossen« Domarus.

Die akademische Geschichtswissenschaft in Deutschland folgte editorisch immer mit gehörigem zeitlichem Abstand, weil ihr ohnehin dokumentarische Hitler-Konkretionen lange Zeit suspekt waren. Zudem sind auch ihre Editionen bis heute nicht zur letzten Klarheit gediehen, wie man an der auszugsweisen Wiedergabe von Hitler-Interviews in der Edition des Instituts für Zeitgeschichte (IfZ) gut nachweisen kann.[16] Besonderes Pech hatte der renommierte Historiker Eberhard Jäckel. Er hatte sich für seine ansonsten durchaus brauchbare Edition »Adolf Hitler. Sämtliche Aufzeichnungen 1905–1924« Dokumente aus der Fälscherwerkstatt von Konrad Kujau andrehen lassen in dem Bestreben, die Frühphase des Autors Hitler umfassend zu dokumentieren. Und bis heute wird auf dem Sachbuchmarkt im Sinne einer posthumen Markenbildung und zur Verkaufsförderung »Hitler« immer gern mit dem nationalsozialistischen Regime gleichgesetzt. So kann man Bücher über »Hitler in Los Angeles« lesen, wo er nie war, es geht vielmehr um den NS-Einfluss rund um Hollywood; ein Werk über das deutsche Musikleben von 1919 bis 1945 heißt natürlich »Hitler in der Oper«.

Im Prinzip hatte schon Rudolf Olden, bis zu seiner Emigration 1933 politischer Leitartikler beim *Berliner Tageblatt,* in der ersten umfassenderen Hitler-Biografie (erschienen in Amsterdam) alles Wesentliche über Hitlers Aufstieg und seine Persönlichkeit herausgefunden.[17] Vor allem arbeitete er das kindlich-grausame Gemüt des NS-Führers heraus: »Die Psychologie weiß von Zuständen, die man Infantilismus oder Infantile Regression nennt. Nicht, daß Verstand und Intellekt gelitten hätten, ist damit gemeint; nicht von Altersschwachsinn ist die Rede. Sondern Trieb und Reaktion, die Seele des Erwachsenen, ist kindlich-barbarisch geblieben, oder sie ist in die Kindlichkeit zurückgefallen. Da ist die Erscheinung, mit der wir es zu tun haben, bei dem nationalsozialistischen Deutschland wie bei Hitler selbst.« Und 1938 arbeitete der deutsche Sozialwissenschaftler Paul Massing, ein überzeugter Anhänger der Kommunistischen Partei, in seinem Buch »Hitler is No Fool« (erschienen unter dem Pseudonym Karl Billinger) für die amerikanischen Leser heraus, dass Hitler eisenhart an seiner schon Anfang der 1920er-Jahre entwickelten Programmatik festhalten werde, also an der Judenverfolgung und dem Streben nach germanischer Herrschaft in Europa.

Bei der Hitler-Biografik fällt auf, dass in den letzten Jahrzehnten Seitenumfang und Erkenntnisgehalt zunehmend in umgekehrtem Verhältnis zu stehen scheinen. *Im Kern* war über den NS-Diktator schon mit den frühen Biografien von Exilanten wie Olden und Konrad Heiden alles gesagt, zumindest über seine Persönlichkeit, seine Strategie und seine Vernichtungsabsichten – die er ja auch in seinen frühen Interviews freimütig geäußert hatte. Sicherlich kamen nach 1945 noch legitime Betrachtungen über seine jeweiligen Militärstrategien, Untersuchungen über die Wählerschaft, Finanz- und Industriesponsoren und das Verhältnis zu seiner engeren Entourage hinzu, aber im Prinzip blieb das Hitler-Bild gleich. Wenn man von den frühen angelsächsischen Standardwerken von Allan Bullock oder John Toland absieht, sahen sich im akademischen Konkurrenzgefüge und für den in Sachen Hitler stets aufnahmebereiten Sachbuchmarkt die jeweiligen Autoren gezwungen, sich möglichst steile Zentralthesen zu den eigentlichen Antrieben des Mannes aus Braunau zu überlegen.

Für eine neue Hitler-Manie sorgte 1973 der Publizist Joachim C. Fest, der sich für seine Arbeit am Hitler-Komplex extra vom NDR-Fernsehen hatte beurlauben lassen, um dann später als Feuilletonchef zur

FAZ zu wechseln. Fest missfiel es, dass es noch keine seinerzeit aktuelle Hitler-Biografie aus deutscher Feder gab. Er recherchierte zwar nicht so gerne in den Originalquellen, erging sich dafür freilich in langatmigen stilistischen Überhöhungen. Grundfrage für Fest: »Die bekannte Geschichte verzeichnet keine Erscheinung wie ihn; soll man ihn ›groß‹ nennen? Niemand hat soviel Jubel, Hysterie und Heilserwartung erweckt wie er; niemand soviel Haß.« Und am Ende seiner Einleitung schreibt Fest:

> Wenn Hitler Ende 1938 einem Attentat zum Opfer gefallen wäre, würden nur wenige zögern, ihn einen der größten Staatsmänner der Deutschen, vielleicht den Vollender ihrer Geschichte, zu nennen. Die aggressiven Reden und »Mein Kampf«, der Antisemitismus und das Weltherrschaftskonzept wären vermutlich als Phantasienwerk früher Jahre in die Vergessenheit geraten und nur gelegentlich einer ungehaltenen Nation von ihren Kritikern zum Bewussstsein gebracht worden. Sechseinhalb Jahre trennten Hitler von diesem Ruhm. Gewiß hätte nur ein gewaltsames Ende ihm dazu verhelfen können, denn er war seinem Wesen nach auf Zerstörung angelegt und nahm die eigene Person davon nicht aus. Aber nahe, immerhin, war er ihm. Kann man ihn »groß« nennen?

Dies führte erwartungsgemäß zu wütenden Angriffen von Neomarxisten, die in Hitler lediglich eine Art Verkörperung der übergeordneten kapitalistisch-industriellen Interessen sehen wollten. Es folgten völlig unfruchtbare Auseinandersetzungen zwischen »Intentionalisten«, die sich mehr auf Hitler und sein Programm bezogen, und »Strukturalisten«, die mehr Augenmerk auf gesellschaftliche, ökonomische oder kulturelle Rahmenbedingungen setzten. Dies kam dann mit Ian Kershaws umfassender Hitler-Biografie (1998) zu einem gewissen Ende, obwohl Kershaw als Schüler des »Strukturalisten« Hans Mommsen ursprünglich gar keine Hitler-Biografie hatte schreiben wollen. Mit der Hitler-Biografik und allerlei neuen Thesen ging es dennoch weiter.

Der angesehene Historiker Peter Longerich wollte sich einerseits von dem doch wieder als strukturalistisch definierten Ansatz der Kershaw-Biografie abgrenzen – und damit auch von dem angeblich von Mommsen entworfenen Bild eines »schwachen Diktators« – und andererseits auch von Fest: »Es handelt sich um nicht mehr als die Geschichte eines Niemands.«

Wolfram Pyta brauchte 846 Seiten, um Hitler noch einmal als Künstler, im ästhetischen wie politischen Sinne, zu skizzieren, und quälte sich damit einsam ab: »Die vorliegende Studie ist die Frucht einer siebenjährigen, immer wieder unterbrochenen Forschertätigkeit. Sie ist nicht entstanden im Schoße von Verbund- und Großforschung, konnte auch nicht auf Zuarbeiten drittmittel-finanzierter Projektmitarbeiter zurückgreifen und mag deswegen in gewisser Weise unzeitgemäß wirken. Der Verfasser hat in der selbstgewählten Einsamkeit seiner ›Arbeitshöhle‹ jahrelang vor sich hingebrütet.«

Brandon Simms setzte 2019 gar zu einer »globalen Biographie« Hitlers an, mit den Zentralthesen, »dass Hitlers Hauptaugenmerk während seiner gesamten Laufbahn nicht der Sowjetunion und dem Bolschewismus galt, sondern Anglo-Amerika und dem globalen Kapitalismus« und »dass seine Haltung zum deutschen Volk, auch noch nach der ›Säuberung‹ von Juden und anderen ›Unerwünschten‹, höchst zwiespältig war und stets von einem Minderwertigkeitsgefühl gegenüber den ›Angelsachsen‹ bestimmt wurde«.

Der ehemalige *Zeit*-Ressortleiter für Geschichte, Volker Ullrich, hatte einige Zeit zuvor in zwei Bänden (2013/18) noch einmal versucht, »eine Bilanz des ›Falles Hitler‹ zu ziehen und seinen Platz in der Geschichte zu verorten«. Dies führte zu rund 2000 Druckseiten. Wer es etwas schlanker haben will, kann getrost zu der längst vergessenen und vergriffenen 160-Seiten-Biografie von Helmut Heiber (1960) greifen und würde alles Wesentliche über Adolf Hitler und seine Anhänger erfahren.[18]

Interviews gehören seit dem 19. Jahrhundert zum Standardrepertoire des professionellen Journalismus; als Pionier des journalistischen Interviews gilt allgemein der Verleger James Gordon Bennett

(1795–1872), gebürtiger Schotte, Herausgeber und Gründer des Massenblatts *New York Herald,* der 1839 den US-Präsidenten Martin van Buren interviewte. Manche Presseforscher nennen auch den Vorkämpfer gegen die Skavenhaltung Horace Greeley, dessen 1859 in der *New York Tribune* abgedrucktes Gespräch mit dem Mormonenpropheten Brigham Young als das weltweit erste in der heute üblichen Frage-und-Antwort-Form gilt.[19]

Die Formen des Interviews sind so vielfältig wie das Berufsfeld und seine Handlungsrollen selbst. Sie können im Prinzip nach der berühmten, etwas abgewandelten Formel des US-amerikanischen Politikwissenschaftlers Harold Dwight Lasswell analysiert werden: »Wer fragt wen was auf welche Weise mit welchem Effekt (und wann)?« Es kann protokollierte Rechercheinterviews geben, die gar nicht zur Veröffentlichung vorgesehen sind, kurze Einvernahmen zu aktuellen Themen, ausladende und längere biografische Gespräche mit Künstlern und Popstars, sachliche Interviews mit Naturwissenschaftlern über ihre Forschungsergebnisse oder Bekenntnisinterviews mit Skandalcharakter. Dafür steht das spektakulärste (TV-)Interview der vergangenen Jahrzehnte, die Befragung von Lady Diana Spencer durch den BBC-Journalisten Martin Bashir, wobei später herauskam, dass Bashir die Prinzessin mit unlauteren Mitteln im Vorfeld zu dieser *confessio* über ihre Ehe mit Prinz Charles bewegt hatte. Hier war, wie in vielen Fällen, nicht ganz klar, wer wen benutzt hatte.[20]

Ohnehin ist zu berücksichtigen, dass es – viel häufiger als vom Publikum angenommen – *bestellte Gespräche* gibt, mit denen der Interviewte eine bestimmte Botschaft zu verbreiten sucht. In diesem Sinne kann man von *Push-Interviews* sprechen, bei denen die Initiative vom Interviewten ausgeht, und von *Pull-Interviews,* bei denen die Medienorganisation initiativ wird. In der Fragetechnik sind die Grenzen zu Befragungen in Kriminalistik, Justiz oder sozialwissenschaftlicher Recherche fließend, wobei die formellen Trainings, etwa *good cop, bad cop* bei der Polizei, in letzteren Bereichen mutmaßlich strukturierter sind als an Journalistenschulen.

Zwischen Interviewern und Interviewten wirken oftmals sich wechselseitig verstärkende Prominenzeffekte: Wirklich mächtige politische Führungsfiguren können sich häufig ihre journalistischen Interviewpartner aussuchen,[21] während für Starjournalisten die Liste der Diktatoren, Staatschefs oder Topterroristen, die sie getroffen haben, zu Standardangaben in ihren professionellen Biografien gehört, ob nun die von Barbara Walters, Walter Cronkite oder Christiane Amanpour in den USA oder die von Jean-Pierre Elkabbach, Christine Ockrent bis zu Patrick Poivre d'Arvor (»PPDA«) in Frankreich. *»When big names talk, they talk to the BBC«*, so lautet ein markanter Werbespruch für die renommierte BBC-Sendung »Hardtalk«. Hugh Hefners Machoblatt *Playboy* konnte sein Image mit gehaltvollen Interviews aufmöbeln,[22] Andy Warhol gab die Zeitschrift *Interview* heraus, in Spielfilmen wie »Interview« (Steve Buscemi, 2007), »Frost/Nixon« (Ron Howard, 2008) oder »The Interview« (Evan Goldberg, 2014) werden die Möglichkeiten der Gesprächsanbahnung und Konversationsführung unterhaltsam durchgespielt.

Für den deutschsprachigen Raum mag man die *Spiegel*-Gespräche, Günter Gaus' präzise vorbereitete, philosophisch-biografische TV-Interviews in »Zur Person«, André Müllers in diversen Qualitätszeitungen zu findende psychologistische Zudringlichkeiten oder Roger Willemsens Frage-Antwort-Schnellfeuer in der »Premiere«-Sendung »0137« nennen, dann noch einmal in Buchform mit dem signifikanten Titel »An der Grenze. Gespräche mit Attentätern, Bankräubern, Mördern, politischen Gefangenen, Autoknackern, Todeskandidaten und Gewaltopfern«.[23] Es kommt relativ selten vor, dass sich Journalisten eingestehen, dass eines ihrer Interviews komplett schiefgelaufen ist. Umso interessanter ist das Bekenntnis des französischen Essayisten Emmanuel Carrère »Wie ich mein Interview mit Catherine Deneuve vollkommen vermurkst habe«;[24] ihm fiel zu ihr nichts mehr ein, sie war bei dem Gespräch auch nicht besonders animiert.

Die journalistischen Interviews mit Hitler[25] haben im 21. Jahrhundert ein verstärktes Interesse gefunden; 2019 hat Eric Branca in Frankreich

16 Interviews mit Hitler ediert, kommentiert und mit einer Einleitung versehen. Ganz so vergessen, wie es der Titel seines Buchs suggeriert (»Les entretiens oubliés d'Hitler 1923–1940«), waren diese allerdings nicht. Wolfgang Schieder hat in seinem Werk über die Beziehungen zwischen Hitler und Mussolini auf viele der Gespräche von italienischen Journalisten mit dem NS-Diktator zurückgegriffen. In vielen Hitler-Biografien kommen weitere Interviews mit Reportern aus anderen Ländern zur Sprache. Schon 2007 hatte der *Guardian* das Hitler-Interview von George Sylvester Viereck (1923/32) in seine Broschürenreihe »Große Interviews des 20. Jahrhunderts« aufgenommen; darauf wird im nächsten Kapitel dieses Buchs näher eingegangen. Und im Oktober 2019 entdeckte das dänische Blatt *Århus Stiftstidende* in seinem Archiv ein frühes Interview vom November 1922 wieder, in dem Hitler den bislang nicht näher zu identifizierenden Interviewer gleich eingangs fragte: »Sind Sie Jude?« Außerdem habe Hitler schon damals, bezogen auf die Judenfrage, mit dem Zitat geantwortet: »Und willst du nicht mein Bruder sein, dann schlag' ich dir den Schädel ein.« Das angeblich in der damaligen Münchener NSDAP-Geschäftsstelle (Corneliusstraße 12) geführte Gespräch ist allerdings ebenso obskur wie alle frühen Hitler-Interviews; es ist nicht mehr zu eruieren, was dort wirklich gesagt wurde. Dass Hitler aus seiner rabiaten antisemitischen Einstellung in solchen Gesprächen kein Geheimnis machte, ist allerdings konsistent.

Im Jahr 2014 publizierte der kanadische Autor Colin Castle eine Biografie des Journalisten Lukin Johnston, eines Landsmanns, der im November 1933 nach einem Gespräch mit Hitler im Auftrag von Göring ermordet worden sei. Aber auch dieser Fall bleibt unaufgeklärt. In seiner Arbeit über die US-Korrespondenten im NS-Berlin hat sich der Historiker Norman Domeier nicht nur mit deren Arbeitsbedingungen und Biografien, sondern auch ausführlich mit deren Interviewstrategie befasst. Und in den vergangenen Jahren ist intensiver über ein gemeinsames Interview räsoniert worden, das die beiden katalanischen Journalisten Eugeni Xammar und Josep Pla im November 1923 Stunden vor dem Hitler-Ludendorff-Putsch geführt haben sollen (vgl. Kapitel 7).

Unser Thema hat darüber hinaus eine Aktualität, die sofort einsichtig ist: die multiple Vereinnahmung von Medienkanälen im In- und Ausland durch Diktatoren, Autokraten, Geschichtsrevisionisten und Populisten aller Schattierungen. Das betrifft publizistische Institutionen des bürgerlichen Spektrums wie auch schwer zu regulierende Social-Media-Plattformen, die für Propagandaanstrengungen bis hin zu Diversionen und Angriffen von »Trollfabriken« im Rahmen der *psychological warfare* besonders anfällig sind.

Die Debatten um »nützliche Idioten« in den etablierten Medien, die bewusst oder unfreiwillig politisch extreme Einstellungen verstärken, indem sie Polit-Rabauken – häufig mit der wohlfeilen Intention, diese zu demaskieren – »eine Bühne bieten« oder überhaupt intensiver über sie berichten, haben sich mit den Wahlerfolgen rechtsideologischer Parteien in ganz Europa verschärft. Sie wären etwa mit einer kommunikationshistorischen Analyse über den Aufstieg des Le-Pen-Clans in Frankreich zu präzisieren. Materialien gibt es bereits in Hülle und Fülle über die medial-politischen Karrieren des unsanft geendeten FPÖ-Führers Jörg Haider (1950–2008) in Österreich oder des langlebigeren Silvio Berlusconi (1936–2023) in Italien. In Deutschland tobt eine zirkuläre Diskussion über die Präsenz von Vertretern der Alternative für Deutschland (AfD) in öffentlich-rechtlichen Polit-Talkshows oder »Sommerinterviews« von ARD und ZDF, wobei Befürworter eines normalisierten Umgangs mit solchen Figuren gern und schlicht darauf verweisen, diese seien schließlich demokratisch gewählt und der beitragszahlende TV-Nutzer (und AfD-Wähler) habe ein Anrecht darauf, diese auch in solchen Formaten zu sehen.

Solche Auseinandersetzungen um die verstärkende Wirkung medialer Präsenz für ursprüngliche *Fringe*-Positionen haben allerdings ihre Vorläufer. Die USA stritten bereits Anfang der 1950er-Jahre über den Umgang mit dem sehr medienaffinen Senator Joseph McCarthy. Seine zunächst marginale Kommunistenjagd erhielt einen enormen Boost, als ihn viele Medien als neuen Politstar der Republikanischen Partei entdeckten – obwohl die jeweiligen Journalisten und Medienhäuser mit seinen tapsig-ruppigen Verhörmethoden ganz und gar nicht einverstanden waren.

»Wie jeder weiß«, so schrieb der Publizist und Soziologe Jens Bisky 2024, »sind 96 Prozent aller Weimar-Analogien schief oder falsch«. Man kann sicherlich den drögen Bundeskanzler Olaf Scholz mit dem letzten SPD-Kanzler der Weimarer Republik Hermann Müller, zumindest in seinen Kommunikationsleistungen, vergleichen oder auch mit dem Müller-Nachfolger Heinrich Brüning (Zentrumspartei). Und es gibt sicherlich Weimar-Parallelen, die sich aufdrängen, etwa die Handlungs- und Kommunikationsschwäche des bürgerlichen Establishments bei gleichzeitigem Erstarken einer neurechten, geschichtspolitisch regressiven Bewegung, die im Parlament mit der AfD über eine destruktive, auch noch vom Steuerzahler alimentierte Frontorganisation verfügt. Auch Erschöpfung, Wut und Kontrollverluste weiter Teile der Bevölkerung angesichts unverstandener kulturell-kommunikationstechnologischer Sprünge erinnern an die erste deutsche Republik, ebenso antisemitische Übergriffe, die nunmehr aber auch von radikalislamischen Gruppen geschürt werden. Allerdings herrschen in der Bundesrepublik keine allgemein hingenommenen paramilitärischen Zustände, es gibt keine wilhelminisch sozialisierte Obrigkeitsjustiz, und die Bundeswehr ist nicht die Reichswehr.

Die »Weimar reloaded«-Analogien[26] haben ihre analytischen Grenzen, und nicht umsonst sind, eher unerwartet, im Jahr 2024 Millionen von Bürgern auf die Straße gegangen, weil sie keine Sehnsucht nach einer neuen dumpfen »Volksgemeinschaft« unter Führung von rückwärtsgewandten Krakeelern oder diversen »Untergangstern des Abendlandes« haben. Ein bequemer Hashtag-Antifaschismus (#Nazisraus) und ständige Vergleiche mit dem Aufstieg der NSDAP, mit Hitler oder Goebbels helfen auch nicht weiter, zumal clevere Neurechte natürlich eingesehen haben – im Grunde schon seit 1945 –, dass sich jeder positive Rekurs auf die urspünglichen NS-Führer aus taktischen Gründen verbietet und man sich lieber mit der umwölkteren Terminologie von zeitweiligen Hitler-Bewunderern wie Martin Heidegger oder Carl

Schmitt schmückt.[27] In seinem Interviewband »Nie zweimal in denselben Fluss« (2023, 6. Aufl.) mit seitenlangen gelehrten Referenzen zu Heidegger und Nietzsche hat der thüringische AfD-Führer Björn Höcke treuherzig versichert: »Gewalt schließe ich in dem heutigen Kulturkampf, der ausschließlich auf geistiger Ebene ausgetragen werden sollte, ohnehin aus.« Zudem ist, bei allen Querbezügen, eine »völkische Internationale« nicht auszumachen, zuletzt haben sich sogar die inzwischen durchaus chancenreiche französische Präsidentschaftskandidatin Marine Le Pen (Rassemblement National) und die seit Oktober 2022 amtierende italienische Ministerpräsidentin Giorgia Meloni von der postfaschistischen Partei Fratelli d'Italia von Höckes AfD distanziert – die realpolitischen Interessen sind, vor allem ökonomisch und im EU-Kontext, zu verschieden.

Nachdem er Volker Ullrichs Hitler-Biografie zum zweiten Mal gelesen hatte, kam der US-Schriftstelle T.C. Boyle in einem *Stern*-Interview (Februar 2024) zu dem Schluss, dass es zwischen Donald Trump und Hitler »unheimliche Parallelen« gebe, denn auch Trump (»ein zutiefst skrupelloser, moralisch verkommener Machtmensch«, »Trump ist ein Faschist«) manipuliere die Menschen so stark mit Fake News, Propaganda und Hass auf Minderheiten, »dass sie am Ende gar gegen ihre eigenen Interessen wählen«. Zwar hatte Trump bereits während seiner ersten US-Präsidentschaft noch schärfere Möglichkeiten als der NS-Diktator, *legacy media* wie CNN, *New York Times* oder *Washington Post* via Social Media links liegen zu lassen, verbunden mit härtesten Beleidigungen für ohnehin verunsicherte Journalisten dieser publizistischen Eliteinstitutionen. Aber auch hier sind die Differenzen augenfällig: Trump ist ein *rich kid,* obskurer Immobilieninvestor, Reality-TV-Moderator und internationalen militärischen Interventionen eher abgeneigt. Hitler war all dies, schon biografisch, nicht.[28]

Allerdings ist T.C. Boyles Hinweis auf k*ommunikationsstrategische* Verfahren, auf Gegner-Definitionen, auf das Politmarketing mit Schablonierungen und unterkomplexen Vereinfachungen sicherlich korrekt. Nahezu alle Diktatoren, Autokraten, Sekten- und Religionsführer in der Geschichte haben Aufstieg und Herrschaft mit kommunikativen Kontrollregimen, geschichtspolitischen Revisionen, *panem et circenses* und einer mehr oder weniger ausgefeilten psychologischen Beobachtung ihrer realen und potenziellen Anhängerschaft bewältigt. Dafür nutzten sie die jeweils gegebenen medialen Mittel, etwa Gedenkfeiern, Zeichengebungen, Slogans, Aufmärsche und *Demonstrationen* im Wortsinn. Auch Hitlers Interviews waren Teil einer solchen Gesamtstrategie unter dem Gebrauch von Funktionsweisen der modernen Journalistik. Bloß scheiterte diese Überredungsstrategie letztlich an den real- und militärpolitischen Fakten beziehungsweise an den Grenzen des Glaubens an jegliche Propaganda – »Im Felde unbesiegt«, das stimmte schon für den Ersten Weltkrieg nicht, für den Zweiten noch viel weniger.

Am 18. Juli 1942 kam Hitler dann doch einmal selbst auf die Idee, dass ein Interview mit einem Auslandskorrespondenten nützlich sein könnte, nachdem er sich zuvor wieder einmal über die Schäden des Rauchens ausgelassen hatte (dies sei die Rache des Indianers dafür, »daß der Weiße ihm den Schnaps gebracht und dadurch ihn zugrunde gerichtet habe«). Beim Abendessen im Führerhauptquartier »Werwolf«, also im ukrainischen Winniza, ging es um die »zweite Front«, die Stalin von den Westalliierten seit Längerem verlangte. Hitler wollte sich dazu öffentlich äußern und hatte nun doch einmal, obwohl viel zu spät, den Strategiewert von Interviews erkannt: Ein Interview über die Probleme des Ostfeldzugs könne nützlicher sein als eine öffentliche Rede dazu. Es sei gefährlich, Reden ohne plausiblen Grund zu halten, intelligente Menschen fänden dann immer ein Haar in der Suppe. In einem Interview »könne in ein paar Nebensätzen das Nötigste gesagt werden, ohne daß es groß auffalle«. Seine Äußerungen zum Thema »zweite Front« werde er so formulieren, so hielten die Stenografen fest, dass das Interview auf die Engländer wie eine kühle Dusche wirke. Er werde deshalb, um den Zweck des Interviews »nicht zu gefährden, auch nicht sagen, daß er an die Aufrichtung einer ›zweiten Front‹ zur Zeit nicht glaube. Er werde vielmehr ausführen, daß es der deutschen militärischen

Genauigkeit und Gründlichkeit entspreche, daß man sich auf alle Eventualitäten, auch die einer ›zweiten Front‹, vorbereite.«

Mit Reichspressechef Dr. Dietrich war sich Hitler einig, dass das Interview einem Auslandskorrespondenten erteilt werden solle, der die deutsche Pressearbeit bisher besonders unterstützt habe: »Ob der Vertreter eines großen oder kleinen, befreundeten oder neutralen Landes sei, spiele dabei keine Rolle; denn abgedruckt – da habe der Reichspressechef ganz recht – werde das Interview sowieso in der ganzen Welt.« Zu einem solchen Interview sollte es nicht mehr kommen, da sich kein Journalist mehr fand, der sich von Hitler in diesem Sinne einbestellen ließ.[29]

»They Wanted War« – so nannte *New-York-Times*-Korrespondent Otto D. Tolischus 1938 sein Erinnerungsbuch an seine Berliner Zeit im NS-Staat. Das ist der Kern der Geschichte des Nationalsozialismus, von Hitler, seinen Exekutoren, »kämpfenden Verwaltern«, Technokraten, Juristen und Militärs – und von vielen seiner Anhänger, auch wenn die Kriegsbegeisterung 1939 längst nicht mehr so ausgeprägt war wie im Hurra-Patriotismus des Jahres 1914. Ihren Krieg bekamen sie dann auch, und zwar, wie es Goebbels im Februar 1943 in seiner Sportpalast-Rede formulieren sollte, »totaler und radikaler, als wir ihn uns heute überhaupt noch vorstellen können«. Darauf lief schon früh alles hinaus, erst Putsch und Bürgerkrieg, dann der große militärische Konflikt.

Schon in seiner signifikanten Reichstagsrede vom 11. Dezember 1941, in der Hitler für das Deutsche Reich den USA den Krieg erklärte und in der er US-Präsident Franklin D. Roosevelt, wie auch dessen mittelbaren Amtsvorgänger Woodrow Wilson, als geisteskrank einstufte, hatte er deklamiert: »Ich kann sagen, daß für mich der Krieg seit dem Jahre 1914 kein Ende gefunden hatte. Ich habe weiter gekämpft, wie ich erst wieder reden konnte, und bin landauf, landab gezogen, von Ort zu Ort, von Stadt zu Stadt und habe nur geredet, geredet und wieder geredet und gearbeitet, immer nur mit dem einen Gedanken, das deutsche Volk aus dieser Zersplitterung zu erlösen, aus seiner Lethargie herauszureißen, es aus seinem Schlaf zu bringen und wieder zusammenzufassen.« Außerdem bekannte Hitler ziemlich offen, dass er auf den meisten Gebieten keine Berater oder überhaupt irgendwelche Experten brauche: »Bei mir genügt immer mein Kopf ganz allein. Ich habe keinen Gehirntrust zur Unterstützung notwendig. Wenn also wirklich eine Veränderung irgendwo stattfinden soll, dann entsteht das zunächst in meinem Gehirn und nicht im Gehirn anderer, auch nicht bei Experten.« Über diese Art von Egomanie und Solipsismus hätten auch die Hitler-Interviewer, ganz gleich, was sie ihn fragen würden, informiert sein können, bei allen unterschiedlichen Interessenlagen der Verlagshäuser und einzelner Journalisten.

In den folgenden Kapiteln werden die Hitler-Interviews, weitgehend chronologisch, in Einzelanalysen und geopolitischen Kontexten analysiert, bevor am Schluss noch einmal der Grundsatzfrage nachgegangen werden soll, welchen Sinn journalistische Interviews mit Diktatoren und Autokraten haben. Um die Antwort schon hier zu verraten: Sie ergeben sehr wenig Sinn.

2

Ein Monarchist für den Führer

Das Hitler-Interview von George Sylvester Viereck (1923)

»Mischrassen haben keine Lebenskraft. Mischehen würden wir künftig verbieten. Mit dem Nachwuchs aus Mischehen würden wir gemäß ihren Verdiensten verfahren. Wären sie Patrioten, würden wir sie dulden, einer Ehe mit ihnen allerdings nicht Vorschub leisten. Wir haben es hier mit der Frage Jude und Arier zu tun. Die Mischrasse stirbt aus; sie ist ein wertloses Produkt. Rom ging unter, als es nicht mehr auf den Erhalt seiner Rasse achtete. In der Literatur, im Film, in der Wissenschaft ist der Einfluss des Juden destruktiv. Wir gleichen einem Schwindsüchtigen, der nicht merkt, dass er dem Untergang geweiht ist, wenn er nicht die Mikroben aus seiner Lunge vertreibt. Wie Individuen tanzen auch Nationen in der Nähe des Abgrunds oft besonders wild. Deshalb sage ich, wir brauchen gewaltige Korrektive, starke Arznei, vielleicht Amputation.«

Hitler im Gespräch mit G. S. Viereck

George Sylvester Viereck war einer der merkwürdigsten Starpublizisten des 20. Jahrhunderts. Er war Propagandist und PR-Berater für so unterschiedliche Charaktere wie den jüdischen Berliner Sexwissenschaftler Magnus Hirschfeld, für den antisemitischen Automagnaten Henry Ford und den abgedankten Kaiser Wilhelm II. Er interviewte Albert Einstein, Sigmund Freud, Benito Mussolini und George Bernard Shaw, führte Korrespondenzen mit Prominenten in der halben Welt – und landete von 1942 bis 1947 wegen pro-nationalsozialistischer Aktivitäten für gut vier Jahre in US-Gefängnissen. Kaum ein anderer US-Journalist wurde seinerzeit härter bestraft. Sein einstiger Ruhm wurde da schon von dem seines Sohnes Peter Viereck (1916–2006) überstrahlt, einem Geschichtsprofessor und Pulitzer-Preisträger, der als eigenwilliger Vordenker der neokonservativen Bewegung in den USA gilt.

George S. Viereck, geboren 1894 in München und schon als Kind mit seinen Eltern nach Amerika übergesiedelt, fiel zuerst mit expressionistischer Lyrik auf (»Niniveh and Other Poems«, 1907), beschäftigte sich dann im Ersten Weltkrieg eingehend mit politischer Propaganda und entdeckte seine germanophilen Neigungen. Er tat alles dafür, als *mystery man* zu gelten – so dementierte er das Gerücht nicht, ein illegitimer Enkel von Kaiser Wilhelm I. zu sein, war mit dem Sexmagier und Hexenmeister Aleister Crowley befreundet und schrieb Bücher mit so seltsamen Titeln wie »Meine ersten 2000 Jahre. Autobiografie des Ewigen Juden« (1928). Nachdem er, jedenfalls außerhalb spezialisierter Historikerzirkel, über Jahrzehnte vollkommen in Vergessenheit geraten war, widmete die prominente amerikanische Fernsehmoderatorin Rachel Maddow ihm wie auch einigen damals NS-freundlichen Abgeordneten und Senatoren im US-Kongress 2022 einen achtteiligen Podcast unter dem Titel »Ultra«, der inzwischen auch in Buchform erschien; Steven Spielberg optionierte die Filmrechte. So könnte es sein, dass wir von Viereck demnächst auf großer kinematografischer Bühne mehr sehen werden. Das Interview, das er im Jahr 1923 mit Hitler führte, hatte der britische *Guardian* schon 2007 nachgedruckt – als wertvolle zeithistorische Quelle. Und das ist es auch.

Das Gespräch gibt es in zwei Versionen, die sich allerdings nur in Nuancen unterscheiden. Zuerst, 1923, hatte Viereck es diversen US-Zeitungen angeboten, aber keine wollte es drucken. So musste er es in dem kleinen, vom ihm selbst verlegten Monatsblatt *The American Monthly* bringen, am 8. Oktober jenes Jahres, einen Monat vor dem Bierkeller-Putsch. Obwohl Hitler im politisch instabilen Bayern[30] mit seiner jungen NSDAP zu der Zeit schon unter intensiver Beobachtung amerikanischer, französischer und italienischer Diplomaten stand, war er noch kein interessantes Sujet für die internationale Berichterstattung. Vierecks ursprüngliche Überschrift lautete – durchaus vorausschauend – »Hitler the German Explosive« (»Hitler, der deutsche Sprengstoff«). Im Juli 1932 veröffentlichte Viereck das Gespräch noch einmal in der Zeitschrift *Liberty*,[31] damals recht auflagenstark, nun lautete die Überschrift: »When I Take Charge of Germany« (»Wenn ich in Deutschland die Macht übernehme«). Da konnte sich der Interviewer schon rühmen, Hitler, der inzwischen ganz andere Machtoptionen hatte, als einer der Ersten auf die internationale politische Landkarte gesetzt zu haben. Die frühe Hitler-Bekanntschaft trug sicherlich dazu bei, dass Viereck nun von lukrativen NS-Propagandaaufträgen profitieren konnte.

Das Interview hat mehrere interessante Aspekte – so wird Hitler schon explizit nach der Behandlung von Juden gefragt, sollte er denn einmal die Regierung übernehmen, das *sozialistische* Element in der nationalsozialistischen Bewegung wird angesprochen wie auch die Ideologie der »Volksgesundheit«. Das war noch vor dem Erscheinen von »Mein Kampf«. Hitler hatte diese Fragen zwar schon rituell in seinen Reden vor 1923 thematisiert, einiges dazu stand auch im 25-Punkte-Parteiprogramm der NSDAP von 1920, aber es stimmt: Damit hatte den *Führer in the making* vor George Sylvester Viereck kein anderer der US-Interviewer konfrontiert.

George S. Vierecks Vater Louis war Sozialdemokrat, Redakteur und als Reichstagsabgeordneter in der Bismarck-Ära kurzzeitig inhaftiert. Seine Mutter Laura wurde in San Francisco geboren und war eine Cousine seines Vaters.[32] Die bemerkenswerte Karriere George S. Vierecks als junger Poet kann in unserem Zusammenhang außer Betracht bleiben; die weithin angesehene *Saturday Evening Post* hatte ihn mit seinen latent homoerotischen Gedichten immerhin schon früh als das »meistdiskutierte literarische Talent in den USA« qualifiziert. Die Zeit definitiv *politischer* Sozialisation kam für Viereck aber, wie für viele andere, mit dem Ersten Weltkrieg. Lange Jahre beschäftigte er sich mit dem US-Kriegseintritt unter Präsident Woodrow Wilson, mit dessen Chef-

George Sylvester Viereck (1884–1962), Poet, Bestsellerautor und Publizist mit weitgespannten Interessengebieten, schwenkte mit seinen germanophilen Schriften nahtlos von der Unterstützung des abgedankten Kaisers Wilhelm II. zur NS-Propaganda in den USA um. Er bezeichnete Hitler schon früh (1923) als »deutschen Sprengstoff«.

berater Colonel (ehrenhalber) Edward Mandell House und dem Versailler Vertrag. Er arbeitete an Aktionen gegen die Entente, unter anderem zusammen mit den deutschen Militärattachés Franz von Papen und *»the notourious German Captain«* Karl Boy-Ed. Im August 1918 vertrieb ihn ein Lynchmob aus seinem Haus in Mount Vernon nördlich der Bronx.

Nach Kriegsende war Viereck ganz auf der Verteidigungslinie von Wilhelm II., dessen Schicksal im Doorner Exil von ihm als schmachvoll empfunden wurde. Schon 1908 hatte er in seinem Bestseller »Bekenntnisse eines Barbaren« über den letzten Hohenzollern-Kaiser geschrieben: »Wie Friedrich der Große, so steht Wilhelm II. auf dem Horizont der Geschichte als Leitstern da. Im Buch des Lebens ist sein Siegel vielleicht tiefer eingeprägt als jenes Bismarcks.« Im Oktober 1922, während jenes Europaaufenthalts, bei dem er auch Hitler traf, war er dann für zweieinhalb Wochen in Doorn beim ehemaligen Kaiser. Wilhelms getreuer Doorner Chefadjutant Sigurd von Ilsemann schrieb am 2. November 1922 in sein noch heute sehr lesenswertes Tagebuch über den »Deutschamerikaner Mr. Viereck, Herausgeber der Zeitschrift *American Monthly,* die der Kaiser in den letzten Jahren stets mit größtem Interesse gelesen hat und in der er selbst einige Artikel veröffentlichen ließ«:

> Am Morgen sprach der Kaiser über eine Stunde mit Viereck. Der kleine, schmächtige Amerikaner, nicht gewöhnt an das lange Stehen, machte schlapp und erholte sich erst wieder nach einem Kognac. Dem Kaiser ist es in seinem Leben schon öfter passiert, daß ein Herr, den er zu lange ins Gespräch zog, umfiel. An den beiden letzten Abenden las der Kaiser uns in Gegenwart von Viereck dessen Niederschriften über seinen letzten Aufenthalt in Doorn vor. Der Kaiser war strahlend und sagte: »Da seht ihr mal, daß ich nicht ganz so dumm bin, wie andere immer wieder von mir behaupten. Es ist doch sehr gut, wenn man mal wieder etwas anderes über sich selbst liest, als dieses ewige Zeitungsgewäsch.«

Selbst der ergebene Ilsemann, der alle möglichen weitschweifigen Tiraden, die stete Larmoyanz, die dauernden Illusionen einer triumphalen Rückkehr nach Deutschland und das ewige Holzhacken und -sägen seines »hohen Herrn« in Doorn tapfer ertrug, betrachtete Vierecks grob gestrickte Kaiser-Elogen, die auch in deutscher Übersetzung in der *Kölnischen Zeitung* publiziert wurden, zunehmend skeptisch. So machte ihn ein Freund namens Wittich aus den USA auf die randständige Position Vierecks aufmerksam. Am 9. November 1924 notierte Ilsemann: »Geschimpf und Herabsetzen von Persönlichkeiten, die in ihrem Lande vom Vertrauen weitester Kreise getragen werden, kann ich nicht als eine wirksame deutsche Propaganda ansehen. In seiner Zeitschrift führt er eine Sprache, die sich würdig den deutschen kommunistischen und sozialistischen Hetzblättern an die Seite stellt. Wenn er Dawes als Lumpen, Morgan als gekauften Geschäftemacher und Coolidge als einen unfähigen Schwächling hinstellt, so mag er persönlich davon überzeugt sein, aber einen bündigen Beweis vermag er dafür nicht zu bringen.« Vierecks Kaiser-Panegyrik jedenfalls war für die Idee einer Rückkehr zur Monarchie nicht sonderlich hilfreich.

Dem alternden Wilhelm II. blieb Viereck treu, noch 1938 veröffentlichte er »The Kaiser on Trial« (»Der Kaiser vor Gericht«), eine fiktionalisierte Gerichtsverhandlung über die Kriegsschuld des Monarchen, an deren Ende Wilhelm von allen Vorwürfen freigesprochen wird. Allerdings war Wilhelm II. inzwischen nicht mehr von der Zuverlässigkeit Vierecks überzeugt, als dieser im September 1938 noch einmal in Doorn auftauchte:

> Herr und Frau Viereck waren vorgestern zu Besuch in Doorn. S. M. hatte sich zuvor sehr negativ geäußert über den gottlosen und an Dollars versklavten Amerikaner [Viereck]. Sell hatte S. M. schon gesagt, dass Viereck, der gerade vom Nürnberger Parteitag kam, im Dienst der Nazis stand und dafür 2.000 Dollar pro Monat erhielt. Der Kaiser war also äußerst vorsichtig gegenüber seinem früheren Freund und unterhielt sich vor allem mit dessen Frau,

die er noch immer sehr schätzte. Sell war sowohl beim Lunch als auch danach beim Spaziergang dabei, und er war froh, dass der Besuch gut verlaufen ist. Ich hörte, wie Viereck den Kaiser um Zustimmung bat, das Buch *The Kaiser on Trial* in Deutschland herausbringen zu dürfen. Der Kaiser lehnte das jedoch nachdrücklich ab. Niemann bezweifelte außerdem, ob es Viereck gelingen würde, einen deutschen Verleger zu finden.[33]

Im Sommer 1922 hatte Viereck von Bradford Merrill, einem führenden Manager des Hearst-Konzerns, den Auftrag erhalten, in Europa prominente Persönlichkeiten zu interviewen. Der Hearst-Trust finanzierte die Reise, und Viereck sprach nicht nur mit Hitler, der damals vermutlich sogar der am wenigsten prominenteste seiner Interviewpartner war, sondern auch mit dem Schriftsteller Gerhart Hauptmann, dem Untergangsphilosophen Oswald Spengler und den Industriellen Fritz und August Thyssen.[34]

Das Viereck-Interview war das erste längere gedruckte Gespräch des NS-Parteiführers mit einem Auslandskorrespondenten – wobei Hitler vermutlich wusste, dass er es hier mit einem Deutschamerikaner zu tun hatte, der seiner Ideologie nicht grundsätzlich ablehnend gegenüberstand. Es sei deshalb, nach Themen geordnet, in wesentlichen Auszügen (aus der ursprünglichen *American-Monthly*-Version) wiedergegeben:

Hitler zum Namen seiner Partei:
Wir hätten uns Freiheitspartei nennen können. Wir haben uns für Nationalsozialisten entschieden. Wir sind keine Internationalisten. Unser Sozialismus ist national. Wir fordern, dass der Staat die gerechten Forderungen der produktiven Klassen auf Grundlage der Rassensolidarität erfüllt. Für uns sind Staat und Rasse eins.

Zur Politik der »gesunden Körper«:
Wir glauben an das klassische Diktum vom »gesunden Geist in einem gesunden Körper«. Der Volkskörper muss robust sein, wenn

die Seele gesund sein soll. Das gilt gleichermaßen für den einzelnen Menschen. Moralische und körperliche Gesundheit sind gleichbedeutend. Die Elendsviertel sind für neun Zehntel, Alkohol für ein Zehntel aller menschlichen Verderbtheit verantwortlich. Kein gesunder Mensch ist Marxist; denn wer gesund ist, erkennt den Wert der Persönlichkeit an.

Wir kämpfen gegen die Kräfte von Krankheit und Entartung. Bayern ist vergleichsweise gesund, weil es nicht vollständig industrialisiert ist. Ganz Deutschland einschließlich Bayerns ist wegen seiner geringen Größe zu intensiver Industrialisierung verdammt. Wenn wir Deutschland retten wollen, müssen wir dafür sorgen, dass die Bauern dem Land die Treue halten. Dafür brauchen sie Raum zum Atmen und Raum zum Arbeiten.

Zur künftigen NS-Expansionspolitik:
Wir müssen unsere Kolonien zurückgewinnen und wir müssen uns nach Osten ausdehnen. Es gab eine Zeit, da wir uns die Welt mit England hätten teilen können. Jetzt können wir unsere schmerzenden Glieder nur in Richtung Osten ausstrecken. Die Ostsee ist zwingend eine deutsche See. […]

Allerdings können wir unseren Handel oder unser Staatsgebiet erst ausdehnen, können wir erst wiedergewinnen, was wir verloren haben, wenn wir uns selbst gefunden haben. Wir sind wie ein Mann, dem das Haus abgebrannt ist. Er braucht ein Dach über dem Kopf, bevor er ehrgeizigere Pläne schmieden kann. Es ist uns gelungen, zumindest eine Notunterkunft zu bauen, die vor Regen schützt. Für Hagelgewitter waren wir nicht gerüstet. Doch Mißgeschicke hagelten auf uns nieder. Deutschland durchlebt einen regelrechten Schneesturm nationaler, moralischer und wirtschaftlicher Katastrophen. In zwei Jahren Demokratie haben wir Schlesien, den Rhein und die Ruhr verloren.

Zur Degeneration des demokratischen Weimarer Systems:
Unser demoralisiertes Parteiensystem ist ein Symptom unserer Krankheit. Was kann die derzeitige Regierung ausrichten? Nichts. Sie hat nirgends beständige Unterstützung. Parlamentarische Mehrheiten wechseln nach der Stimmung des Augenblicks. Die parlamentarische Regierung ist eine Ausgeburt der Hölle. Sie öffnet dem Bolschewismus Tür und Tor. Der Bolschewismus [...] ist unsere größte Bedrohung. Tötet man den Bolschewismus in Deutschland, gibt man siebzig Millionen Menschen die Macht zurück. Frankreich verdankt seine Stärke nicht seinen Armeen, sondern den Kräften des Bolschewismus in unserer Mitte. Der Vertrag von Versailles und der Vertrag von St. Germain werden vom Bolschewismus in Deutschland am Leben gehalten. Friedensvertrag und Bolschewismus sind zwei Köpfe desselben Ungetüms. Wir müssen beide abschlagen. [...]

Unsere deutschen Arbeiter [...] haben zwei Seelen. Die eine ist deutsch, die andere marxistisch. Wir müssen die deutsche Seele erwecken. Wir müssen den Schandfleck des Marxismus ausmerzen. Marxismus und Deutschtum sind wie Deutscher und Jude Antipoden.

Zur Behandlung der Juden:
[Viereck:] Hier führte Hitler seine Argumente gegen die Juden aus. [...] »Der Jude«, so Hitler, »ist von Natur aus destruktiv. Ohne eigene nationale Existenz bildet sein Dasein im modernen Staat das Ferment der Dekomposition.« [Viereck:] »Was würden Sie mit dem Juden tun?«, fragte ich. [Hitler:] »Wir würden ihm die bürgerlichen Rechte nehmen.« [Viereck:] »Aber wenn er in Deutschland geboren ist?« [Hitler:] »Die Geburt erfüllt nicht die Voraussetzungen für das Bürgerrecht. Das Bürgerrecht setzt eine klare Anerkennung der Pflichten voraus, die mit den Rechten einhergehen. Die Juden sind nicht deutsch. Sie sind ein fremdes Volk in unserer Mitte und offenbaren sich als solches. [...]

Weil ein Mann anständig ist, heißt das nicht, dass wir ihn nicht beseitigen sollten. Unsere Handgranaten haben nicht zwischen anständigen Engländern und anderen unterschieden. Anständige Juden werden einsehen, dass das notwendig ist, um die Reinheit unserer Rasse zu bewahren. Ich betrachte die Juden«, fuhr Hitler fort, »wie Sie die Japaner betrachten. Beide sind eine fremde Rasse. Beide sind ein altes Volk. Beide haben eine alte Kultur. Trotzdem gestehen Sie den Japanern kein Bürgerrecht zu. Dabei sind die Japaner, anders als die Juden, keine zerstörerische Kraft. Sie haben keinen Staat ruiniert. Sie befördern nicht den Bolschewismus. Wir betrachten die Juden, wie Sie die Japaner betrachten.«

Es folgt dann die eingangs dieses Kapitels zitierte Passage zu rassischen »Mischehen« (»Mischehen haben keine Lebenskraft. Mischehen würden wir künftig verbieten«), und zum Schluss betont der NS-Führer – was bei späteren Interviews zur generellen Masche werden sollte – seine grundsätzliche Friedfertigkeit:

> Wir müssen heute mehr denn je unterscheiden zwischen Elementen, die Schwäche herbeiführen, und Elementen, die Stärke herbeiführen. Übrigens ist in Bayern keine Gewalttat gegen Juden aktenkundig. Meine Anhänger haben keinem einzigen Juden die Fenster eingeschlagen. Niemand, nicht einmal die Juden, kann uns die Redlichkeit unserer Absichten absprechen. Wir wollen uns nicht von den Juden befreien, weil sie Juden sind, sondern weil sie einen störenden Einfluss ausüben. Bürgerrechte und Stimmen in der Ratsversammlung unserer Nation wollen wir jenen vorbehalten, die reinen deutschen Blutes sind. Unsere Parole lautet »Deutschland den Deutschen«. Fremde, ob Juden oder nicht, werden in Deutschland nur geduldet sein.

Im *Liberty*-Reprint von 1932 wurde dieser Text von Viereck noch mit einigen Zwischenfragen und atmosphärischen Details angereichert:

»Adolf Hitler leerte seine Teetasse, als enthielte sie nicht Tee, sondern das Lebenselixier des Bolschewismus.« Es wurde der Ort des Gesprächs angegeben: die Münchener Privatwohnung eines pensionierten Admirals der deutschen Marine, also Waldemar Vollerthun, und die antisemitischen Aussagen von Hitler aus dem Jahr 1923 wurden erheblich gekürzt – von der *Liberty*-Redaktion, wie Viereck später angab. Viereck schob 1932 noch ein:

> Hitler mag nicht daran gelegen sein, den Bolschewismus in Russland anzugreifen. Er könnte ein Bündnis mit dem Bolschewismus sogar als letzte Trumpfkarte betrachten, wenn er das Spiel zu verlieren droht. Sollte der Kapitalismus partout nicht anerkennen, dass die Nationalsozialisten das letzte Bollwerk des Privateigentums sind, sollte das Kapital ihren Kampf behindern, so könnte sich Deutschland genötigt sehen, sich in die verführerischen Arme der Sirene Sowjetrussland zu werfen. Doch er ist entschlossen, zu verhindern, dass der Bolschewismus in Deutschland Fuß fasst.

Dann ging Hitler noch auf den amtierenden Reichskanzler ein: »Auf Vorstöße von Kanzler Brüning und anderen, eine geeinte politische Front zu bilden, reagierte er in der Vergangenheit zurückhaltend. Jetzt steht Hitler angesichts des stetig steigenden Stimmenanteils der Nationalsozialisten eher nicht der Sinn danach, sich bei seinen maßgeblichen Prinzipien auf Kompromisse mit anderen Parteien einzulassen.« Beide Aussagen waren durchaus prophetisch, wenn man an Hitlers Zweckbündnis mit Papen, Hugenberg und der Hindenburg-Kamarilla im Prozess der »Machtergreifung« und noch mehr an den Molotow-Ribbentrop-Pakt von 1938 denkt.

Hitler sei, so führte Viereck für die *Liberty*-Leser noch an, nicht der »reine germanische Typ«, sein dunkles Haar verrate seine alpinen Vorfahren. Seine Erscheinung im persönlichen Gespräch kontrastiere seltsam mit der Aggressivität seiner politischen Ansichten: »Nie hat ein

George S. Viereck, Sohn eines sozialdemokratischen Reichstagsabgeordneten, erkannte seine publizistische Einsatzchance, als er sein ursprüngliches Hitler-Interview, das er 1923 nur in seinem eigenen Blatt »The American Monthly« hatte unterbringen können, noch einmal in der auflagenstarken US-Illustrierten »Liberty« nachdrucken ließ (1932) – dieses Mal allerdings um härtere antijüdische Passagen gekürzt.

sanftmütigerer Reformer ein Staatsschiff versenkt oder politischen Gegnern die Kehle durchgeschnitten.«

Nach der NS-Machtübernahme wurde die Propaganda für das neue »Dritte Reich«, direkt oder indirekt, zur Haupteinnahmequelle für den vielseitig verwendbaren *busybody* Viereck. Schon 1934 hatte ein Komitee des US-Repräsentantenhauses »zur Untersuchung unamerikanischer Umtriebe« (HUAC, damals noch gegen den Einfluss der europäischen Faschismen in den USA gerichtet) Vierecks finanzielle Verhältnisse untersucht. Das Komitee stand unter dem Vorsitz der Kongressabgeordneten John W. McCormack und Samuel Dickstein. Letzterer hatte, wie viel später herauskam, einige Jahre als bezahlter Agent für den sowjetischen Geheimdienst NKWD gearbeitet, unter dem Decknamen »Crook«.

Viereck habe, so fand das Komitee heraus, unter anderem Gelder vom deutschen Generalkonsul in New York, Dr. Otto Kiep, erhalten und, über die Firma von PR-Zar Carl Byoir, erhebliche Mittel vom Deutschen Touristikbüro, nämlich 1000 bis 1750 Dollar monatlich, nebst Büro und Stenografiefachkraft. Viereck, vom Komitee vernommen, verteidigte sich unter anderem damit, dass auch Länder wie Frankreich oder die Sowjetunion PR-Leute zur Imageaufpolierung in den USA beschäftigten, daran sei nichts Illegales. Im Mai 1934 sprach er sich auf einer NS-freundlichen Veranstaltung im Madison Square Garden gegen den *»jewish boycott«* deutscher Waren in den USA aus und war mehr denn je überzeugt: »Egal, wie wir zu Hitler stehen, steht doch zweifellos fest, dass es für Deutschland zu Hitler – außer Chaos – keine Alternative gibt.«

Zugleich hatte Viereck die seltsame Idee eines möglichen »Konkordats« zwischen Hitler-Deutschland und den Juden entwickelt – ähnlich dem Hitler-Papen-Konkordat mit der katholischen Kirche –, die er über mehrere Kanäle zu lancieren versuchte. Daraus wurde natürlich nichts, da Hitler keinerlei Interesse an irgendeinem »Konkordat«, im wörtlichen wie übertragenen Sinne, mit den Juden hatte. 1938 besuchte Viereck als Pressevertreter den Nürnberger Reichsparteitag, im Jahr darauf erhielt er einen gut dotierten Kontrakt mit den *Münchner Neuesten Nachrichten,* geleitet von SS-Sturmbannführer Giselher Wirsing. Und einen weiteren Vertrag mit der German Library of Information, einer Einrichtung des deutschen Generalkonsulats in New York. Beinahe hätte Viereck 1938 noch ein weiteres Hitler-Interview arrangiert – mit seinem Freund Fulton Oursler, dem *Liberty*-Chefredakteur, der nebenher noch Bauchredner und Autor von Detektivromanen war.[35] Hitler hatte zunächst Interesse, sagte dann aber ab. Zudem intensivierte Viereck seine Konktakte zu mehr oder weniger prominenten »Neutralisten« und »Isolationisten« im US-Kongress wie dem Abgeordneten Hamilton »Ham« Fish jr. oder den Senatoren Ernest Lundeen (Minnesota), Gerald Nye (North Dakota, berühmt für seinen antisemitischen Kampf gegen die Filmproduktion der Warner Brothers) und Robert Rice Reynolds (North Carolina). Er wirkte hier in unterschiedlicher Form als Berater und Redenschreiber, in stetem Kontakt zum deutschen Auswärtigen Amt, das ihn ebenfalls gut bezahlte und ihn für seinen »wertvollsten Verbindungsmann« in den USA hielt. Dennoch wäre es verfehlt, Viereck mit seinen zahlreichen verwickelten Aktivitäten als »Superhirn« und Chefnetzwerker der amerikanischen NS-Symphatisanten zu qualifizieren, wie das mitunter in Rachel Maddows Podcast durchklingt. Eher ist der nüchternen Einschätzung von Virecks Biograf Niel M. Johnson zuzustimmen, der schon 1972 schrieb:

> Trotz seiner anerkannten Fähigkeiten als Redakteur und Autor hatte weder Vierecks Arbeit noch die anderer antibritischer und prodeutscher Publizisten große Aussichten, Amerika aus dem europäischen Konflikt herauszuhalten. Worte konnten die Taten nicht ungeschehen machen. Anfang 1940 wendete sich Hitlers Blitzkrieg mit schrecklichen Konsequenzen gegen den Westen. Im Herbst 1940 führten die USA erstmals in Friedenszeiten die Wehrpflicht ein.

Schon im September 1939 hatte Hans Thomsen, Geschäftsträger der deutschen Botschaft in Washington, vorausschauend an das Ribbentrop'sche Außenamt gekabelt, dass die HUAC-Untersuchungen einen empfindlichen Dämpfer für alle NS-Propagandastrategien in den USA bedeuten würden. Und das musste ja besonders den auffälligen Viereck betreffen.[36]

Bereits am 17. Dezember 1933 hatte die Jewish Telegraphic Agency (JTA) einen Artikel des liberalen Publizisten Helmut von Gerlach aus dem Exilblatt *Die Neue Weltbühne* (Wien/Prag) weiterverbreitet, in dem Viereck als »Seele der Hitler-Propaganda in den USA« bezeichnet wurde – und, wenn er nach Deutschland kam, als gern gesehener Gast bei Goebbels. Gerlach wies in dem Text noch einmal auf Vierecks Hohenzollern-Enthusiasmus hin (und auf seine angebliche kaiserliche Abkunft sowie auf mögliche jüdische Ahnen auf mütterlicher Seite); er empfand die Idee eines Konkordats zwischen der NS-Regierung und den Juden als besondere »Chuzpe«:

> Mr. Viereck weiß genau, dass Hitler die Juden nicht wegen ihrer Religion verfolgt, sondern wegen ihrer angeblichen Rasse, dass sich die jüdische Ehefrau ebenso negativ auswirkt wie die jüdische Großmutter eines christlichen Kindes christlicher Eltern. Er weiß, dass der Jude seiner Gleichberechtigung als Bürger beraubt wurde und dies laut dem Nazi-Programm auch so bleiben soll. Man kann sich recht gut vorstellen, welche Antwort Hitler aus Rom erhalten hätte, wenn er die Katholiken in ihren Bürgerrechten dermaßen eingeschränkt und es dann gewagt hätte, dem Papst ein Konkordat anzubieten.

Schon die Hilfsdienste von Viereck im (Ersten) Weltkrieg für Franz von Papen oder Karl Boy-Ed hätten nichts gefruchtet, sondern die amerikanischen Bürger eher in die Arme von Präsident Wilson getrieben: »Das hat die deutschen Steuerzahler unvorstellbar viel Geld gekostet und Deutschland doch nur geschadet. Die Nazi-Propaganda Vierecks und Seinesgleichen wird dieselbe Wirkung haben.« Immerhin gab die JTA damals Viereck noch die Möglichkeit einer längeren Erwiderung; der Angegriffene schrieb, es gebe überhaupt keine nennenswerte Hitler-Propaganda in den USA, er habe nie eine offizielle Einladung von Propagandaminister Goebbels erhalten, er verteile auch kein Geld für irgendwelche Propagandaaktivitäten, seine Konkordatsidee würde den Juden immerhin den Status einer »gesetzlich geschützten Minderheit« einbringen. Schließlich zog er eine besondere Trumpfkarte, seine angeblichen jüdischen Vorfahren betreffend:

> Ich danke Ihnen für das Kompliment, doch soweit ich weiß, entbehrt es jeder faktischen Grundlage. Ich bin der Chronist des Ewigen Juden, aber nicht sein Nachkomme. Die Wurzeln meines Familienstammbaums liegen im Norden. Die ersten Vierecks kamen während des Dreißigjährigen Kriegs aus Skandinavien nach Deutschland. Ich würde es weder als Schande noch als Unglück betrachten, sollte sich herausstellen, dass in den Adern meiner Vorfahren das Blut der Rasse floss, die uns Heine, Spinoza und Jesus schenkte. Dass ich mit Paul Eldridge, einem Juden, »Meine ersten 2000 Jahre«, »Salome, die Ewige Jüdin«, »Der unbesiegbare Adam« und andere Bücher verfasst habe, sollte genügen, mich von dem Vorwurf des Antisemitismus zu entlasten. Übrigens befand sich »Meine ersten 2000 Jahre« unter den Büchern, die fanatische junge Nazis verbrannten, als sie in die Bibliothek meines alten Freundes Dr. Magnus Hirschfeld einfielen.

Magnus Hirschfeld, der 1936 im Exil in Nizza starb und den Viereck in den USA publicityträchtig als *»Einstein of Sex«* verkauft hatte, hatte seinem ehemaligen PR-Berater bis zum Lebensende die Treue gehalten, obwohl dieser längst in finstere völkische und antisemitische Kreise abgetaucht war.

Im Herbst 1941 befanden sich die USA und das Deutsche Reich bereits *de facto* im Marinekrieg. Im September des Jahres war eine Federal Grand Jury mit dem Ziel zusammengestellt worden, »Nazi-Agenten« in den USA zu verfolgen. Es war nicht allzu schwer, zuerst auf George S. Viereck und seinen Kleinverlag »Flanders Hall« zu kommen, in dem vor allem antibritische Pamphlete verlegt wurden. Die Anklageschrift beim Bezirksgericht von Columbia konzentrierte sich darauf, dass Viereck seine Unterlagen gemäß des Foreign Agents Registration Act von 1938 (FARA, noch heute in Funktion) nicht korrekt eingereicht habe. Im Oktober 1941 wurde Viereck im Beisein seiner Frau Gretchen in seinem Appartement am Riverside Drive von sieben Beamten des US Department of Justice festgenommen. Vorgehalten wurden Viereck, mit diversen Belegen, neben seinen Publikationen auch seine diversen Kontakte zu NS-Offiziellen wie dem Botschafter und Abteilungschef des Auswärtigen Amts Hans-Heinrich Dieckhoff, später unter anderem Autor der Schrift »Zur Vorgeschichte des Roosevelt-Krieges« (1943). Viereck sah sich im Prozess als Friedensvermittler zwischen Roosevelt und Hitler und als Opfer des deutlich veränderten politischen Klimas nach Pearl Harbour. Am 5. März 1942 wurde Viereck in allen Anklagepunkten schuldig gesprochen und kam in *protective custody* (Schutzhaft). Nach einer mehrjährigen juristischen Odyssee – Berufung, Aufhebung des Urteils wegen Formalfehlern durch den Supreme Court, neue Verurteilung, Gnadengesuche – blieb Viereck bis zum Mai 1947 inhaftiert. Er schrieb danach noch einige Bücher, unter anderem den Bestseller »Man into Beasts« über seine Gefängniszeit, der in manchen Kreisen als Vorläufer der *gay pulp fiction* gilt.

Sein Sohn Peter Viereck erhielt für sein Erstlingswerk »Meta-Politics. The Roots of the Nazi Mind« (»Meta-Politik. Die Ursprünge nationalsozialistischen Denkens«; eine frühe Analyse der Wurzeln des Nationalsozialismus in der deutschen Romantik und im Wagner-Kult), das zuerst 1941 erschien, ein ausführliches Lob von Thomas Mann. Peter Viereck war zwar, wie sein Vater, preisgekrönter Poet, nahm aber ansonsten die Biografie seines Vaters eher als Negativfolie und brach nach

1945 den Kontakt zu ihm weitgehend ab. Aufgrund des schlechten Rufs von Viereck sr. konnte er nicht Offizier in der US Army werden, bekam aber einen attraktiven Posten im Office of Strategic Services (OSS) in Tunis, einem Vorläufer der CIA. Er war in den 1950er-Jahren ein entschiedener Gegner des McCarthyismus und definierte mit zahlreichen Büchern und Aufsätzen den Begriff *»conservative«* in den USA – selten im Einklang mit der offiziellen Parteilinie der Republikaner.

George Sylvester Viereck starb am 18. März 1962 in Holyoke, Massachusetts. In seinen letzten Lebensjahren definierte er, altersmilde geworden, seinen Einsatz für das NS-Regime als bedauerliche Episode und vergab seinen einstigen Gegnern. Er war im Grunde ein *in politics* naiver, narzisstischer deutsch-amerikanischer Esoteriker, dem schon Sigmund Freud in einer persönlichen Psychoanalyse bedeutet hatte, er habe eine bedenkliche Sehnsucht nach einem »Übervater« – und das konnte eben Wilhelm II. oder Hitler sein.

3

Putzi und Charlie

Der Apparat: Wer vermittelte die Hitler-Interviews?

»Wir wollen Freunde sein. Ich nenne Dich Rasche. Du aber musst Charlie zu mir sagen. In vier Wochen ist alles vorbei. Ich bin doch nicht mehr lange da. Es ist gut, wenn man zu seinen alten Freunden steht und seine Verbindungen hält. Große Sache! Ich werde Unterstaatssekretär.«

Ministerialdirigent Karl Bömer im Mai 1941,
laut Zeugenaussage von Legationsrat Emil Karl Rasche

Im Frühjahr 1941 kam es vor dem nationalsozialistischen Volksgerichtshof zu einem ungewöhnlichen Prozess. Angeklagt war kein Regimegegner, sondern ein hochrangiger Beamter des Reichsministeriums für Volksaufklärung und Propaganda (RMVP oder »Promi«). Der schwerwiegende Vorwurf: Landesverrat. Das Verfahren galt als Staatsgeheimnis, mit prominenten Zeugen wie Reichsminister Joseph Goebbels, Reichspressechef Otto Dietrich und Außenamts-Presseleiter Paul Karl Schmidt. Und obwohl selbstverständlich kein Auslandskorrespondent direkt als Zuhörer dabei sein konnte, sickerten Nachrichten aus dem Prozess in die Weltpresse durch. Denn der Beschuldigte, Ministerialdirigent Professor Dr. Karl Bömer (1900–1942), war zuvor im Propagandaministerium ausgerechnet für die Abteilung »Auslandspresse« zuständig gewesen.

Jeder halbwegs orientierte Auslandskorrespondent in Berlin kannte den amerikakundigen »Charlie« Bömer, den weit gereisten, vordergründig jovialen, trinkfesten und eloquenten *spin doctor* der National-

Professor Karl Bömer (2. von links), Chef der Abteilung »Auslandspresse« im Propagandaministerium, war aufgrund seiner USA-Kenntnisse bei den angelsächsischen Reportern nicht unbeliebt. Die Spezialität des gelernten Zeitungswissenschaftlers war die Organisation von Frontreisen für die Auslandsreporter, eine frühe Form des »embedded journalism«; auf dem Foto Bömer, später wegen Landesverrats vom Volksgerichtshof verurteilt, u. a. mit Hitler und dem US-Reporter John McClutcheon Raleigh (2. von rechts), vermutlich in Warschau 1939.

sozialisten. Hier stand kein altgedienter Karrierebeamter aus Weimarer Zeiten vor Gericht, der im NS-Staat aus funktionalen Gründen noch mitgeschleppt worden war. Karl Bömer galt als glänzendes Beispiel eines »intelligenten Nationalsozialisten« – wenn das nicht als Widerspruch in sich zu gelten hat. Viele beobachtende Journalisten sagten ihm eine weitere steile Karriere voraus, er sich selbst allerdings unvorsichtigerweise auch. Und das sollte ihm zum Verhängnis werden. Er hatte, auf einem Empfang der bulgarischen Botschaft und unter erheblichem Alkoholeinfluss, nicht weniger verraten als den bevorstehenden deutschen Angriff auf Stalins Sowjetunion. An der Sachlage gab es wenig zu deuteln, obwohl ihm Joseph Goebbels und Otto Dietrich persönlich zu Hilfe sprangen.

Professor Bömer, der für NS-Verhältnisse sehr solide ausgebildete Zeitungsforscher, ein moderner Medienmanager *avant la lettre*, gehörte zu denjenigen, die Begegnungen mit dem nationalsozialistischen Spitzenpersonal anbahnen sollten, also Gespräche mit dem Multifunktionär Alfred Rosenberg (dessen Pressechef er zunächst war), mit Goebbels, dann auch mit dem mythisierten »Führer« selbst. Der ungewöhnliche Prozess gegen Bömer – die Anklageschrift ist im deutschen Bundesarchiv aufbewahrt (»Geheime Reichssache«) – ist ein interessanter Detailbeleg für die bis aufs Messer ausgetragenen Kämpfe von NS-Funktionären um interne und öffentliche Geltung, letztlich im permanenten Bemühen um den probaten »Zugang zum Machthaber« (Carl Schmitt). Auf den »Fall Bömer« wird gleich noch zurückzukommen sein; er verweist auch auf den seltsamen Kontrast zwischen einer nach außen hin perfektionierten PR-Maschine und dem schließlich überkomplexen, nur bedingt fachlich qualifizierten publizistischen Apparat des NS-Regimes, der personell und institutionell immer mehr anschwoll.

US-Korrespondent Howard Kingsbury Smith (1914–2002) schrieb nach seiner Rückkehr aus dem »Großdeutschen Reich«:

> Das Propagandaministerium in der Wilhelmstraße, das in Berlin zwangsläufig zum Zentrum meiner Arbeit wurde, arbeitete mit einer erschreckenden Reibungslosigkeit, die den Nazismus insgesamt so unheimlich machte. Aus dem Ticker des DNB, der offiziellen Presseagentur, ergoß sich ein satter und stetiger Strom von Nachrichten. Auf den Pressekonferenzen, die zweimal täglich stattfanden – einmal im Außenministerium, einmal im Propagandaministerium –, saßen Reportern ein halbes Dutzend Regierungssprecher gegenüber, gaben ausführliche Kommentare und lieferten faktengesättigte Berichte. Natürlich gab es immer mehrere Schichten von Propagandawolken [...]. Kritik war bei den Nazis natürlich nicht gestattet, aber am technischen Funktionieren ihrer Propagandamaschine gab es in der damaligen Blütezeit selten etwas auszusetzen.

Howard K. Smiths Buch »Last Train from Berlin« (1942), stilistisch und sozialpsychologisch eine schon kurz nach dem Erscheinen herausragende Studie über die inneren Verhältnisse des NS-Regimes (in deutscher Übersetzung erst seit 1982 zu haben), benennt ein zentrales Paradox von dessen Propagandapolitik. Wie konnte es sein, dass die Propaganda im Inland, aber eben auch von den im Reich arbeitenden Auslandskorrespondenten als »erschreckend reibungslos« und erfolgreich wahrgenommen wurde, wenn doch ihre diversen Repräsentanten ständig gegeneinander arbeiteten, sich Fallen stellten und immer wieder den »Führer« bemühen mussten, um Kompetenzstreitigkeiten zu schlichten? Eine Antwort liegt sicherlich darin, dass es in ihrer Fixierung auf die Führerideologie, in der generellen Dogmatik und in Zentralthemen kaum Divergenzen gab. Zum anderen gab es in den diversen Propagandaapparaten neben eher raren NS-Talenten auch jede Menge »bürgerliche« Fachleute aus den Weimarer Jahren, die halfen, den Betrieb in Presse und Rundfunk professionell und technokratisch aufrechtzuerhalten – aus Opportunismus, weil sie weiterhin ihren Lebensunterhalt verdienen mussten, häufig auch mitgerissen von den real-

und militärpolitischen Erfolgen des diktatorischen Regimes bis 1941/42. Es zählten eben nicht nur die immer wieder erwähnten Einzelfiguren wie Joseph Goebbels, »Reichspressechef« Otto Dietrich, Chefverleger Max Amann mit seinem fähigen Stabsleiter Rolf Rienhardt oder, im Auswärtigen Amt, Joachim von Ribbentrop mit seiner Presse- und seiner Rundfunkpolitischen Abteilung, sondern ebenso die servilen Bürokraten dahinter.

Zudem hatten sich alle möglichen NS-Institutionen ihre eigenen PR-Apparate aufgebaut, etwa Minister Robert Ley (»Reichstrunkenbold«), Chef der (zwangs-)mitgliederstarken Deutschen Arbeitsfront, der unter anderem Goebbels' ursprüngliches Berliner Kampfblatt *Der Angriff* in sein Revier übernahm. Oder der langjährige Chefredakteur des *Völkischen Beobachters* und Parteiphilosoph Alfred Rosenberg mit seinen diversen Kulturinstitutionen, denen jeweils Medienapparate zugeordnet waren. Und da war auch Heinrich Himmler, dem es, neben den Erfolgen seiner eigenen Organe wie dem SS-Blatt *Das Schwarze Korps,* auf mehr oder weniger subtile Art gelang, große Teile des entscheidenden Personals vom Propagandaministerium und Auswärtigen Amt mit höheren Rängen auf das SS-Ticket zu übernehmen und damit zu vereinnahmen: Hitlers persönlicher Pressetroubadour Otto Dietrich wurde SS-Obergruppenführer und damit ranggleich mit Ribbentrop, dessen Presselenker Paul Karl Schmidt war SS-Obersturmbannführer, zahlreiche Führungskader im Goebbels-Ministerium hatten höhere SS-Ränge, wie die Staatssekretäre Karl Hanke und Werner Naumann (Letzterer war später in der Adenauer-Republik in diversen rechtsradikalen Gruppierungen unterwegs). Und schließlich unterhielt jeder Gauleiter, »Reichsbevollmächtigte« oder sonstige Parteipotentat seinen eigenen Presse-und-Propaganda-Apparat, für sich selbst und gegen andere. Das hatte vor der schrittweisen Gleichschaltung von Partei- und Staatsgewalten, der Etablierung des Propagandaministeriums und später der Medienabteilungen Ribbentrops noch wesentlich anders ausgesehen. Aus dieser Entwicklung ergibt sich auch die Differenz zwischen der Anbahnung der frühen Hitler-Interviews in den 1920er-Jahren und denjenigen, die er in seiner Funktion als Reichskanzler gab – ganz abgesehen von seiner veränderten staats- und außenpolitischen Positionierung.

Im Januar 1970 traten in einer Fernsehdokumentation des Bayerischen Rundfunks zwei rüstige ältere Herren auf, die durch ihre Gärten spazierten oder in ihren Pianozimmern Anekdoten zum Besten gaben. Die Dokumentation hieß »Hitlers erste Machtergreifung – aus der Frühgeschichte der NSDAP 1919–1923«, und die beiden Zeitzeugen gehörten tatsächlich zum Gründungspersonal der Partei: *Hermann Esser,* Jahrgang 1900 und schon als Neuzehnjähriger bei der Reichswehr zusammen mit dem späteren »Führer« für die Aufklärung der ursprünglichen »Deutschen Arbeiter-Partei« in München abgeordnet, und *Ernst Franz Sedgwick Hanfstaengl,* Jahrgang 1887, der erste »Auslandspresse-Beauftragter« der NSDAP. Beide genossen ihren TV-Auftritt sichtlich, und wer sich bisher nicht mit der bayerischen Frühphase der NSDAP auseinandergesetzt hatte, konnte den Eindruck haben, alles sei sehr fidel und im Stil der *opera buffa* zugegangen.

Der ehemalige Zeitungsvolontär Esser (»Ich bin ja von links zu dieser Partei gestoßen«, tatsächlich war er kurzzeitig Mitglied der USPD) brachte es 1921 bis 1923 zum ersten Propagandaleiter der NSDAP und Redakteur des brandneuen *Völkischen Beobachters;* als solcher war er einer der frühen Promotoren von Hitler-Mussolini-Vergleichen. Der ausgemachte Rüpel Esser, Spezialist für die Sprengung gegnerischer Parteiversammlungen, brachte es 1933/34 zum bayerischen Landwirtschafts- und Wirtschaftsminister, bevor er nach allerlei Skandalen 1939 als – weiterhin höchst korrupter – Staatssekretär für »Fremdenverkehr« ins Goebbels-Ministerium delegiert wurde. Diverse Aufsichts- und Verwaltungsratsmandate, unter anderem bei der Lufthansa und der Reichsbahn, sorgten für Zusatzeinnahmen. Mit seinem Pamphlet »Die jüdische Weltpest« (1927) war er als ordinärer Antisemit einschlägig ausgewiesen. Schon Konrad Heiden, der frühe Hitler-Biograf, hielt Esser für den »zweitbesten Agitator der Partei«: »Esser hat sich früher eng an Hitler herangemacht. Dann aber hat er erfahren, daß der Führer zu Dritten äußerte: ›Ich weiß, dass Esser ein Lump ist, und ich brauche ihn nur, solange ich ihn für meine Zwecke nötig habe.‹«

Der ältere Esser-Feund Hanfstaengl hatte den polyglotteren und großbürgerlich-soignierteren Hintergrund und stellte sich in der Dokumentation selbst so vor:

> Ja, schauen Sie hin, Sie werden mich wohl kennen, ich bin der Dr. Hanfstaengl, genannt Putzi, und trage diesen Namen durch einen Zufall. Also aus Aberglauben, zum Teil heute noch – es hat nämlich geheißen, wenn ich nicht mehr Putzi heiße, dann sterbe ich. Ich hatte die Diphterie, das war vor grauen Jahren, da waren Sie alle noch gar nicht geboren, das war im Jahr 1888. Ja, und jetzt muss ich Ihnen wohl erzählen, wie ich den großen Adolf aus Braunau kennenlernte.

Und so hieß Hanfstaengl bis zu seinem Lebensende »Putzi«, seine zahlreichen US-Freunde nannten ihn allerdings »Hanfi«. Er war ein Spross der renommierten Münchener Kunsthändlerdynastie Hanfstaengl (Spezialität: hochkarätige Reproduktionen) und stammte mütterlicherseits von den Sedgwicks und Heines in den USA ab, mit Generälen des amerikanischen Bürgerkriegs in der Genealogie. 1905 begann er ein Studium in Harvard, ein Jahr später rettete er dort einen Ruderer aus dem Charles River. »Hanfstaengl, Harvard's Hero« textete der *Boston Herald*. Er war Mitglied von Harvards studentischem »Hasty Pudding-Club« und hatte dort in dem Studentenschwank »Gretchen Spootspfeiffer«, wie er sich erinnerte, »zum Gaudium des Publikums mit meiner Übergröße von sechs Fuß, vier Zoll und einem steinerweichenden Jodel-Falsetto die Titelrolle kreiert«. Eine Zeit lang hatte Putzi den New Yorker Ableger des elterlichen Kunstsalons geleitet; 1918 kehrte er nach München zurück, auch aufgrund der deutschfeindlichen Stimmung in den Vereinigten Staaten nach dem Ersten Weltkrieg. Viele Frauen fanden den musikalischen und kunsthistorisch gebildeten Hünen offenbar attraktiv, so war er in seiner US-Zeit unter anderem Lover der Avantgardeschriftstellerin Djuna Barnes, die ihn auch nach Hitlers Machtübernahme weiterhin traf. Noch im Januar 1952 schrieb er ihr aus Uffing: »Djuna Darling – ich schreibe dir nur, damit du weißt, dass ich noch da bin. […] Alte Liebe verschwindet nicht.« Und 1966: »Du bist immer noch eine teure Erinnerung für deinen alten Freund Putzi.«

Hanfstaengl schaffte nach 1945 in Sachen zeithistorischem Imagewandel etwas, das neben ihm aus der Führungsriege der NS-Bewegung, in einem durchaus anders gelagerten Fall, nur Albert Speer fertigbrachte: Er gab sich jetzt als harmloser, eben putziger Zeitgenosse aus (hier half ihm sein Spitzname), als bayerisch-amerikanischer Gentleman, der überhaupt nur aus persönlicher Anhänglichkeit zu Hitler, als eine Art Conférencier und Entertainer, Komponist von Märschen wie »Jugend trauert« und »Deutscher Föhn«, bei der NS-Bewegung gelandet und geblieben sei. Es stimmte zwar: Hanfstaengl blieb in der NSDAP ein Solitär, auch als zunächst ehrenamtlicher Auslandspresse-Berater Hitlers (erst seit 1932 offiziell »Auslandspressechef«) ohne größeren personellen Unterbau,[37] und tatsächlich wurde er 1937 mit einem üblen Scherz aus dem Reich vertrieben – »Putzi« blieb bis zum Ende seines Lebens bei der Auffassung, er habe damals im Auftrag von Göring, Goebbels etc. ums Leben gebracht werden sollen. Aber schon der deutsche Titel seiner 1957 zuerst in London publizierten Memoiren »Zwischen Weißem und Braunem Haus« (1970 bei Piper in München erschienen) verschob Hanfstaengls Biografie auf subtile Weise: Nun stand das Weiße Haus im Vordergrund, wo Hanfstaengl als – eher marginaler – Berater der Roosevelt-Regierung schließlich angelandet war.[38]

Die Fakten sprechen eine andere Sprache: »Putzi« hatte seinem Führer immerhin fünfzehn Jahre treu gedient, der war auch nicht zufällig nach dem gescheiterten 1923er-Putsch zu Hanfstaengls Ehefrau Helene nach Uffing am Staffelsee geflüchtet, und es gibt zahlreiche Aussagen von unverdächtigen Zeitzeugen, die belegen, dass Putzi bis weit in die 1930er-Jahre klar die Linie der NS-Ideologie gehalten hatte. Und als Hanfstaengl 1934 frohgemut zu einer Art Klassentreffen nach Harvard zurückkehrte, gab es doch vernehmbare Proteste von Studenten und jüdischen Organisationen, wenn es sich auch einflussreiche Kreise der Harvardverwaltung mit Hitlers Auslandspresse-Beauftragten nicht verderben wollten und ihn durchaus hofierten.

Wie bereits geschildert (siehe Einleitung), sollte Hanfstaengl auf Bitten des stellvertretenden Militärattachés der Berliner US-Botschaft, Truman Smith, im November 1922 eine Hitler-Versammlung in München besuchen, im Kindl-Keller. Den Zugang hatte ihm ausgerechnet Alfred Rosenberg ermöglicht, bald schon sein dezidierter Gegner, der ihm von Truman Smith als »der Pressechef von Herrn Hitler« vorgestellt worden war. Hanfstaengl im Nachhinein über seinen ersten Eindruck von Rosenberg: »fragwürdig verbummelte Kaffeehaus-Erscheinung … unklare Physiognomie … musste ich bei der Nennung seines Namens […] an die Bemerkung Rudolf Kommers über die Rolle von landfremden Mischlingstypen in nationalen Bewegungen denken«. Und hatte Rosenberg nicht vielleicht sogar jüdische Ahnen, ausgerechnet als Pressechef von Hitler? In seinen Memoiren belässt es Hanfstaengl bei einem zarten Hinweis auf einen Artikel des *Osservatore Romano* (15. September 1937): Der Vater von Rosenbergs Großmutter sei demnach »Mongole« und »die Großmutter seines Urgroßvaters Jüdin gewesen«.

Rosenberg jedenfalls verschaffte Hanfstaengl den Zutritt zu der Hitler-Kundgebung im Kindl-Keller. Hitler kam ihm vor »wie der typische Offiziersanwärter in Zivil mit einer verschlossenen Physiognomie, gewohnt zu kommandieren«, so Hanfstaengl. Und dann kam natürlich, was kommen musste: Putzi war hingerissen nicht nur von dem »strahlenden Blau seiner Augen«, sondern auch vom Bariton mit Schmelz und Resonanz, vom »mimischen Talent« und »Einfühlungsvermögen« als Redner. Hitler: »Die Masse ist ein Weib, und als solche mache ich sie mir gefügig.« Putzi kam, jedenfalls in seiner Autobiografie 1957, zu der Erkenntnis: »Hitler war organisch impotent. Die Rednertribüne war ihm gleichsam das Ersatz-Beilager, auf dem er die Kopulation mit der Masse ›Weib‹ vollzog.«

Inhaltlich war Hanfstaengl zu »95 Prozent« mit Hitlers Ausführungen einverstanden, was er ihm auch gleich nach dieser ersten Erfahrung sagte, und außerdem versprach er, seinen Eindruck an Truman Smith weiterzumelden. Nachdem er vor sich selbst zugegeben hatte, so schnell an diesem Massenpsychologie-Virtuosen nicht vorbeizukommen, folgt in seinen Memoiren allerdings verdächtig schnell ein Verweis auf Hitlers »provinzlerisch anmutende Unterschätzung der Vereinigten Staaten als neuer Machtfaktor der Weltpolitik«. Da konnte Putzi dem österreichisch-bayerischen Demagogen natürlich noch einiges beibringen – vor allem, indem er Hitler mit Leuten aus seinem gehobenen Bekanntenkreis zusammenbrachte, »die geeignet erschienen, den unheilvollen Einfluss von Rosenberg und Konsorten durch ihre Autorität zu paralysieren«. Zum Beispiel mit William Bayard Hale, Gegner Woodrow Wilsons und über lange Jahre Chefkorrespondent der Hearst-Presse in Europa, nunmehr als vermögender Ruheständler im Bayerischen Hof zu München residierend, oder mit dem deutsch-amerikanischen Maler Wilhelm Funk. Vergeblich – Hitler interessierte sich nur für den antisemitischen Automobil-Mogul Henry Ford oder den Ku-Klux-Klan. Trotz solcher Enttäuschungen bot sich Hanfstaengl an, »die Rolle eines auf Mäßigung bedachten Beraters an seiner Seite weiter zu spielen«.

Ansonsten stellte sich Hanfstaengl als chevaleresker Privatpianist und Kleidungsberater des NS-Führers dar, der diesem auch den Zugang zu privilegierteren Kreisen der Münchener Gesellschaft – und damit zu Parteispendern – ebnete. Nach 1945 legte er Wert auf seine schon früh einsetzende Hitler-Skepsis: »Mich störten allmählich die unverkennbaren Anomalien seiner psychischen Struktur. Seine Kaffeehaus-Tiraden, seine Ruhelosigkeit, seine Ressentiments gegen mögliche Rivalen in der Parteiführung, seine Scheu vor systematischer Arbeit, seine paranoiden Hassausbrüche – sämtlich Symptome exaltierter Komplexe, in denen sich offensichtlich sein zu kurz gekommenes Geschlechtsleben austobte.«

Da muss es merkwürdig erscheinen, dass Hanfstaengl, NSDAP-Mitglied offiziell seit dem 1. November 1931 (»Ortsgruppe Braunes Haus«), noch 1935 mit Nachdruck »die Verleihung des Goldenen Ehrenzeichens der NSDAP« (Blutorden) beantragte. Zur Begründung gab er bei NS-Reichsschatzmeister Franz Xaver Schwarz seinen heroischen Einsatz beim Hitler-Putsch an: »Ich stand bei Verlesung der Proklamation mit gezogenem Revolver als [Hitlers] persönlicher Schutz in seiner allernächsten Nähe und habe bis zum Zusammenbruch des Putsches, beziehungsweise bis zu meiner Flucht nach Österreich die mir zufallenden Aufgaben pflichtgemäß erfüllt.« Reichsleiter Schwarz lehnte aus formellen Gründen ab, auch als Hanfstaengl im März 1936 in Sachen Ordensverleihung noch einmal nachsetzte, diesmal mit der Angabe, er habe auch an der Neugründung der Partei im Jahre 1925 im Bürgerbräukeller teilgenommen, und dann habe der Führer »den späten Abend des Neugründungstages mit mir in meinem kleinen Häuschen in der Pienzenauer Straße verbracht«. Noch im November 1936 rühmte sich Hanfstaengl in einem Schreiben an Polizeigeneral Kurt Daluege, es sei ihm mithilfe seiner Londoner Anwälte gelungen, das Kapitel über den Reichstagsbrand »in der englischen Ausgabe des Hetzbuches von Konrad Heiden: ›Hitler. Eine Biographie‹« außergerichtlich stoppen zu lassen.

Wenige Wochen später war »Putzi« selber dran und musste eher unfreiwillig ins Lager der NS-Gegner wechseln; Rosenberg, Goebbels, Göring und Heydrich hatten seine Stellung beständig unterminiert, er galt als geschwätzig und unzuverlässig, hatte sich wohl auch unvorteilhaft über Hitlers englische Bewunderin Unity Mitford ausgelassen. In einer Art *practical joke* wurde »Putzi« am 10. Februar 1937 in ein Flugzeug verfrachtet, mit dem vorgespiegelten Führerauftrag, »daß Sie sofort nach Spanien fliegen, um sich dort unserer Pressevertreter anzunehmen«. So hatte es ihm Hitlers Adjutant Fritz Wiedemann eröffnet. Und Goebbels' RMVP-Presseabteilungsleiter Alfred-Ingemar Berndt hatte präzisiert: »Unsere Leute bekommen von den Behörden Francos nicht die Unterstützung, die sie haben sollten. Ein Hauptmann Bolin scheint die Ursache dafür zu sein. Es wird Ihre besondere Aufgabe sein, ihn umzustimmen. Sie werden nach Salamanca fliegen und im Grand Hotel absteigen, das wir als Sitz einer angeblichen Handelsgesellschaft mit dem Namen ›Hisma‹ übernommen haben. Ihr werden Sie beigeordnet werden.«

Hanfstaengl noch 1957: »Das klang alles vollkommen plausibel.« Natürlich klang das alles vollkommen unplausibel, zumal »Putzi« für solche klandestinen Aktionen in einem Bürgerkriegsland in keiner Weise qualifiziert war. Mit im Kreis der Scherzbolde: Hermann Göring, der Hanfstaengl vor dessen Abflug noch warnte, er solle sich »nicht mit spanischen Weibern einlassen, die Hälfte seiner Flieger sei bereits geschlechtskrank«. Jedenfalls wurde alles mitgefilmt, von der Abholung Hanfstaengls in München bis zum Abflug von Berlin-Staaken aus; Kameramann war Heinz »Henry« Javorsky, der später auch in die USA emigrieren sollte; die Aufnahmen haben in US-Beständen überlebt. Das Flugzeug kam nicht bis nach Spanien, was wahrscheinlich auch nie vorgesehen war, sondern landete nach Technikproblemen auf dem kleinen Flugplatz Klein-Polenz bei Leipzig. Hanfstaengl, der nun endgültig begriffen hatte, dass er im NS-Staat nicht mehr gebraucht wurde, flüchtete mit dem Zug via Berlin und München nach Zürich und quartierte sich im Nobelhotel Baur au Lac als »Dr. Franzen« ein. Er wurde mit seiner markanten Physiognomie aber erkannt, und Göring schickte Oberst Karl Bodenschatz nach Zürich mit der schriftlichen Erläuterung, es habe sich bei der Aktion um einen »harmlosen Scherz« gehandelt: »Ich halte es aus verschiedenen Gründen für dringend notwendig, dass Du mit Bodenschatz sofort nach Deutschland zurückkehrst. Ich erkläre Dir ehrenwörtlich, dass Du Dich hier bei uns wie immer in aller Freiheit bewegen kannst. Lass also allen Argwohn fallen und handele vernünftig.«

Hanfstaengl fand es vernünftiger, von der Schweiz aus zunächst nach London zu emigrieren, auch wenn Bodenschatz, Himmler und Bormann ihn immer wieder zur Rückkehr animieren wollten. Als er unvermutet in Zürich aufgetaucht war, bemerkte allerdings die Baseler *National-Zeitung* (16.3.1937) maliziös, man solle seine unfreiwillige Demission doch bitte zum Anlass nehmen, das Dickicht der NS-Pressestellen weiter zu lichten. Vielleicht gebe die Liquidierung des Hanfstaengl-Büros »Anlaß zu einem endgültigen Abbau dieser zahllosen, aus einem überspitzten Organisations- und Geltungsbedürfnis heraus entstandenen Amtsstellen im Reich und in der Partei«.[39]

»Putzi« wandte sich dann am 5. Mai 1938 noch einmal handschriftlich an Himmler: »Bitte setzen Sie Ihre ganze Energie hinter diese Sache. Mir ist namenloses Unrecht geschehen.« Er schaltete noch den prominenten Bildhauer Professor Josef Thorak für einen Vermittlungsversuch in Richtung Hitler ein. Reichsleiter Bormann zuletzt am 15. August 1939 an Hanfstaengl in London/West Kensington: »Wir erwarten Ihre baldige Rückkehr.« Nach Kriegsausbruch 1939 in England zunächst als *enemy alien* festgesetzt, aber auch auf der Sonderfahndungsliste des Reichssicherheitshauptamts, kam er zunächst nach Kanada und wurde dann als wertvolle NS-Quelle 1942 in die USA überstellt. Zuerst im Fort Myers interniert, wurde er auf Anforderung von Roosevelts Privatgeheimdienst-Berater John Franklin Carter (den er schon aus Zeiten vor 1933 kannte) bis Mitte 1944 zu diversen NS-Analysen herangezogen. Noch einmal hatten sich seine weitreichenden transatlantischen Beziehungen ausgezahlt; bald ging er aber seinen US-Auftraggebern mit aufwendigen Forderungen (Steinway-Flügel, teure Zahnbehandlung etc.) auf die Nerven.

Der einzige relevante Konkurrent für Hanfstaengl auf dem Terrain der NS-Beziehungen zur Auslandspresse war in den 1920er-Jahren *Kurt Georg Wilhelm Lüdecke.* Geboren im Februar 1890, war Lüdecke der jüngste Sohn eines Oranienburger Chemiefabrik-Direktors. Er ergriff nach seinem Abitur den Kaufmannsberuf und diente im 2. Bayerischen Infanterieregiment. So viel scheint festzustehen: Danach wird es in der Biografie des notorischen Fabulators Lüdecke recht verwirrend und farbig.

Ein undatierter Justizbericht aus den Jahren 1923/24 trug über ihn zusammen:

– In den Jahren bis zum Kriegsausbruch habe er sich in Frankreich, England, Amerika und Italien aufgehalten – »und will auf einer seiner Reisen eine aus reichem Hause stammende Cubanerin, die Ehefrau des inzwischen verstorbenen früheren Adjutanten des Herzogs von Marlborough, Rosita Mapleson, kennengelernt haben, mit der er auch jetzt noch in ständigem Briefwechsel steht«. Wegen dieser Bekanntschaft sei Lüdecke unter Spionageverdachts in Lahr (Baden) verhaftet, dann aber mangels Beweisen wieder freigelassen worden.

– Nach einer Beschäftigung bei der AEG habe Lüdecke im Auftrag der Lufthansa versucht, Luftfahrzeuge nach Argentinien, Chile, Peru, Mexiko etc. zu verkaufen, sei aber erfolglos geblieben. Dann sei er auf die Idee gekommen, in Mexiko eine Fremdenlegion zu gründen, »in der vorwiegend frühere deutsche Offiziere und Unteroffiziere eine neue Lebensmöglichkeit hätten finden können«. Auch dieses Projekt scheiterte. Dann habe Lüdecke von der Lufthansa eine Entschädigung von 150.000 Reichsmark erhalten und als Vertreter der mitteldeutschen Gummifabrik »Peters Union« weitere 500.000 Mark Reingewinn erzielt.

– In New York habe er sich 1921 als Kunsthändler und Ausstellungsmacher versucht, aber auch »das jüdische Problem der Vereinigten Staaten an Ort und Stelle studieren« wollen. Nach Berlin zurückgekehrt, sei er auf Vermittlung des Ernst Graf zu Reventlow mit Herrn Hitler in Kontakt gekommen und habe sich für die nationalsozialistische Bewegung finanziell und organisatorisch engagiert. So habe er im Einverständnis mit Herrn Hitler und dem früheren Münchner Polizeipräsidenten, Herrn Ernst Pöhner, auf eigene Kosten eine Reise nach Paris und Mailand unternommen, »um mit dem Leiter der antisemitischen Bewegung in Frankreich und mit Mussolini in Verbindung zu treten«. Während dieser Reise habe Lüdecke in Frankreich »wertvolle Bijouteriesachen« verkauft und aus dem Erlös Gelder an die NSDAP übermittelt.

– In den letzten Wochen habe Lüdecke »einen Stosstrupp aufgestellt, mit dem er angeblich Hitler eine freudige Überraschung bereiten wollte. Die Mitglieder dieses Stosstrupps, der zuletzt über 50 Mann umfasste, erhielten auf Rechnung Lüdeckes je 1 Waffenrock, soweit

> notwendig auch Kniehosen, Touristenstiefel, Gamaschen, Strümpfe, Halsbinden und sogen. Skimützen, sowie Armbinden mit Hackenkreuz [sic] und versilbertem Totenkopf, viele von seinen Leuten bekamen auch Unterstützungen in Geld und Natura, die sich auf mehr als 100.000 Mark belaufen.«

Angesichts solcher Mischungen aus Dichtung und Wahrheit kann künftigen Biografen von Lüdecke nur viel Vergnügen gewünscht werden; selbst in der NSDAP galt er bald als suspekter Hochstapler und Erpresser. Hitler aber hielt lange an ihm fest, zum Leidwesen besonders von Hanfstaengl. Putzi und Lüdecke hatten eigentlich ziemlich viel gemeinsam: Beide waren mit US-Bürgerinnen verheiratet, hatten Hitlers Potenzial schon 1922 erkannt, und beide landeten als Exilanten schließlich wieder in den USA. Lüdecke war der frühe Italienbeauftragte Hitlers, auch und gerade für Interviews, kam aber mit seinen US-Kontakten (unter anderem zu Henry Ford) Hanfstaengl ins Gehege.

Bald denunzierten sich Putzi und Lüdecke in Serie bei Hitler und anderen NS-Potentaten. »Erpresser unter sich« – so formulierte es der Historiker Lothar Machtan, der sich 2001 intensiv mit der Beziehung der beiden Auslandspresse-Strategen beschäftigte, für sein auf Effekt angelegtes Buch »Hitlers Geheimnis« (Grundthese: Der Führer war homosexuell, zumindest latent). Lüdecke war der dreistere Typ – 1933/34 auf Weisung Görings im Konzentrationslager und dann unter rätselhaften Umständen wieder entkommen, schrieb er aus dem Exil mehrere Drohbriefe in Richtung NS-Führung, zuletzt 1943 aus der Schweiz eine sechsseitigen Demarche an Hitler, in der er »völlige Rehabilitierung und Genugtuung« forderte (mit Durchschlägen unter anderem an Rosenberg, Max Amann und Magda Goebbels, deren Geliebter er auch einmal gewesen war).

In den USA hatte Lüdecke bereits 1937 ein 800-Seiten-Buch mit dem Titel »I Knew Hitler« veröffentlicht, auch mit dieser Aktion war er wieder einmal seinem Erzfeind Hanfstaengl zuvorgekommen. Publizistisch vereint, fanden sich Putzi und Lüdecke in der bekannten

US-Geheimdienst-Psychoanalyse »The Mind of Adolf Hitler« (1940) wieder – als Kronzeugen für angebliche sexuelle Perversionen des Diktators. Nach 1945 verlor die westdeutsche Historikerzunft den mysteriösen Lüdecke, der 1960 in Prien am Chiemsee starb, vollkommen aus den Augen; bis heute wurde nicht einmal sein durchaus interessantes Hitler-Buch übersetzt.

Während Kurt G. W. Lüdecke zwar auf großem Fuße lebte, aber ansonsten eher keine öffentliche Erscheinung sein wollte, galt Putzi als Salonlöwe. Martha Dodd, Tochter des US-Botschafters William Dodd (der eine Affäre mit Hanfstaengl nachgesagt wurde, aber auch eine mit dem ersten Gestapo-Chef Rudolf Diels), schrieb in ihren Erinnerungen an die Berliner Jahre:

> Putzi traf spät [auf einer Party] ein, und sein Auftritt war sensationell; er war ein riesiger Mann, sowohl was seine Größe als auch was seinen Umfang anbelangte, er überragte alle Anwesenden. Sein Gesicht war grob und dunkel, hohlwangig, mit herabhängenden Zügen. Er hatte eine sanfte, gewinnende Art, eine schöne Stimme, die er bewußt und kunstvoll einsetzte, indem er zeitweise leise und sanft flüsterte und im nächsten Augenblick markerschütternd durch den Raum brüllte. Er galt als der Künstler unter den Nazis, unberechenbar und interessant, Hitlers persönlicher Clown und Musiker.

Dodd erzählt weiter, dass sie von ihrem ersten Kontakt mit einem hochrangigen Nazi fasziniert gewesen sei: »Bayerisches und amerikanisches Blut hatten diese eigenartige Erscheinung hervorgebracht. Er hätte nie ein Preuße sein können, und er war stolz darauf.«

Auch US-Korrespondent William Shirer, in einer Tagebuchnotiz am 4. September 1934 anlässlich des Nürnberger NSDAP-Parteitags, bedient das Clown-Narrativ: »Putzi Hanfstaengl, ein ungemein hochnervöser, nicht nachvollziehbar handelnder Clown, der kaum eine Gelegenheit auslässt, uns daran zu erinnern, dass er zum Teil Amerikaner ist und in Harvard studiert hat, hielt in seiner Eigenschaft als Auslandspressechef der Partei die Hauptrede des Tages. Offensichtlich um dem Führer zu gefallen, erdreistete er sich, uns aufzufordern, ›über das Geschehen in Deutschland zu berichten, ohne den Versuch, es zu interpretieren‹«. »Allein die Geschichte«, rief Putzi, »kann die Ereignisse beurteilen, die aktuell unter Hitler stattfinden.«

Putzi war aber eben nicht nur der Clown und Komponist von HJ-Märschen, sondern lange Zeit für Hitler auch als Medienberater tatsächlich wertvoll. Bereits beim *beer hall putsch* 1923 hatte Hanfstaengl eine Reihe von US-Korrespondenten animiert, in den Bürgerbräukeller zu kommen: »Einer, an dessen Kommen mir viel lag, war Larry Rue, der Vertreter der ›Chicago Tribune‹, ein erfahrener Allround-Journalist, auch wenn er die deutschen Verhältnisse kaum so sachlich und objektiv beurteilte wie beispielsweise Knickerbocker.« Hanfstaengl gabelte Larry Rue im Hungaria auf, einem von den Gebrüdern Walterspiel geleiteten Feinschmecker-Restaurant am Wittelsbacherplatz in München.[40]

Im Jahr 1934 arrangierte Putzi ein besonders hochkarätiges Treffen zwischen dem Medienmogul William Randolph Hearst und Hitler. Zeitungsprofi Hearst, der auch in Europa schon vor dem Erscheinen von Orson Welles' »Citizen Kane« als *Celebrity* galt und auch selbst interviewt wurde. Darüber berichtete Hearst: »Wenn man in Deutschland interviewt wird, braucht man sich nicht einzubilden, daß das, was man zu sagen hat, auch nur die geringste Rolle spielt. Der Interviewer mustert einen sorgfältig, hört einem gleichgültig zu und geht dann weg und schreibt, was seiner Meinung nach Hitler genehm ist. Ich mache den Interviewern keinen Vorwurf. Wenn sie sich nicht so verhalten, wird ihre Zeitung für eine Woche oder so dichtgemacht.«

Hanfstaengl hatte – jedenfalls rückblickend – den Eindruck, dass seine Bemühungen, Hitler hochkarätige Medienleute zuzuführen, ohnehin nicht viel brachten. Hitler sei notorisch unpünktlich und im Grunde desinteressiert gewesen, deshalb habe er immer »bei wichtigen

Verabredungen mit Journalisten längst vor dem fälligen Termin« durch die Stadt jagen müssen, um Hitler aufzustöbern und einigermaßen rechtzeitig zum jeweiligen Meeting zu bringen: »Mit einiger Sicherheit konnte man ihn gegen vier Uhr nachmittags noch immer im Café Heck antreffen, allerdings umringt von zahlreichen naiven Bewunderern, denen er bereits hundertmal erzählte Episoden aus der Parteigeschichte zum einhunderteinsten Mal zum besten gab.« Kam das Interview zustande, habe Hitler »oft eine bemerkenswerte Unfähigkeit« bewiesen, »allzu delikate oder direkte Interviewfragen mit nichtssagenden Redensarten zu umgehen und ihnen so den gefährlichen Stachel zu nehmen«.

Hitler habe bei den Interviews immer den Eindruck vermittelt, als verlange er, »dass seine Befrager, wenn nicht hundertprozentige Nazis, so doch zumindest faszinierte Bewunderer seines Genies seien, die es nicht wagen würden, irgendeine Silbe in seinen Offenbarungen zu verändern oder sie gar mit kritischem Kommentar zu versehen«. So habe er, Hanfstaengl, häufig als »entgiftender Filter« wirken müssen, was ihm als gelegentlicher Dolmetscher bei den Gesprächen des Öfteren auch geglückt sei. Dennoch habe bei Pannen häufig er als Sündenbock herhalten müssen.

Nachdem Goebbels sein neues Propagandaministerium aufgezogen hatte, wurde der »entgiftende Filter« Hanfstaengl zunehmend überflüssig. Der neue Propagandaminister hielt ihn ohnehin für »ein Schwein erster Klasse« und steckte wohl auch hauptverantwortlich hinter der Spanien-Scherzaktion. Goebbels, der rheinische Katholik, verhinderte Dramendichter, Kampfjournalist und Berliner Gauleiter, wird bis heute in der populären Erinnerung immer mit seiner Sportpalastrede (»Wollt ihr den totalen Krieg?«) und mit »Propaganda« schlechthin gleichgesetzt. Nachdem er bei der Bildung des Kabinetts Hitler/Papen 1933 zunächst übergangen worden war (»Ich schaue in den Mond«, auch Ehefrau Magda war sehr unglücklich) – aus Rücksicht auf Hindenburg und die konservativen Koalitionäre –, wollte er aber eigentlich auf keinen Fall »Propagandaminister« werden. Das klang ihm, der ja schon für die NSDAP Berlin »erobert« hatte und als ursprünglicher Kombattant des antikapitalistischen Strasser-Flügels alle möglichen politischen und persönlichen Krisen überstehen musste, zu sehr nach Reklamefachmann und politisch zweitrangig. Als er sich von Hitler dann doch hatte breitschlagen lassen, musste er zuerst aus allen möglichen anderen Ressorts (Inneres, Kultus, Landwirtschaft) Abteilungen und Personal zusammenklauben. Seinen führenden Ministerialbeamten traute er auch in der Folge nicht, ständig wurden sie von einer Abteilung in die andere versetzt.

Die umfassende »Regie des öffentlichen Lebens« in einer Diktatur beherrschte Goebbels als gelernter Agitator, Autor und Filmkenner sicherlich, er bombardierte seine Leute auch täglich mit allen möglichen Detaileinfällen[41] – aber er wollte mehr, im Kern der NS-Politik wirken und nicht die Politik von Leuten verkaufen, die er zumeist für einfältige Flachköpfe hielt – mit Ausnahme des geliebten Führers natürlich. So richtete sich sein Ingrimm schnell gegen Bildungsminister Bernhard Rust, gegen »Reichsorganisationsleiter« und Arbeitsfront-Chef Robert Ley, nach 1939 dann auch verstärkt gegen Göring, den Außenminister von Ribbentrop und vor allem gegen Rosenberg und alle Reste der ursprünglichen Münchener NS-Clique (mit Ausnahme von Himmler, der war inzwischen mit seinem Polizei- und Terrorapparat zu mächtig geworden).

»Mit Unrecht halten viele Dr. Goebbels für den schöpferischen Geist der nationalsozialistischen Propaganda. Er ist nur Hitlers Musterschüler in diesem wie in vielem anderen; ein zu Feinarbeit hochbegabtes Talent, das ausfeilt, wo das Genie mit der Axt zugeschlagen hat«, so hatte es Konrad Heiden schon 1937 korrekterweise formuliert. Das Ausland war Dr. Goebbels wie Hitler fremd, in die Mentalität der Amerikaner, Russen oder Engländer konnte er sich nie einfinden. Und so lag es auch am kompensatorischen Respekt, dass sich Karl Bömer in Fragen der Auslandspresse und darüber hinaus zu Goebbels' bevorzugtem Mitarbeiter entwickeln konnte.

Bömer war Münsteraner Professorensohn, sein Vater hatte lange Jahre die Universitätsbibliothek der Westfälischen Wilhelms-Universität geleitet. Abitur am noblen Gynasium Paulinum, dann Frontkämpfer im Ersten Weltkrieg, Freikorps Münsterland, Mitglied der rechtsradikalen »Organisation Escherich« als Zwanzigjähriger. Bankassistent. Nach Promotion mit einer Arbeit über das »münsterische Bankwesen« (1925) und einem Zeitungsvolontariat in Münster wurde er 1926 Referent am Deutschen Institut für Zeitungskunde unter Professor Emil Dovifat.[42] Studienreisen und Vorträge, vor allem in den USA. Herausgeber des anspruchsvollen »Handbuchs der Weltpresse« (1931) und Verfasser zahlreicher Aufsätze zur Presseökonomie, wurde er im Januar 1932 offiziell Mitglied der NSDAP. Im Mai 1933 Pressechef in Rosenbergs Außenpolitischem Amt der NSDAP, hatte er zuvor einige Monate ehrenamtlich ausgerechnet als Gehilfe von Hanfstaengl gearbeitet. Seine akademischen Ambitionen verfolgte er weiter: 1935 kumulative Habilitation, 1937 außerplanmäßiger Professor in Berlin, Dozent an der Deutschen Hochschule für Politik; nach einem kurzzeitigen Zwischenspiel als Legationsrat im Auswärtigen Amt kauften ihn Goebbels und Otto Dietrich 1938 für das »Promi« ein, seit 1940 amtierte er dort als Leiter der Abteilung Auslandspresse im Rang eines Ministerialdirigenten. Im selben Jahr wurde er auch noch als Professor für die neue Auslandswissenschaftliche Fakultät der Berliner Universität unter Gründungsdekan und »SS-Gegner-Forscher« Franz Alfred Six kooptiert.

Schon 1933 war Bömer im auflagenstarken nationalsozialistischen *Illustrierten Beobachter* (mit einem Foto, das ihn im Gespräch mit »Mr. Campbell, Führer der Rex Guard, einer antisemit. Org. in Australien« zeigte) so vorgestellt worden: »Dr. Karl Boemer, Presse-Referent und Archiv-Leiter im Außenpolitischen Amt, war acht Jahre lang Assistent im Institut für Zeitungskunde an der Universität Berlin. Er gilt als einer der besten Fachmänner auf dem Gebiete der Zeitungswissenschaft und wurde zweimal zu Gastvorlesungen nach den Vereinigten Staaten von Amerika gerufen. [...] Zur Zeit arbeitet Dr. Boemer an einer internationalen Bibliographie des Zeitungswesens. Mit der Partei steht er seit längerem in enger Fühlung.« Bereits im Amt Rosenbergs erwies sich der verhältnismäßig junge, polyglotte und wendige Bömer als Vermittler hochrangiger Interviews: »Über Karl Bömer und Alfred Rosenberg hatte ich ein Interview mit Hitler für den Tag der Bekanntgabe der Ergebnisse zur Volksabstimmung des Saargebiets vereinbart, in der Annahme, es handele sich um einen günstigen Zeitpunkt, der ihn in beste Laune versetzen würde, sofern alles zu seinen Gunsten verlief«, so der US-Korrespondent Pierre J. Huss über sein Hitler-Interview auf dem Obersalzberg 1935.

Goebbels deckte seinen Lieblingsreferenten dann bei den täglichen Ministerkonferenzen mit allerlei Aufgaben gehörig ein: Mal sollte Bömer sich damit beschäftigen, die Prophezeiungen des Nostradamus für die NS-Propaganda nutzbar zu machen, mal sollte er gegen die »Disziplinlosigkeit der italienischen Presse« intervenieren oder er sollte sich anlässlich von Maßnahmen der US-Behörden wegen der Aktivitäten der nationalsozialistischen Transocean-Nachrichtenagentur als Revanche »Gegenmaßnahmen gegen amerikanische Journalisten und Agenturen« im Deutschen Reich ausdenken.

Besonders bellizistisch war Propagandaspezialist Bömer nicht. Als ihn die junge US-Journalistin Virginia Cowles gemeinsam mit Pierre Huss im Frühjahr 1939 im Adlon traf, habe Bömer, so Cowles, »seine gewohnte vertrauensvolle Miene eingebüßt und sah hager und krank aus. Düster sagte er zu uns, dass nun nichts mehr die Situation retten könne, und prophezeite, dass bald die ganze Welt involviert sein würde. Einem deprimierteren Menschen bin ich noch nie begegnet. Pete Huss erzählte mir, bei der Pressekonferenz an diesem Morgen sei er [Bömer] zusammengebrochen und habe geweint.«

Im Prinzip wurde Professor Bömer als gebildeter Ausnahme-Nationalsozialist sowohl von Inlandskollegen als auch von den Auslandskorrespondenten zumindest respektiert. Martin H. Sommerfeldt, Göring-Biograf und Sprecher des Oberkommandos der Wehrmacht: »Zu Beginn des Krieges war der Leiter der Abteilung Auslandspresse Professor Karl Bömer, ein ziemlich junger, intelligenter und vitaler Mann, dem kein Mensch den Professor glaubte. Bömer zeichnete sich durch ein Draufgängertum aus, das auch nicht vor Goebbels haltmachte. Er hatte gute Freunde unter den Auslandsjournalisten, denn er war ein ausgesprochener ›jolly good fellow‹. Leider war er nicht standfest. Seine Passion waren Frauen und Alkohol, und dabei wurde er geschwätzig.« Kritischer war »Bill« Shirer, der in seinem Tagebuch Bömers Zuckerbrot-und-Peitsche-Spiele ganz gut durchschaute: Bömer sei »definitiv anti-Radio«, reiner Pressemann, und habe vom modernen Medienmix wenig Ahnung, er sei »ein typischer Nazi, außer dass er intelligent ist und weitgereist, vor allem in Amerika. [Er] ist hin und wieder verschnupft wegen unserer ›mangelnden Wertschätzung‹ der Gefälligkeiten der Nazis wie den zusätzlichen Lebensmittelgaben an die Korrespondenten.«

Außerdem habe er durchsichtige Tricks drauf, wenn er etwa auf Fronttouren merkwürdige Personalkombinationen im selben Hotelzimmer unterbringen ließ: »Dr. Bömer, Pressechef des Reichsministeriums für Volksaufklärung und Propaganda, der für diese Reise zuständig war, bestand darauf, dass ich in dem Hotel hier [in Zoppot 1939, LH] ein Doppelzimmer mit Philip Johnson teile, einem US-amerikanischen Faschisten, der von sich behauptet, Repräsentant von Father Coughlins *Social Justice* zu sein. Keiner von uns kann den Kerl ausstehen und alle vermuten, er spioniert uns für die Nazis aus.«

Philip Johnson, der *»american fascist«*, wurde später ein *starchitect* und Mitbegründer der Postmoderne, er entwarf unter anderem in Deutschland die Kunsthalle Bielefeld und das Philip-Johnson-Haus am Checkpoint Charlie in Berlin.

Howard K. Smith erinnerte sich, dass der konziliante Bömer auch anders konnte: Nach der Verhaftung des United-Press-Vertreters Richard »Dick« Hottelet durch die Gestapo (vgl. Kapitel 4) habe Bömer gedroht: »Bald werden wir uns noch ein paar mehr von euch schnappen.« Bereits in der »Promi«-Ministerkonferenz am 14. März 1940 erklärte sich Goebbels »mit der von Herrn Bömer vorgeschlagenen Taktik einverstanden, unliebsame Auslandsjournalisten durch die Polizei über die Grenze abschieben zu lassen, damit die Abteilung Auslandspresse sich möglichst aus diesen Angelegenheiten heraushalten« könne. Im Fall von Dick Hottelet ging Bömer noch etwas härter zur Sache; das gegen Hottelet »vorliegende Material« sei schwerwiegender als ursprünglich angenommen: »Es sei anzunehmen, dass mindestens mehrere Jahre Zuchthaus, wenn nicht sogar die Todesstrafe gegen ihn verhängt werden müsse« (Ministerkonferenz vom 20. März 1941). Hottelet war wegen des Vorwurfs, er habe Militärgeheimnisse publiziert, sechs Wochen lang inhaftiert worden. Bömer konnte nicht ahnen, dass es ihn wenige Woche später selbst treffen sollte, aus exakt dem gleichen Grund.

Bömers Nemesis wurde Dr. Paul Karl Schmidt, Jahrgang 1911, Kieler NS-Studentenführer, seit 1938 Ribbentrops Pressechef im Auswärtigen Amt und nach 1945 als »Paul Carell« Erfolgsautor und Sicherheitsberater des Verlegers Axel Springer.[43] Der bullige SS-Führer Schmidt erkämpfte sich einige Prestigegewinne im NS-Medienwesen; so gab er die pompös aufgemachte Zeitschrift *Berlin Rom Tokio* heraus (Untertitel: »Monatsschrift für die Vertiefung der kulturellen Beziehungen des weltpolitischen Dreiecks«), obwohl er von den Verhältnissen in Japan nicht die geringste Ahnung hatte. Howard K. Smith über ihn: »Ribbentrops Verbindungsmann zu den ausländischen Presse- und Rundfunkleuten, ein fettes, ekelhaftes, ehrgeiziges Individuum namens Dr. Paul Schmidt, übernahm die Leitung dieses Nazichores und versuchte mit allen Mitteln, sich als deutscher Roosevelt-Spezialist aufzubauen. Schmidt konnte sich manchmal wie ein exaltierter Sektenprediger in eine furchterregende Wut hineinreden, wobei ihm im letzten Stadium buchstäblich der Geifer aus dem Mund triefte.« Laut Sommerfeldt war Schmidt »ein gedrungener Mann von wendischem Blut, mit schnellen kleinen Augen. Stets ging er leicht gebeugt, den Kopf auf dem Stiernacken wie zum Angriff gesenkt. […] Seine Passion war Boxen. Seine Dialektik war verschlagen und erstaunlich gewandt. Lieber aber handelte er direkt und brutal. Ein kleiner Hitler.«

Der ruppige Pressechef des NS-Auswärtigen Amtes (seit 1938), SS-Obersturmbannführer Paul Karl Schmidt (rechts), hier mit Minister Joachim von Ribbentrop, nutzte jede Gelegenheit, den Betrieb des Goebbels'schen Propagandaministeriums zu stören. Die skurrile Konkurrenz der beiden Presseclubs von »Promi« und AA in Berlin, in denen die Auslandskorrespondenten betreut, versorgt und überwacht wurden, wurde von den Journalisten gern weiter kolportiert. Als »Paul Carell« machte Schmidt nach 1945 Karriere als Bestsellerautor, Mitarbeiter des »Spiegel«, BND-Konfident und persönlicher Sicherheitschef des Verlegers Axel Springer.

Der norwegische Journalist Theo Findahl schildert einen Abendempfang im Juni 1944 für die Auslandspresse in Ribbentrops Privatvilla in der Dahlemer Lentzeallee, wohin der »Auslands-Presseclub« umgezogen war, nachdem sein ursprüngliches Domizil in der Fasanenstraße zerbombt worden war. Es präsidierte der Gesandte erster Klasse Paul Karl Schmidt, der von den schwedischen Journalisten »Al Capone« genannt wurde. Schmidt, so Findahl, sei »ein Opfer der eigenen Tyrannei des Nazismus selbst; er hat so eifrig gestrebt, sich das Alleinrecht auf freie Meinungsäußerung zu verschaffen, alle Kritik zu töten, die Todesstrafe für andere Auffassungen als die der Partei anzusetzen, dass er selbst sicher nie mehr ein offenes und ehrliches Wort des Widerspruchs zu hören bekommt«. Immerhin konnte der Gesandte Schmidt sich in einem Punkt »einer einstimmig guten Presse sicher sein: in seiner Eigenschaft als Klubwirt«. Der Presseklub des Auswärtigen Amtes (»Chez Paul«) habe das konkurrierende Unternehmen von Dr. Goebbels, den Deutschen Auslandsclub (DAC) am Leipziger Platz, bei Weitem überflügelt. (Kurz vor Kriegsende wurden die Weinvorräte des inzwischen verwaisten Goebbels-Klubs noch von den wenigen verbliebenen Auslandsjournalisten geplündert.)

Paul Karl Schmidt wartete jedenfalls nur darauf, seinen eleganteren und beliebteren Konkurrenten »Charlie« abzusägen – das Ganze war ein Stellvertreterkrieg zwischen Goebbels und Ribbentrop. Goebbels am 23. Mai 1941 in seinem Tagebuch: »Dr. Dietrich ruft an: Bömer hat ganz tolle Quatschereien gemacht. Ich fürchte, ich werde ihn sehr hart maßregeln müssen. Das kommt von der Sauferei.« Und drei Tage später: »Der Führer hat den Fall Bömer ziemlich ernst aufgefasst und ihn der Gestapo zur Untersuchung übertragen. […] Der Fall Bömer wirft immer weitere Wellen. Das AA bauscht ihn künstlich auf.«

Der anklagende Reichsanwalt rekonstruierte die Geschehnisse so: Am Abend des 15. Mai 1941 fand in der Berliner bulgarischen Gesandtschaft ein Empfang aus Anlass des Geburtstages von Zar Boris III. (1894–1943) statt, der geladene Bömer sprach über Gebühr dem Sekt und bulgarischem Pflaumenschnaps zu. Mit ihm saßen am Tisch: die Ehefrau des Gesandten im Auswärtigen Amt Heribert Schwörbel, die Ehefrau des Gesandten Hans Strack, die Bildhauerin Barbara von Kalkreuth-Hommel, der bulgarische Presseattaché Poppoff und der schweizerische Legationsrat Franz Kappeler. Dann kamen auch noch Schwörbel selbst und Emil Rasche vom Auswärtigen Amt hinzu. Nach allerlei angeregten »Neckereien«, so jedenfalls der Reichsanwalt, habe Bömer dem AA-Legationsrat Rasche gesagt, der interne Krieg zwischen AA und »Promi« müsse aufhören. Jetzt gehe es um ganz andere Sachen. Er werde bald Unterstaatssekretär im neu beherrschten russischen Territorium.[44] Bömer zu den anwesenden Frauen: »Ich werde ein großer Mann. Ihr müsst euch gut mit mir stellen. Seid mal nicht so stolz. Ihr werdet zu mir aufsehen.« Auf die Nachfrage von Schwörbel habe Bömer präzisiert: »Ja, bei Alfred Rosenberg, der wird Generalgouverneur von Russland. Es kann nicht mehr lange dauern. […] In vier Wochen sind die Russen zusammengehauen.«

So jedenfalls die einigermaßen konsistenten Erinnerungen der Zeugen auf der Bulgaren-Party. Dann aber tauchte noch eine weitere Passage in der Anklageschrift des Reichsanwalts auf, die sich für den weiteren Fortgang der Dinge als interessant erweisen sollte. Bömer habe zu Rasche noch gesagt: »Dr. Dietrich läuft sich schon seit einigen Tagen beim Führer die Hacken ab, damit ich bleibe. Es hat aber keinen Zweck. Ich gehe zu meinem alten Chef. Ich habe meinen Laden dick. Ich gehe zu Rosenberg. Ich werde Unterstaatssekretär. Paulchen (Dr. Schmidt) wird meinetwegen Ministerialdirektor. Wir legen zusammen, und er bekommt dann alles.« So hatte Bömer nicht nur ein Reichsgeheimnis ausgeplaudert – den bevorstehenden Angriff auf die Sowjetunion, der allerdings ganz so geheim nicht mehr war, wie wir heute wissen –, sondern er hatte auch noch alle möglichen anderen Figuren hineingezogen: den Führer, Rosenberg, Dr. Dietrich, Dr. Schmidt. Auch Goebbels dürfte nicht sonderlich amüsiert darüber gewesen sein, dass Bömer seinen bisherigen Laden »dick« hatte und ausgerechnet zu Rosenberg zurückwollte.

Dr. Schmidt vom AA hatte aufgrund der Schilderungen Schwörbels und Rasches eine Aktennotiz über den Vorfall gemacht, die er natürlich sofort zur Kenntnis von Minister Ribbentrop gab, Görings geheimes Abhör-»Forschungsamt« hatte entsprechende Meldungen der bulgarischen Botschaft nach Sofia registriert – Bömer war nicht mehr zu retten, spätestens seit der Fall von Ribbentrop Hitler persönlich vorgelegt wurde und dieser die Gestapo einschaltete. Dann aber entwickelte sich die Angelegenheit doch ziemlich erstaunlich: Goebbels und Dietrich setzten sich vor dem Volksgerichtshof mit Verve für Bömer ein; Goebbels (»Wenn Sie Bömer verurteilen, dann verurteilen Sie auch mich …«) natürlich schon deshalb, weil er nicht zulassen konnte, dass sein Auslandspressechef vom konkurrierenden Ribbentrop-Ministerium erledigt wurde. Und schließlich: Woher wusste Bömer eigentlich vom bevorstehenden Angriff auf Russland? Keiner hatte Interesse an weitergehenden Recherchen.

Nach seiner Verurteilung zu drei Jahren Haft wurde Bömer schon nach sechs Monaten im Gefängnis zur Frontbewährung in die Gegend von Charkow delegiert (allerdings zum einfachen »Schützen« degradiert, zuvor war er Oberleutnant der Reserve) – und damit war er ironischerweise nun da gelandet, wo er eigentlich hinwollte, allerdings in ganz anderer Funktion. Ministerialrat Werner Stephan über »Charlie« Bömer mitfühlend in seiner Goebbels-Biografie 1947: »Nach verbüßter Strafe wurde er als Bewährungssoldat bei Charkow leicht verwundet. Im Krakauer Lazarett siechte er dahin. Goebbels umsorgte ihn mit auffallender Herzenszartheit, erwirkte bei Hitler sogar seine Rehabilitierung. Umsonst – Bömer starb: dass er die Methoden des Dritten Reiches am eigenen Leibe hatte erleben müssen, nahm ihm seine Lebenskraft.« Bömer bekam sogar noch eine pompöse reichsoffizielle Todesanzeige, gemeinsam unterzeichnet von Goebbels und Otto Dietrich. Die *New York Times* machte es am 24. August 1942 in der Überschrift ihrer Meldung zu seinem Tod etwas nüchterner:

IN UNGNADE GEFALLENER BOEMER IN RUSSLAND GETÖTET

Ehemaliger Nazi-Beamter enthüllte Plan für einen Krieg gegen die Sowjetunion, kam ins Gefängnis und meldete sich freiwillig zum Militär

Berlin ehrt ehemaligen Leiter der Abteilung Auslandspresse des Propagandaministeriums

Pierre J. Huss, der Hearst-Korrespondent, widmet dem Fall Bömer in »Heil! And Farewell« gleich neunzehn Seiten, noch vor einem Kapitel über »Hitler's Viceroys in the New Order« – wie Heydrich, Gauleiter Terboven in Oslo, Seyss-Inquart in Holland, Hans Frank in Polen und natürlich Rosenberg, den er ja schon via Bömer 1934 kennengelernt hatte. Huss kannte Bömer, den er gleich zur *»Number Four«* der gesamten NS-Führung emporstilisierte, schon aus den USA, als dieser Gastlektor an der School of Journalism an der University of Missouri gewesen war, und hatte ihn 1931 beim World Press Congress in Mexiko City wieder getroffen. Die professionelle Beziehung zwischen Huss und Bömer ist ein gutes Beispiel für die bis 1941 in gewissen Grenzen gepflegte *Do-ut-des*-Politik; Huss bekam sein Hitler-Interview auf dem Obersalzberg und allerlei Insiderinformationen aus dem Inneren des Machtapparats – dafür verteidigte er Bömer sogar noch posthum: Goebbels' Lieblingsmitarbeiter sei daran zerbrochen, dass er gegen seine innere Einstellung Schmutzkampagnen gegen die Roosevelt-Regierung habe mitorganisieren müssen; schließlich: »Bömer stand offenbar, wenn nicht sogar absichtlich, den Plänen des Führers hinsichtlich der USA im Wege. Bömer musste eliminiert werden, so oder so. Ihn schlicht rauszuschmeißen würde nicht reichen, denn die natürliche Reaktion aller anderen wäre, möglicherweise als Nächstes dran zu sein. Karl Bömer war alles in allem zu einer Art politischem Barometer und Orientierungspunkt in Hitlers Hauptstadt geworden. Dann, in einem unseligen Moment, bot Bömer Hitler die einmalige Gelegenheit, ihn zu vernichten.«

Der große Gewinner der Affäre, so Huss, war Ribbentrops »Presse-Schmidt«, und mit dem Urteil gegen Bömer vor dem Volksgerichtshof sei für das US-Pressecorps in Berlin klar geworden, dass dieses Urteil auch den amerikanischen Auslandskorrespondenten galt.[45] Kurz vor dem deutschen Angriff auf die Sowjetunion war es mit der bevorzugten Behandlung von Auslandskorrespondenten sowieso vorbei. Ende Mai 1941 war noch der eher harmlose Korrespondent der *Neuen Zürcher Zeitung*, Dr. Urs Schwarz, mit einem missliebigen Artikel bei Goebbels unangenehm aufgefallen. Goebbels beauftragte seinen neuen Auslandspressebeauftragten, Dr. Ernst Brauweiler, Schwarz mitzuteilen, »wir verbäten uns derartige Anpöbeleien. Es sei eine Ungezogenheit, als Mitglied eines so kleinen Landes uns von oben herab abkanzeln zu wollen. Das werde nicht mehr geduldet; wenn es noch einmal vorkomme, werde er ausgewiesen.« Und RMVP-Rundfunkchef Hans Fritzsche setzte noch hinzu, »im Augenblick hätten überhaupt die Auslandsjournalisten in Deutschland keinen Zweck mehr; die Meinungen draußen seien so festgelegt, dass es kaum noch Sinn habe, hinter ein paar Auslandsjournalisten herzulaufen und etwa kostspielige Balkanreisen zu veranstalten. Die Zeit dafür sei vorbei.«

Der erwähnte Dr. Brauweiler, geboren 1898 in Elberfeld und in der Weimarer Republik Chefredakteur des nationalliberalen *Hannoverschen Kuriers*, war im RMVP der Nachfolger von Karl Bömer als Auslandspressechef geworden, hatte aber kaum noch ernst zu nehmende Auslandskorrespondenten zu betreuen, zumal bald auch der letzte Amerikaner verschwunden war. Brauweiler setzte für einige Achsenjournalisten und ein paar Skandinavier in den offiziösen Pressekonferenzen mit geflissentlicher Langeweile die vorgegebenen Propagandawellen fort, sodass sich selbst in dieser Gruppe für seinen Vortragsstil der Ausdruck »sich brauweilen« durchsetzte. Langeweile hin oder her: Am 23. Juli 1945 wurde er von den Sowjets zum Tod durch Erschießen verurteilt. Zwei Wochen später wurde das Urteil vollstreckt.

Putzi Hanfstaengl sollte seine indirekten Nachfolger als Auslandspressebeauftragte Bömer und Brauweiler um viele Jahre überleben. Er starb 1975 in München, und man hat den Eindruck, dass er gern viel öfter über seine Erlebnisse in der NS-Bewegung interviewt worden wäre. Dauergast in der späteren Salve von Hitler-Fernsehdokumentationen des ZDF-Mannes Professor Guido Knopp wurde aber Hanfstaengl-Sohn Egon, Patenkind Hitlers, der aus eigenem Erleben nicht so viel wusste. Putzis Villa in Uffing, in der Hitler am 11. November 1923 verhaftet wurde, steht seit Längerem leer, ist aber gut erhalten. Die kleine Staffelsee-Gemeinde weiß nicht so recht, ob sie die Villa in kommunalen Besitz übernehmen soll; man will keine Wallfahrtsstätte für NS-Nostalgiker, nicht einmal eine Hinweistafel gibt es. Immerhin wäre die Weltgeschichte wohl anders verlaufen, wenn dem lebensmüden Hitler hier nicht von Helene Hanfstaengl sein schussbereiter Revolver entrissen worden wäre, angeblich mit einem Jiu-Jitsu-Griff.

4

»Demokratie ist ein Witz«

Die US-Interviews 1922–1941

»Große Männer lassen sich gerne von ausländischen Pressevertretern ausfragen. Herr Adolf Hitler bildet sich ein, ein großer Mann zu sein. Daher empfing er einen Vertreter der New York World und schüttete vor ihm sein übervolles Herz aus. Der ›große Mann‹ tut also auf dem Umweg über die ausländische Presse der gespannt aufhorchenden Welt u. a. kund und zu wissen:
Der Parlamentarismus hat in Deutschland abgewirtschaftet und steht vor dem Zusammenbruch. Er wird entweder von dem roten Sowjethammer zertrümmert oder von den ›Nationalbewußten‹ weggefegt, die ihr Ziel mit fanatischer Entschlossenheit verfolgen. Hakenkreuz und Sowjetstern vertragen sich wie Feuer und Wasser. Reformen sind notwendig, die keine von der Revolution her belastete Regierung zu verwirklichen vermag. Durchgreifende Verminderung der Angestelltenschaft des Staates ist unerläßlich. Deutschland ist außenpolitisch erst dann wieder bündnisfähig, wenn der Wille zur Macht im deutschen Volke sich wieder zeigt. Eine nationale Regierung Deutschlands würde nicht ohne weiteres den Friedensvertrag von Versailles zu beseitigen vermögen. Was der deutschen Nation mangelt, ist der Wille, nicht die Waffen. Nicht auf das wirtschaftliche Wohlergehen jedes einzelnen kommt es an. Eine ausdauernde deutsche Regierung wird härteste Pflichterfüllung von jedem fordern und jeden, der sich an den Interessen des deutschen Volkes versündigt, rücksichtslos niederschlagen.
Ist Hitler nicht ein großer Mann? Ja, er ist ein ›großer Mann‹!«

Münchener Post, 21. August 1923

Badheim University – das war eine zwangsweise improvisierte Weiterbildungsstätte im Städtchen Bad Nauheim, gegründet von den dort im Dezember 1941 rund 120 abrupt internierten US-Journalisten und -Diplomaten, die nach Pearl Harbor und der deutschen Kriegserklärung an Washington in den hessischen Kurort verbracht worden waren. Promotoren der Badheim University waren AP-Korrespondent Philip Whitcomb und Perry Laukhuff von der nunmehr verwaisten US-Botschaft in Berlin. Prominentester Internierter war der spätere Stardiplomat George Kennan, bis dato Referent in der Berliner US-Vertretung, später Erfinder der »Containment«-Strategie gegen die Sowjetunion. Der Russlandspezialist Kennan war schon vor seiner Internierung in Bad Nauheim aus persönlichen Gründen in einer depressiven Phase. In Bad Nauheim schrieb er in sein Tagebuch: »Es gibt nur eine Lösung. Zu diesem Schluss muss man wieder und wieder kommen. Nämlich Hoffnung aufzugeben, anzuerkennen, dass man alt ist und mehr noch. Mein Gott, man ist kein junger Mann mehr. Was soll man erwarten?«

In einer etwas weniger düsteren Stimmung war Louis P. Lochner, zuvor Bürochef der Nachrichtenagentur AP in Berlin und neben Kennan der prominenteste *Badheimer,* der sich über die zunehmend untragbare Situation der US-Korrespondenten im NS-Reich schon zuvor wenig Illusionen gemacht hatte: »Die Lage der amerikanischen Korrespondenten wurde zunehmend schwieriger. Bei Pressekonferenzen zu Ehren von Freunden der Achsenmächte waren wir immer öfter ausgeschlossen. Bei den Selbstinszenierungen der Tagespresse mussten wir uns immer häufiger primitive Hetzreden gegen die USA und das amerikanische Staatsoberhaupt anhören. Wären wir akkreditierte Diplomaten gewesen, hätten wir unter Protest gehen müssen. Als Korrespondenten mit dem Auftrag, Nachrichten zu liefern, auch die unwillkommenen oder unappetitlichen, mussten wir – innerlich kochend – bleiben«, erinnerte sich Lochner 1943 in seinem Buch »What about Germany? For fourteen years Chief of The Associated Press in Berlin«.

Louis Paul Lochner (1887–1975, Bildmitte), Pazifist, aber auch kurzzeitig Sekretär von Henry Ford, amtierte von 1924 bis 1941 als Berliner Bürochef der US-Nachrichtenagentur AP. 1939 erhielt er den Pulitzerpreis für seine Berichte aus NS-Deutschland, 1940 folgte er den deutschen Truppen beim Westfeldzug. Nach 1945 publizierte er u. a. »Tycoons and Tyrant: German Industry from Hitler to Adenauer«. Anpassungsfähig und stets gut vernetzt, starb der Deutschland-Spezialist Lochner im Januar 1975 in Wiesbaden.

Am 9. Dezember 1941 hatte Lochner von seiner Heimatredaktion erfahren, dass deutsche Korrespondenten und Diplomaten in den USA vom FBI festgenommen worden waren, zusammen mit Italienern und Japanern. In einer erwartbaren *Tit-for-tat*-Aktion waren nun die US-Journalisten im »Dritten Reich« an der Reihe (rund vierzig US-Korrespondenten hatten den NS-Staat schon in den Jahren zuvor verlassen). Am nächsten Tag verkündete Paul Karl Schmidt in der Pressekonferenz des Auswärtigen Amts, dass die US-Korrespondenten in der Konferenz nicht mehr erwünscht seien und zunächst in ihre Berliner Wohnungen fahren sollten. Immerhin wünschten ihnen die Kollegen aus der Schweiz, aus Schweden, Spanien, Argentinien, selbst die Japaner spontan »*Good luck*« und »Auf Wiedersehen«.

Für Lochner und vierzehn weitere US-Kollegen, die noch in Berlin verblieben waren, begann nun eine Odyssee. Nachdem sie aus ihren Wohnungen von der Gestapo abgeholt worden waren, landeten sie zunächst in der Gestapo-Dienststelle am Alexanderplatz, wo Lochner die Porträts vom »Führer«, von Heinrich Himmler und »Sicherheitschef-Chef Gerhard Heiderich« (sic) auffielen. Dann wurde die Gruppe in das Hotel Riviera in Berlin-Grünau verbracht. Hier versicherten ihnen die NS-Propaganda-Angestellten Emil Rasche und Dr. Hans Theodor Fröhlich, sie würden wieder freikommen, sobald die deutschen Korrespondenten und Diplomaten in den USA wieder auf freiem Fuß seien. Das verzögerte sich aber. Zunächst landete die amerikanische Korrespondententruppe in Jeschkes Grand Hotel im einstmals noblen Bad Nauheim, wo es schlechtes Essen gab und kaum geheizt wurde. Zu den Korrespondenten kamen noch rund neunzig ebenfalls in dem Hotel internierte Angehörige der ehemaligen US-Botschaft in Berlin. Niemand wusste, wie lange diese Internierung dauern sollte. Um das Leben im kalten Grand Hotel (genannt *»Der große Kühlschrank«*) einigermaßen zu strukturieren, gab es neben der »Badheim University« auch Gymnastikkurse für Männer und Frauen, Softballturniere, Pingpongspiele und ein Unterhaltungskomitee, dem Arthur H. »Speedy« Graubart von der US Navy und Frederick C. Oechsner von der Nachrichtenagentur

United Press vorstanden – alles unter Aufsicht des SS-Hauptsturmführers Valentin Patzak und seiner Bewachertruppe. Nach einigen Monaten Internierung ging es dann doch am 12. Mai 1942 nach Lissabon, von da aus nach Biarritz und dann mit dem Dampfer »Drottningholm« in die USA.[46]

So kamen nach rund zwanzig Jahren die Begegnungen von US-Korrespondenten mit Hitler und anderen NS-Größen vorerst an ihr abruptes Ende; für die nationalsozialistischen Propagandastrategen war diese geopolitische Entwicklung auch deshalb schmerzhaft, weil fast alle im NS-Staat akkreditierten amerikanischen Journalisten ihre bösen Erinnerungen an ihr Alltagsleben und die Gestapo-Drangsalierungen im »Dritten Reich« aufschrieben. Harry W. Flannery etwa, der Nachfolger von »Bill« Shirer als CBS-Rundfunkkorrespondent, kam erst im Oktober 1940 auf seinen reichshauptstädtischen Posten, schrieb aber schon 1942 rund 300 Seiten über seine Erlebnisse mit NS-Politikern und diversen Rundfunkzensoren wie auch über die Stimmung im Korrespondentencorps (»Assignment to Berlin«, mit der expliziten Angabe auf dem Buchumschlag: »William Shirers Nachfolger in der Nazihauptstadt«). Einige der US-Medienleute heuerten als Informanten beim US-Geheimdienst OSS an, wenn sie nicht schon zuvor zu dessen Quellen gehört hatten – vor allem für psychologische Porträts der NS-Führer, deren Rivalitäten und Wirkungsbereiche.

Mit den US-Journalisten hatte es Anfang der 1920er-Jahre eigentlich ganz gut angefangen, und von 1930 bis 1941 wurden die US-Interviews in deutscher Übersetzung von der NS-Propaganda auch bis ans Limit ausgereizt – als jeweils probate Inszenierung von Hitler als Strategen und Staatsmann, nach innen wie nach außen. Höhepunkt dieser *Feedback-Strategie,* für die schon signifikant das Eingangszitat zu diesem Kapitel aus der legendär Hitler-feindlichen *Münchener Post* steht,[47] war dann 1940 die Einbestellung des Hearst-Mannes Karl von Wiegand ins belgischen Château de Lausprelle, wo Hitler, wenige Tage vor dem

Karl von Wiegand (1874–1961), Reporterveteran der Hearst-Presse, interviewte Hitler bereits 1921 in München, danach noch häufiger. 1940 lud ihn Hitler kurz vor der französischen Kapitulation ins grenznahe belgische Château de Lausprelle ein und behauptete im Gespräch mit dem Reporter unter anderem: »Unsere Gegner werden diesen Krieg verlieren (…), weil sie korrupte, gewissenlose oder geistig beschränkte Politiker haben. Sie werden ihn verlieren, weil ihre militärische Organisation schlecht, ihre Kriegführung wahrhaft miserabel ist.« Wiegand hier (links) 1936 mit NS-Auslandspressechef Ernst Hanfstaengl auf einem in der »Münchner Illustrierten« abgedruckten Foto. Hanfstaengl war ein Jahr vor seiner Flucht aus Deutschland innerhalb der NS-Hierarchie offenbar noch nicht so abgemeldet, wie er es nach 1945 gerne behauptete.

Einmarsch der deutschen Truppen in Paris, noch einmal seine deutsche »Monroe-Doktrin« zum Besten geben konnte: Amerika den Amerikanern, Europa den Deutschen.

Am 8. März 1923 hatte die *Chicago Tribune* ein Hitler-Interview ihres Europakorrespondenten Raymond Shannon Fendrick (1889–1942) abgedruckt, eines Armeeoffiziers des Ersten Weltkriegs. Headline: »›Heinrich Ford‹ Idol des bayerischen Faschistenführers/Antisemitische Artikel millionenfach im Umlauf«. Hitler lobte hier ausdrücklich Ford als »Führer der wachsenden Faschistenbewegung in Amerika« (eine pure Wunschvorstellung, auch wenn Henry Ford damals von einigen Unterstützern als künftiger US-Präsident gehandelt wurde), der von bayerischen NS-Kombattanten ausdrücklich wegen seiner antijüdischen Kampagne wertgeschätzt werde. Fendrick, gebürtig aus Mercersburg/Pennsylvania, konnte den *Trib*-Lesern verraten, dass Fords Spintisierereien über die internationale Judenverschwörung, zunächst in Fords *Dearborn Independent* über Wochen und Monate publiziert, nunmehr im Leipziger Hammer-Verlag unter dem Titel »Der internationale Jude« in Buchform auf Deutsch publiziert worden waren, mit expliziter Nennung von Ford als Autor auf der Titelseite. Und Fendrick bekam die knallige Hitler-Aussage: »Ich wünschte, ich könnte ein paar meiner SA-Sturmtrupps als Wahlkampfhilfe nach Chicago und in andere US-Großstädte schicken.«

Nun ist es eher unwahrscheinlich, dass SA-Truppen in Chicago und anderswo in den USA Henry Ford bei einer möglichen Präsidentschaftskandidatur 1924 geholfen hätten, die Aussage des »Führers« der NSDAP zeigt somit eine frühe Ablösung seines USA-Bilds von der Realität. Fendricks aus München gekabeltes Interview nennt nicht den genauen Ort des Gesprächs, aber die Eindeutschung von »Heinrich Ford« und die Erwähnung des Henry-Ford-Porträts in »*Herr Hittlers inner sanctum*« lässt doch begründet annehmen, dass die Begegnung in der frühen NSDAP-Geschäftsstelle, Corneliusstraße 12, stattfand. Der Reporter führte Herrn »Hittler« als Chef der »Deutschen Arbeitspartei«

ein, obwohl diese seit Längerem in die NSDAP transformiert worden war, und auch die Behauptung, »*Herr Hittler's Bewegung*« sei ursprünglich »*sozialistisch und pazifistisch*« gewesen, entbehrt jeglicher Grundlage. Hitler war auch nie ein »*Anstreicher aus Wien*«, aber Fendricks Feststellung, dass die französischen und belgischen Besetzungsaktionen 1923 einen Boom für Hitler *(»der zum Nationalheld avanciert ist«)* bewirkt hätten, war nicht ganz falsch. »Aus München haben wir, außer den ernsthaft national gesonnenen, schon alle Juden verjagd (sic)«, hatte Hitler noch betont – und dass er gerne deutscher Staatsbürger werden würde, diese Ehre aber nicht von der »jüdischen Regierung« in Berlin erbitten werde.

Der Henry-Ford-Topos blieb Hitler für längere Zeit erhalten und war für ihn taktisch wie psychologisch äußerst attraktiv – wenn schon einer der führenden US-Industriellen dem härtesten Antisemitismus huldigte, waren die USA mit ihrer ohnehin evidenten Rassensegregation für sein Grundprogramm vielleicht offener als gemeinhin angenommen. Am 28. Dezember 1931 kam mit Annetta Josefa Halliday-Antona (1866–1949) eine Vertreterin der *Detroit News* für ein Interview im Rahmen ihrer Kolumne »Fünf Minuten mit Menschen im öffentlichen Scheinwerferlicht« im inzwischen bezogenen »Braunen Haus«, Brienner Straße 34, vorbei (Titel des Artikels: »Adolf Hitler: Mann ohne Land«, gedruckt am 31. 12. 1931) – angeblich. Ihr sei auch ein großes Ford-Porträt in Hitlers Büro aufgefallen, so schrieb sie, und zitierte Hitler mit dem Satz: »Henry Ford ist meine Inspirationsquelle.« Halliday war D'Annunzio-Übersetzerin (»Die Jungfrauen am Felsen«, 1898, gemeinsam mit ihrem Ehemann Graf Alessandro Giuseppe Antona) und ist heutzutage in Spezialistenzirkeln vor allem als Briefpartnerin des Japankundlers Lafcadio Hearn alias Koizumi Yakumo in Erinnerung. Die Sprachdozentin, Magazinautorin mit breitem Themenspektrum und Figur der Detroiter gehobenen Gesellschaft hatte es schon 1912 in die *New York Times* geschafft – allerdings als Objekt der Berichterstattung, weil Halliday seinerzeit beschuldigt worden war, gemeinsam mit ihrem Ehemann ihre Haushälterin vergiftet zu haben (weshalb sie kurzzeitig verhaftet wurde). Da Korrespondenten wie Guido Enderis oder Edgar Mowrer schon über ein Pressemeeting *(»ein Treffen mit ausländischen Korrespondenten«)* vom 4. Dezember 1931 mit dem »staatenlosen« Hitler berichtet hatten, ist auch nicht ganz sicher, ob Halliday ihre exklusive Hitler-Begegnung nicht komplett erfunden hat – in Detroit hätte das auf jeden Fall nicht nachgeprüft werden können.

Einem ungenannten Korrespondenten des auflagenstarken New Yorker Blatts *The World* dekretierte Hitler im August 1923, also mitten in seinen Münchner Putschvorbereitungen:

> Die Weimarer Koalition ist zum Scheitern verurteilt. Deutschlands Hoffnung ist eine faschistische Diktatur, und Deutschland wird sie bekommen. Das waren Adolph Hitlers Worte, als er an diesem Nachmittag in Salzburg, nach einem Treffen faschistisch gesonnener Reaktionäre aus Deutschland, Österreich und der Tschechoslowakei, einen Sonderberichterstatter von ›The World‹ empfing. Der Führer der sogenannten Nationalsozialisten versprach nicht nur eine baldige Revolution, sondern erklärte auch: Demokratie ist ein Witz. Sie hat Deutschland zerstört, und die Weimarer Koalition wird zu einer weiteren Zerstörung beitragen. Es gibt nur zwei Möglichkeiten: Sie wird vom sowjetischen Hammer zertrümmert oder von einer nationalen Minderheit hinweggefegt.

The World, gegründet 1860 und eine Zeit lang im Besitz des »dunklen Genies der Wall Street«, Jason »Jay« Gould, war ein besonderes Blatt. 1883 von Joseph Pulitzer übernommen und profitabel gemacht, gilt es als außerordentlich innovatives Produkt in der Geschichte des US-Journalismus: für ihre sensationalistische Boulevard-Berichterstattung, die *»yellow press«* (der Legende nach so benannt wegen Richard Outcalds populärem, ursprünglich dort abgedrucktem Comicstrip »The Yellow Kid«); für ihren Skandal- und Investigativjournalismus mit der Pionierreporterin Nelly Blye; für den Einsatz von Farbdruck, für Sozialkritik und Sportberichterstattung. Charles E. Chapin, der das Wort »Journalismus« hasste, war dort über lange Jahre leitender Redakteur und feuerte während seiner Amtszeit rund hundert Mitarbeiter; schließlich wurde er wegen Mordes an seiner Ehefrau verurteilt und ins Sing-Sing-Gefängnis gebracht – das passte ganz gut zum Image des Blattes. Für die *World* schrieben aber auch Hanfstaengl-Freundin Djuna Barnes oder Walter Lippmann, der Chefanalytiker der »öffentlichen Meinung«. Es gehörte schon etwas Chuzpe dazu, ausgerechnet einem Abgesandten dieser Zeitung zu erklären, Demokratie sei ein Witz, aber Hitler ließ nie von seiner Ansicht ab, diese umständliche und seiner Ansicht nach kapitalistisch-jüdisch dominierte Staatsform passe nicht zum deutschen Volk.

Hire & Fire, Comicstrips, Frauen als Undercover-Reporterinnen, Schlagzeilen und Textaufbau im Telegrammstil – für viele Anhänger einer spezifisch deutschen »Gesinnungspresse« war der US-Journalismus dem heimischen Pressewesen schlicht *wesensfremd.* Professor Emil Dovifat, Zeitungskundler, überzeugter Katholik und Brüning-Unterstützer, erkannte zwar die stärker arbeitsteilige Struktur der US-Zeitungen und die Gründung der vielen *journalism schools* an US-Universitäten durchaus professionell an, aber, so schrieb er 1926 in seinem prägenden Buch »Der amerikanische Journalismus«:

> Das Wort »beat« = »Schlager« läßt die eigentliche Kraft erkennen, die den Reporter zur Höchstleistung treibt: die *Konkurrenz.* Wird in deutschen Zeitungsbetrieben eine Nachricht übersehen, so ist die Frage des Chefredakteurs: »Warum haben wir das nicht?« – bei den Nachrichtenleuten auch ernst genug zu nehmen. Wenn in Amerika vergessen wurde »to cover the news«, also ein wichtiges neues Ereignis zu bearbeiten, so kostet das den Verantwortlichen ohne weiteres den Kopf. Sich von der Konkurrenz mit einer wichtigen Nachricht schlagen zu lassen […], ist nach journalistischer Auffassung der Amerikaner ein ebenso schweres Verbrechen, wie

> es in Deutschland der plötzliche Wandel in der festgelegten und vereinbarten Überzeugung des Blattes sein würde. In kindlicher Freude rühmen die Blätter sich ihrer Nachrichtenerfolge.

Und bei dieser »ganzen Art der Nachrichtenausbeute und dem starken persönlichen Element«, das dabei eine Rolle spiele, brauche der »echtamerikanische Charakter des *Interviews*« gar nicht erst belegt zu werden, so Dovifat. Das Interview an sich sei eine amerikanische Erfindung, eine Erfindung Gordon Bennetts und seines *New York Herald*, denn »bei dem Überfall auf Harpers Ferry im Jahre 1859« habe der *Herald* einen Reporter ausgeschickt, um den Hauptbeteiligten auszufragen, und der gab das Gespräch wieder. »Die neue Nachrichtenform fand allgemeine Anerkennung. Es ist ihre Eigenart, gleich eine Summe von Nachrichten in einer persönlich packenden Form zu bringen.« Der Amerikaner nenne das Interview *»ein Vehikel für Nachrichten«* und schicke dem Gespräch meist eine eingehende Schilderung persönlicher und menschlicher Züge des Ausgefragten voraus. Die *menschliche Seite* werde also besonders beleuchtet: »Ob freilich der Ausgefragte damit ins rechte Licht gerückt wird, ist eine andere Frage. Das Interview hat genau so wie die einfache Nachricht seine ganz bestimmte Technik.«

Die Auslandskorrespondenten der amerikanischen Blätter hätten ganz allgemein

> heute im verarmten Europa die Erbschaft jener Korrespondenten englischer Blätter angetreten, die man fast wie Diplomaten behandelt. Zwar ist die Geistigkeit dieser alten Korrespondenten, man denke zum Beispiel an Blowitz [Henry Opper de Blowitz, französischer Journalist und im 19. Jahrhundert einer der Pioniere des Interviewgenres, L. H.], ersetzt durch die Geschäftigkeit und den Drang zur interessanten Nachricht, aber die gesellschaftliche Stellung ist dieselbe, zumal Geld bei der Besetzung dieser Posten und Ausstattung mit Repräsentationsmitteln gar keine Rolle spielt. Dieser höheren Art von Reportertum, von dem ohne Zweifel auch

sehr starke politische Wirkungen ausgehen können, verdankt die amerikanische Presse einen großen Teil der Bedeutung, die ihr in Europa seit dem Ende des Krieges zugemessen wird.

Zudem hatte gemäß Dovifat die politische Färbung der deutschen Presse, deren Auswuchs leider »der Parteikrakeel« sei, den großen Vorteil, dass journalistische Arbeit nicht »rein nachrichtentechnische Arbeit wie in Amerika« sei, sondern *Gesinnungsarbeit.* Deutsche Redakteure seien »nicht, oder doch in ihrem Durchschnitt nicht, Nachrichtengeschäftsleute oder Rekordjäger der Nachricht. Ihr Berufsideal ist nicht der rasende Reporter – ›to hunt the news‹ [der Nachrichtenjäger, L. H.], sagt der Amerikaner –, sondern der führende Publizist.«

Für Dovifat war das Interview generell eine amerikanische Stilform im Journalismus und für »führende Publizisten« in Deutschland ohnehin irgendwie unwürdig. Zwar gab es auch in der Weimarer Republik »Pressekonzerne« (Mosse, Ullstein und der undurchsichtige deutschnationale Hugenberg-Trust), aber die waren für Dovifat und seine zumeist konfessionell gebundenen Amtskollegen von der frühen »Zeitungswissenschaft« eben auch nicht typisch für das deutsche Medienwesen mit den vielen friedlichen Lokalblättern und Prestigepublikationen wie der *Frankfurter Zeitung*, dem *Hamburger Fremdenblatt* oder dem *Berliner Tageblatt.* Nicht umsonst ließen Goebbels und Amann solche Blätter nach 1933 für geraume Zeit weiterleben, wo noch ein paar journalistische Seiltänzer kryptische Resistenzartikel verfassen durften, die allerdings nur sehr wenige Eingeweihte verstanden.

Bei den US-Interviews mit Hitler fällt auf, wie stark die Konzentration auf wenige Journalisten war, die für die NS-Propaganda als halbwegs vertrauenswürdig galten: Karl von Wiegand, Louis P. Lochner oder Pierre J. Huss. Associated-Press-Mann Lochner und Hearst-Reporter Wiegand bestritten allein rund ein Drittel der amerikanischen Hitler-Gespräche – Huss wiederum hatte über formalisierte Interviews hinaus eine erstaunliche Reihe von Hintergrundgesprächen mit dem

NS-Diktator. Waren die frühen US-Hitler-Interviews aus NS-Sicht darauf angelegt, den obskuren völkischen Demagogen aus Bayern als international satisfaktionsfähig erscheinen zu lassen, übernahmen nach 1930 wieder Putzi Hanfstaengl und dann die Reichskanzlei die Interviewregie im Sinne einer stärker systematisierten Führer-Auslandspropaganda. *Fast alle* US-Interviews waren für Hitler glatt und gut ausgegangen, im Sinne seiner jeweiligen Intention. Er konnte sich ausgiebig zu seinem Kernprogramm äußern, wurde physiognomisch und in seinen diversen Amtssitzen porträtiert und bis zum Schluss als politischer Shootingstar gehandelt.

Wäre es nach 1930 streng nach journalistischer Kompetenz gegangen, hätte sich *Sigrid Schultz* als prädestinierte Hitler-Interviewerin angeboten. Geboren 1893 in Chicago, war Sigrid Lilian Schultz nach übereinstimmendem Urteil ihrer Kollegen die bestinformierte US-Journalistin im NS-Reich. Und das galt auch im Vergleich zu den *»boys«*, den männlichen Auslandskorrespondenten in Presse und Rundfunk – umsichtig und distanziert, mit guten Kontakten in alle möglichen Regierungs- und Informantenkreise seit der Weimarer Republik, *»seasoned«*, wie die Amerikaner gerne sagen, noch dazu eine gute Köchin und Gastgeberin, wurde Schultz so etwas wie die Doyenne des Berliner Korrespondentencorps.[48]

Ihr Vater war der in Norwegen geborene Porträtmaler Hermann Schultz, der unter anderem auch vom württembergischen Königshof beauftragt worden war. Sigrid kam als junges Mädchen im Gefolge ihres Vaters nach Wiesbaden, München und Paris, studierte an der Sorbonne, sprach Deutsch, Englisch und Französisch fließend und hatte als junge Reporterin schon über den Kapp-Lüttwitz-Putsch von 1920 berichtet, für die *Chicago Tribune,* die sich seinerzeit als ebenbürtig zur *New York Times* empfand. Der *Trib*-Eigentümer Colonel Robert McCormick, Militarist, Antisemit und später erbitterter Gegner von Roosevelts New-Deal-Politik, fand Gefallen an der agilen und immer für eine gute »Story« zur Verfügung stehenden Schultz; 1925 machte er sie bei seiner Zeitung zur ersten Chefin eines US-Auslandsbüros überhaupt, mit Hauptsitz im Adlon. Sigrid Schultz konnte auch nach 1945 gute Geschichten erzählen – etwa, dass Hitler ihr im Hotel Kaiserhof[49] einen Handkuss aufgenötigt, aber ihre Abneigung gegen ihn sofort und instinktiv registriert habe.

Schultz wäre, wie gesagt, aufgrund ihres Vorwissens und ihrer Kontakte die probate journalistische Gesprächspartnerin für den NS-»Führer« gewesen, und in der Sekundärliteratur wird auch häufig darauf verwiesen, dass sie ihn tatsächlich mehrfach interviewt habe – allerdings findet sich dafür kein konkreter Beleg. Am 29. Oktober 1930 schrieb sie an ihren Verleger McCormick, dass sie ein Exklusivinterview mit Hitler abgelehnt habe, weil Hanfstaengl (oder Otto Dietrich) dafür zehn Cent pro Hitler-Wort verlangte – ein Beleg für den Umstand, dass nach dem NSDAP-Erfolg bei den Reichstagswahlen vom September jenes Jahres auch mit Hitler-Interviews die Parteikasse aufgebessert werden sollte.[50]

Belegt ist, dass Sigrid Schultz am 2. Mai 1935 bei einem Lunch des Vereins der Auslandspresse Göring damit konfrontierte, dass die Gestapo mit billigen Tricks versuche, missliebige Korrespondenten zu kompromittieren. Schultz hatte es selbst erlebt, dass diesen vorgeblich geheime Materialien zugespielt wurden, um sie dann im Fall einer Publikation des Geheimnisverrats zu bezichtigen. Göring nannte sie nach diesem Auftritt den »Drachen von Chicago« – und das sei ja bekanntlich, so Göring, eine ausgemachte Gangsterstadt. Schultz legte sich nun für heikle Berichte ein männliches Pseudonym zu (»John Dickson«) und verschickte Storys über die NS-Elite vorsichtshalber über die Schweiz. Ständig von Ausweisung bedroht, hielt Schultz in Berlin bis 1941 durch, dann wurde sie während einer ihrer Radioübertragungen (sie hatte 1938 auch beim Mutual Broadcasting System angeheuert) durch einen britischen Bombenangriff auf Berlin verletzt. Zunächst in die USA zurückgekehrt, kam sie mit den US-Truppen 1944 wieder nach Deutschland, unter anderem zur Berichterstattung über das KZ Buchenwald nach dessen Befreiung.

Schultz, wahrscheinlich eine der cleversten und qualifiziertesten US-Journalistinnen des 20. Jahrhunderts, geriet nach 1945 sukzessive in

Vergessenheit, wahrscheinlich auch deshalb, weil sie ihr Buch über ihre NS-Erlebnisse (»Germany Will Try It Again«) erst 1944 herausbrachte, während viele der *»boys«* schon vorher Ruhm eingeheimst hatten. Louis P. Lochners bereits erwähntes Buch bekam die Verlagsreklame »Der legitime Nachfolger von *Berlin Diary* und *Last Train from Berlin*«, also in der Nachfolge der auflagenträchtigen Monografien von Shirer und Howard K. Smith; Schultz blieb derartige Publicity verwehrt. Dass sie über ihre Mutter Hedwig Jaskewitz im Sinne der NS-Rassenideologie »jüdisches Blut« hatte, hielt sie selbst im privaten Kreis geheim. Auch als Informantin des frühen US-Geheimdienstes OSS hatte sie ab 1941 gelernt, eine *secret woman* zu sein. Aber die Göttin der Geschichte ist mitunter gerecht: Seit 2014 gibt es ein »Sigrid Schultz Scholarship for Future Journalists« (»für junge Journalisten«) an der Central Connecticut State University, 2020 zeigte das Westport Museum for History and Culture eine umfassende Ausstellung über ihr Leben und für 2024 ist – endlich – eine umfassende Buchbiografie angekündigt.[51]

Adolf Hitlers – zunächst kaum vorhandenes – USA-Bild hatte sich Ende der 1920er-Jahre ein wenig gewandelt, wobei er die Komplexitäten des politischen Systems in Nordamerika oder auch nur die Hintergründe der ökonomischen Entwicklung nach dem Wall-Street-Crash von 1929 nur begrenzt verstand. 1958 hat der Historiker Gerhard Ludwig Weinberg, geboren 1928 in Hannover und 1938 mit seinen Eltern in die USA emigriert, bei Archivrecherchen ein Manuskript entdeckt, das später als »Hitlers Zweites Buch« bekannt wurde.[52] Die Autorschaft Hitlers gilt allgemein als gesichert; der NS-Führer hatte den Text offenbar nach der herben nationalsozialistischen Niederlage bei den Reichstagswahlen 1928 geschrieben, er wollte sich stärker als in »Mein Kampf« als außenpolitischer Chefanalyst profilieren und nahm nunmehr auch die USA stärker als – insbesondere finanzpolitische – Weltmacht in den Blick. Das hatte vor allem mit den finanzpolitischen Interventionen von US-Politikern und Bankiers in der Mittelphase der Weimarer Republik zu tun (»Dawes-Plan«, »Young-Plan«). Nach Hitlers Ansicht begriff sich die amerikanische Union selbst »als nordisch-germanischer Staat [...] und keineswegs als internationaler Völkerbrei«. Dies gehe auch »aus der Art der Zuteilung der Einwanderungsquoten an die europäischen Völker« hervor, denn »Skandinavier, also Schweden, Norweger, weiter Dänen, dann Engländer und endlich Deutsche erhalten die größten Kontingente zugewiesen. Romanen und Slaven sehr geringe, Japaner, Chinesen würde man am liebsten überhaupt ausschließen«.

Diesem »mithin rassisch vorherrschend nordischen Staat« eine europäische Koalition oder ein Paneuropa »als widerstandsfähigen Faktor entgegensetzen zu wollen«, in dem aber »alles andere als Germanen« dominieren würden, sei eine Utopie; allerdings eine sehr gefährliche Utopie, wenn man bedenke, »daß wieder viele Deutsche [darin] eine rosige Zukunft sehen, ohne schwerste Opfer dafür bringen zu müssen«. Dass diese Utopie dabei ausgerechnet aus Österreich herauswachse, entbehre nicht einer gewissen Komik. In Hitlers Kopf ging hier allerlei durcheinander, für ihn war aber klar, dass mit der seinerzeit viel diskutierten »Paneuropa«-Idee des österreichisch-westböhmischen Grafen Coudenhove-Calergi kein Counterpart gegen das angeblich auch »nordisch-germanische«, allerdings *prima facie* jüdisch-kapitalistische Amerika zu schaffen wäre, sondern eben nur mit einem nationalsozialistisch organisierten Deutschland als unbedingter europäischer Führungsmacht.

Als er dann 1933 die Macht übernommen hatte, setzte Hitler alles daran, jegliche Interventionen der USA in Europa zu verhindern beziehungsweise zunächst aus seinem Gedankenspektrum überhaupt wegzuschieben, der interkontinentale »Endkampf« konnte ja später kommen. Diesem strategischen Interesse dienten dann auch die zahlreichen Interviews mit amerikanischen Presseleuten in diesen Jahren.

Die Bemühungen um die US-Meinung fegte das Regime mit der eigenen Gewaltpolitik hinweg. Nach dem antijüdischen Wüten von 1938 zog die Roosevelt-Regierung ihren Botschafter Hugh Robert Wilson ab, und die persönliche Fern-Feindschaft zum US-Präsidenten entwickelte sich zunehmend zu Hitlers fixer Idee. Dies kulminierte in jener Reichstagsrede vom 11. Dezember 1941 – eine der signifikantesten Hitler-Reden überhaupt –, als er den USA und in hemmungslosen Tiraden auch Roosevelt *ad hominem* den Krieg erklärte:

> Der Nationalsozialismus kam in Deutschland im selben Jahre zur Macht, an dem Roosevelt zum Präsidenten der Vereinigten Staaten gewählt wurde. Es ist nun wichtig, die Momente zu prüfen, die als Ursache der heutigen Entwicklung angesehen werden müssen. Zunächst die persönliche Seite:
>
> Ich verstehe nur zu wohl, daß zwischen der Lebensauffassung und -einstellung des Präsidenten Roosevelt und meiner eigenen ein weltweiter Abstand ist. Roosevelt stammt aus einer steinreichen Familie, gehörte von vornherein zu jener Klasse von Menschen, denen Geburt und Herkunft in den Demokratien den Weg des Lebens ebnen und damit den Aufstieg sichern.
>
> Ich selbst war nur das Kind einer kleinen und armen Familie und mußte mir unter unsäglichen Mühen durch Arbeit und Fleiß meinen Weg erkämpfen.
>
> Als der Weltkrieg kam, hatte Roosevelt in einer unter dem Schatten Wilsons befindlichen Stellung den Krieg aus der Sphäre des Verdienenden miterlebt. Er kennt daher nur die angenehmen Folgen der Auseinandersetzung von Völkern und Staaten, die sich für den ergeben, der dort Geschäfte macht, wo andere verbluten.
>
> In dieser gleichen Zeit war mein eigenes Leben wieder auf der ganz anderen Seite gelegen. Ich gehörte nicht zu denen, die Geschichte oder gar Geschäfte machten, sondern nur zu denen, die Befehle ausführten.

Hitler gab sich nun wieder als der soziologisch »kleine Mann« und einfache Gefreite aus und stellte sich dem aus wohlhabendem Hause stammenden Roosevelt gegenüber, was an Werner Sombarts Dichotomie von den »Händlern und Helden« erinnert. So lieferte er eine weitere Begründung für seine Kriegserklärung an die USA, womit der von ihm und seiner Entourage entfachte Zweite Weltkrieg definitiv für das »Tausendjährige Reich« verloren war. Hitlers Hass auf die demokratisch-kapitalistischen USA wuchs sich zu einem gesteigerten Minderwertigkeitskomplex aus, den er germanisch-völkisch übertünchte. Dazu passt ganz gut eine Anekdote aus Edward William Beatties Erinnerungen »Freely to Pass« (1942):

> Die Nazis, denen eigentlich alles egal war, wunderten sich manchmal, warum die Ausländer sie auch nicht mochten. Ein kleiner, dumpfer, untergeordneter Parteibeamter, der für die ausländische Propaganda der Nationalsozialisten zuständig war, verfiel regelmäßig in bierselige Dumpfheit, lehnte sich dann über den Tisch und sagte: »Beattie, du bist kein Freund der Deutschen.«
>
> Aber Argumente halfen nichts. Ich musste immer an Hitlers Beschreibung von Wally Deuel in der Chicago *Daily News* denken. Hitler, schrieb Wally, sei wie jemand, der auf eine schicke Party geht, die Gastgeberin vors Knie tritt, dem Gastgeber eine Ohrfeige versetzt, dann alle Gäste schubst und piesackt, und wenn schließlich alle genervt sind, er rausgeworfen wurde und auf der Straße steht, die Arme ausbreitet und ruft: »Seht ihr. Niemand liebt mich.«[53]

Für die US-Korrespondenten hatte sich unmittelbar nach der Machtübernahme Hitlers das Szenario für die Berichterstattung grundsätzlich verändert. Der neue Reichskanzler verfügte nun auch für die Auslandspresse erst einmal über einen regierungsamtlichen Lenkungs- und Überwachungsapparat. Die prominenten US-Journalisten wurden mit der Mischung aus allerlei Vergünstigungen, Drohungen, Lockungen und dem Bombardement mit täglichen Propaganda-Pressekonferenzen zunächst auch nicht anders behandelt als ihre Kollegen aus Frankreich, Italien oder den Niederlanden, aber sie waren als Vertreter der kapitalstärksten Medienmacht professioneller organisiert und als Repräsentanten einer unheimlichen, fernen Großmacht bei den

Nationalsozialisten als Kontakt- und Gesprächspartner auch begehrter. Den Grundton der konfliktreichen Beziehungen gibt schon früh, am 12. Mai 1933, eine Demarche des US-Generalkonsuls in Berlin, George Messersmith, an sein Außenministerium wieder:

> Ich habe die Ehre, das Ministerium darüber zu informieren, dass die Position zahlreicher amerikanischer Korrespondenten in Berlin seit der Machtübernahme der Nationalsozialisten nicht einfach gewesen ist [...]. Die amerikanischen Journalisten in Berlin sind in der Welt der Presse oft sehr bekannte Größen, sie wollen nur objektiv berichten, was in dem Land vorgeht. Zu ihnen gehören die besten Leute auf dem Gebiet der ausländischen Berichterstattung. Sie können sich keiner unangemessenen Zensur unterwerfen und lassen sich nicht kontrollieren, weder ihre Selbstachtung noch das Pflichtbewusstsein gegenüber ihrer Zeitung würden das zulassen.

Messersmith nennt dann frühe Konflikte von US-Korrespondenten mit dem Regime, so von Edward Deuss vom International News Service und von Edgar Mowrer, dem Vorsitzenden des Vereins der Auslandspresse in Berlin. Der interessanteste und komplexeste Fall war für Messersmith aber Hubert Knickerbocker, der durch einige Artikel, die er nach der Reichstagswahl vom 5. März 1933 geschrieben hatte, Probleme mit den Presseüberwachern bekommen hatte. In die Sache Knickerbocker waren nun alle möglichen NS-Potentaten eingeschaltet, so Hermann Göring, mit dem Messersmith persönlich darüber sprach, Alfred Rosenberg, Putzi Hanfstaengl, Erhard Milch vom Reichsluftfahrtministerium und Kurt Lüdecke (der im Schreiben von Messersmith als Adlatus von Rosenberg auftaucht).

Dr. Goebbels wiederum hatte wegen Knickerbocker ein Gespräch mit Hitler persönlich. Hanfstaengl und Goebbels wollten Knickerbocker einstweilen im Lande behalten, Rosenberg und Lüdecke nicht. Messersmith am Schluss seiner Demarche über die Haltung der

NS-Führung: »Sie haben eindeutig eingesehen, dass sich die öffentliche Meinung vielleicht in Deutschland kontrollieren lässt, aber nicht im Ausland. Ich habe Herrn Göring gegenüber sehr deutlich dargelegt, dass hochkarätige amerikanische Journalisten im Land, auch wenn sie nicht immer schreiben, was ihm gefällt, insgesamt vorteilhafter für ihn seien als keine oder schlechte Journalisten, die nur Schaden anrichten.«

Zwar mag sich die NS-Führung bewusst gewesen sein, dass die »öffentliche Meinung« in New York, Washington oder Chicago nur in bescheidenem Ausmaß von Berlin aus zu beeinflussen oder gar zu kontrollieren war, die *»high class group«* der US-Korrespondenten in Berlin erwies sich jedoch weiterhin als besonders sperrig. Nach der Röhm-Aktion 1934 und den Nürnberger Rassegesetzen 1935 gab es wohl keinen profilierten US-Journalisten in Deutschland mehr, der sich über den Charakter der NS-Diktatur und deren rassenideologische Vektoren irgendwelche Illusionen machte. Dennoch – oder vielleicht gerade deshalb – blieb Berlin ein begehrter Korrespondentenplatz, vor London, Wien, Paris oder Rom mit dem zunehmend im journalistischen Funktionssinne verblassenden Mussolini. Auch wenn es mit der *Weimar Culture* vorbei war, gab es noch genügend attraktive Orte für Kameraderie, für den journalistischen Informationsaustausch unter Kollegen. Lilian Mowrer, die Ehefrau von Edgar Ansel Mowrer, Korrespondent der *Chicago Daily News*, gibt in ihrem heute ganz vergessenen Buch »Journalist's Wife« (erschienen 1937, das unter diesem Titel heute wohl gar keine Verlagschancen mehr hätte) einige signifikante Einsichten:

> In der Nähe der Kurfürstenstraße gab es ein kleines italienisches Restaurant, Die Taverne. Hier trafen sich gegen Mitternacht, ehe die letzten Meldungen rausgingen, die ausländischen Korrespondenten, vor allem Briten und Amerikaner. An ihrem *Stammtisch* in der Ecke, den Norman Ebbutt von der *London Times* leitete, konnte man mehr über die wahren Verhältnisse in Deutschland erfahren als sonst im ganzen Land. Denn selbst die einzelnen Nazis wussten kaum, was vor sich ging außerhalb der Bereiche, in

> denen sie selbst Missetaten verübten. Keine Berufsgruppe arbeitet so leicht zusammen wie die ausländischen Berichterstatter. In diesen ersten schrecklichen Tagen sahen es alle spontan als ihre Aufgabe an, der Welt davon zu erzählen, und legten darum jedes Konkurrenzgebaren ab. Das Wichtigste war, an die Fakten zu kommen. Einer allein sah wenig, aber fünf, zehn, zwanzig erfahrene Journalisten, die das Land kannten und jeder von ihnen wiederum ein halbes Dutzend Diplomaten und viele Deutsche aus allen Schichten, hatten einen guten Einblick in die Situation. Sie gaben ihre Informationen untereinander weiter, planten ihre Arbeit oft gemeinsam und hatten so genug zu berichten, um die ganze Geschichte zu enthüllen.[54]

Lilian Mowrer hatte den frühen, erzwungenen Abgang ihres Mannes aus dem repressiven NS-Berlin miterlebt (er wechselte im Januar 1934 zum *Trib*-Büro nach Paris), sie schildert aber auch, dass die Kameraderie unter den Berliner Auslandskorrespondenten über die US-Kreise hinausging:

> Als Edgar verstand, dass die deutsche Regierung ihre feindselige Haltung nicht ändern würde, berief er widerwillig eine Generalversammlung der F. P. A. [Verein der Auslandspresse, L. H.] ein und bot seinen Rücktritt als Vorsitzender an. Es handelte sich um den einzigen in Deutschland nicht gleichgeschalteten Verein, aber wenn die hundertdreißig Vertreter der weltgrößten Zeitungen einen weniger geradlinigen Präsidenten wollten, der bei den Nazis erwünschter war, dann würde er gehen. Die Mitglieder diskutierten noch, als von unerwarteter Seite Hilfe kam. Der Korrespondent von *Popolo d'Italia* (Mussolinis eigener Zeitung), der dem italienischen Diktator sehr nahestand, erklärte plötzlich, er habe *Germany Puts the Clock Back* mit großem Interesse gelesen. Er plane, ein ähnliches Buch zu schreiben, erklärte er sehr offen, und hoffe auf Tipps. Er teile natürlich nicht die demokratischen

Schlussfolgerungen des Autors, aber jeder ausländische Berichterstatter müsse das Recht haben, ein solches Buch zu veröffentlichen. Jeder Versuch der Regierung, den Autor zu bestrafen oder Druck auf ihn auszuüben, sei ein Eingriff in die Pressefreiheit.

Allgemeiner Applaus, die Vertreter der ausländischen Presse lehnten Edgars Rücktrittsangebot fast einstimmig (bei sieben Gegenstimmen und drei Enthaltungen) ab und ließen nicht zu, dass gesellschaftlicher oder persönlicher Druck sie in ihrer Meinungsfreiheit behinderte, sofern die Kritik auf authentischem Material beruhe.

In diesem Sinne blieben die US-Presse- und -Rundfunkleute bis zur endgültigen Ausweisung der noch verbliebenen Crew die *pacemaker* des Auslandsmedien-Corps. Ihre Geschichte ist durch die zahlreichen Memoiren und auch durch die beiden Bücher von Andrew Nagorski (»Hitlerland«, mehr journalistisch) und Norman Domeier (»Weltöffentlichkeit und Diktatur«, mehr akademisch) auch verhältnismäßig gut erforscht, sodass wir uns im Folgenden auf einige kardinale Hitler-Interviews konzentrieren wollen; es ist ohnehin zu berücksichtigen, dass viele Hitler-Interviewer nicht als Korrespondenten in Berlin stationiert waren.

Interviewerin *Dorothy Thompson* war eine US-Veteranin der Deutschland-Berichterstattung. Thompson, Jahrgang 1893, geboren in Lancaster/New York, geschiedene Frau Bard, verheiratete Frau Lewis, hat über das bekannteste aller Hitler-Interviews ausführlich berichtet; zudem war es Putzi Hanfstaengl so nachhaltig im Gedächtnis geblieben, dass es in seiner Autobiografie einen prominenten Platz einnimmt. Thompson hatte, eigenen Angaben zufolge, schon 1923 versucht, unmittelbar nach dem Ende des Hitler-Ludendorff-Putschs, den abgetauchten Hitler bei Frau Hanfstaengl in Uffing aufzutreiben, und dann »sieben Jahre lang« via Frau und Mutter Hanfstaengl[55] vergeblich weitere Kontaktanstrengungen unternommen. Putzi selber schreibt, dass sie »lediglich auf Empfehlung meiner Mutter und Schwester« bei Hitler vorgelassen worden sei.

Thompson hatte, als der Hitler-Termin wahrscheinlich schien, gleich mit dem Verleger John C. Farrar die Publikation eines schmalen Hitler-Buchs vereinbart – was 1931, angesichts der noch relativen Unbekanntheit des NS-Führers in den USA, durchaus ein gewisses verlegerisches Risiko bedeutete. Aber sie war eben Dorothy Thompson, prominente Suffragette, Ehefrau des ersten US-Literatur-Nobelpreisträgers und Starjournalistin – nicht ganz so politisch kundig wie ihre Kollegin Sigrid Schultz, aber in deutsch-amerikanischen Intellektuellenzirkeln gut vernetzt. Der genaue Zeitpunkt des Hitler-Gesprächs differiert in der bisherigen Literatur – November 1931, Dezember 1931 oder sogar »Frühjahr 1932«, aber bei Letzterem dürfte es sich um eine Verwechslung mit dem ersten Erscheinungstermin in *Hearst's International Cosmopolitan* (Märzausgabe 1932) handeln, Titel: »I Saw Hitler« – und so hieß dann auch das bei Farrar & Rinehart ebenfalls 1932 erweitert und bebildert erschienene Buch (deutsch: »Ich traf Hitler!«, 2023).

Bleiben wir zunächst bei Hanfstaengls Darstellung. Thompson sei im »Kaiserhof« angetrunken erschienen, »was schon der Whisky-Duft im Vorzimmer verriet«. Deshalb habe er »der an und für sich nicht unsympathischen Dame während unserer allgemeinen Vorbemerkungen ein paar Tropfen aus meinem Lavendelfläschchen« angeboten, »zur Erfrischung ihrer Hände, wie ich sagte«. Das half natürlich nichts, nach dem (kurzen) Interview sei Hitler ans Hotelfenster gestürzt und habe es mit den Worten aufgerissen: »Hier riecht's ja nach Schnaps! So etwas brauchen Sie mir nicht wieder zu bringen, Hanfstaengl.« Dann habe er sich »völlig erschöpft« in einen Sessel geworfen. An dem Interview selbst kann es nicht gelegen haben, denn Thompson hatte gerade einmal drei Fragen vierundzwanzig Stunden vorab schriftlich einreichen müssen, die in ihrer Allgemeinheit nur Anlass für eine der üblichen Hitler-Suaden sein konnten. Die Reporterin sei nach dem Interview zurück ins Hotel Adlon gestürmt und habe, »durch weiteren Whisky

Die junge Dorothy Thompson, geboren 1893 als Tochter des britischen Methodistenpredigers Peter Thompson und seiner Ehefrau Margaret, im zeittypischen Flapper-Look *der 1920er-Jahre. Ihr Kurzinterview mit Hitler (1932) nutzte sie für eine schnelle Buchpublikation, in der sie generell mit der nationalsozialistischen Bewegung abrechnete. Thompson, u. a. Ehefrau des Literaturnobelpreisträgers Sinclair Lewis und Geliebte der lesbischen Schriftstellerin Christa Winsloe (»Mädchen in Uniform«), unterstützte viele deutsche Intellektuelle, die aus dem NS-Staat emigriert waren und wurde mit weitverbreiteten Kolumnen die Doyenne der US-Publizistik. 1961 starb sie in Lissabon an Herzversagen.*

angeheizt, ihre seit Jahren angestaute Antipathie gegen Hitler – den sie als Pseudo-Maskulinum zu erkennen glaubte – zu Papier gebracht«.

Damit war Hanfstaengl wieder bei seiner Lieblingsmarotte angelangt – der sexuellen Tiefenpsychologie solcher Begegnungen und der von Hitler überhaupt. Bereits nach wenigen Monaten habe Thompson ihre Heirat mit Sinclair Lewis wieder bereut,

> ebenso wie ihre erste mit dem Schönling Josef Bard, einem ausgemachten Ladykiller und Kaffeehausschwadroneur aus Budapest. Denn während Bard sich nach der Hochzeit nur als ein anspruchsvoller, doch sonst ganz amüsanter Schmarotzertyp entpuppt hatte, erwies sich der von aller Welt als Sittenschilderer amerikanischen Spießertums so hoch gepriesene Autor Lewis im Ehestand als ein genauso fader Provinzler wie seine Romanhelden, unfähig, auch nur einen Hauch von jenem Charme von Flair zu verbreiten, den die attraktive Dorothy als typisch europasüchtige »Intellektuelle« durch ihre zahlreichen Freundschaften mit Adelskreisen an der Donau und im Berliner Tiergarten mit soviel Inbrunst genossen hatte.

Es dürfe nicht vergessen werden, so der Memoirist Hanfstaegl 1957, dass Dorothy Thompson eine durch zwei Ehen tief enttäuschte Frau gewesen und es deshalb kein Wunder gewesen sei, dass die »noch immer höchst anziehende Thompson als der Typ des zu kurz gekommenen Weibes von Hitlers – in ihren Augen hermaphroditischem – Wesen abgestoßen« gewesen sei. Abgesehen von Hanfstaengls seltsamen Macho-Interpretationen war auch die Interviewerin in ihrem *Cosmo*-Bericht auf einige Kurzschlüsse von *Erscheinungsbild* und Auftreten Hitlers zu seinen politischen Erfolgsaussichten gekommen – was sie später sehr bedauern sollte.

Thompson erwähnt in ihrer Reportage über die Hitler-Begegnung keinen Whisky und Hanfstaengls Schilderung muss ja auch nicht stimmen. Aber sie sei »ein wenig nervös« gewesen und habe überlegt, Riechsalz zu nehmen (wahrscheinlich kein probates Mittel gegen Nervosität).

Zum »Kaiserhof« hatte sie sich von ihrem US-Kollegen Edgar Mowrer begleiten lassen, musste dann längere Zeit in Hanfstaengls Pressechef-Zimmer warten, ein italienischer Journalist sei vor ihr beim »Führer« gewesen. Als sie schließlich zu Hitlers Salon vorgelassen wurde, so Thompson, sei sie der festen Überzeugung gewesen,

> dem künftigen Diktator von Deutschland zu begegnen. Keine fünfzig Sekunden später war ich ziemlich sicher, dass dies nicht der Fall war. Es brauchte nur ungefähr diese Zeit, um die verblüffende Bedeutungslosigkeit dieses Mannes zu ermessen, der die Welt in Atem hielt. Er ist formlos, fast gesichtslos, ein Mann, dessen Miene einer Karikatur gleicht, ein Mann, dessen Körperbau knorpelig wirkt, ohne Knochen. Er ist belanglos und redselig, von schlechter Haltung und unsicher. Er ist die Verkörperung des kleinen Mannes.

Es folgen dann noch Schilderungen von Hitlers Haarschnitt, Augen, Stirn, Hinterkopf, Backenknochen und Nase. Sie wette darauf, so Thompson, dass er beim Teetrinken den kleinen Finger abspreize. Sein Gesicht sei das eines Schauspielers und Thompson verglich es mit dem anderer zeitgenössischer Politiker: Hindenburg (auch nicht gerade ein ansprechendes Gesicht, aber immerhin »wie aus Stein gemeißelt«), Brüning (»der Kopf eines hohen Staatsmanns aus dem 18. Jahrhundert«), Stresemann (»ein fröhlicher, weiser Geist in einer dicken Maske aus Fleisch«). Inhaltlich konnte sie aus Hitler wenig herausholen, trotz seines »eloquenten Redeschwalls«. Auf die Frage, was er für die arbeitenden Massen als künftiger Kanzler konkret zu tun gedenke, habe er spröde geantwortet, er habe nicht die Absicht, seinen politischen Feinden sein Programm auszuhändigen, damit sie es dann »stehlen« könnten. Auch zum Frankreichverhältnis der Nationalsozialisten wollte Hitler nichts Substanzielles sagen: »Wenn das deutsche Volk endlich wirklich geeint und seine Ehre gesichert ist, glaube ich, wird sogar Frankreich uns achten.«

In ihrer *Cosmopolitan*-Reportage reicherte Thompson das magere Interview-Ergebnis mit allerlei Erkenntnissen zur Hitler-Bewegung und zu den Möglichkeiten einer Machtübernahme an. Eine Koalition von NSDAP und Zentrumspartei sei unwahrscheinlich, aber vorstellbar. Dann jedoch könne Hitler seine totalitären Ansprüche nicht mehr geltend machen. Ohne die zentrale Maxime »Die Juden sind an allem schuld« würde das inkonsistente Hitler-Programm in sich zusammenfallen. Wenn Hitler wirklich an die Macht käme, würde er nur die schwächsten seiner Gegner aus dem Weg räumen. Die Intellektuellen würden auswandern, womit sie angesichts der reaktionären Tendenzen im Deutschland Anfang der 1930er-Jahre bereits begonnen hätten.

Das war alles nicht falsch, manches sogar sehr hellsichtig, aber im Gedächtnis vieler Thompson-Kollegen aus dem Journalismus blieb ihre Hitler-Unterschätzung (»Oh Adolph! Adolph! Dir wird das Glück fehlen«). Kollege und Bestsellerautor John Gunther von der *Chicago Daily News* nannte die Reportage später »ihren komisch-schrecklichen Fehler«. Aber es hätte auch einer enormen politischen Intuition bedurft, den Weg in die NS-Diktatur mit all den Schleicher-Papen-Rankünen und einem ersten Hitler-Kabinett, in dem die NSDAP nur zwei Minister stellte, konkret vorauszuahnen. Vor allem war dies nicht von einer US-Starreporterin zu erwarten, die vor allem in Künstler- und Intellektuellenzirkeln zu Hause war. Putzi Hanfstaengl war jedenfalls wegen »Ich traf Hitler« nachhaltig beleidigt, er sah besonders das Buch als Vertrauensbruch an. Als Thompson 1934 noch einmal kurz nach Berlin ins Adlon kam und er mitbekommen habe, dass sie sich wieder um ein Interview mit Hitler bemühe, so Hanfstaengl, »sorgte ich natürlich dafür, dass die Dame ausgewiesen wurde«. Noch 1957 kein Satz der Entschuldigung dafür, dass er »der Dame« die Gestapo (Dezernat II 2 B) auf den Hals gehetzt hatte.[56]

Die *New York Times*, das führende Weltblatt, hatte ausführlich über die Ausweisung von Thompson berichtet, wie später auch über die Geschehnisse rund um die »Reichskristallnacht«. 2005 geriet die *NYT* indes unter heftigen Beschuss durch die Journalistikprofessorin Laurel Leff, die in ihrem Buch »Buried by The Times. The Holocaust and America's Most Important Newspaper« gegenüber dem Blatt den Vorwurf erhob, den Holocaust während des Zweiten Weltkriegs bewusst auf die hinteren Seiten verbannt zu haben – wider besseres Wissen. Die Eigentümerfamilie der *New York Times,* die Ochs Sulzbergers, hatte deutsch-jüdische Wurzeln und habe gerade deshalb ernst zu nehmende Hinweise auf die Judenvernichtung heruntergespielt. Die Familie habe, so die Argumentation von Leff, nicht als Advokat jüdischer Interessen gelten wollen – zumal das Blatt ohnehin häufiger als »Jew York Times« tituliert wurde.

Eine besondere Breitseite bekam der langjährige Bürochef der Berliner *NYT*-Niederlassung Guido Enderis ab – ein gebürtiger Schweizer, der aus taktischen Gründen eine härtere Berichterstattung des Blattes in Sachen Judenverfolgung verhindert habe. Enderis war einer der wenigen amerikanischen Journalisten, die 1941 nicht in »Badheim« landeten, sondern noch einige Wochen im Hotel Adlon verbleiben konnten. Allerdings war er krank und verließ das »Dritte Reich« wenig später. Selbst Laurel Leff bezichtigt die *New York Times* nicht einer grundsätzlich laxen Haltung gegenüber dem nationalsozialistischen Regime. Und tatsächlich hatte das Blatt seit 1922 ziemlich faktengetreu über den Aufstieg Hitlers berichtet.

Schon im Dezember 1922 wurde in der *New York Times* über Gerüchte geschrieben, dass Henry Ford »Adolph Hitlers nationalistische und antisemitische Bewegung in München finanziert«, bezugnehmend auf einen Appell des »Berlin [sic] Tageblatt« an die US-Botschaft in Berlin, diese Gerüchte zu untersuchen und eventuell einzugreifen. Henry Fords Generalsekretär, E. G. Liebold, dementierte allerdings – was in der *NYT* auch getreulich wiedergegeben wurde.

Nach einem ersten Hitler-Interview für die *New York Times* von Harold Callender (Dezember 1931) entschied sich das Blatt zunächst, in seiner Ausgabe vom 23. Juni 1933 über ein Hitler-Interview von Thomas Russell Ybarra in einem zusammenfassenden Artikel vorab zu berichten. Ybarra hatte das Gespräch für das Wochenmagazin *Collier's* geführt, wo es am 1. Juli 1933 publiziert wurde.[57] Kurz darauf schickte die *New York Times* mit Anne O'Hare McCormick eine Frau, die gar nicht in Berlin stationiert war und eher als Mussolini-Spezialistin galt, zu einem eigenen Hitler-Gespräch, das dann am 10. Juli 1933 im Blatt erschien.

Thomas Russell Ybarra (1880–1971), gebürtig aus wohlhabender Familie, Sohn eines venezolanischen Generals, geboren in Caracas und später Autor von zwei Autobiografien (»Young Man from Caracas«; »Young Man of the World«), hatte zuvor Bücher über Wilhelm II. und Hindenburg publiziert und war ein alter Harvard-Bekannter von Putzi Hanfstaengl.[58] Weltgewandt und anekdotenbewusst, Habitué der Adlon-Bar, galt Ybarra schon in der Weimarer Republik als gut vernetzt, hatte Entscheider wie Hugo Stinnes oder Hjalmar Schacht beobachtet und auch schon über den Hitler-Prozess 1924 berichtet. Ybarra hatte seine Karriere als Verfasser von Poesie begonnen und unter anderem als Schüler in München deutschen Privatunterricht genossen. Seinen eigenen Angaben zufolge hatte er Hitler auf Vermittlung von »Putzi« zunächst im Münchner Braunen Haus, noch kurz vor der NS-Machtübernahme, und dann am 18. Mai 1933 in der Berliner Reichskanzlei noch einmal getroffen, wie auch durch einen Aktenvermerk von Oberregierungsrat Hans Thomsen belegt wird. Aus den beiden Meetings komponierte er einen durchaus hellsichtigen Interviewessay (Titel bei *Collier's:* »Says Hitler«, publiziert am 1. Juli 1933). Ybarra beschreibt, wenige Monate nach Hitlers Ernennung zum Reichskanzler, den seltsamen Kontrast in der Reichskanzlei zwischen den neuen NS-Herren und den altgedienten Kanzleibeamten:

> Aber hinter dem Vorzimmer zum Allerheiligsten wimmelte es auf den Fluren von Nazi-Stürmern, in voller Uniform, strotzend vor Hakenkreuzen und anderen Insignien, denen die Pistole gut sichtbar von der Hüfte baumelte – und Nazi-Pistolen sehen ein-

deutig nicht nach schmückendem Beiwerk aus, sondern nach praktischem Gebrauchswerkzeug. Die grobschlächtigen Soldaten standen in lächerlichem Kontrast zu den aus der Vor-Nazi-Zeit verbliebenen Beamten, denen ihr feierlicher Aufzug offensichtlich peinlich war und die aussahen – und sich zweifellos so fühlten – wie ein Fisch auf dem Trockenen. […]

Der Auftritt des größten Braunhemds von allen, Adolf Hitler, der genauso anständig und traditionell gekleidet war wie sein Steigbügelhalter und Vorgänger Franz von Papen, wirkte danach wie ein Schock. Ich fragte mich unweigerlich, ob das ein Zeichen dafür war, dass Hitler nach Jahren volksverhetzender Gewalt nun zur staatsmännischen Gelassenheit fand und die draufgängerische Anfangsphase seines Regimes, von der Berliner Schnauze »Braunhemdendiplomatie« genannt, endgültig beenden wollte.

Ybarra hatte Hitler, wie später weitere US-Interviewer, gebeten, »direkt zu den Amerikanern« zu sprechen. In diesem Sinne sprach Hitler in den meisten seiner US-Interviews nicht so sehr zu Ybarra oder Lochner oder Wiegand, sondern eben zu »den Amerikanern«[59], was ihm die Gelegenheit gab, sich in zahllose, mitunter skurrile Vergleiche zwischen Deutschland und den USA zu ergehen, so etwa im Gespräch mit Ybarra: »In den USA leben vierzehn oder fünfzehn Menschen auf einem Quadratkilometer, in Deutschland sind es hundertsiebenunddreißig. Ein großer Teil des deutschen Bodens besteht aus wertlosem Sand wie der Lüneburger Heide, die ihr Amerikaner nicht einmal versuchen würdet, urbar zu machen. Überbevölkert wie wir sind, müssen wir das Recht haben, zu sagen, wen wir in unserem Land nicht haben wollen.«

Außerdem brachte der neue Reichskanzler auch im Gespräch mit Ybarra seine Ansichten zur Rassentrennung und zur »Judenfrage« unter. Ybarra: »Ich fragte den Reichskanzler, wen er damit konkret meine. Hitler: ›Wir wollen keine osteuropäischen Juden. Und das entscheiden wir Deutschen allein. In den USA gibt es doch ähnliche Regelungen.

Warum zeigen die Amerikaner dann kein Verständnis für solche Fragen?‹«

Im neuen Reich, so Hitler, herrschten nunmehr Ruhe und Frieden: »Es gab Gewalt, aber das ist Vergangenheit. In Deutschland herrscht heute perfekte Ruhe. Keine Straße, kein einziges Haus wurde zerstört. Welchen Terror meinen Sie? Und welch ein Unterschied zum Irischen Unabhängigkeitskrieg, wo Briten und Iren gegeneinander kämpften. Dublin sah anders aus als Berlin, wo wir mit den deutschen Kommunisten abgerechnet haben.«

Es spricht für Ybarra, dass er später in seiner autobiografischen Schrift »Young Man of the World« (1942) bekannte, zu sehr der Theorie vom neuen gemäßigten »Staatsmann« Hitler (nach dem »Tag von Potsdam«) angehangen zu haben. So hatte der *Collier's*-Mann zunächst geschrieben: »Als ich den Nazi-Führer interviewte, kam Deutschland gerade zur Ruhe. Die Anfangsphase des Hitlertums endete, die zweite Phase begann. Die Anfangsphase bestand darin, alles in Stücke zu hauen. In der zweiten Phase wurden die Stücke langsam wieder zusammengesetzt. In der Anfangsphase gab es Angriffe auf Juden, die Niederschlagung der Opposition, einen Feldzug gegen Pressefreiheit, staatlichen Rechte, die Unabhängigkeit der Gewerkschaften usw.«

Als er dem »Führer« gegenübersaß, war Ybarra irritiert darüber, dass ihm Hitler mit ausgestreckten Fingern ständig auf die Knie klopfte, ließ sich aber weder ablenken noch vollständig täuschen:

> Der unerbittliche Marsch der Nazi-Dampfwalze geht weiter. Von den Gegnern des Hitler-Regimes ist kaum etwas zu hören. Die Sozialdemokraten, die die deutsche Politik zuvor beherrscht hatten, schweigen wie ein Grab. Das zuvor so einflussreiche Zentrum landete offenbar in der Asche. Und die Kommunisten, die noch vor kurzem Millionen Stimmen auf sich vereinen konnten, scheinen ausradiert. […] Doch trotz der nationalsozialisten Vorherrschaft drängt sich der Gedanke auf, dass die Opposition irgendwo im Untergrund sein muss und dort auf ihre Stunde wartet. Wie ein

> Beobachter sagte: Es kann nicht sein, dass das gesamte Zentrum, alle Sozialdemokraten und Kommunisten plötzlich tot umgefallen sind. […] Zum Zeitpunkt meines Gesprächs mit Hitler gab es keinen einzigen Hinweis darauf, dass die Verfolgung der Juden aufgehört hätte. Täglich wurden neue Listen mit verschwundenen Universitätsprofessoren veröffentlicht, gegen die meistens nichts anderes vorlag, als dass sie Juden waren. […] Aber manchmal schien es, als ob die Maschinerie von Adolf Frankenstein Hitler aus dem Ruder lief. Viele Ausländer, die am Kraterrand des deutschen Vulkans standen, fragten sich, ob Hitler noch wirklich Herr über sein eigenes Schauspiel war.

Im November 1936 bat Ybarra noch um ein drittes Hitler-Interview – verblüffenderweise, denn seine Berichterstattung über das NS-Regime dürfte den nunmehr amtierenden Gatekeepern nicht gefallen haben und Hanfstaengl war nicht mehr *in charge*. So retournierte diesmal Ministerialrat Röhrecke von der Reichskanzlei kühl »zur Bitte des Herausgebers der amerikanischen Wochenschrift ›Collier's Weekly‹, T.A. (sic) Ybarra, um Empfang bei Hitler: Ybarra sei bereits zweimal empfangen worden, ein Empfang deshalb nicht anzuraten, auch weil amerikanische Angelegenheiten derzeit nicht im Vordergrund stünden. Hitler war mit dem vorgeschlagenen Bescheid einverstanden.«

War Harold Callenders Hitler-Interview für die *New York Times* 1931 noch relativ nüchtern ausgefallen (Fragen zur Kanzlerschaft Brünings, zum Frankreichbild der NSDAP, zu den geforderten Revisionen des Versailler Vertrags, zur Monarchie, zu einer möglichen Koalition mit der Zentrumspartei, also das Übliche), fiel Anne O'Hare McCormicks Hitler-Gespräch in der *NYT*-Ausgabe vom 10. Juli 1933 geradezu lyrisch aus. »Hitler will Arbeit für alle Deutschen« lautete die hoffnungsvolle Überschrift und der neue Reichskanzler wurde eher wie ein New Dealer und Arbeitsbeschaffer im Sinne Roosevelts dargestellt: »In Europa gibt es mindestens eine offizielle Stimme, die die Methoden und

Motive von Präsident Roosevelt versteht.« Hitler, der »nirgendwo gekünstelt, unermüdlich und unbeschwert« sei, hatte nach dem Eindruck der Interviewerin »die sensible Hand eines Künstlers« und charmiere mit einem »entwaffnenden Lächeln«, wenngleich auch O'Hare aufgefallen war, dass Hitler mitunter rede »wie ein Besessener«, indes »zweifellos ehrlich«.

Der neue Reichskanzler hatte das Gespräch ungefragt damit begonnen, dass er gerade sehr glücklich sei, weil er soeben die Planungen für eine neue Autostraße (»motor road«) von Frankfurt über Darmstadt und Mannheim nach Heidelberg in Gang gesetzt habe (»Tausende hatten nun Arbeit«). Das gab Anlass für das obligate Lob in Richtung Henry Ford, weil der für die Massen produziere: »Sein kleines Auto hat mehr als alles sonst zur Einebnung der Klassenunterschiede beigetragen.« Zudem konnte sich Hitler skurrilerweise als großer Entbürokratisierer geben (»Wir haben den Papierkrieg drastisch beschnitten, wir durchpflügen die bürokratische Hierarchie, die uns erstickt«). Das gab noch einmal Gelegenheit für ein Roosevelt-Lob: »Ich habe große Sympathien für Präsident Roosevelt, weil er sich bei der Verfolgung seiner Ziele über Kongress, Lobbyisten und sture Bürokraten hinwegsetzt.« Außerdem war Hitler nicht nur ein Anti-Bürokrat, sondern auch ein ausgesprochener Frauenfreund, was die *New York Times* mit der Zwischenüberschrift »Setzt auf weibliche Unterstützung« garnierte. Frauen seien, so erzählte er O'Hare, schon immer seine entschiedendsten Anhänger gewesen. Zwar bevorzuge der Nationalsozialismus eher verheiratete Frauen, die zu Hause blieben, aber »unverheiratete Frauen konkurrieren offen mit Männern«.

Zum Schluss beglückte O'Hare Hitler noch mit der Frage, wen er am meisten bewundere: Cäsar, Friedrich den Großen oder Napoleon? Hitler nutzte das für eine Verblüffungsantwort: keinen von denen, sondern Oliver Cromwell, der habe England in einer mit dem Deutschen Reich vergleichbaren Situation gerettet, »indem er das Parlament ausgeschaltet und die Nation geeint« habe. Immerhin fiel O'Hare doch eine Frage zur Entrechtung der Juden im jungen NS-Staat ein: »Wie beurteilen

Sie die Vor- und Nachteile Ihrer antisemitischen Politik?« Vorteile und Nachteile also – und das gab dem Reichskanzler (»mit seiner außerordentlichen Redegewandtheit«) Gelegenheit zu der Beobachtung, viele der angeblich verfolgten Juden würden weiterhin friedlich in Berlin herumschlendern und in den besten Cafés dinieren. Ja, die Juden würden auch leiden, aber Millionen von anderen Deutschen auch. Außerdem sollten doch die Nationen, die ein so besonderes Interesse an der Situation der Juden zeigten, einfach möglichst viele von ihnen bei sich aufnehmen (»ihnen die Türen zu öffnen«).

Anne O'Hare McCormick, geboren 1880 im englischen Wakefield, hatte seit Beginn der 1920er-Jahre als Freelancerin aus Europa für die *New York Times* und andere US-Blätter berichtet, vor allem aus der Vatikanstadt. Die tiefgläubige Katholikin war sehr stolz auf ihre Audienzen bei drei Päpsten und rechnete Mussolini die Lateran-Verträge mit dem Vatikan (1929) hoch an; schon 1972 hatte der Historiker John Patrick Diggins, vielleicht etwas harsch, über O'Hares Artikel geurteilt, mit diesen seien die Amerikaner ebenso sehr über Schönheiten der italienischen Landschaft wie über die politische Schönheit von Mussolinis Faschismus informiert worden.[60] Gegen den brutalen italienischen Militäreinsatz in Äthiopien hatte O'Hare nichts einzuwenden. Warum die *New York Times* 1933 eine christlich beseelte freie Reporterin zu Hitler schickte und nicht jemanden aus dem gut besetzten eigenen Berliner Büro (Enderis, Otto D. Tolischus oder Frederick W. Birchall) bleibt rätselhaft. Vielleicht weil O'Hare auf ihre Weise eine Faschismusexpertin war, möglicherweise sollte das Berliner Büro so auch Distanz zum NS-Regime wahren können.

1936 wurde O'Hare, als erste Frau überhaupt, Vollmitglied der *NYT*-Redaktion, ein Jahr später bekam sie den Pulitzerpreis für (Auslands-)»Correspondence« – ausgerechnet. Sie starb 1954 in New York, in den Nachrufen hochgelobt. 1955 erschien eine Auswahl ihrer Vatikantexte posthum in Buchform (»Vatican Journal. 1921–1954«); im Vorwort beschrieb Clare Boothe Luce Anne O'Hare als »eine Frau, die eine vollkommen natürliche Weisheit besaß und ihre Mitgeschöpfe ermunterte, an Christi Geburt und das Auferstehungsopfer des Herrn zu denken«. Für überzeugte Katholiken mag das reichen, für ein Diktatoreninterview nicht. Die *New York Times* ließ es dann ganz bleiben, nach O'Hare gab es in dem Blatt kein weiteres Hitler-Gespräch mehr, und das war auch besser so.

Im April 1935 kam ein auch für die NS-Führung attraktiver *big shot* nach Berlin – Hugh Baillie (1890–1966), Präsident der Nachrichtagentur UPI. Er war zu der Zeit auf einer Europa-Besichtigungstour diverser UPI-Büros. Der gelernte Lokaljournalist Baillie hatte in Berlin schon 1932 – zusammen mit Frederick »Fred« Kuh, dem damaligen UPI-Leiter für Zentraleuropa – den damaligen Reichskanzler Franz von Papen interviewt (»Die Republik bedeutete ihm wenig; er war ein Intrigant, kein Politiker«) und konnte daher die weitere Entwicklung ganz gut einschätzen:

> Als ich 1935 wieder nach Berlin kam, saß Hitler fest im Sattel, und in den Zeitungen auf der ganzen Welt wimmelte es vor Geschichten über diesen Teufel. Doch Hitler selber war ziemlich unerreichbar geworden. Schon seit einiger Zeit hatte er keine Pressevertreter mehr empfangen. Sofort nach meiner Ankunft versuchte ich also, an ein Exklusivinterview mit dem Führer zu kommen. Dabei wurde ich von meinem Chef und Mentor Fred Oechsner unterstützt, der nach Kuhs Weggang nach London unser Berlin-Büro leitete und diese Stellung bis Kriegsbeginn innehatte, als das Büro schloss.

Baillie hat das Hitler-Interview in seiner Autobiografie »High Tension« (1959) sehr ausführlich wiedergegeben und reflektiert; besonders kennzeichnend ist hier die Rolle Ribbentrops, denn es sollte sich zeigen, dass dieser, obwohl noch nicht Außenminister, zunehmend daran interessiert war, selbst befragt zu werden – nicht immer nur der »Führer«.

Oechsner und Baillie probierten zunächst den »informellen Weg«, um an Hitler heranzukommen, und sprachen Ribbentrop während einer Berliner Aufführung von Wagners Oper »Meistersinger« darauf an. Der Führer war in seiner Loge ebenfalls da, auch Joseph und Magda Goebbels, Rudolf Heß mit seiner Frau und Hermann Göring und »seine dicke Frau«. Ribbentrop habe gesagt, so Baillie, das mit dem Führerinterview werde sehr schwierig, die UPI-Leute sollten doch zunächst einmal bei ihm vorbeischauen. Was sie auch taten; Ribbentrop sagte: »Es tut mir leid, der Führer kann Sie nicht treffen. Es geht nicht«, und er verwickelte die Amerikaner in ein längeres Gespräch über die allgemein NS-feindliche Haltung der amerikanischen Presse. Das US-Duo zog ins Propagandaministerium weiter, zu Dr. Goebbels (»der nichts von Ribbentrops Aufgeblasenheit oder Redegewandtheit im Englischen hatte«). Goebbels, der keine Gelegenheit ausließ, Ribbentrop bloßzustellen, stand natürlich als Vermittler sofort bereit, er habe noch ein Dinner mit dem Führer, alles kein Problem.

Dann rief wieder Ribbentrop an, er habe doch einen Interviewtermin mit Hitler arrangieren können, 11.30 Uhr am nächsten Tag; Goebbels erwähnte er nicht. Baillie und Oechsner wurden im »big Mercedes-Benz« vom Adlon abgeholt, landeten aber zunächst wieder bei Ribbentrop: »Er begrüßte mich mit einem breiten, falschen Lächeln und sagte: ›Ich habe ein Treffen mit dem Reichskanzler für Sie arrangiert. Aber kein Interview, denken Sie daran! Kein Interview, Herr Baillie, das müssen Sie mir versprechen.‹« In der Reichskanzlei angekommen, trafen der UPI-Chef und sein Berliner Vertreter zunächst auf Chefübersetzer Paul Otto Gustav Schmidt[51] und Goebbels' Staatssekretär Dr. Walther Funk, der natürlich im Sinne seiner Chefs bestätigte, dass Goebbels den Termin arrangiert habe – und auch eine Wiedergabe des Gesprächs sei selbstverständlich, wenn es von Hitler autorisiert werden könne.

Selbst Baillie konzediert in seiner Autobiografie, dass Hitlers Interviewäußerungen dem üblichen Pfad folgten (etwa zum »zerstörerischen Einfluss der jüdischen Intellektuellen in Deutschland«), aber eine Baillie-Beobachtung ist doch erwähnenswert: »Hitler [L. H.] zeigte bei seinen Erklärungen keinerlei Aufgeregtheit oder Dramatik. Offensichtlich war er ein Schauspieler, der seine Raserei ein- und ausschalten konnte. Wenn er wollte, war er der fanatisch kreischende Demagoge, aber er beherrschte auch die Rolle des entspannten Geschäftsmanns, der im Büro saß und sich kaum darum kümmerte, was seine Untergebenen machten.«

Im Sinne journalistisch-propagandischer Funktionalität waren alle Beteiligten mit dem Ergebnis des Interviews zufrieden. Baillie selbst (»received enormous play all over the world«), Goebbels und erstaunlicherweise auch Ribbentrop, der seitenlange Auswertungen über die Reichweite des Gesprächs in den USA und darüber hinaus anfertigen ließ (Vgl. S. 344/345). Baillie war ein Nachrichtenprofi, in einem harten Wettbewerb ging es ihm um den ökonomischen Erfolg seiner Agentur (rund 3500 Klienten, das heißt Medieninstitutionen als Abnehmer in den USA und weltweit). Kühl kalkulierte er: »Ich habe mich nie der Illusion hingegeben, dass die Größen, die ich interviewte, irgendein Interesse an mir als dem Leiter von United Press gehabt hätten. Für Sie war ich nur ein Sprachrohr, das ihnen erlaubte, ihre Ansichten auf den Titelseiten der Zeitungen weltweit zu verbreiten.« Und genau so war es auch beim Hitler-Interview gelaufen.

Weniger Glück mit seinem Hitler-Interview vom 27. Februar 1936 hatte Roy Howard (1883–1964), eine führende Figur des Scripps-Howard-Pressekonglomerats, mit den üblichen Themen (Völkerbund, Revision von Versailles, Friedensliebe), das zwar von der Reichskanzlei im Hitler-Sinne umgetextet wurde (»Krieg hat sich noch nie gelohnt, und er wird es nie tun«), aber dann doch nicht zur Veröffentlichung freigegeben wurde – ein seltener Fall. Howard, der aussah wie eine Mischung aus Walt Disney und Ernest Hemingway, hatte das Gespräch in Begleitung von Fred Oechsner in der Reichskanzlei geführt, wahrscheinlich war die Veröffentlichung des an sich harmlosen Interviews wegen der kurz bevorstehenden Rheinlandbesetzung unerwünscht. Howard fuhr zum nächsten Diktator weiter und traf sich in Moskau mit Stalin.

Der bereits erwähnte Hubert Renfro Knickerbocker, geboren 1898 in Yoakum, Texas, wegen seiner Haarfarbe allgemein »Red« genannt, war sicher der bekannteste US-Journalist in Deutschland. Der Pfarrerssohn hatte Psychologie studiert (unter anderem in München und New York), Stalins Mutter und Mussolini interviewt und 1931 den Pulitzerpreis für seine Reportagen über den sowjetischen Fünfjahresplan bekommen. Sein deutscher Hausverlag war Rowohlt, wo seine Bücher »Der rote Handel droht!«, »Rote Wirtschaft und weißer Wohlstand« oder »Deutschland so oder so?« erschienen. Für die *New York Evening Post* war Knickerbocker schon als Mittzwanziger in Deutschland; Putzi Hanfstaengl hatte ihn in München eingeladen, den Hitler-Ludendorff-Putsch an Ort und Stelle zu erleben. Hanfstaengl schätzte ihn sehr, noch in seinen Memoiren schrieb er:

> Hubert Knickerbocker wie Harold Callender waren feine, faire Burschen, die, unbeschadet ihrer eigenen Weltanschauung die Dinge so schilderten, wie sie sich ihrem gesunden Urteil stellten. Ich kann den nach 1945 so zahlreich in Erscheinung getretenen Geschichtsschreibern der Hitler-Ära nur raten, etwa in Knickerbockers 1932 bei Rowohlt erschienenem Buch »Deutschland so oder so?« nachzulesen, was ein naziunverdächtiger Journalist und Augenzeuge über die Gründe für das Entstehen und Anwachsen der nationalsozialistischen Bewegung geschrieben hat. Vielleicht würden die Historiker dann allmählich begreifen, wie sehr auch der Nationalsozialismus bis zur Machtübernahme eine Protestbewegung gegen unhaltbare und unerträgliche Daseinsbedingungen gewesen ist und keineswegs, wie es oft verfälschend dargestellt wird, eine Verschwörung von moralisch und geistig Minderwertigen, um die späteren Verbrechen des Naziregimes vorzubereiten.

Nun hatte kaum ein Historiker die Nationalsozialisten *ausschließlich* als Truppe von Gangstern, Rassenfanatikern und korrupten Schlägern dargestellt, und Knickerbocker konnte sich gegen Hanfstaengls Lob auch nicht mehr wehren – er war bereits im Juli 1949 beim Absturz einer KLM-Constellation nahe Bombay ums Leben gekommen (fünfundvierzig Tote, darunter vierzehn US-Journalisten).

Knickerbocker sei, so Hanfstaengl, bei Hitler gut angekommen, als er diesen im März 1932 interviewt habe – weil er »ein ausgezeichnetes Deutsch sprach und in seiner lebhaften und gewinnenden Art«. Zuvor war Knickerbocker im Automobil kreuz und quer in Deutschland umhergereist – für eine Art Stimmungsreportage in der Endphase der Weimarer Republik, noch heute auch in den Schlussfolgerungen lesenswert. Das von Hanfstaengl erwähnte Rowohlt-Buch (Originaltitel: »The German Crises«) war aus diesen Einzeleindrücken komponiert; sein Berliner Hitler-Gespräch hatte Knickerbocker darin integriert. Und in einem Punkt hatte Hanfstaengl tatsächlich recht: Es war ein ungewöhnlich lebendiges, für Hitler-Verhältnisse fast launiges Interview; bei Hitler sei lediglich nicht so gut angekommen, dass auch der US-Starfotograf James Edward Abbe dabei war statt des ewigen Hitlerfoto-Monopolisten Heinrich Hoffmann.

Knickerbockers Buch »Deutschland so oder so?« war in mehrfacher Hinsicht ein Unikat: Der US-Korrespondent wartete mit zahlreichen Statistiken über Außenhandelsüberschüsse, Arbeitslosenzahlen, amerikanische Kreditleistungen und Wählerbewegungen auf; zudem war Knickerbocker, teilweise undercover, durch die zahlreichen deutschen Städte gekommen, um im Vorfeld der Reichspräsidentenwahl im Frühjahr 1932 die Stimmung zu erkunden. So war der Korrespondent in Berliner Abendküchen, im »sächsischen Sibirien« bei Jena (mit 50 Prozent Erwerbslosen), im von den Nationalsozialisten mitregierten Braunschweig, in Hamburg und Essen, in Magdeburg und Weimar, Heidelberg und Merseburg oder bei den Opel-Werken in Rüsselsheim unterwegs.

In München, wo er zuvor Hitler vor 8000 Männern und Frauen im Zirkus Krone hatte sprechen hören, bekam Knickerbocker im Braunen Haus dann sein Hitler-Interview. Er kontrastierte das Interview mit dem Eindruck von Hitler im Zirkus:

Er war ein Evangelist, der vor einem Meeting spricht, der Billy Sunday der deutschen Politik. Seine Bekehrten gingen mit ihm, lachten mit ihm, empfanden mit ihm. Mit ihm verhöhnten sie die Franzosen. Mit ihm zischten sie die Republik aus. Die Achttausend waren ein Instrument, auf dem Hitler eine Symphonie der nationalen Leidenschaft spielte. Zehn, zwölf, fünfzehn, zwanzig Millionen Deutsche bilden das Hitlerorchester im ganzen Reich. Niemand kann sie genau zählen, aber die bedrohlichen Manifestationen ihres Massentrotzes haben einen ganzen Kontinent in eine Panik gejagt. Der Evangelist Hitler könnte eine neue Religion gründen, der Schauspieler Hitler könnte gesteckt volle Theater hinreißen. Der Redner Hitler könnte eine Revolution machen.

In der Interviewsituation sei Hitler hingegen der höfliche Hausherr gewesen, habe mit eigener Hand den Stuhl seines Besuchers zurechtgerückt und verbindlich gelächelt: »In seinem schwarzen Tuchanzug, in weißem Hemd mit halbsteifem Kragen und schwarzer Krawatte sah Hitler aus wie ein Maler oder ein Schauspieler. Er hätte auch ein aufstrebender junger District Attorney in einem unserer Südstaaten sein können, ein Mann, der auf die Staatspräsidentschaft aspiriert. Sein schweres, rabenschwarzes Haar würde dazu passen.« Bei dem Interview sei »der Adjutant Hitlers, Dr. Ernst Franz Sedgwick Hanfstaengl, der gleichzeitig Hitlers Pressechef ist«, dabei gewesen, der sich eifrig Notizen gemacht habe. Knickerbocker hat dieses eineinhalb Stunden währende Interview in seinem erwähnten Buch auf elf Seiten wiedergegeben, und da Hanfstaengl dabei war und das Buch auf Deutsch erschien, als Hanfstaengl noch nicht in Ungnade gefallen war, können wir davon ausgehen, dass der Verlauf des Gesprächs einigermaßen korrekt wiedergegeben ist.

Generalthema des Knickerbocker-Interviews war Hitlers Haltung zu Amerika und seine Stellung zu den US-Investitionen im Reich. Knickerbocker: »Er sprach zu den Vereinigten Staaten.« Hitler nannte vier Gründe, warum die US-Kapitalanlagen in Deutschland unter einer künftigen nationalsozialistischen Regierung sicherer sein würden als unter jeder anderen: erstens, weil Deutschland unter einer solchen Regierung von den politischen Schulden befreit sein würde, »die es uns heute unmöglich machen, unsere Privatverpflichtungen zu erfüllen«; zweitens, weil es dann zu einem stabilen Verhältnis mit Frankreich kommen werde; drittens, weil Deutschland unter einer nationalsozialistischen Regierung sich weigern werde, irgendwelche Vereinbarungen zu treffen, die nicht eingehalten werden könnten; viertens, weil nur unter Hitlers Herrschaft der Kommunismus in Deutschland vermieden werden könne.

Hitler versicherte, dass alle Privatschulden gegenüber US-Investoren »bis auf den letzten Pfennig« zurückgezahlt würden. Der Zeitpunkt aber hänge von der deutschen Zahlungsfähigkeit ab, von den Konditionen der Rückzahlung der Reparationslasten, von den Zinsen für Kredite, von den Auslandsanleihen – also von ziemlich vielen Konditionen. Vor allem kam es Hitler darauf an, sich gegen das »bolschewistische Prinzip der Nichtanerkennung des Privateigentums« abzugrenzen. Mitunter habe, so der Interviewer, Hitlers Stimme die Stärke eines Podiumssprechers erreicht, er habe heftig gestikuliert und seine Augen ins Leere gerichtet: »Eine Frage brach den Bann, seine beredten Hände kamen zur Ruhe, sein verbindliches Lächeln kehrte wieder.«

Hitler hatte sich offenbar, was die Zahlen und diverse Zinsfüße anbelangte, gut vorbereitet. Es gebe mittlerweile sogar Anleihen mit Zinsen von 17 Prozent; unter einer stabilen nationalsozialistischen Regierung könne Deutschland ein sicherer Anlageort werden, sodass »ein Zinsfuß von rund drei Prozent für Kredite bereitwillig zugestanden werden wird«. Hitler nannte das Beispiel, dass sich ein führender Textilfabrikant in Sachsen erschossen habe, weil er seine Schulden nicht habe bezahlen können. »Kein Gläubiger hat ein Interesse daran, daß sein Schuldner sich erschießt. Übrigens kann eine Nation auch nicht Selbstmord begehen. Deutschland denkt nicht daran, sich zu erschießen.« Knickerbocker fragte nach, ob es für Amerika überhaupt ein Fehlgriff gewesen sei, Deutschland diese Kredite gewährt zu haben. Hitler habe sich für seine Antwort Zeit genommen und länger nachgedacht:

> Ich kann nur sagen, daß es von unserem deutschen Standpunkt aus ein außerordentliches Glück ist, daß Amerika jetzt ein höchst direktes Interesse daran hat, Deutschland vor einem Angriff zu schützen, der sämtliche amerikanischen Anlagen in Deutschland gefährden würde. Denn einer Sache können Sie sicher sein: Wenn die Franzosen einen derartigen Versuch machen, die Reparationen durch einen Überfall auf Deutschland zu erhalten, werden Sie drei große Kreuze unter alles machen müssen, was Sie hier investiert haben.

Nach Hitlers Ansicht, wie er freimütig bekannte, war es ein Fehler, dass die USA 1917 aufseiten der Entente in den Krieg eingetreten waren. Ohne die Teilnahme Amerikas, so Hitler, hätte Deutschland sicherlich den Krieg gewonnen. Als Hitler auf das Verhältnis zwischen Deutschland und Frankreich zu sprechen kam, sei er wieder der feurige Revolutionär aus vergangenen Zeiten gewesen: »Solange es den Parisern beliebt, in den Deutschen Boches zu sehen, ist keine Verständigung zwischen den beiden Völkern möglich.«

Knickerbocker war einer der wenigen Hitler-Interviewer, der dem NS-Führer einen gewissen Humor attestierte. Er hatte ihn nach Angriffen in der nationalsozialistischen Presse auf die amerikanischen Woolworth-Läden gefragt, und Hitler habe geantwortet: »Wir werden die deutsch-amerikanischen Beziehungen nicht von einem Kramladen abhängig machen.« Allerdings, so Hitler, förderten die Woolworth-Geschäfte die Kapitalkonzentration und zerstörten viele kleinere Geschäfte, wofür er sogar die Lehre von Karl Marx bemühte. Dies könne vom Nationalsozialismus nicht gebilligt werden, »aber Sie können versichert sein, daß Ihre Unternehmen dieser Art in Deutschland um nichts anders behandelt werden sollen als ähnliche deutsche Unternehmen«. Gelobt wurden vom NS-Führer die Opel-Werke in Rüsselsheim, weil es für die Schaffung von Arbeitsplätzen in Deutschland vorteilhaft sei, wenn General Motors hier investiere.

Knickerbocker war, wie man seinem Buch entnehmen kann, mit seinem Hitler-Interview offenbar zufrieden. Zum Schluss hatte er Hitler an der obligatorischen Mussolini-Büste im Braunen Haus noch nach dem Verhältnis zum Duce gefragt: »Nie kennengelernt«, war die knappe Antwort. Danach verschwand Hitler in seinem »elektrischen Privatfahrstuhl«, der seinen im zweiten Stockwerk gelegenen Empfangsraum mit seinem privaten Arbeitszimmer im dritten Stock verband.

Die Aversion von Propagandaminister Goebbels gegen Knickerbocker wuchs erheblich, als »Knick« 1939 – aus allerdings dubiosen Quellen – herausgefunden haben wollte, dass hochrangige NS-Führer vorsichtshalber exorbitante Summen, die Rede war von insgesamt 500 Millionen Reichsmark, auf Konten im Ausland angelegt hätten – für den Fall einer Niederlage. Dr. Goebbels erklärte daraufhin listig an einem Sonntag im September 1939 in einer Pressekonferenz vor den Berliner Auslandsjournalisten, er habe Knickerbocker zehn Prozent dieser Summe als Belohnung angeboten, wenn er belastbare Nachweise für seine Behauptung erbringe. Eine Meldung des Deutschen Nachrichtenbüros präzisierte auf Weisung von Goebbels, Knickerbocker hätte damit mehr verdienen können, »als er im Laufe seines Lebens Aussicht hat, zu verdienen. Aber Herr Knickerbocker schwieg.« Im Goebbels-Tagebuch hieß es dann am 6. Juli 1940: »Scharfer Angriff der französischen Admiralität auf Churchill. Wie er im Winter um französische Hilfe gebettelt habe. In Amerika geteilte Meinung. Nur das Schweinchen Knickerbocker stellt sich ganz auf die englische Seite. Weitere Luftangriffe der Engländer auf westdeutsche Städte. Diese Zeit des Zuwartens bringt einen direkt in den Zustand der Raserei. Ich bewundere die Engelsgeduld des Führers.«

Das »Schweinchen« Knickerbocker hatte Deutschland da schon länger verlassen und war für die NS-Propaganda nicht mehr zu gebrauchen – anders Karl von Wiegand. Am 9. Juni 1940 traf Wiegand, der 1922 einer der ersten Hitler-Interviewer überhaupt gewesen war, den gerade auf dem Gipfel seiner Macht angekommenen Diktator an einem ungewöhnlichen Ort. Das Château de Lausprelle unweit von Charleroi in Belgien, kurz vor der französischen Grenze, nutzte Hitler als Verhandlungsort in der Nähe des Führerhauptquartiers »Wolfsschlucht I« in Bruly-de-Pesche.[62] In seinem Standardwerk »Hitlers Strategie« gibt Andreas Hillgruber an, dass der Anstoß zu diesem Interview von einem Gespräch kam, das der Oberst im Generalstab Wilhelm Ritter von Thoma am 27. Mai 1940 mit von Wiegand geführt hatte.[63] Kein anderes Interview ist von der NS-Propaganda so intensiv und auflagenstark verbreitet worden, kein anderes wurde in offizielle Editionen von Führerreden und Ansprachen aufgenommen. Hans Thomsen als NS-Geschäftsträger in Washington ließ die offizielle Zusammenfassung des Wiegand-Gesprächs in 100.000 Exemplaren drucken, es gab auch eine gesonderte Broschüre des Interviews in französischer Sprache.[64]

Karl von Wiegand, geboren 1874 im lothringischen Dorf Hesse (und nicht im Land Hessen, wie häufiger zu lesen ist), war über Jahrzehnte der Starreporter des Hearst-Imperiums. Als kleiner Junge mit seinen Eltern nach Amerika gekommen, hatte er schon im Ersten Weltkrieg sein Faible für Gespräche mit den führenden Militärs und Politikern entdeckt; so interviewte er seinerzeit Admiral Tirpitz, Kronprinz Wilhelm und Papst Benedikt XV.; 1917 war Wiegand vom New Yorker Blatt *The World* zu Hearst gewechselt. Mit seiner Lebensfreundin und häufigen Reisebegleiterin Lady Grace Marguerite Hay Drummond-Hay (1895–1946) war er auch ein Zeppelin-Connaisseur. Wiegand war hoch bezahlt, hatte direkten Zugang zum Medienzar Hearst und verstand sich schon früh – über die engere journalistische Berufsrolle hinaus – als diplomatischer Vermittler. Da er durch seine Aktivitäten im Ersten Weltkrieg als eher deutschfreundlich galt, entwickelte er sich zum auch von den Nationalsozialisten akzeptierten Hitler-Spezialinterviewer aus den USA.

Die Initiative für das Gespräch in Belgien ging von Wiegand aus, er hatte auch zwanzig Fragen vorab formuliert und eingereicht – mit manchen Skurrilitäten (»Werden die Bermudainseln und die Bahamas US-amerikanisch?«). Allerdings hatte Ribbentrops Außenamt die Wiegand-Fragen für Hitler schon so umgeschrieben und konzentriert, dass es hier in keiner Weise für »Europas Super-Napoleon« (Wiegand) zu Irritationen kommen konnte. Im Kern sollte es nach dem für Hitler und seine Generalität siegreichen Westfeldzug erwartbar um das Dreiecksverhältnis Deutschland – Großbritannien – USA gehen. Das Ergebnis war, um es kurz zu machen, *»unverblümte Nazi-Propaganda«* (O. John Rogge), auch wenn es Wiegand wohl nicht so intendiert hatte.

Die NS-Regierung hatte diesmal keinen Aufwand gescheut: Von Rom kommend und zwischenzeitlich im Adlon abgestiegen, wurde Wiegand von Dr. Richard Sallet[65] zunächst mit dem Zug von Berlin nach Köln ins Dom-Hotel begleitet, dann mit Ribbentrops Junkers-Maschine »Emmy« in die Ardennen geflogen, es gab ein Vorgespräch mit dem Außenminister und schließlich wurde Wiegand mit einer Motorradeskorte ins Château de Lausprelle gefahren. Hitler, der dort etwas später eintraf, sei, so Wiegand im Briefverkehr mit Lady Hay, sonnengebräunt und bei guter Gesundheit gewesen. Der Hearst-Mann fand, dass Hitler nur in der Liga von Alexander dem Großen, Julius Cäsar oder eben Napoleon zu situieren sei. Hitlers Propagandisten, die das Interview nahezu grenzenlos ausschlachteten, ging es um eine Botschaft an die amerikanische Öffentlichkeit. Und so sah die NS-Zusammenfassung schließlich aus, wiedergegeben im *Völkischen Beobachter* und über das Deutsche Nachrichtenbüro auch noch in das letzte deutsche Provinzblatt verbreitet:

Unterredung des Führers mit dem amerikanischen Korrespondenten Karl von Wiegand am 15. Juni 1940

Die Unterredung des Führers mit dem amerikanischen Korrespondenten Karl von Wiegand ging aus von der Frage nach der Einstellung Deutschlands zu Amerika. Hierzu erklärte der Führer, daß Deutschland einer der wenigen

Staaten sei, die sich bisher von jeder Einmischung in amerikanische Verhältnisse zurückgehalten hätten.

»Deutschland hat territoriale oder politische Interessen auf dem amerikanischen Kontinent weder früher gehabt, noch besitzt es solche heute. Wer das Gegenteil behauptet, lügt aus irgendwelchen Gründen vorsätzlich. Wie sich der amerikanische Kontinent daher sein Leben gestaltet«, so betonte der Führer, »interessiert uns nicht. Dies gilt nicht nur für Nordamerika, sondern ebenso für Südamerika.«

Zu der Monroedoktrin bemerkte der Führer:

»Ich glaube nicht, daß eine Doktrin, wie sie Monroe proklamiert hat, als eine einseitige Inanspruchnahme der Nichteinmischung aufgefaßt werden konnte oder kann; denn der Zweck der Monroedoktrin bestand nicht darin, zu verhindern, daß europäische Staaten sich in amerikanische Dinge einmischen – was übrigens England, das selbst ungeheure territoriale und politische Interessen in Amerika besitzt, fortgesetzt tut –, sondern daß ebenso Amerika sich nicht in europäische Angelegenheiten einmengt. Die Tatsache, daß George Washington selbst eine derartige Warnung an das amerikanische Volk ergehen ließ, bestätigt die Logik und Vernünftigkeit dieser Auslegung. Ich sage daher: Amerika den Amerikanern, Europa den Europäern!«

Nach Deutschlands Haltung zu dem von Präsident Roosevelt angekündigten Aufrüstungsprogramm Amerikas gefragt, erwiderte der Führer:

»Ich halte mich an die Monroedoktrin auch bei der Beantwortung dieser Frage. Ich beurteile auch das Rüstungsprogramm der USA [sic] nicht, es interessiert mich auch nicht. Ich arbeite selber gezwungenermaßen seit Jahren am größten Rüstungsprogramm der Welt und kann daher vor allem phantasievolle Schwätzereien von realen Möglichkeiten des praktischen Lebens sehr gut unterscheiden.

Es scheinen über diesen Punkt sehr phantasievolle Anschauungen zu herrschen.«

Zu der Frage der Intervention Amerikas durch Lieferungen von Flugzeugen und Kriegsmaterial antwortete der Führer:

»Die Intervention Amerikas mit Massenlieferungen von Flugzeugen und Kriegsmaterial kann den Ausgang dieses Krieges nicht ändern. Gründe dafür brauche ich nicht anzugeben. Die Wirklichkeit wird darüber entscheiden.«

Seine Auffassung zu den in Amerika so weitverbreiteten Nachrichten und Meldungen über eine angebliche deutsche fünfte Kolonne faßte der Führer folgendermaßen zusammen:

»Ich kann mir unter der sogenannten fünften Kolonne gar nichts denken, weil diese Kolonne außer in den Gehirnen von Phantasten oder als ein von gewissenloser Propaganda für durchsichtige Zweck [sic] erfundenes Schreckgespenst nicht existiert. Wenn unfähige Regierungen ihre Völker erst in den Krieg hetzen und dann einen jammervollen Zusammenbruch erleben, ist es verständlich, daß sie die Schuld lieber auf andere abschieben wollen. Der Hauptzweck dieses Schlagwortes aber ist, einen Sammelbegriff zu schaffen für die natürlich in allen Ländern vorhandene innere Opposition. Diese Opposition hat mit Deutschland gar nichts zu tun. Eher im Gegenteil! Es sind dies entweder radikalste Nationalisten oder international orientierte Kommunisten oder Pazifisten und andere Kriegsgegner. Allein weil es diese Politiker nicht zuwege bringen, mit ihrer eigenen Opposition auf anständigem Weg fertig zu werden, klagen sie diese Elemente des Landesverrats an und versuchen so, rechtswidrigen Methoden ein patriotisches Mäntelchen umzuhängen und sie vor den Augen der Welt durch die

Erfindung des gruseligen Begriffs ›fünfte Kolonne‹ moralisch zu motivieren.

Unsere Gegner werden diesen Krieg verlieren, nicht, weil sie eine fünfte Kolonne, sondern weil sie korrupte, gewissenlose oder geistig beschränkte Politiker haben. Sie werden ihn verlieren, weil ihre militärische Organisation schlecht, ihre Kriegführung wahrhaft miserabel ist. Deutschland wird diesen Krieg gewinnen, weil das deutsche Volk weiß, daß seine Sache gerecht ist, weil die deutsche militärische Organisation und Führung die bessere ist und weil wir die beste Armee und die beste Ausrüstung haben.

Es war nie meine Absicht oder mein Ziel«, so erklärte der Führer weiter, »das britische Weltreich zu vernichten. Ich habe im Gegenteil noch vor Ausbruch des Krieges, der von England und Frankreich angezettelt wurde, der englischen Regierung Vorschläge unterbreitet, in denen ich so weit ging, Großbritannien die Hilfe des Reiches für die Existenz des Empire anzubieten. Ich hatte von England nichts weiter verlangt, als daß Deutschland als gleichberechtigt angesehen und behandelt werden sollte, daß England die deutsche Küste schützen sollte, falls Deutschland in einen Krieg verwickelt würde, und schließlich, daß man mir die deutschen Kolonien zurückgeben sollte. Und ich werde sie auch bekommen!

Man erklärte und schrieb dagegen in London in aller Öffentlichkeit, daß der Nationalsozialismus vernichtet werden müsse, daß Deutschland aufgeteilt und vollständig entwaffnet und machtlos gemacht werden müsse. Niemals habe ich gleichartige Ziele und Absichten gegenüber England geäußert. Als aber England Schlacht um Schlacht verlor, flehten die Machthaber in London mit Tränen in den Augen Amerika an und erklärten, daß Deutschland das britische Weltreich bedrohe und zu zerschlagen suche.

In diesem Krieg wird allerdings etwas vernichtet werden, nämlich eine kapitalistische Clique, die für ihre niederträchtigen persönlichen Interessen bereit war und ist, Millionen von Menschen vernichten zu lassen. Aber dies wird – davon bin ich überzeugt – gar nicht von uns, sondern von ihren eigenen Völkern getan werden.«[66]

Immerhin hielt sich Wiegand zugute, dass er in dem Gespräch vom Juni 1940, wenige Tage vor der endgültigen französischen Kapitulation und der Besetzung von Paris durch die Wehrmacht, Hitler dazu animiert habe, die französische Hauptstadt nicht zu zerstören. An mangelndem Selbstbewusstsein litt er nicht; er baute aber auch schon den absehbaren Angriffen auf ihn vor, dem NS-Diktator völlig unnötigerweise als bequemer Stichwortgeber gedient zu haben. Diese Vorhaltungen sollte es dann auch zahlreich geben, aber Wiegand schrieb sie vor allem dem Neidkomplex seiner Kollegen zu, die eifersüchtig auf seinen Hitler-Scoop gewesen seien.

Wiegand, der unermüdliche Reisekader, wurde 1943 von den Japanern zusammen mit Lady Hay in Manila interniert, publizierte nach 1945 unverdrossen weiter und starb, 86-jährig, 1961 in Zürich, wo er ein Haus besaß.

In Sachen Pierre Huss hatte Wiegand nach seinem Hitler-Gespräch an Lady Hay geschrieben, Guido Enderis von der *New York Times* sei nunmehr, »seit Tolischus nicht mehr da ist, vollkommen von Huss abhängig. Und Huss hat sich von der gesamten Atmosphäre und einigen Nazis, mit denen er eng befreundet ist, so vereinnahmen lassen, dass ihm jede Objektivität abhanden gekommen ist. Jedes ihrer Worte scheint ihm die pure Wahrheit. Und was noch bedauerlicher ist, er verunglimpft Präsident R(oosevelt). Und das sollte kein Amerikaner im Ausland gegenüber Ausländern tun.«

Es hat eine gewisse Komik, das ausgerechnet Wiegand seinem Hearst/INS-Kollegen Huss vorwarf, zu freundlich mit der nationalsozialistischen Führungsclique umzugehen – während andere US-Korrespondenten beide in dieser Hinsicht verdächtigten. Immerhin gab Huss Wiegand recht, als er diesen mit einer Hitler-Begegnung noch zu übertrumpfen suchte, die im frühen November 1941 im ostpreußischen Führerhauptquartier Wolfsschanze stattfand. Wenig später verließ Huss Deutschland in Richtung USA, griff Japan Pearl Harbor an und erklärte Hitler den USA in seiner Reichstagsrede den Krieg. Ob er seinen Konkurrenten Wiegand wirklich ausstach, bleibt ungewiss, denn Huss selbst ist die einzige verlässliche Quelle für dieses Gespräch. Er verwertete es nicht mehr tagespublizistisch und gab dafür die Begründung, er habe das Gespräch nicht mehr auswerten wollen, weil es von der NS-Propaganda nur verfälscht worden wäre – eine klare Retourkutsche gegen den ungeliebten Wiegand. Dafür verwendete er satte fünfzehn Seiten in seinem Buch »Heil! And Farewell« auf das Interview, mit der expliziten Kapitelüberschrift »Ein Interview mit Hitler, der den USA einen Monat später den Krieg erklärte«.

Huss schildert einige Details seines Spaziergangs mit Hitler im ostpreußischen Wald rund um die Bunkeranlagen, was ihn glaubwürdiger macht – es wäre auch sehr verwegen gewesen, das ganze Ereignis einfach glatt zu erfinden. Er dürfte der einzige Auslandsjournalist gewesen sein, dem es jemals gelang, bis zur Wolfsschanze vorzudringen, mit der Bahn von Berlin aus. Grundthema des Gesprächs ist Hitlers Angst vor Roosevelt und der kommenden US-Interventionsmacht: »Der mächtige Hitler, Verkünder des Nazi-Reichs und der Neuordnung Europas, hat im Grunde genommen Angst vor US-Präsident Franklin D. Roosevelt, und weder sein öffentliches Machtgehabe noch die tosenden Reden über die eigene Unbesiegbarkeit und den unerschütterlichen Glauben an göttliche Vorsehung und Endsieg können daran etwas ändern.«

Was den Spaziergang anlangte, wurden im typischen Huss-Stil einige Führerspezifika feilgeboten: Der herumstapfende Hitler sei ein »erratischer Spaziergänger«, blicke nie über seine Schulter zurück und habe wohl Rheumatismus im rechten Bein. Außerdem gab es noch

Zahlreiche Auslandskorrespondenten, die über den NS-Staat berichtet hatten, publizierten schon Anfang der 1940er-Jahre Bücher über ihre Erlebnisse in Hitler-Deutschland. Verlage nutzten gern große Hakenkreuze auf den Titeln, wie bei Pierre J. Huss' »Heil! And Farewell« (London, 1943). Huss schildert hier ein letztes Gespräch mit Hitler 1941 im Führerhauptquartier »Wolfsschanze«, das er dann aber zunächst nicht veröffentlicht habe.

Eichhörnchen-Philosophie – Hitler habe eines dieser Nagetiere mit Haselnüssen aus seiner Manteltasche gefüttert, auch mit dem Tier geredet und reflektiert:

> *Ja,* wenn sich die Welt einfach nur um ihre eigenen Angelegenheiten kümmern würde, so wie dieses kleine Eichhörnchen. [...] Es sammelt Futter, um zu überleben, und ist ein Leben lang nur damit beschäftigt. Das war alles, was ich wollte, bis mich die Verrückten [die »Erfüllungspolitiker« nach 1918, L. H.] dazu brachten, meine Pläne zu ändern und für das Überleben Deutschlands zu kämpfen. Ich hatte für die nächsten fünfzig Jahre Pläne und Arbeit für mein Volk, ich brauchte keinen Krieg, um mein Amt zu retten, so wie die Daladiers oder Chamberlains. Und im Übrigen auch Herr Roosevelt von Amerika.

Es ist nicht klar, warum der schon kranke und betagte »Herr Roosevelt« den Krieg gebraucht haben soll, um im Amt zu bleiben, zumal der Präsidentschaftswahlkampf 1940 außenpolitisch ja nur wenige Differenzen mit dem unterlegenen republikanischen Konkurrenten Wendell Willkie gezeigt hatte. Aber mit Logik in Sachen USA durfte man Hitler grundsätzlich nicht kommen, und so flüchtete er sich gegenüber Huss in die vitalistischen Sphären; sowohl Roosevelt als auch Churchill seien verbrauchte Repräsentanten plutokratisch-kapitalistisch-jüdischer Systeme (*»Ja,* Herr Roosevelt – und seine Juden!«); er selbst sei noch relativ jung und gesund, und selbst wenn Roosevelt noch ein viertes Mal wiedergewählt würde (»entgegen der politischen Tradition und den Gewohnheiten seines Landes »), sei er selbst immer noch da und durchhaltebereit für den Endsieg. Und wenn nicht er, dann »der nächste Führer. Deutschland wird nicht vor Roosevelt untergehen, und ich kann warten, bis er tot ist.«

Nach dem Spaziergang ging es für Huss, Hitler und die SS-Leibgarde »ins Haupthaus des Führerquartiers, das einem komfortablen Jagdhaus nicht unähnlich war«, mit Hirschgeweihen und Kaminfeuer. Und jetzt mit Pressechef Otto Dietrich, Chefdolmetscher Schmidt und anderen Vasallen, anwesend »in stillem Gehorsam«. Das Gespräch ging, so Huss, noch einige Zeit weiter (Stalins Armeen hätten den Krieg praktisch verloren; wenn es eine Invasion der Amerikaner in Europa geben sollte, dann werde er mit einer Million oder auch fünf Millionen Leuten dagegen ankämpfen etc.). Dann sei er, Huss, in der frühen Dämmerung so gegen fünf Uhr von der kleinen Wolfsschanze-Bahnstation wieder zurückgefahren.

Huss war ziemlich stolz auf sein letztes Hitler-Interview, und noch kurz vor seinem abrupten Tod benutzte er es als Werbematerial. Bei seinem Vortrag »Hat die UN noch eine Zukunft?« (13. März 1962, drei Dollar Eintritt plus Lunch, Great Ballroom im Sheraton Palace Hotel, San Francisco) hieß es im Einladungstext: »Er kehrte kurz vor Pearl Harbor (und kurz nach seinem letzten Interview mit Hitler an der Russlandfront) in die USA zurück; er unterrichtete FBI und Pentagon über deutsche Waffen und Ausrüstung.« So hatte Huss es dann doch geschafft, vom unsicheren Kantonisten im Berliner US-Pressekorps zum Topinformanten für FBI und Pentagon in NS-Fragen zu werden – jedenfalls in seinen persönlichen Public Relations.

5

»Bastardisierung des europäischen Kontinents«

Bertrand de Jouvenel und die Franzosen

»Denn darüber muß man sich endlich vollständig klarwerden: der unerbittliche Todfeind des deutschen Volkes ist und bleibt Frankreich. Ganz gleich, wer in Frankreich regiert oder regieren wird, ob Bourbonen oder Jakobiner, Napoleoniden oder bürgerliche Demokraten, klerikale Republikaner oder rote Bolschewisten: das Schlußziel ihrer außenpolitischen Tätigkeit wird immer der Versuch einer Besitzergreifung der Rheingrenze sein und einer Sicherung dieses Stromes für Frankreich durch ein aufgelöstes und zertrümmertes Deutschland.«

Adolf Hitler, »Mein Kampf«, 1925

So weit ein Beispiel für die wüsten und maßlosen Ausfälle gegenüber Frankreich, mit denen sich der 36-jährige Hitler beim Verfassen seiner Programmschrift während der Landsberger Haft ereiferte. Zwar betonte er zehn Jahre später vor angelsächsischen Reportern, diese Aussagen wolle er in keiner Weise dementieren. Im Gespräch mit Franzosen hingegen reduzierte er die Bedeutung und Aktualität der frühen Texte.[67] Zwischen 1933 und 1938 traf Hitler, verglichen mit US-amerikanischen, britischen, japanischen, natürlich italienischen Journalisten, nur wenige, dazu handverlesene französische Journalisten zum Interview.[68] Er war kaum interessiert daran, sich dem Erbfeind gegenüber zu äußern, aus den erwähnten historischen und geopolitischen sowie aus rassistischen Gründen, wie eine weitere Passage aus »Mein Kampf« zeigt. Zur Besetzung des Ruhrgebiets 1923 (wegen eines Lieferrückstands bei deutschen Reparationsleistungen) durch französische und belgische Truppen, darunter zahlreiche schwarze Soldaten, schrieb er:

> Dieses immer mehr der Vernegerung anheimfallende Volk bedeutet in seiner Bindung an die Ziele der jüdischen Weltbeherrschung eine lauernde Gefahr für den Bestand der weißen Rasse Europas. Denn die Verpestung durch Negerblut am Rhein im Herzen Europas entspricht ebensosehr der sadistisch-perversen Rachsucht dieses chauvinistischen Erbfeindes unseres Volkes wie der eisig kalten Überlegung des Juden, auf diesem Wege die Bastardisierung des europäischen Kontinents im Mittelpunkt zu beginnen und der weißen Rasse durch die Infizierung mit niederem Menschentum die Grundlagen zu einer selbstherrlichen Existenz zu entziehen.

Das erste (wenn auch kurze) Hitler-Interview in einer französischen Zeitung erschien am 19. März 1932 in *L'Œuvre* (»Das Werk«), zwischen den zwei Wahlgängen zur Reichspräsidentenwahl. *L'Œuvre* war eine Publikation mit ursprünglich linksliberaler, im Ersten Weltkrieg auch pazifistischer Linie – mit einigem Erfolg zwischen den Weltkriegen, als *L'Œuvre* die linke Wahlkoalition des »Cartel des gauches« oder 1936 bei den Wahlen zur Nationalversammlung die linke Volksfront unterstützte und die Auflage auf 274.000 stieg.[69]

Unter der deutschen Besatzung aber ließ sich ein virulenter Antisemitismus bemerken, und *L'Œuvre* wandte sich der Kollaboration zu. Die Leitung damals lag seit Juli 1940 bei Marcel Déat, der allerdings nicht nur Journalist und sozialistischer Politiker war, sondern vor allem Absolvent der Pariser Eliteuni École normale supérieure und Mitherausgeber der *Annales sociologiques* (bzw. *Année sociologique* von 1898–1925 und seit 1945), der ursprünglich von Émile Durkheim (1858–1917), einem Begründer der modernen Soziologie, herausgegebenen, bis heute erscheinenden Fachzeitschrift. Umso krasser daher Marcel Déats Wende, als er sich mit diversen linken Gruppierungen überwarf und sich Ende der 1930er-Jahre dem Faschismus näherte. Déat, Protagonist der französisch rechtsextremen Vorkriegs- und Kriegszeit, konnte bei Kriegsende nach Italien flüchten und starb 1955 in Turin.

Dem *L'Œuvre*-Interview vorangestellt war eine Anmerkung des jüdischen Journalisten, Autors und Theaterdirektors Henri Hertz (1875–1966), eines Freundes von Alfred Jarry, Romain Rolland, Guillaume Apollinaire und Max Jacob. Hertz schrieb weitsichtig über die für ihn wahrscheinliche Vorbereitung eines Staatsstreichs nach der Wahl: »Es scheint, dass ein Putsch sich die Legalität widerrechtlich aneignen und nicht ihr folgen sollte. […] Es ist nicht mehr eine Schlacht zwischen Hindenburg und Hitler. Die ist vorbei. Jetzt ist es eine Schlacht zwischen den Kräften der Republik und seinen, die begonnen hat.« Am Schluss eine optimistische Note: »Es ist nicht gut, in dieser rauen Nation zu stolpern, wo Verschwörungen von Millionen lauern, wo aber die Regierung die Tricks und Rachegelüste der Verschwörer gelernt hat. Gegen Hitlers gescheiterten Staatsstreich ist jetzt der Putsch des Staates gegen Hitler an der Reihe! Wenn seine 700.000 registrierten Anhänger ihm treu bleiben, werden dann alle seine 11 Millionen Wähler angesichts dieses Ereignisses und Risikos ihren Mut bewahren?«

1932 also: Zu dieser Zeit war *L'Œuvre* (das 1946 eingestellt wurde) zweifellos linksorientiert. »Hitler und der Putsch gegen die Republik« hieß der Artikel über das Treffen mit dem Machtaspiranten in Berlin. Es fand kurz vor dem zweiten Wahlgang (10. April 1932) statt, den Hitler gegen Hindenburg verlieren sollte. Noch wusste niemand, wie die rabiaten Republikhasser abschneiden und wie sie sich bei einer Wahlniederlage verhalten würden. Der Zweispalter des namenlosen Autors begann mit: »Monsieur Hitler hat sich ja immer geweigert, sich an Frankreich zu wenden, wie er sich geweigert hat, mit Journalisten überhaupt, auch denen seines eigenen Landes, zu reden.« Ein anderer Franzose, berichtete er, habe sich an Putzi Hanfstaengl gewandt mit der Frage: »Wenn ich Herrn Hitler in seinem Hotel anspreche, mit einem Stift in der Hand, was kann mir passieren?« Antwort Hanfstaengl: »Was Ihnen passieren kann? Ganz einfach: Sie werden sofort zu Boden geworfen. Glauben Sie mir, Hitler wird gut bewacht.« Danach Beobachtungen des *L'Œuvre*-Autors. Er schrieb, er sei häufig in das Berliner Hotel Kaiserhof gegangen, in dem Hitler wohnte. »Vor 12 Uhr mittags stand er nie auf. Der Mann, dem es so wichtig war, das alte Preußen wieder aufleben zu lassen, hatte nichts von einem Preußen.« Dem Adjutanten Hitlers, Oberstleutnant Wilhelm Brückner, »der seinen Chef nie anders als mein Führer bezeichnete«, konnte er die Frage stellen: »Alles in allem gefällt Hitler seinen Anhängern ja so, wie eine Frau Männern gefallen will. Mit den Augen, der Stimme, und welche Koketterie findet sich in seinen Gesten! Warum kann man Hitlers Charme nicht auch mit einem Tonfilm im Ausland wirken lassen?« »Nein, nein«, antwortete Brückner, »das geht nicht. Das Faszinierende ist das Rätselhafte. Mein Führer muss weiterhin ein Rätsel bleiben.«

Schließlich wurde der Autor irgendwann kurz vor dem 19. März 1932, als der Text in *L'Œuvre* erschien, zu einer *réception intime* mit dem, wie es in der Einladung hieß, »vom Schicksal Auserwählten« vorgelassen. Einige Amerikaner und zwei Schweden waren auch im Kaiserhof, dritter Stock, Zimmer 422. Eine halbe Stunde verging, nichts geschah. Die Schweden waren mit der Frage beschäftigt, wie sie Hitler ansprechen sollten. Mit Herr Regierungsrat? Einfach Herr Hitler? Die Zeit verging. »Eine hübsche Amerikanerin sagte: Herr Hindenburg würde sowas nicht mit uns machen. Sie fügte resolut an, nach einer Geste der Machtlosigkeit von Hitlers Sekretärin: Sie müssen ihrem Chef mal bessere Manieren beibringen!«

»Schließlich führte man uns in ein Nebenzimmer«, so der Bericht des *L'Œuvre*-Reporters. »Herr Brückner öffnete die Vorhänge, stellte einige Stühle um, verschloss die Tür zweimal. Man hörte den Wind an ein halboffenes Fenster klopfen. Eine Totenstille herrschte. Plötzlich öffnete sich eine versteckte Tür, dann stand Hitler neben uns. Er schüttelte meine Hand, machte gleichzeitig eine so tiefe Verbeugung, wie es nur Österreicher können.« Es fiel auf, dass er die Besucher kaum ansah, dass er, während er sprach, unruhig umherblickte, an die Decke, auf den Boden. Dass er sich unwohl fühlte und zunehmend schlecht gelaunt war. Offenbar weil er einer kleinen Gruppe von Zuhörern gegenüber seine *Message* nicht herausschreien konnte.

Der Termin dauerte länger als die geplanten 20 Minuten. Doch ein klassisches Interview mit Fragen und Antworten sollte es nicht werden, vielmehr wieder ein Monolog:

> Normalerweise berichtige ich nicht die ganzen falschen Gerüchte über mich, vor allem die aus dem Ausland. Aber wenn es welche sind, die die Interessen des deutschen Volkes betreffen, betrachte ich es als meine Pflicht zu antworten. Man hat gesagt: Hitler bedeutet Krieg. Ich will Ihnen versichern: Mein Sieg wird die deutschen Beziehungen mit dem Ausland in keinster Weise ungünstig beeinflussen können. Nein, der Sieg des Hitlerismus bei der Wahl zur Reichspräsidentschaft wird den Frieden in Europa in keinster Weise in Gefahr bringen. […]
>
> Der Krieg konnte die Beziehungen zwischen den Völkern nie endgültig regeln. Wenn er nicht zur vollständigen Ausrottung des einen oder anderen Volkes führt, wird er ewig weitergehen. Der Frieden in Europa, ich sage es noch einmal, wird nicht gestört werden, es sei denn ein Land will das. Wir werden das nicht sein.

Er brauchte kein Publikum aus zehn, sondern eines aus 20.000 Leuten. »Da wurde Hitler wieder er selbst«, schrieb unser Autor, der ihn so an einem der kommenden Tage erlebte. Da habe Hitler gesagt: »Wenn man entschlossen ist, bis zum Ende zu kämpfen, kann man nicht verlieren. […] Wenn unsere Gegner fragen, was wir dem deutschen Volk gegeben haben, antworten wir: einen neuen Glauben.« Als er ihn so gesehen habe, *face à face* mit der Menschenmenge, habe er verstanden, dass Hitler krank werden würde, wenn er so etwas nicht mindestens einmal pro Woche hätte. Er habe auch verstanden, dass Hitler kaum ein Interesse hätte zu heiraten. In seinem Privatleben gehe es ja nur um Erholung. Um dann aufzuleben, wenn er wieder in Kontakt mit Tausenden Zuhörern käme.

So viel zu Hitlers wohl erstem Treffen mit einem französischen Journalisten. In der Tagespresse konnte man seinen Namen schon zehn Jahre früher lesen, in der ein oder anderen Schreibweise. Im *Figaro* war er womöglich erstmals überhaupt in einer ausländischen Zeitung aufgetaucht, am 25. August 1922. Hier ging es um einen Auftritt des Feldmarschalls von Hindenburg in München am 21. August 1922, bei dem auch *»les socialistes-nationaux, les Hitler«* demonstrierten. »In Reih und Glied, Fahnen vorneweg, geschmückt mit dem Hakenkreuz, stimmten die Kompanien die Wacht am Rhein an, dann ein von ›Nieder-mit-Frankreich!‹-Rufen unterbrochenes Pfeifkonzert.« Es folgte die Meldung im nationalistischen, royalistischen, antisemitischen Tagesblatt *L'Action française* vom 12. November 1922 und in weiteren französischen Blättern bis in die Provinz hinein.

Fernand de Brinon war der Erste, der, am 16. November 1933 in Berlin, ein ordnungsgemäßes Interview für ein französisches Blatt führen konnte. Sechs Tage später wurde »Ein Gespräch mit Adolf Hitler« in der von ziemlichem Auflagenrückgang betroffenen, in den 1930er-Jahren der extremen Rechten nahestehenden Tageszeitung *Le Matin* veröffentlicht. Untertitel: »Sensationelle Erklärungen« und »Zum ersten Mal empfängt der Reichskanzler einen französischen Journalisten«, fast zehn Monate nach Hitlers »Machtergreifung« am 30. Januar 1933.

Der 1885 geborene Anwalt und erfolgreiche Journalist Fernand de Brinon war elegant, von altem Adel, später ein »Aristokrat der Kollaboration« (Titel einer Brinon-Biografie), sprich: ein Ultra-Kollaborateur. Ein Mann mit Rechtstendenzen, doch untypischer Biografie. Von seiner jüdischen Frau Lisette beziehungsweise Jeanne Louise Rachel Franck (1896–1982) ließ er sich nie scheiden. Sie stammte aus einer Familie der Pariser Grande Bourgeoisie, ursprünglich aus dem Elsass. Ihr älterer Bruder Henri war ein an der École normale supérieure aktiver Literat, der 1912 mit fünfundzwanzig Jahren an Tuberkulose starb.[70] Auch Lisette Franck war früh aktiv in den mondänen Pariser Milieus von Kultur und Politik. Léon Blum und Pierre Drieu la Rochelle zählte sie zu ihren Freunden, Fernand de Brinon, den sie 1932 in Genf kennenlernte, wurde ihr Geliebter. Am Tag der Scheidung von ihrem ersten Ehemann Claude Ullmann, dem 22. November 1933, erschien de Brinons Hitler-Interview. Ein Jahr später, am 15. November 1934, folgte die Hochzeit in Neuilly. Vorher war Lisette zum Katholizismus konvertiert.

Im September oder frühen Oktober 1932 hatte Brinon den frankophilen späteren Reichsminister des Auswärtigen Joachim von Ribbentrop kennengelernt, der Anlass war eine Jagdgesellschaft in der Champagne bei dem gemeinsamen Freund Marquis Melchior de Polignac (Eigentümer von Pommery-Champagner). Ribbentrop betrieb die Weinhandelsfirma Impogroma (kurz für »Import großer Marken«) in Berlin-Dahlem und hatte den Adelstitel übrigens erst Mitte der 1920er-Jahre von einer entfernten Verwandten erworben. Zunächst starteten Fernand de Brinon und Ribbentrop mit einer Art Privatdiplomatie den Versuch, unter völliger Geheimhaltung ein Spitzentreffen von Hitler mit Premier Édouard Daladier zu vereinbaren. Sie scheiterten jedoch nach Vorgesprächen zwischen de Brinon und Hitler in Berchtesgaden am 9. September 1933. Auf Initiative von Ribbentrop gelang es immerhin, ein Interview de Brinons mit dem vierundvierzigjährigen Reichskanzler zu vermitteln, auch um die problematischen Frankreich-feindliche Formulierungen in »Mein Kampf« aus dem Weg zu räumen.

Frühere Anfragen französischer Journalisten hatte man zurückgewiesen. Nur Außenminister Konstantin von Neurath und Goebbels hatten sich zu solchen Gesprächen bereitgefunden. Das Interview fand dann kurz nach dem Plebiszit vom 12. November 1933 statt, mit dem der deutsche Austritt aus dem Völkerbund beschlossen wurde. Auch Ribbentrop war anwesend. »Am Donnerstag, den 16. November, wurde ich von 11.20 bis 13.00 Uhr von Herrn Hitler empfangen«, schrieb de Brinon in *Le Matin*. »Ich konnte mich mit ihm frei unterhalten über alle Themen und Sorgen. Und er beschrieb seine Gedanken. Ich hatte das Gefühl, dass er durch mich Frankreich entdeckte.«

Der französische Jurist, Journalist und Diplomat Fernand de Brinon, 1885 als Spross einer konservativ-katholischen Adelsfamilie in Libourne (Gironde) geboren, interviewte Hitler im September 1933 auf Vermittlung Joachim von Ribbentrops für »Le Matin«. De Brinon, Vertrauter des späteren deutschen Botschafters in Paris, Otto Abetz, entwickelte sich zum Erz-Kollaborateur mit dem NS-Regime und avancierte 1944 zum Präsidenten der Exil-Vichy-Regierung in Sigmaringen; Hitler hatte dessen jüdische Ehefrau Lisette zur »Ehrenarierin« erklären lassen. De Brinon (2. von rechts), hier am Tisch mit Reichsjugendführer Baldur von Schirach (rechts), wurde 1947 vom französischen Obersten Gerichtshof zum Tode verurteilt und im Fort de Montrouge hingerichtet.

Im Anschluss eine detaillierte Beschreibung der Szene in devotem Stil: »Ich wartete auf Herrn Hitler in seinen Privaträumen im vierten Stock des Reichskanzlerpalais. Ein riesiger Vorraum mit polierten weißen Fliesen, ein langer Tisch mit Broschüren und Papieren, junge SS-Männer in schwarzen Uniformen, die dem Besucher den römischen Gruß zeigen. Ein schnelles Kommen und Gehen. […] Vor allem ein Hauch von Jugend und Einfachheit.« De Brinon schaute sich um (»zwei Grünpflanzen, Blumensträuße und Bronzestatuen«), hörte zu, wie der junge Mann, der ihn empfangen hatte, mit Kameraden plauderte. Empfand »den Unterschied zu dem gewöhnlichen Zeremoniell in Regierungspalästen. Keine Besucher, die auf ihre Audienz warteten, keine Gerichtsdiener, kein Protokoll.« Der mächtigste Deutsche öffnete dann selbst die Tür seines Kabinetts, um einen Fremden zu empfangen:

> Hier ist er. Er tritt vor, begrüßt mich mit rituellem Gruß, streckt die Hand aus und deutet in Richtung seines Büros. Ein großer, quadratischer Raum, banale Möbel, ein sauberer Eichentisch mit Hakenkreuz-Kerzenhaltern über dem Kamin, ein Porträt von Friedrich II. zwischen Kamin und Fenster in der linken Ecke, ein runder Tisch, umgeben von braunen Sesseln. Herr Hitler lässt mich zu seiner Rechten sitzen. […] Er trägt eine englische Militärjacke aus hellbraunem Stoff, eine schwarze Hose, schwarze Socken und Halbschuhe aus schwarzem Lackleder. Was für ein Kontrast zu seinem Ruf.

War das der Anführer der Massen, fragte de Brinon sich, der Diktator, der Tribun, der zuvor in den Siemens-Werken die Atmosphäre seiner frühen Kämpfe wiedergefunden und den Arbeitern zugerufen hatte: »Ich spüre, dass ein Teil von euch mir nicht folgt. Aber das ist mir egal, denn eure Kinder werden für mich sein.« Derjenige, der rief: »Ja, ich habe die Arbeiterklasse zerschlagen. Aber ich habe alle Klassen zerstört, um ein neues und geeintes Deutschland zu schaffen.« Er sehe aus wie ein Offizier, der seinen Waffenrock ausgezogen hat, um sich am Kamin auszuruhen. Hustete, war heiser. »Aber wie lebendig er ist, wenn er in Flammen steht. Welche Macht, wenn ihn die Leidenschaft packt.«

Dann kam Brinon zu der drastischen Frankreichkritik in »Mein Kampf« und schrieb: Zwar habe Hitler den Ehrgeiz, sich mit Frankreich zu einigen. Andere aber, so de Brinon zum »Führer«, würden protestieren und sagen, in der Originalausgabe von »Mein Kampf« würde man davon nichts finden. Worauf Hitler ihm entgegnete: »›Mein Kampf‹ ist doch ein Buch voller Flüche, die im Gefängnis geschrieben wurden, mit dem Zorn eines verfolgten Apostels.« Zwischen dem darin enthaltenen innenpolitischen Programm und dem Programm, das er jetzt an der Macht anwende, gebe es doch deutliche Unterschiede. Hitler glaube durchaus an die deutsch-französische Verständigung. Manchmal träume er davon, so Brinon, »allein in den Rhein zu steigen und einen Lorbeerkranz zu Ehren der deutschen und französischen Soldaten, die für ihr Vaterland gestorben waren, in die Luft zu werfen«. Manchmal würde er, da er einen Sinn für Architektur habe, sich »ein grandioses Denkmal für die Toten der beiden versöhnten Nationen« vorstellen.

Weitere Hitler-Zitate folgten: Er sei überzeugt, dass, sobald die Frage des »deutschen« Saarlandes geklärt sei, es nichts mehr gebe, was zwischen Deutschland und Frankreich stehen könne. Und zur Frage um Elsass-Lothringen habe er ja oft gesagt, »dass wir das endgültig aufgegeben haben. […] Aber wie lange müssen wir noch wiederholen, dass wir weder aufsaugen wollen, was nicht unser ist, noch uns von denen lieben lassen wollen, die uns nicht lieben!« Hitler fuhr fort, es gebe in Europa keinen Streitfall, der einen Krieg rechtfertigen würde. Alles könne zwischen den Ländern geregelt werden, »wenn sie ein Gefühl für ihre Ehre und ihre Verantwortung besitzen«. Schließlich de Brinon: »Er wurde lebendig. Seine Stimme stieg trotz seiner Müdigkeit. Sie klang, als ob die Tumulte der Volksversammlungen in diesen Raum eingedrungen wären.« Hitler: »Man beleidigt mich, wenn man immer wieder sagt, dass ich Krieg will. Bin ich verrückt? Der Krieg regelt nichts. Er würde nichts lösen. Er würde den Zustand der Welt nur weiter verschlimmern.«

So weit Hitlers »sensationelle«, alle Frankreichkritik relativierende Statements. Im Anschluss sagte er noch, dass *er allein* über die Politik Deutschlands entscheide. »Und wenn ich mein Wort gebe, halte ich es für gewöhnlich auch.« Oder: »Ich habe keinen Thron geerbt. Ich habe eine Doktrin, an die ich mich halten muss. Ich bin ein Mann, der handelt, der Verantwortung übernimmt. Ich bin vor dem Volk, das ich führe und das mir Kraft gibt, für mich selbst verantwortlich.« Oder: »Ein englischer Journalist hat geschrieben, dass man, um Europa zu besänftigen, Deutschland und Frankreich in Einklang bringen und Frankreich die zusätzliche Sicherheit eines Verteidigungsbündnisses mit England geben müsse. Wenn es um ein solches Bündnis geht, stimme ich dem gerne zu. Denn ich habe nicht die Absicht, meine Nachbarn anzugreifen.« Und schließlich beendete de Brinon seine alles in allem ganz nette Unterhaltung mit dem künftigen Massenmörder mit der Feststellung, dass auch (der NS-freundliche) G. Ward Price von der britischen *Daily Mail* vor einigen Wochen »nach einem ähnlichen Gespräch mit Herrn Hitler von dessen Ehrlichkeit überzeugt« gewesen sei (vgl. Kapitel 6).

Bei diesem spektakulären Interview ging es aber um mehr als um *News.* Zunächst sorgte Fernand de Brinon für die Publikation in *Le Matin* am 22. November 1933, einer Zeitung mit größerer Auflage als sein Hausblatt *L'Information.* Hier erschien das Interview am darauffolgenden Tag, als auch die *Frankfurter Zeitung* eine deutsche Version druckte. Hitler wiederum war es laut Paul Kluke[71] wohl darum gegangen, »durch Friedensbeteuerungen nach rechts und links seine Stellung zu festigen«. Dann war da der im Rheinland geborene, zu der Zeit nach Paris emigrierte Journalist Maximilian Scheer (1896–1978). Nach dem Krieg lebte Scheer in Ostberlin, wo er 1972 seine Erinnerungen schrieb. In »So war es in Paris« informierte er über das Interview des »Grafen de Brinon« mit Hitler und dessen Hintergrund. Scheer zufolge habe die um einige Tage verspätete Veröffentlichung des »Friedensinterviews« (Hitler: »Man beleidigt mich, wenn man immer wieder sagt, dass ich Krieg will«) einen Finanzbetrug ermöglicht, hinter dem die Bankhäuser Lazare Frères in Paris und Lazare Brothers in London standen. Ihnen gehörte zum einen die Finanzzeitung *L'Information*, für die Brinon schrieb, zum anderen vertraten sie die Interessen des Erdöl- und Erdgaskonzerns Royal Dutch (heute Shell). De Brinon war am 14. November 1933, zwei Tage nach dem Interview, zurück in Paris, verfasste seinen Artikel, der am 22./23. November erschien. Und einige Finanzkreise machten durch die Verzögerung gewaltige Gewinne. Was durchaus stimmen kann, trotz Scheer-Irrtümern bei Zeitungstiteln und Datierung.

Fünf weitere Treffen von Fernand de Brinon und Hitler gab es zwischen 1935 und 1937. »Meisterkollaborateur de Brinon« *(Der Spiegel* Nr. 4/1949) orientierte sich neu, profitierte von seinem Hitler-Interview, stieg auf zu einer Schlüsselfigur der französisch-deutschen Beziehungen in Paris und Vichy und wurde im Krieg der Generalbeauftragte Vichys in der besetzten Nordzone. Zentraler Player neben de Brinon und Ribbentrop: Jean Luchaire (geboren 1901, 1946 hingerichtet), erfolgreicher Journalist, auch er einer der Hauptkollaborateure, ein früher Freund des ebenfalls zentralen Otto Abetz (1903–1958),[72] deutscher Botschafter im besetzten Frankreich. Mit dessen Unterstützung hatte de Brinon schon 1935/36 das Comité France-Allemagne gegründet, dessen Vizepräsident de Brinon war und das bis 1939 bestand, nicht nur um den geistigen Austausch mit Deutschland zu vertiefen, sondern nach Ansicht von kritischen Beobachtern auch deshalb, um die französische Öffentlichkeit in Sachen NS-Deutschland einzuschläfern. Abetz gelang es übrigens nicht, seinen französischen Weggefährten zur Scheidung von seiner ursprünglich jüdischen Frau zu bewegen. Lisette Brinon wurde zur »Ehrenarierin« ernannt und musste den gelben Stern nicht tragen.

Als sich das Ganze dem Ende näherte, organisierte Abetz den Vichy-Exodus ins baden-württembergische Sigmaringen, einer Kleinstadt mit Hohenzollernschloss, in der von Herbst 1944 bis April 1945 ein bizarres Spektakel stattfand, mit Hunderten französischen Kollaborateuren, einer eigenen Zeitung, einem Theater, Radio, Schulen, Ärzten. Fernand de Brinon wurde nach Pétains Flucht der letzte Regierungschef Vichy-Frankreichs, dann von US-Soldaten verhaftet. Am 7. März 1947 schrieb die *Welt* (Hamburg): »De Brinon, der ehemalige Botschafter der Vichy-Regierung bei den deutschen Besatzungsbehörden in Paris, wurde gestern vom Obersten Gerichtshof in Versailles wegen Kollaboration und nationaler Würdelosigkeit zum Tode verurteilt.« Am 15. April 1947 wurde er durch den Strang hingerichtet.

Man kann sagen: Die wenigen Interviewer verhielten sich zuvorkommend gegenüber Hitler. Vielleicht war es eine gewisse *complaisance* oder eine Faszination, die er auf Journalisten aus dem Ausland ausübte. Oder zunehmende Rechtstendenzen spielten eine Rolle. Oder eine Selbsttäuschung, denn keiner wollte Krieg; alle wollten Hitler glauben, wenn er von Frieden sprach. Außer auf Brinon trifft das auf Élisabeth Sauvy zu, genannt Titaÿna (1897–1966), Romanautorin, Star der Reportage, Liebling des mondänen Paris. Sie flog im Privatflugzeug nach Berlin. Ihr Artikel »Hitler spricht zu Ihnen« wurde im *Paris-Soir* vom 26. Januar 1936 auf der Titelseite gedruckt. Auch Abel Bonnard (1883–1968), eindeutig Antisemit und Hitler-Bewunderer, gehört in diese Reihe. Sein Interview erschien am 22. Mai 1937 im *Paris-Soir Dimanche.* Alphonse de Châteaubriant (1877–1951) verwandte sein Interview in seinem Buch »La Gerbe des Forces« (1937), darin das kolportierte Zitat Hitlers: »Geehrter französischer Schriftsteller, Sie haben den Nationalsozialismus besser verstanden als die 99 Prozent der Deutschen, die für mich stimmen!« Der Journalist Robert Chenevier sprach Hitler im Berghof (Berchtesgaden) am Freitag, 25. November 1938. Ein Zitat: »Seine Augen sind von einem zarten Blau […], einem unschuldigen Blau, das nur die Allerkleinsten besitzen.«[73] Chenevier, eigentlich Pazifist, schien einfach glücklich, überhaupt einen Interviewtermin bekommen zu haben.

Mehr Aufmerksamkeit verdienen Bertrand de Jouvenel und sein Interview am 21. Februar 1936, erschienen eine Woche später im *Paris-Midi.* Jouvenel war, wie man damals lesen konnte, eine chamäleonartige

Persönlichkeit: ein Radikaler, ein Sozialist, ein Liberaler, ein Konservativer, ein Faschist, ein Nationalist – ganz wie de Brinon ein Mann mit ausgefallenem Lebenslauf. 1903 wurde Baron Bertrand de Jouvenel des Ursins in ein elitäres, weltbürgerliches Pariser Milieu geboren, er war Sohn von Henri de Jouvenel, Chefredakteur von *Le Matin,* und Sarah Claire Boas, die eine jüdische Herkunft hatte und einen distinguierten Salon, Treffpunkt von ganz Paris, veranstaltete; außerdem war er Neffe von Robert de Jouvenel, bis 1924 Chefredakteur von *L'Œuvre.* Bertrand selbst wurde im Laufe seines Lebens Autor, Journalist, Universitätsprofessor, Philosoph, Politologe, Jurist, Ökonom.

Nach der Scheidung von Bertrands Mutter 1906 heiratete der Vater Henri 1912 die Schriftstellerin und Schauspielerin Sidonie-Gabrielle Colette, kurz: Colette (1873–1954); sie war Tänzerin, Artistin, »Grande Dame der französischen Literatur« (Deutschlandfunk), schrieb über sechzig Bücher wie »La Vagabonde«, »Mitsou«, »Chéri«, »Gigi«, viele davon wurden verfilmt. 1920 wurde die Siebenundvierzigährige die erste Liebe des sechzehnjährigen Bertrand. In ihrem 1919/20 geschriebenen bekanntesten Roman »Chéri« ging es schon um die Liebe zwischen einem jungen Mann und einer älteren Frau. Danach kam 1922 »Le Blé en herbe« (»Erwachende Herzen«) über die sexuelle Initiation eines Jugendlichen durch eine ältere Frau. Der Vorabdruck in *Le Matin* sorgte für einen Skandal und wurde abgebrochen. De Jouvenel sollte später schreiben: »Das natürliche Aussehen von Colette war außergewöhnlich imposant.« Er war fasziniert von der »kleinen, untersetzten, kräftigen« Frau, von der »Majestät« ihrer Stirn, »den perfekten Dreiecken« ihrer Nasenlöcher, ihren »fein gezeichneten, spirituellen« Lippen. Die spätere Jouvenel-Geliebte Martha Gellhorn erinnerte sich, Colette habe ihn ihren »kleinen Leoparden« genannt, ihren »jungen Windhund«, sei fixiert auf sein Gewicht gewesen, habe versucht, ihn mit »Hummer und Sahne« zu mästen. Nackt habe er sie nie gesehen. »Sie war eine schreckliche Frau«, so Gellhorn, »die absolute Hölle. Sie hat mich vom ersten Moment an gehasst, das war offensichtlich. [...] Ihre Katzenaugen waren grün schattiert und ihr klei-

Ein Mann mit vielen intellektuellen Talenten: Bertrand de Jouvenel (1903–1987), politischer Philosoph, liberaler Ökonom und Zukunftsforscher (»Futuribles«), zunächst mit deutlichen Sympathien für rechtsnationalistische und faschistische Organisationen, nach 1945 dann schrittweise politisch nach links gerückt. Sein argloses Interview mit Hitler für »Paris-Midi« (1936) sollte ihm noch lange Zeit vorgehalten werden. 1983 verwickelte sich de Jouvenel in ein zähes juristisches Verfahren mit dem israelischen Historiker Zeev Sternhell, der ihm seine Texte in den 1930er- und 1940er-Jahren vorgehalten hatte.

ner, böser Mund hatte eine bittere Falte.«[74] »Stellen Sie sich einen Garten in der Bretagne vor, am Meer«, schrieb de Jouvenel aber aus Anlass von Colettes Tod 1954. »Früh am Morgen sitzt sie im feuchten, salzigen Gras. Ihre Hand tastet mit Lust die rauen Gräser ab. Das Rauschen der Wellen beschäftigt ihre Gedanken. […] Hier ist das Paradies auf Erden, das die anderen nicht sehen können.«

De Jouvenels erste Hochzeit folgte im Dezember 1925 mit der Schriftstellerin Marcelle Prat (1896–1971). Danach kam 1930 Martha Gellhorn, geboren 1908, heute kaum bekannt für diese Liaison (in einem Gellhorn-Porträt von *Spiegel* Geschichte wird er gar nicht erwähnt). Viele aber werden wissen: Von 1940 bis 1945 war sie die dritte Ehefrau von Ernest Hemingway. Im Sommer 1930 begann ihre Affäre mit de Jouvenel, erst in Paris, dann am See von Annecy, sie gingen wandern in den Schweizer Alpen, reisten nach Italien. Dann eine Pause. Ende September 1931, Martha war inzwischen zurück in den USA, de Jouvenel hatte seine Karriere als Autor gestartet, besuchte er sie in New York, noch immer schwer verliebt. In einem alten Dodge (Kaufpreis: 25 Dollar) tourten die beiden durch die Südstaaten bis Kalifornien. Im April 1932 dann wollte er zurück nach Frankreich, nicht zuletzt, um seine Frau um eine Scheidung zu bitten. Die der Idee aber nicht zustimmte, vor allem wegen des 1931 geborenen gemeinsamen Sohns Roland (er starb 1946 an Typhus), und so eine Hochzeit von Bertrand und Martha Gellhorn verhinderte. Auch die Familien der beiden hatten sich dagegen ausgesprochen. Mit einigen Auf und Abs zog sich die Beziehung noch bis Ende Juni 1934 hin, mal in London, auf Capri, in Deutschland. Jouvenel schrieb in einem langen Brief: »Du hast mir mal gesagt, ich würde in deiner Sonne stehen. Jetzt entferne ich mich von ihr, dear love. Nutze diese Chance!« Martha Gellhorn, Einzelgängerin, Kettenraucherin, heiratete Hemingway und wurde eine weltweit bekannte Kriegsreporterin (sie berichtete u. a. aus dem Spanischen Bürgerkrieg, dem Zweiten Weltkrieg, von der Befreiung des KZs Dachau, aus Vietnam). Mit neunzig Jahren starb sie 1998 in London.

Im Sommer 1932 hatte Bertrand de Jouvenel erstmals quasi Bekanntschaft mit Hitler gemacht, bei der Abfassung eines Artikels für *VU*.[75] Jouvenels dreiseitige Reportage über Hitler erschien am 10. August 1932, nach seiner Rückkehr aus den USA, zwischen den Reichstagswahlen von Juli und November. Mit dem Titel: »Hitler le Bucolique ou la mort de l'Allemagne bourgeoise« (»Der ländliche Hitler oder der Tod des bürgerlichen Deutschlands«). Rechts oben auf der Seite überreicht ein blondes Mädchen dem Führer ein Bouquet Feldblumen. Links unten Hitlers Landhaus in Berchtesgaden, davor ein Schild: »Scharfe Hunde!«, dazu ein Foto mit einem Einheimischen vor einem Schaufenster mit NS-Uniformen.

Im Juli 1932 war Jouvenel gemeinsam mit Martha Gellhorn nach Berchtesgaden gereist. In dem *VU*-Bericht beschrieb er zunächst die Szene. Die »unschuldigen Spiele« der bayerischen Bergbewohner in kurzen bestickten Hosen, mit Filzhüten und »extravaganten Hutfedern«, die um Bierfässer tanzten, jodelten, »mit unglaublicher Gewalt« in die Hände klatschten, auf die Schenkel, den Po klopften. Wie die Bäuerinnen in weiten Kleidern lachten, »mit ihren schönen Augen und zahnlosen Mündern«. Er beschrieb den Kontrast, wie ihn viele deutsche Intellektuelle wahrnahmen, zwischen der dörflichen, rustikalen, »gesunden« Seite der Hitler-Bewegung auf der einen Seite und den »Industriekasernen von Metropolis«, der »dekadenten Stadtjugend« auf der anderen. Er zitierte deutsche Stimmen: »Sehen Sie, unser Land war deprimiert. Hitler gibt ihm Vertrauen in sich selbst zurück. […] Betrachten Sie die zehn-, zwanzig-, dreißigtausend jungen Menschen vorbeimarschieren, sie tragen eine Uniform, spüren, dass sie eine Rolle spielen, an einer großen Bewegung teilhaben.« Dann ging es de Jouvenel um die ökonomische Tristesse im »demokratischen Deutschland« seit Ende des Weltkriegs, also um die Unfähigkeit der Professoren und Bankiers, den nach Inflation und Wirtschaftskrise mittlerweile vom kompletten Ruin bedrohten Kleinbürgern zu einer *prospérité matérielle* zu verhelfen. Und es ging um die Jugend, »die das Regime [von Weimar] hasst«. Weil Deutschland sie, die jungen Leute, die das »Mannesalter« erreichten, nicht mit Ungeduld empfangen würde. Die Rede Hitlers, die er dann am 10. Juli hörte, schien Jouvenel wie ein Grabgeläute.

Unter dem Text noch ein Foto: Bei Nacht spricht Hitler zu einigen Dutzend junger Nazis mit Fackeln. Der letzte Zwischentitel lautete »Gefahr für Frankreich?«. Hier wurde de Jouvenel deutlich:

> Wenn Hitler an die Macht kommt, und wenn er seine Milizen bewaffnet, was er als Belohnung fast gezwungen wäre zu tun: Für Frankreich wäre das natürlich eine Katastrophe. [...] Die Nationalsozialisten werden weiter an ihrem absurden Antisemitismus festhalten und sich von starken Elementen aus den großen Ländern entfremden. Ich glaube nicht, dass sie irgendwelche kriegerische Absichten haben. Aber doch: alle Konflikte sind möglich, vor allem mit Polen. Nazis träumen von Allianzen wie im Mittelalter [...] Alle zusammen, Deutsche, Franzosen, Polen, würden das Russland der Sowjets angreifen. Eine ehrenvolle Landpartie von Karriereoffizieren, die sich langweilen. So finden wir uns wieder im Deutschland des Deutschen Orden. Ach, wenn wir der Sozialdemokratie doch die Mittel zum Leben gegeben hätten! Hätten wir ihr doch ein Hilfsmittel gegeben, das beweist: Politik der internationalen Zusammenarbeit zahlt sich aus!

Der junge de Jouvenel erlebte dann die konfuse politische Lage in Frankreich zu Beginn und Mitte der 1930er-Jahre, die etwa in der Affäre um den ukrainisch-französischen Hochstapler Serge Alexandre Stavisky (»der schöne Sascha«, 1886–1934) deutlich wurde. Bei seinen Finanzbetrügereien und Aktienschwindeln kooperierte Stavisky vor allem mit Politikern der regierenden Radikalsozialistischen Partei und kam unter dubiosen Umständen Anfang Januar 1934 ums Leben. Die Spaltung zwischen linken und rechten Kräften verschärfte sich, die rechtsextreme Action française etwa kaprizierte sich auf Ministerpräsident Camille Chautemps (er habe die Ermordung Staviskys veranlasst, habe gefürchtet, man würde die Korrumpierbarkeit seiner Partei entdecken). Der Skandal zog den Rücktritt Chautemps' Ende Januar 1934 nach sich, außerdem blutige Unruhen mit zahlreichen Toten und Verletzten, allgemein eine Stärkung der Rechten. Die Dritte Republik in Frankreich erwies sich als instabil.

De Jouvenel schrieb zu der Zeit Essays mit Titeln wie »Hin zu den Vereinigten Staaten von Europa«, sprach sich gegen eine »*involution* der Nation« und für eine »*evolution* in Richtung Europa« aus, wurde Delegierter der Ligue France-Europe, an der Seite von Jean Luchaire und Drieu La Rochelle, im Juni 1930 gegründet vom Autor und Politiker Gaston Riou (1883–1958, »Europe, ma patrie« und »S'unir ou mourir«). Überzeugter Europäer zu sein war damals eine Idee *en vogue* in Paris, und auch de Jouvenel unterstützte die Idee einer europäischen, von nationalen Kabinetten unabhängigen Regierung und besonders eine deutsch-französische Annäherung.

Der inzwischen an die Macht gelangte Hitler war für de Jouvenel eine »Katastrophe«. Im Januar 1934 war er – dennoch oder erst recht – Teil einer Delegation von achtundzwanzig jungen Franzosen aus dem gesamten politischen Spektrum, die man offiziell nach Berlin einlud, um die Freundschaft zwischen gleichaltrigen Deutschen und Franzosen zu festigen. Auch die Amerikanerin Martha Gellhorn (26) durfte mit, wie auch Pierre Drieu la Rochelle, obwohl schon dreißig. Wie Caroline Moorehead in ihrer Gellhorn-Biografie schreibt, war die lebhafte, übermütige Abordnung aus Paris nicht vorbereitet auf den Berliner Empfang durch tadellos uniformierte junge Deutsche. Reichsjugendführer Baldur von Schirach hieß sie willkommen, wie auch sein Frankreichreferent Otto Abetz, der, wie erwähnt, ab 1940 als Botschafter im besetzten Paris dienen sollte. Übrigens war auch Abetz nach der NS-Machtergreifung mit dem Sekthändler und späteren Außenminister von Ribbentrop in Kontakt gekommen, der ihn als Frankreichexperten einstellte. Er wurde »der Mann im Hintergrund«, ein Sympathieträger mit dem Image des »kultivierten Nazis«, Protagonist der deutschen »Verständigungsoffensive gegenüber Frankreich« 1934 bis 1939. Bei diesem positiven Image von Abetz sollte es nicht bleiben, etwa nach den

Forschungen der österreichischen Historikerin Barbara Lambauer. In ihrer Monografie »Otto Abetz et les Français ou l'envers de la Collaboration« (»Otto Abetz und die Franzosen oder die Rückseite der Kollaboration«, Paris 2001) wird deutlich: Hinter der Fassade des harmlosen Frankreichfreundes mit elegantem Auftreten verbarg sich ein skrupelloser Kunstdieb in Museen und Privatsammlungen. Hitler persönlich hatte ihn wohl auf diese Spur gebracht. Abetz und de Jouvenel jedenfalls wurden Freunde, Jouvenel schrieb ihm 1936 und bat ihn, das Interview mit Hitler zu arrangieren: »Lieber Otto, Du weißt, Paris-Soir hat eine Auflage von 2.200.000 Exemplaren. Du weißt auch, wie antideutsch die Zeitung eingestellt ist. Verdammt, man muss ihr was geben, dann ändert sich der Ton! Und richte meine besten Wünsche an Herrn Baron von Ribbentrop.«

Natürlich fand man in Frankreich eine einflussreiche rechte Presse. Die täglich erscheinende rechtsextreme, monarchistische, antiparlamentarische *L'Action française* etwa, unter der Leitung von Charles Maurras (1869–1952), Wochenblätter wie *Candide* (1924–1944, rechtsextrem), *Gringoire* (1928–1944, nationalistisch, später Vichy-nah), danach noch *La Gerbe* (1940–1944, inspiriert von *Candide* und *Gringoire*, gegründet und herausgegeben von Alphonse de Châteaubriant, s. o.) und natürlich das französisch faschistische, antisemitische, im Krieg ultrakollaborationistische *Je suis partout*. Weil Otto Abetz sich aber in der Hauptsache dafür zuständig sah, Frankreich auf die deutsche Seite zu ziehen, bevorzugte er den einflussreicheren *Paris-Soir* und organisierte für den 21. Februar 1936 gemäß de Jouvenels Bitte ein Hitler-Interview, das eine Woche später erscheinen sollte. Wie sich herausstellte, hatte Hitler schon eine Woche vor diesem Termin, am 14. Februar, in einem Gespräch mit dem deutschen Botschafter in Italien, Ulrich von Hassell, eine geplante Besetzung des Rheinlandes thematisiert. Die verboten war, weil das Rheinland ja »entmilitarisiert« war, wie der Versailler Vertrag von 1919 vorschrieb. Jetzt erhoffte sich Hitler eine politische Rückendeckung von Italien. Und dann, am 21. Februar, der Termin mit Jouvenel. Hier ging es Hitler offensichtlich um Nachgiebigkeit Frankreichs gegenüber der illegalen Besetzung an der eigenen Grenze durch einen möglicherweise aggressiven Nachbarn.

Das Interview: De Jouvenel beschrieb, wie Fernand de Brinon zweieinhalb Jahre zuvor, zunächst den Ort des Geschehens:

> Der Raum vor mir ist riesig. In der Ferne sitzt Adolf Hitler hinter seinem Schreibtisch. Ich erinnere mich an Mussolinis Büro im Palast von Venedig und denke mir: Diese Diktatoren sind alle gleich! Sie lassen dich unter ihrem Blick fünfundzwanzig Meter über den Teppich laufen, um dich von Anfang an zu verwirren! Aber der Mann in der Khakijacke ist aufgestanden, und während ich langsam weitergehe, hebt er die Hand zum Hitlergruß, und mechanisch tue ich es ihm gleich. [...] Er lächelt mich an, um mich zu ermutigen, meine erste Frage zu stellen, und ich bleibe stumm. Der Mensch ist so anders, als ich ihn mir vorgestellt habe! [...] Die rosige Haut ist die eines Mannes, der Sport treibt und sich im Freien aufhält. Das Gesicht ist faltenlos und vermittelt nicht den Eindruck von Müdigkeit oder Anstrengung. Die Augenwinkel sind glatt, die Wangen sind voll, der Eindruck, den man erhält, ist der eines glücklichen Menschen. Ich muss alle Vorstellungen, die ich mir über den Diktator gemacht hatte, revidieren.

Hitler begann mit:

> Ich weiß, was Sie denken. Sie fragen sich: Hitler hat uns friedliche Erklärungen gegeben, aber stimmt das? Ist er aufrichtig? Ist das nicht eine kindische Ansicht, die Sie da vertreten? Wäre es nicht besser, wenn Sie, anstatt psychologisches Rätselraten zu betreiben, mit der berühmten Logik argumentieren würden, die den Franzosen so sehr am Herzen liegt? Ist es nicht offensichtlich zum Vorteil unserer beiden Länder, wenn wir gute Beziehungen pflegen?

Darauf de Jouvenel:

> Ich schaue ihn mehr an, als dass ich ihm zuhöre. Er hat die Ellbogen auf die Knie gestützt und presst Hände aneinander, die weiß, lang, ein wenig fett und schön sind. Seine Beine sind gespreizt und ich bemerke, dass er sehr kleine Füße hat und ziemlich merkwürdige Pumps trägt. [...] Er lächelt, zieht die Schultern hoch, macht eine Handbewegung, die man gerne als charakteristisch südländisch bezeichnen würde, und ich staune: Was, dieser so einfache Mann, der sanft, vernünftig, freundlich und humorvoll spricht, ist das der gefürchtete Massenführer, der die ganze deutsche Nation begeistert und in dem die ganze Welt eine Kriegsgefahr zu sehen glaubt? [...] Er lacht offen. Sein Gesicht nähert sich meinem. Ich fühle mich überhaupt nicht mehr eingeschüchtert. Ich lache auch. Ich betrachte die nahen Gesichtszüge, die Lippen, die ein lustiges und fröhliches Lächeln bilden ... Ist das der Mann, der so drakonische Maßnahmen gegen die Feinde seines Regimes ergriffen hat?

Dann, so Jouvenel, habe sich der Gesichtsausdruck geändert, die Hände jeweils auf einem Knie verkrampft. Hitler sprach über »komplizierte politische Probleme«, die das deutsche Volk nicht verstanden habe. »Ich hingegen habe die Probleme zerlegt. Reduziere sie auf einfache Begriffe. Die großen Massen haben es verstanden. Und sie folgten mir! So kam der Klassenkampf, der berühmte Klassenkampf!« Jouvenel beobachtet Hitler: »Die Stimme schwillt plötzlich an, das Gesicht wird blass, als ob das ganze Blut in den Kehlkopf strömen würde. Ich erkenne die Töne, die ich oft im Radio gehört habe. Hitlers Blick ist nicht mehr auf mich gerichtet. Er geht geradewegs in die Ferne. Beide Fäuste schließen sich und skandieren langsam den schnellen Fluss der gewaltsam ausgesprochenen Sätze.«

Hitler weiter: »Es ist eine Absurdität, der Klassenkampf, und ich habe seine Absurdität angeprangert, und das Volk hat mich verstanden! Ich habe einen Appell an die Vernunft gerichtet. Ein Appell, der vom deutschen Volk gehört wurde. Nun möchte ich meinem Volk zeigen, dass die Vorstellung einer ewigen Feindschaft zwischen Frankreich und Deutschland absurd ist, dass wir keineswegs Erbfeinde sind.«

Widerspruch de Jouvenel, wieder waren die üblen Angriffe auf Frankreich in »Mein Kampf« das Thema: »Wir Franzosen lesen zwar gerne Ihre friedlichen Erklärungen, sind aber dennoch über andere, weniger ermutigende beunruhigt. So haben Sie in Ihren Erinnerungen [...] über Frankreich gelästert. Das Buch wird in ganz Deutschland als eine Art politische Bibel angesehen. Und es wird noch immer verkauft, ohne dass Sie in den verschiedenen Ausgaben Ihre Aussagen über Frankreich korrigiert hätten.«

Es war kein Monolog, wie er bei Interviewterminen mit Hitler üblich war, es war ein Gespräch mit Frage und Antwort, mit einem französischen Reporter, der den deutschen Diktator anklagt. Ihn beschuldigt, die Franzosen einschläfern zu wollen, indem er sage: Die »ewige Feindschaft zwischen Frankreich und Deutschland« sei absurd, die beiden Länder seien »keineswegs Erbfeinde«. Hitlers Reaktion? »Die Augen blicken über mich hinweg, die Lippen machen einen Schmollmund, der mich beunruhigt. Hitler legt mit einer plötzlichen Bewegung seine Hand auf meinen Arm.« Er argumentierte wie drei Jahre zuvor im Interview mit Fernand de Brinon: Bei der Abfassung des Buchs habe er im Gefängnis gesessen, französische Truppen hätten das Ruhrgebiet besetzt, in der Phase »der größten Spannungen zwischen unseren beiden Ländern. Ja, wir waren Feinde [...] Aber heute gibt es keinen Grund mehr für einen Konflikt. Sie wollen, dass ich in meinem Buch Korrekturen vornehme, wie ein Schriftsteller, der eine neue Ausgabe seiner Werke vorbereitet! Aber ich bin kein Schriftsteller, ich bin ein Politiker. Meine Korrektur? Ich nehme sie jeden Tag in meiner Außenpolitik vor, die ganz auf die Freundschaft mit Frankreich ausgerichtet ist!« Freundschaft mit Frankreich? Hitler wurde lauter:

> Wenn mir die deutsch-französische Annäherung so gelingt, wie ich es mir vorstelle, wäre das eine Reform, eine Korrektur, die meiner würdig ist! Meine Korrektur werde ich in das große Buch der Geschichte schreiben. [...] Ist Ihnen klar, dass es sich hierbei um etwas Vernünftiges und Menschliches handelt, das wir um jeden Preis erreichen müssen? Nun, wir müssen die notwendige Arbeit leisten, damit die Verständigung zustande kommt und erhalten bleibt, unabhängig davon, wer danach an der Spitze der beiden Länder steht.

Danach de Jouvenel: »Das lässt mich zusammenzucken. Diktatoren sprechen nicht gern über ihre möglichen Nachfolger. Hitler lächelt: Wissen wir, wie lange wir leben? Er schaut leicht nach oben. Ich habe das Gefühl, dass er einen kurzen Appell an die Vorsehung macht. Sein Blick fällt wieder auf die blauen Hyazinthen, die in einem einfachen Korb auf dem Tisch stehen. [...] Die Stimme des Führers reißt mich aus meinen Überlegungen: Keine weiteren Fragen?« Darauf de Jouvenel, zögernd, noch einmal, mit der zentralen Frage: »Sie wünschen sich die deutsch-französische Annäherung. Wird der französisch-sowjetische Pakt das nicht gefährden?« Dazu Hitler:

> Meine persönlichen Bemühungen um eine solche Annäherung werden immer bestehen bleiben. Dieser beklagenswerte Pakt wird jedoch natürlich eine neue Situation schaffen. [...] Ist Ihnen bewusst, was Sie tun? Sie lassen sich in das Spiel einer Macht hineinziehen, die nichts anderes will, als in den großen europäischen Nationen eine Unordnung anrichten, von der sie selbst profitieren wird. Man darf nicht aus den Augen verlieren, dass Sowjetrussland ein politisches Element ist, das über eine explosive, revolutionäre Idee und ein riesiges Waffenarsenal verfügt. [...] Der Bolschewismus hat bei uns keine Aussicht auf Erfolg. Aber es gibt andere große Nationen, die gegen den bolschewistischen Virus weniger gefeit sind als wir.

Schließlich kam Hitler auf sein, wie de Jouvenel schrieb, Lieblingsthema zu sprechen, die »deutsch-französische Verständigung«, von der er sich wohl die Hinnahme der illegalen Rheinlandbesetzung erhoffte. Hitler:

> Sie täten gut daran, über meine Angebote zur Verständigung ernsthaft nachzudenken. Noch nie hat Ihnen ein deutscher Führer derartige Angebote gemacht, noch nie hat er sie so oft wiederholt. Und von wem stammen diese Angebote? Von einem pazifistischen Scharlatan, der sich auf internationale Beziehungen spezialisiert hat? Nein, vom größten Nationalisten, den Deutschland je hatte! [...] Heute kann Frankreich, so es will, der *deutschen Gefahr*, die seine Kinder von Generation zu Generation zu fürchten lernten, für immer ein Ende setzen.

Im Anschluss kam de Jouvenel zum Finale seines schmeichelhaften Interviews:

> Der Führer erhebt sich. Sein Blick sucht den meinen. Sein Gesicht erscheint mir jetzt ganz anders als zu Beginn des Gesprächs. Es hat etwas Ängstliches und Leidenschaftliches an sich. Ich denke plötzlich daran, dass dieser einfache Mann sich gewaltige Aufgaben gestellt hat: die gesamte Mentalität des deutschen Volkes und insbesondere des preußischen Volkes zu ändern, dem alten deutsch-französischen Hass ein Ende zu setzen, die historische Entwicklung zum Sozialismus zu behindern, die noch vor wenigen Jahren von allen als unausweichlich angesehen wurde. Welchen Platz wird die Geschichte diesem Mann einräumen, von dem noch vor fünf Jahren so leichtfertig gesprochen wurde?

Eine Frage zur Verfolgung von Juden, von Oppositionellen stellte de Jouvenel nicht.

Die Vorgänge im Anschluss waren kompliziert. Im Mittelpunkt

stand Pierre Lazareff, Chef des *Paris-Soir.* Abetz hatte versucht, ihn für eine Tour mit VIP-Konferenzen in Deutschland einzuladen. Ein Angebot, dass viele französische Intellektuelle gerne angenommen hatten. Doch Lazareff hatte durchschaut, dass man damit wohl Kritik und Misstrauen französischer Journalisten betäuben wollte, und hatte kein Interesse. Später im Februar 1936, nach dem Interviewtermin, geschah etwas Unerwartetes, als Hitler de Jouvenel noch mit einer möglichen Exklusivmeldung überraschte: Sollte man von der geplanten Allianz mit der Sowjetunion absehen, würde Hitler Frankreich einen fünfundzwanzigjährigen Nichtangriffspakt anbieten. Der Hintergrund war natürlich, dass Frankreich im Begriff war, eine derartige franko-sowjetische Allianz zu ratifizieren. Die Hitler auf jeden Fall verhindern wollte.

Nach Jouvenels Rückkehr, nach Lektüre seines im Zug verfassten Artikels, schien man aber etwas von der versuchten Manipulation Hitlers geahnt zu haben, das Außenministerium vielleicht, oder Chefredakteur Lazareff? Jetzt jedenfalls ging es um den Zeitpunkt der Veröffentlichung des Interviews mit einem Hitler, der Frankreich überaus freundlich gegenüberstand. Wäre das vor der Abstimmung im Pariser Parlament passiert, hätte das vielleicht eine Ablehnung des sowjetisch-französischen Beistandsvertrags nach sich gezogen. Doch es kam anders. Das Interview erschien im *Paris-Midi,* der Mittagsausgabe mit dem geringeren *impact,* erst am 28. Februar 1936, erst am Tag darauf im *Paris-Soir,* der wichtigeren Ausgabe am Abend. Hier allerdings in einer milderen Version und nicht auf der Titelseite. Die Abstimmung der französischen Abgeordneten hatte am 27. Februar 1936 stattgefunden, der Pakt wurde mit 353 zu 164 Stimmen (plus etwa 60 Enthaltungen) angenommen. Hitler, außer sich vor Wut, zu André François-Poncet, dem französischen Botschafter in Berlin: »Man hat die Veröffentlichung des Artikels verzögert, um die Franzosen über meine Absichten zu täuschen. Ein Frankreich, das zum Verbündeten des Kremls geworden ist, ist nicht mehr das Frankreich, an das ich mich vor einer Woche gewandt habe. Sie werden meine Antwort in Kürze erhalten!«

Nach der Veröffentlichung des Interviews am 28. Februar verkomplizierte sich alles noch einmal. Die radikale Reaktion: Am 7. März 1936 überquerten 30.000 deutsche Soldaten die Rheinbrücken, marschierten ins Rheinland und ins Ruhrgebiet ein und brachen den Versailler Vertrag. Am 9. März 1936 titelte die *New York Times:* »De Jouvenel streitet ein Abkommen mit Hitler ab. [...] Er weist den Bericht zurück, dass das Interview während der Debatte über den französisch-sowjetischen Pakt veröffentlicht werden sollte.« Die Sache blieb unklar.

Im Anschluss ergaben sich einige politisch konfuse Episoden. Im Frühjahr 1936 beispielsweise kandidierte de Jouvenel ohne Erfolg auf den Listen der Volksfront (Front populaire). Danach trat er der faschistischen, antisemitischen Französischen Volkspartei (Parti populaire français, PPF) von Jacques Doriot bei und wurde Chefredakteur der PPF-Zeitung *L'Émancipation nationale,* verließ die Partei aber im Januar 1939 nach dem Münchner Abkommen vom 29. September 1938, dem Höhepunkt der französisch-britischen Appeasementpolitik gegenüber Hitler. Während der deutschen Besatzung eine radikale Wende: De Jouvenel wurde Geheimdienstler, schloss sich um 1941 dem prominenten jüdischen Intellektuellen Emmanuel Berl an, Cousin von Lisette de Brinon. Ein schillernder Typ, rechte Mitte, der in Argentat in der Corrèze eine Geschichte Europas verfasste. Pétain ließ sich von ihm 1940 die Ermächtigungsrede schreiben. De Jouvenel konnte sich der drohenden Gestapo-Verhaftung 1943 durch eine Flucht in die Schweiz entziehen. Zurück in Frankreich, kam er zwar um die *épuration,* die politische Säuberung nach der Befreiung, herum, blieb aber durch das Hitler-Interview marginalisiert in der intellektuellen Welt beziehungsweise wurde, wie er es ausdrückte, als »Pestilenz« betrachtet.

Im Nachkrieg fand die »Pestilenz« eine neue Karriere. Es war eine Zeit, in der neues Interesse an der Zukunft aufkam, de Jouvenel wurde Futurologe. 1960 gründete er dazu eine »Gelehrtengesellschaft« *(Der Spiegel),* die anfangs von der Ford Foundation finanzierte »Futuribles«, ein Kofferwort aus *»futurs«* und *»possibles«,* ein Pariser Zentrum für »vorausschauendes Denken und Studien«, das seit 1975 auch eine

DE JOUVENEL DENIES A DEAL WITH HITLER

Refutes Report Interview Was to Be Published During Debate on Franco-Soviet Pact.

Wireless to THE NEW YORK TIMES.

PARIS, March 8. — Bertrand de Jouvenel, whose interview with Chancellor Adolf Hitler, published here Feb. 28, has been the subject of much comment because of its "offer" of friendship to France just before the German decision to reoccupy the Rhineland, today corrects in a note in the Paris Midi many false suppositions regarding that interview.

For instance, he corrects the statement that Hitler intended that the interview be published during the debate in the French Chamber of Deputies on the Franco-Soviet pact and the further report that the contents of the interview were well known in Paris and to the French Cabinet before they were published and that their publication was delayed.

The only conversation he had in Berlin regarding the date of publication, says Mr. de Jouvenel, was with Joachim von Ribbentrop, who asked when the interview would be published. Mr. de Jouvenel proposed March 1 in the Sunday edition of the Paris-Soir. He handed the text of the interview to the editor on his return to Paris Feb. 23, and the date of publication was advanced to Feb. 28, when it appeared in the Paris Midi, owned by the same company.

Das De-Jouvenel-Interview führte aufgrund seiner zeitlichen Nähe zum Einmarsch deutscher Truppen ins entmilitarisierte Rheinland (7. März 1936) zu zahlreichen Irritationen im Ausland, aber auch bei den NS-Presselenkern. Die »New York Times« berichtete am 9. März 1936 über die Versuche de Jouvenels, das Zustandekommen des Interviews zu erklären.

gleichnamige zweimonatige, heute von Bertrand de Jouvenels Sohn Hugues (geboren 1946, aus Bertrands zweiter Ehe mit »Hélène« Cécile Antoinette Duseigneur) herausgegebene Revue veröffentlicht (www.futuribles.com) und mehr als hundert Studien zur Menschheitszukunft hervorbrachte. In der Titelstory des *Spiegel* Nr. 52/1970 »Forschung/Biochemie: Senkrecht zur Hölle« das Zitat: »Jedes Jahr, so umschrieb der französische Zukunftsforscher Bertrand de Jouvenel das Grundproblem moderner Wissenschaft und Technik, scheinen wir besser gerüstet, das zu erreichen, was wir wollen. Aber was wollen wir eigentlich?« Hugues de Jouvenel fasst zusammen: Bei »Futuribles« ginge es um »Foresight-Denken und -Studien«, um »die Tradition der öffentlichen intellektuellen Diskussionen im Dienste einer informierten Bürgerschaft«, darum, »einen Sinn für Langfristigkeit in die Entscheidungsfindung und das Handeln zu integrieren«, schließlich um »Zukunftsforschung in der heutigen Zeit, in der nicht gewählte multinationale Unternehmen eine noch nie dagewesene Rolle spielen und durch die Maschen fast aller nationalen und internationalen Vorschriften fallen«.

1983 allerdings sah sich Bertrand de Jouvenel noch einmal einer durch den israelischen Historiker und Politologen Zeev Sternhell (1935–2020) ausgelösten Affäre ausgesetzt. Noch einmal holte ihn die Vergangenheit ein. In seinem Buch »Ni droite, ni gauche« (»Weder rechts noch links«) hatte Sternhell ihn als Kopie von Oswald Mosley bezeichnet, als französische Version des britischen Arbeiterführers, der zum Faschismus übergetreten war. Als »faschistischen Intellektuellen«, der sich »nach dem Krieg wieder dem Liberalismus zuwandte«. De Jouvenel klagte ihn daraufhin wegen Diffamierung an, Raymond Aron, der berühmte Philosoph und Soziologe, verbürgte sich wenige Stunden vor seinem Tod 1987 noch für seinen Freund de Jouvenel. Sternhell wurde schließlich zur Zahlung eines symbolischen Franc verurteilt, musste jedoch weder einen Widerruf veröffentlichen noch Passagen aus künftigen Auflagen seiner Schrift »Ni droite, ni gauche« streichen.

6

»Weltsensation«

Sefton Delmer und die Interviews mit britischen Korrespondenten (1923–1938)

Herrn D. Sefton Delmer
Berliner Büro des Daily Express
Berlin W 10, Viktoriastr. 11

München, den 30. Sept. 1931

Sehr geehrter Herr Delmer!
So ehrend für mich Ihre liebenswürdige Aufforderung ist, meine Ansichten über die derzeitige Krise in England mitzuteilen, so gross sind aber auch meine Bedenken, mich einer solchen Aufgabe zu unterziehen. Ich fürchte, dass vielleicht ein Teil des englischen Publikums es als anmaßlich empfinden würde, wenn ich als Deutscher Auffassungen in einer englischen Zeitung vertrete, die nach meinem besten Wissen und Gewissen nichts anderes sein könnten, als eine Kritik politischer Maßnahmen und Vorgänge, die bisher leider auch von einem grossen Teil des englischen Volkes sicherlich als richtig angesehen worden sind. Ich hoffe allerdings, dass gerade aus dieser Krise heraus in England die Geneigtheit wachsen wird, aus eigenem Ermessen die letzten zwölf Jahre einer Nachprüfung zu unterziehen. Ich würde glücklich sein, wenn sich daraus eine Überwindung jener unseligen Kriegspsychose in solchem Umfang ergeben könnte, dass die von mir und meiner Bewegung ersehnte Anbahnung eines wirklich herzlichen Verhältnisses zwischen dem englischen und dem deutschen Volk endlich Wirklichkeit würde. Denn ich glaube, dass die nunmehr hereinbrechende Krise überhaupt nur durch ein engstes politisches Zusammenarbeiten jener Nationen gelöst werden kann, die in der Wiederaufrichtung eines

natürlichen europäischen Gleichgewichts die erste Voraussetzung zur Beschäftigung mit jenen grossen Weltfragen sehen, unter denen auch England heute leidet.
Ich bitte daher nochmals, von dem mich so ehrenden Ersuchen absehen zu wollen und ich verbleibe
Ihr sehr ergebener
Adolf Hitler

Im September 1931 schreibt der damals zweiundvierzigjährige Hitler beinahe unterwürfig dem erst siebenundzwanzigjährigen Dennis Sefton »Tom« Delmer, seit 1928 *Berlin Correspondent* und wenig später schon *Special Correspondent* beziehungsweise *Special Representative* der britischen Zeitung *The Daily Express* in der deutschen Reichshauptstadt. Delmer wurde 1904 in Berlin geboren und war der Sohn eines australo-britischen Linguistikprofessors, der an der Universität der Stadt beschäftigt war. Bis zum Ersten Weltkrieg hatte Sefton Delmer das Friedrichswerder'sche Gymnasium besucht und, wie er in einem Fernsehinterview mit Günter Gaus schilderte, den preußischen Militarismus auch in seiner pädagogisierten Form kennengelernt.[76] Mit Kriegsbeginn als feindliche Ausländer interniert, konnte die Familie 1917 nach England ausreisen, wo Delmer die Schule abschloss und in Oxford Sprachen studierte.

1927 hatte Delmer beim *Daily Express* angefangen und war aus dem Stand Protegé von Herausgeber und Besitzer Lord Beaverbrook geworden, der ihn 1928 nach Berlin schickte. Die Stimmung der Reichshauptstadt zur Endphase der Weimarer Republik kam dem selbsterklärten Snob und Dandy Delmer gerade recht; hier lernte er neben vielen anderen auch die Größen der aufstrebenden NSDAP wie SA-Führer Ernst Röhm und »Putzi« Hanfstaengl kennen, die ihn bei Hitler einführten. Das deutsch-englische Verhältnis vermaß Delmer dabei so politisch ernsthaft wie spielerisch. Einen Heimataufenthalt in England im Sommer 1930 nutzte er, um in englischen Seebädern die Sprachkenntnisse und Sympathien der Einwohner für eine Artikelreihe im *Express* zu prüfen, indem er sich als Deutscher ausgab und konsequent Deutsch sprach.

Beaverbrook ließ seinen Korrespondenten freie Hand und freute sich, wenn sie durch ihre Berichterstattung das britische Establishment irritierten.[77] Delmer dürfte daher auch am Zustandekommen von Hitlers einzigem Gastbeitrag »My Terms to the World« für den *Sunday Express* vom 28. September 1930 beteiligt gewesen sein – was zur Bitte um den eingangs zitierten Beitrag »zur derzeitigen Krise in England« exakt ein Jahr später passt.

Als Hitler Delmers Bitte im September 1931 abschlägig beschied, kannte man sich bereits persönlich: »Herr Hitler spricht mit dem Daily Express« lautete in der Ausgabe vom 4. Mai 1931 die Schlagzeile auf der Titelseite des Boulevardblatts über Delmers erstes Interview mit dem NSDAP-Führer, Untertitel: »Bürgerkriegspläne in Deutschland«. Der Artikel war interessanterweise illustriert mit einem verhältnismäßig großen Foto des späteren bayerischen Reichsstatthalters Franz Ritter von Epp in voller Montur mit Stahlhelm zur Bildzeile »Der Geist des Faschismus«, während Hitler selbst nur als halbspaltiges Porträt in den Text eingerückt war. Diese Tendenz atmet der gesamte Text, der nicht als Wortlautinterview, sondern in Reportageform mit vielen Zitaten verfasst ist. Delmer schildert – das Interview fand am 1. Mai in München statt –, wie schon auf dem Gehsteig vor dem Braunen Haus ein Passierschein verlangt wird, dann führt ihn Röhms Adjutant Karl Leon Du Moulin-Eckart zu Hitler: »In einem Raum erspähten wir vier Offiziere, die sich über Landkarten beugten und angeregt diskutierten. ›Sie sprechen über den Krieg‹, sagte Graf Du Moulin. ›Über welchen Krieg?‹, fragte ich. ›Den nächsten‹, grinste er.«[78]

Hauptbotschaft des Textes ist Hitlers Ansage, bei den nächsten Wahlen das Ergebnis der NSDAP verdoppeln und die stärkste Partei Deutschlands werden zu wollen. Zum Beleg werden Delmer die Parteieintritte gezeigt, die angeblich sogar im Braunen Haus die Erwartungen übertreffen.

Denis Sefton Delmer (1904–1979), genannt »Tom«, war in relativ jungen Jahren der exklusive journalistische Begleiter des NS-Führers bei der »Hitler über Deutschland«-Wahlkampftour 1932. Der gebürtige Charlottenburger, Korrespondent des »Daily Express«, galt eine Zeit lang als durchaus NS-freundlich, wechselte dann aber zur »schwarzen« Rundfunkpropaganda der Briten gegen das »Dritte Reich« über. 1940 kam er auf die »Sonderfahndungsliste« des Reichssicherheitshauptamtes, also derjenigen Personen, die im Falle einer deutschen Eroberung Großbritanniens sofort festgenommen werden sollten. Sein Fernsehgespräch mit Günter Gaus (1963, verfügbar via »YouTube«) ist noch heute sehr bemerkenswert.

»Zahlt man in Ihrer Partei einen Mitgliedsbeitrag, Herr Hitler?«, fragte ich, als mich der Faschistenführer persönlich in seinem großen beige-roten Arbeitszimmer empfing. In einem einfachen Wollserge-Anzug gekleidet, saß er mit seinem Sekretär an einem großen Doppeltisch am Fenster. »Ja«, sagte Herr Hitler. »Ich glaube an Opfer. Jedes Mitglied zahlt mindestens einen britischen Schilling im Monat – und das ist für die meisten in meiner Partei, Arbeiter, Bauern und kleine Beamte, eine erhebliche Belastung.« Sogar Arbeitslose müssen zahlen, aber nur 9 Pence im Monat.

Delmers Eindruck von Hitler entspricht dem vieler anderer Interviewer: Hitler beklagt die deutsche Demütigung durch den Vertrag von Versailles und steigert sich in einen derartigen Redeschwall, dass Delmer seine Fragen wie »unverschämte Zwischenrufe« vorkommen. »Die deutschen Interessen ähneln denen Großbritanniens, wir können mit Großbritannien genauso wie mit Italien kooperieren«, wird Hitler zum deutsch-britischen Verhältnis zitiert. Seine Forderungen an Großbritannien: »das Ende der Reparationszahlungen und freie Hand im Osten«. Er verlange weder die Grenzen von 1914 noch eine Rückgabe der Kolonien. »Aber ich verlange, dass Deutschland nicht länger wie ein Paria behandelt wird, sondern wie ein gleichwertiger Partner und dass unsere überzähligen Millionen die Chance bekommen, den leeren Raum an unseren Ostgrenzen zu besiedeln.« Dies sei angesichts des bolschewistischen Missmanagements dort »das Einzige, was Deutschland und Europa vor dem Untergang bewahren kann«.

Delmer reflektiert als Korrespondent und Wanderer zwischen den Welten stets auch die deutsch-britische Lebenswirklichkeit, wenn auch auf dem Niveau der höheren Schichten. So erfährt man am 26. August 1931 auf Seite 3 des *Daily Express* in einem Artikel über das deutsch-britische Verhältnis, dass Delmer sich seine Anzüge weiterhin in London schneidern lässt, weil sie ihm in Berlin zu teuer und nicht modisch genug sind. In der Ausgabe vom 23. Januar 1932 lässt er die *Express*-Leserschaft an okkulten Experimenten auf dem Brocken im Harz teilhaben.

Am 5. April 1932 ist Delmer dann wieder ganz nah bei Hitler: Als einziger ausländischer Journalist darf er einen Tag nach einer Kundgebung im Berliner Lustgarten bei Hitlers legendärem Wahlkampfflug im Vorfeld des zweiten Wahlgangs der Reichspräsidentenwahl am 10. April dabei sein. Quasi *embedded* beim Flug mit Kapitän Hans Baurs Rohrbach-Roland über Pommern und Ostpreußen, berichtet Delmer über die begeisterten Massen und die Unterstützung Hitlers durch den ehemaligen Kronprinzen Wilhelm von Preußen. Der habe von den Nationalsozialisten weder Zugeständnisse erhalten noch zu erwarten; »in Deutschland gibt es momentan Wichtigeres als die Frage Monarchie oder Republik«, [79] zitiert Delmer Hitler, den er auch in den folgenden Tagen beinahe rund um die Uhr begleitet. Die dabei entstehenden Texte sind allerdings keine Interviews im heutigen Sinne beziehungsweise im Frage-Antwort-Stil, sondern Berichte mit einigen wörtlichen Zitaten.

Für die Nazis war die Zulassung Delmers ein Erfolg, weshalb bei Hitlers Wahlkampftour vor der Reichstagswahl (31. 7. 1932) gleich ein ganzer Schwung Journalisten mit an Bord genommen wurde. Für manche von Delmers Kollegen galt der Korrespondent des *Daily Express* als »zu nah bei den Nazis […] – er hat seine journalistische Integrität geopfert, weil er sich zu sehr von Hitlers Kampagne hat vereinnahmen lassen«.[80] Delmer selbst rechtfertigte sich im 1961 erschienenen ersten Band seiner Autobiografie, dass er lediglich »ein wenig früher als seine Kollegen« erkannt habe, »welche Bedeutung und menschliche Dimension Hitlers Kampf um die Kanzlerschaft hatte«[81].

Auch nach Hitlers Ernennung zum Reichskanzler war Delmer beim ersten Flug der neuen Ära mit dabei. Am 23. Februar 1933 flog Hitler nebst Begleitung von Berlin-Tempelhof nach Frankfurt am Main. Während Delmer anschließend im *Express* vom 25. Februar behauptete, »der erste britische Journalist zu sein, der Hitler auf einem Flug begleiten durfte, seit dieser Reichskanzler ist«, war allerdings auch der Waliser Journalist Gareth Jones (1905–1935) mit an Bord, der für die in Cardiff erscheinende *Western Mail*[82] schrieb. Seinen Bericht über den Flug

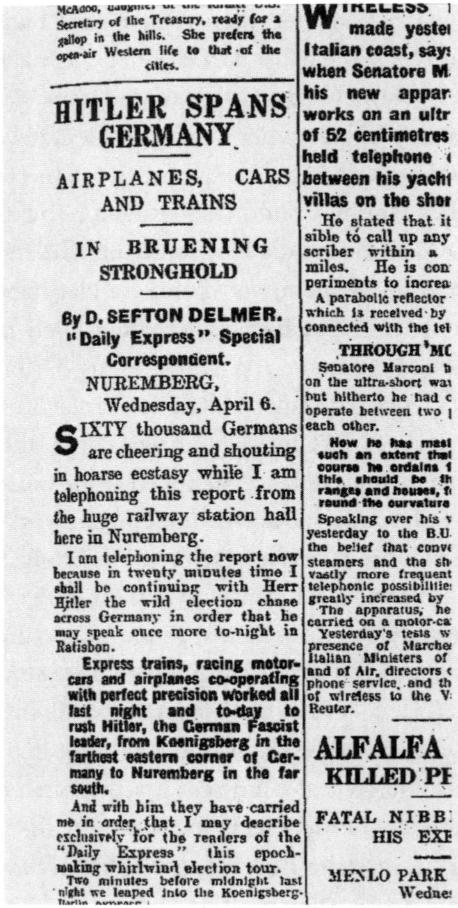

McAdoo, daughter of the former U.S. Secretary of the Treasury, ready for a gallop in the hills. She prefers the open-air Western life to that of the cities.

HITLER SPANS GERMANY

AIRPLANES, CARS AND TRAINS

IN BRUENING STRONGHOLD

By D. SEFTON DELMER.
"Daily Express" Special Correspondent.
NUREMBERG, Wednesday, April 6.

SIXTY thousand Germans are cheering and shouting in hoarse ecstasy while I am telephoning this report from the huge railway station hall here in Nuremberg.

I am telephoning the report now because in twenty minutes time I shall be continuing with Herr Hitler the wild election chase across Germany in order that he may speak once more to-night in Ratisbon.

Express trains, racing motor-cars and airplanes co-operating with perfect precision worked all last night and to-day to rush Hitler, the German Fascist leader, from Koenigsberg in the farthest eastern corner of Germany to Nuremberg in the far south.

And with him they have carried me in order that I may describe exclusively for the readers of the "Daily Express" this epoch-making whirlwind election tour.

Two minutes before midnight last night we leaped into the Koenigsberg-

WIRELESS
made yeste
Italian coast, say
when Senatore M
his new appar
works on an ultr
of 52 centimetres
held telephone
between his yach
villas on the shor

He stated that it
sible to call up any
scriber within a
miles. He is con
periments to increa
A parabolic reflector
which is received by
connected with the tel

THROUGH MC

Senatore Marconi h
on the ultra-short wa
but hitherto he had c
operate between two
each other.

Now he has mast
such an extent tha
course he ordains
this should be th
ranges and houses, f
round the curvature

Speaking over his
yesterday to the B.U.
the belief that conv
steamers and the sh
vastly more frequent
telephonic possibilitie
greatly increased by
The apparatus, he
carried on a motor-ca
Yesterday's tests w
presence of Marche
Italian Ministers of
and of Air, directors
phone service, and th
of wireless to the V
Reuter.

ALFALFA
KILLED PE

FATAL NIBB
HIS EXF

MENLO PARK
Wedne

Sefton Delmer nutzte kurze Zwischenstopps während Hitlers Wahlkampftouren, wie beim obigen Text des »Daily Express« (7. April 1932) zum Auftritt in Nürnberg, um atemlos neue Ereignisse nach London durchzutelefonieren. Er beschrieb die Präzision der NS-Logistik so, wie wesentlich später Gigs von Rockstars geschildert wurden. Die »Hitler über Deutschland«-Kampagne, von der NS-Propaganda mit vielen Fotos und Plakaten begleitet, war ein frühes Beispiel für den »reaktionären Modernismus« (Jeffrey Herf) der NS-Bewegung, also die Kombination von atavistischen Gesellschaftsvorstellungen mit einer Begeisterung für die jeweils fortgeschrittensten Technologien.

»in Hitlers Flugzeug« am Nachmittag des 23. Februar begann Jones mit dem prägnanten Satz: »Ein Absturz dieses Flugzeugs würde Europas Geschichte verändern.« Im März desselben Jahres berichtete Jones nach einer Reise in die Sowjetunion über die dortige Hungersnot und vor allem den von Stalin verantworteten Holodomor in der Ukrainischen SSR. 1935 reiste Jones nach China. Im Konfliktgebiet Mandschurei wurden er und ein deutscher Ingenieur von einer Bande gekidnappt. Unter undurchsichtigen Umständen starb Jones kurz vor seinem dreißigsten Geburtstag durch Schüsse in den Hinterkopf. Man fand seine Leiche am 12. August 1935 auf dem Gebiet des damaligen japanischen Klientelstaats Mandschukuo.

Sefton Delmer landete noch im Februar 1933 seinen nächsten Scoop. In der Nacht vom 27. auf den 28. des Monats begleitete er Hitler in den brennenden Reichstag. Wie er dreißig Jahre später im bereits zitierten Interview mit Günter Gaus erzählte, habe ihm hier seine Angewohnheit genutzt, an allen Tankstellen seine Visitenkarte zu hinterlassen und um sofortigen Anruf zu bitten, falls etwas Interessantes passiere. Eine Tankstelle in der Nähe des Bahnhofs Friedrichstraße habe ihn über den Reichstagsbrand informiert, sodass er rechtzeitig zur Stelle war, als Hitler vorfuhr. Dessen Botschaft war klar, wie aus Delmers *Express*-Bericht hervorgeht: »›Gebe Gott‹, sagte er, ›dass das die Epoche der deutschen Geschichte ist. Das Feuer ist nur der Anfang.‹ Dann begann die rhetorische Quelle in seinem Hirn zu sprudeln. ›Sie sehen das brennende Gebäude‹, sagte er und machte eine dramatisch ausgreifende Armbewegung. ›Wenn dieser kommunistische Geist Europa nur zwei Monate im Griff hätte, stünde alles genau so in Flammen.‹«[83]

Am 3. März 1933 erfuhren die Leser des *Daily Express*, dass Hitler auch sauer auf Delmer sein konnte. Immerhin hatte Delmer in der Ausgabe vom 1. März zur unmittelbar nach dem Reichstagsbrand durchgesetzten »Notverordnung des Reichspräsidenten zum Schutz von Volk und Staat« geschrieben: »Heute Nacht wurde die Freiheit in Deutschland offiziell abgeschafft.«[84] Und war jetzt, keine achtundvierzig Stunden später, schon wieder unbotmäßig: »Sein Gesicht lief rot an, seine

Augen glühten vor Zorn. Denn gleich zu Beginn des Exklusivinterviews, das dem ›Daily Express‹ gewährt worden war, informierte ich Hitler über die Ansicht der ausländischen Presse, dass der Reichstagsbrand ein abgekartetes Spiel sei, um ihm einen Vorwand für seinen erbarmungslosen Feldzug gegen Kommunisten und Sozialdemokraten zu liefern.«[85] Neben diesem Interviewtext prangt erstmals ein Foto auf der Titelseite, dass Delmer und Hitler im Gespräch zeigt. Delmer, der von der Reichskanzlei zum Gespräch »gebeten« worden war,[86] transportiert hier eins zu eins Hitlers Aussagen – der Kommunismus werde vernichtet, danach halte die Normalität wieder in Deutschland Einzug.

Auch im Wahlkampf zur letzten Mehrparteien-Reichstagswahl am 5. März 1933 ist Delmer Ende Februar wieder mit Hitler unterwegs, und man erfährt in dem folgenden Artikel so intime Details wie die, dass Hitler in einer Illustrierten das Foto einer Dame begutachtet sowie ein Käsebrötchen gegessen habe und nach dem Wahlsieg beim demonstrativen Flug über den polnischen Korridor einen Edgar-Wallace-Roman gelesen, die von Kaisersohn *turned* Nazigröße August Wilhelm herumgereichte Schokolade jedoch abgelehnt habe.[87]

Im Sommer 1933 wechselt Delmer dann ins Pariser Büro des *Daily Express*. Ob seine (zu) große Nähe zu Hitler und anderen Nazigrößen dabei eine Rolle gespielt hat? Teilweise stand Delmer bei den NSDAP-Sicherheitskräften im Verdacht, dem britischen Geheimdienst MI6 zuzuarbeiten; im Londoner Foreign Office galt er dagegen als U-Boot und Sympathisant der Nazis. Allerdings ist hier wohl eher dem Urteil von BBC-Journalist John Simpson zu folgen, der Delmer als wenig zimperlichen Journalisten beschreibt, der für exklusive Zugänge und eine gute Story schon mal fünfe gerade sein ließ, aber nicht pro Hitler war: »Nein, das war er nicht, er wollte einfach eine gute Geschichte, er glaubte, der ›Express‹ wüsste das zu schätzen. In den Augen seiner Kollegen hatte er keine Skrupel, seine Geschichten ein wenig auszuschmücken oder, wenn es sein musste, auch gleich zu erfinden.«[88]

Delmer war auch nicht der erste britische Journalist, dem Hitler ein Interview gab. Diesen »Scoop« hatte schon zehn Jahre zuvor die Erzkonkurrenz des gemäßigt konservativen *Daily Express* geschafft, nämlich die deutlich konservativere *Daily Mail.* Ihr langjähriger Berlinkorrespondent Rothay Reynolds (1872–1940) hatte Anfang Oktober 1923 »den Hitzkopf, über den alle Welt redet« am Rande eines anderen Termins in München getroffen.

Kurz vor dem Hitler-Putsch am 9. November 1923 war Hitler deutschlandweit noch keine wirkliche Größe, galt in Bayern aber schon als mehr als nur ein »Kleinstadtdemagoge«, so Reynolds-Biograf Will Wainewright. Das Treffen fand am 2. Oktober des Jahres in München in der Redaktion des *Völkischen Beobachters* statt (am selben Tag, an dem Hitler auch George Sylvester Viereck empfing). Reynolds wurde nach eigener Darstellung sofort Zeuge des schon damals typischen Gesprächsstils Hitlers, der im vortragenden Monolog anfing und sich dann in Rage redete. Gesprächsthemen waren die Ruhrbesetzung – der passive Widerstand war vom neuen Reichskanzler Gustav Stresemann eine Woche zuvor beendet worden, was Hitler für einen schweren Fehler hielt –, die Frage nach einer möglichen Wiedererrichtung der Monarchie und generell die Ziele der NSDAP. »Weder Hitler noch seine Anhänger haben wirklich einen Plan, befürchte ich. Ich habe von ihnen jedenfalls nichts gehört als die Verunglimpfung anderer und Hetzreden gegen das parlamentarische System«, schrieb der Reporter am nächsten Tag (3. 10. 1923) in der *Daily Mail.*

Der damals Einundfünfzigjährige eher steife Reynolds war in vielem das krasse Gegenteil des eher hemdsärmeligen Delmer. Er hatte sich bereits vor dem Ersten Weltkrieg als Korrespondent der *Daily News* in Moskau einen Namen gemacht, war dort zum Katholizismus konvertiert und hatte mehrere Bücher über seine Zeit in Russland veröffentlicht. Ab 1910 war er wieder in London, beschäftigte sich journalistisch aber auch dort weiter hauptsächlich mit Russland. Nach einer Zeit als Freiberufler akzeptierte er das Angebot des damaligen *Daily-Mail*-Eigentümers Lord Northcliffe (1865–1922), für das Blatt nach Deutschland zu gehen. Northcliffe, der ältere Bruder von Lord Rothermere, war wegen der antideutschen Haltung seiner Blätter im Deutschen Reich verpönt. Doch nach anfänglichen Schwierigkeiten erhielt Reynolds 1921 die offizielle Akkreditierung als Korrespondent in Berlin. Als Northcliffe im August 1922 ohne Erben starb, übernahm Rothermere dessen Zeitungen.

Der zutiefst religiöse Reynolds stand dem Nationalsozialismus deutlich ablehnend gegenüber, was ihn spätestens ab 1930 in direkten Konflikt mit seinem Herausgeber brachte. Denn Rothermere war dem Faschismus verfallen. Er bewunderte Mussolini – und in der Folge auch Hitler, was er in eigenen Leitartikeln und Beiträgen in der *Daily Mail* auch regelmäßig zum Ausdruck brachte. Dem italienischen Duce zollte Rothermere schon im Mai 1923 mit dem Text »What Europe Owes Mussolini« seine *»profound admiration«*. 1930 schrieb er dann nach der Reichstagswahl im September, bei der die NSDAP mit 18,3 Prozent der Stimmen zweitstärkste Kraft nach der SPD wurde, von der »Wiedergeburt Deutschlands als Nation«.[89] Rothermere, der selbst nach Deutschland gereist war, hoffte darauf, dass Hitler »eine große nationale Struktur unter deutscher Hegemonie in Zentraleuropa schaffe« und sein Regime sich »als starke, vernünftige Regierung gegen den Druck sowjetischer Verrücktheiten« bewähren würde.[90] Hitler, dem das Echo gerade auch der britischen Presse immens wichtig war, bedankte sich auf seine Weise: Fünf Tage nach dem Erscheinen von Rothermeres Beitrag führte Reynolds am 25. September 1930 sein zweites Interview mit dem aufstrebenden Parteichef. Es erscheint laut Reynold-Biograf Wainewright allerdings erst auf Seite 9 der *Daily Mail* vom 27. September, ergänzt um zustimmende Einschätzungen und Kommentare Reynolds, die Wainewright zufolge auf die Erwartungshaltung Rothermeres zurückzuführen waren.[91]

Thema des Interviews war auch das deutsch-britische Verhältnis; hier hob Hitler bei zustimmendem Gemurmel der *Mail* auf die gemeinsamen Interessen beider Staaten und die wertvolle Rolle seiner Partei als Bollwerk gegen den Bolschewismus ab. Doch Reynolds war anders als sein Arbeitgeber in London nicht von Hitler überzeugt, sondern unterstützte in seinen folgenden Beiträgen eher Reichskanzler Heinrich Brüning. Reynolds konnte seine konkrete Sicht auf Hitler in der *Mail* aber kaum mehr äußern, sondern erging sich, wie John Simpson schreibt, in *»wohlformulierter Neutralität«*.[92] Nach der Ernennung Hitlers zum Reichskanzler im Januar 1933 sah sich Lord Rothermere in seiner Haltung vollauf bestätigt. Bei der Reichstagswahl vom 5. März, die schon von massiven Behinderungen und Bedrohungen für die anderen Parteien überschattet war, kam die NSDAP auf 43,9 Prozent der Stimmen und kann am 24. März 1933 mit dem Ermächtigungsgesetz de facto die Weimarer Verfassung abschaffen. Rothermere und die *Daily Mail* applaudierten: »Herr Hitler hat seine Mehrheit. Wenn er diese umsichtig und zu friedlichen Zwecken nutzt, wird hier niemand der deutschen Demokratie auch nur eine Träne nachweinen.«[93] Rothay Reynolds stand dieser *Chefredakteurslinie* seines Blattes offenbar so machtlos-indigniert wie passiv gegenüber. Er konnte erst nach seiner Rückkehr nach Großbritannien 1938 wieder seine Sicht der Dinge publizieren, was er 1939 mit dem Buch »When Freedom Shrieked« über seine Erfahrungen in Nazideutschland auch tat.

Reynolds blieb also allen Widrigkeiten zum Trotz bis 1938/39 Berliner Büroleiter der *Daily Mail,* sah sich aber schon bald von einem jüngeren Kollegen in den Schatten gestellt. George Ward Price (1886–1961) war dabei fast genauso lange wie Reynolds im Geschäft. Seit 1912 zunächst Pariskorrespondent der *Mail,* erlangte Price durch seine Berichterstattung aus den Balkanstaaten und später über die Gründung der Türkei größere Bekanntheit und wurde zum Intimus zunächst von Northcliffe und später von Rothermere.

Anders als Reynolds hatte Price auch keinerlei Probleme mit der eindeutig profaschistischen Haltung seines obersten Chefs. Er bewunderte Mussolini wie Hitler ganz offen – und schrieb auch so. »Price kommt die zweifelhafte Ehre zu, der einzige ausländische Journalist in Nazi-Deutschland zu sein, dem Hitler vertraut«, schreibt Reynolds-Biograf Wainewright: »Er sei der einzige Nichtdeutsche, sagte der Diktator zu Göring, der dessen Worte vorurteilsfrei wiedergebe.«[94]

Spätestens ab 1934 – Delmer vom *Daily Express* war bereits in Paris – hatte Price für die Konkurrenz das Gros der politisch relevanten Berichterstattung aus Deutschland übernommen. 1934 traf er sich mehrfach in Begleitung von Rothermere mit Hitler, der den Verleger im Dezember zu einem offiziellen Dinner in die Reichskanzlei einlud.[95] Ab der zweiten Jahreshälfte 1934 war Price sogar der einzige Vertreter einer britischen Zeitung, der weiterhin regelmäßig Interviews mit Hitler führen konnte. Das letzte erschien in der *Daily Mail* am 19. September 1938.

Bei diesem letzten Hitler-Interview mit einem britischen Reporter war auch Propagandaminister Goebbels dabei, der dazu am 18. September in seinem Tagebuch notierte: »Der Führer hat eine Unterredung mit Ward Price. Er hält ihm nochmal in aller Schärfe all unsere Argumente vor. Findet dabei glänzende Beispiele. Ich sekundiere eifrig. Price ist dann tief beeindruckt. Er wird ein gutes Interview herausgeben.« Es gab noch einiges Hin- und Herredigieren, unter anderem von Hitler selbst, dem es vor allem auf diese Aussage zu seinem Projekt, die Tschechoslowakei als Staat auszuradieren, ankam: »Die Tschechen sagen, sie könnten keine Volksabstimmung abhalten, weil eine solche Maßnahme in ihrer Verfassung nicht vorgesehen sei. Mir aber scheint, daß ihre Verfassung nur eines vorsieht, daß sieben Millionen Tschechen acht Millionen Minderheitenvölker unterdrücken sollen. Dieses tschechische Übel muß ein für allemal abgestellt werden, und zwar jetzt. Das ist wie ein Krebsgeschwür, das den ganzen Organismus Europas vergiftet.« Das Price-Interview fand Goebbels schließlich »sehr gut« und hielt es für eine »Weltsensation«.[96]

Ward Price zeigte nicht nur stets Verständnis für die Position des Diktators, sondern gerierte sich ab 1936 auch als Abgesandter Englands in diplomatischer Mission: »Ich bin dem Führer tief dankbar, dass er mich in diesem kritischen Augenblick empfängt. Ich habe nicht nur als Journalist, sondern als inoffizieller Bote Englands im Interesse des Friedens um diese Audienz gebeten« heißt es in der amtlichen deutschen Übersetzung eines Schreibens von Price, das er zur Vorbereitung seines

»Extra-special Correspondent« – so betitelte George Ward Price (1886–1961) seine Memoiren, die 1957 erschienen. Der Pfarrerssohn und weitgereiste Berichterstatter der »Daily Mail« war tatsächlich ziemlich speziell: einer der wenigen angelsächsischen Journalisten, die offen ihre Sympathie für die diktatorischen »Ordnungsleistungen« von Hitler und Mussolini kundtaten, auch zeitweilige Bewunderung für den britischen Faschistenführer Oswald Mosley oder für die fanatische Hitler-Anhängerin Unity Mitford. Price, hier im Gespräch mit Hitler 1938, machte nach 1945 ungerührt im Journalismus weiter und berichtete u. a. aus Japan (wo er ein stark beachtetes Interview mit General Douglas MacArthur führte) und vom Korea-Krieg.

Interviews am 11. März 1936 an die Reichskanzlei geschickt hatte – kurz nach dem Einmarsch der Wehrmacht ins entmilitarisierte Rheinland und wenige Tage vor einer Sitzung des Völkerbunds. Weil hier Frankreich »die britische Regierung zu starkem Vorgehen gegen Deutschland« zwingen könnte, will Price »die öffentliche Meinung in Frankreich beruhigen« und »die Hand der britischen Regierung [...] stärken« und bittet »den Führer dringend, der ›Daily Mail‹ zu gestatten, auf die folgenden sieben Fragen so vollständige und so definitive Antworten wie möglich zu veröffentlichen«.

Am Ende folgt eine Sequenz, die vermutlich nicht einmal Price ernst gemeint hat, zumal sie endgültig mit jeglichem journalistischen (Rest-) Anspruch bricht: »Zum Abschluss möchte ich Seiner Exzellenz mit aller Ehrerbietung sagen, dass er der grösste Mann in Deutschland ist, aber dass, wenn seine Vorschläge den europäischen Frieden auf einer Basis aufrichten können, er der grösste Mann der ganzen Geschichte sein wird – und das erste Volk, dass dies nach seinem eigenen anerkennen würde, wäre das britische«, so heißt es in einer Akte der Reichskanzlei.

In der auf Deutsch vorliegenden Autorisierung des Interviewentwurfs sind trotz dieser Unterwürfigkeit zahlreiche, vermutlich von Hitler zuvor so geäußerte Passagen gestrichen – »nicht genehmigt« steht handschriftlich über einem ganzen Absatz zur Frage von Sanktionen gegen Italien im Zusammenhang mit dem Abessinien-Krieg.

Die Interviews mit Ward Price und auch mit den meisten anderen britischen Journalisten belegen aber stets auch Hitlers Festhalten an der Idee, dass das Deutsche Reich und Großbritannien eigentlich natürliche Partner seien. »Was für ein Unglück war es doch, dass die zu Beginn dieses Jahrhunderts von der englischen Regierung an Deutschland gemachten Angebote nicht angenommen wurden. Deutschland muss von allen guten Geistern verlassen gewesen sein«, so Hitler laut dem Freigabemanuskript des Interviews vom 11. März 1936. Und weiter: »Bedenken Sie einmal, in was für einer glänzenden Verfassung Europa sich jetzt befinden würde, wenn England und Deutschland eine ganze Generation hindurch nur für die Zwecke des Friedens hätten arbeiten können!«

Dass Hitler die meisten seiner fast dreißig »britischen Interviews« mit der *Daily Mail* und dem *Daily Express* führte (insgesamt mindestens achtzehn), zeugt dabei von einer »Pressepolitik« auf der Höhe der damaligen Zeit. Beide Blätter standen dem Faschismus als solchem und Hitler als Person bis zum Einmarsch in die Tschechoslowakei nicht grundsätzlich ablehnend *(Daily Express)* beziehungsweise sogar weitestgehend zustimmend *(Daily Mail)* gegenüber. Zudem erreichten sie mit ihrer jeweiligen Millionenauflage auch die Menschen in »Middle England« und nicht nur die Entscheidungsträger in London und andere Eliten. Ab 1938 warb der *Daily Express* mit dem Slogan »World's largest daily sale«.[97]

Die *Times* war als *»Newspaper of record«* und bestens mit Regierungskreisen verbundenes Organ den Nationalsozialisten von Anfang an suspekt.[98] Zu Beginn seines Aufstiegs hatte Hitler den Münchener *Times*-Korrespondenten Stanley Simpson zwischen 1930 und 1932 zwar viermal zu Interviews empfangen, Simpson war aber beileibe kein Sympathisant oder Karrierist wie Price oder Delmer, sondern recherchierte bereits 1933 über die Misshandlung von Häftlingen im Konzentrationslager Dachau. Die *Times* entschied im Februar 1934, diesen Bericht nicht zu veröffentlichen, obwohl sich der Leiter des Berliner *Times*-Büros, Norman Ebbutt, massiv für eine Veröffentlichung eingesetzt hatte.

Ebbutt war seit 1927 für die *Times* in Berlin und gegenüber Hitler und den Nazis ebenfalls alles andere als aufgeschlossen. Ähnlich wie Reynolds beschäftigte ihn auch das Schicksal der Christen beziehungsweise der Kirchen im Nationalsozialismus. Seine Berichterstattung über die deutschen Zustände war dabei so präzise, dass sie in der Führungsebene der NSDAP minutiös verfolgt wurde, es deutschen Zeitungen allerdings untersagt war, die *Times* zu zitieren.

Trotz seiner angegriffenen Gesundheit, die immer wieder längere Aufenthalte in Großbritannien mit sich brachte, galt Ebbutt als eine Art Doyen der englischsprachigen Auslandspresse in Berlin, und er präsidierte in deren inoffiziellem Stammlokal »Taverne«. Als die *Times* im Sommer 1937 groß über die Verhaftung des Bekennende-Kirche-Pastors Martin Niemöller am 1. Juli berichtete und in Großbritannien zeitgleich drei deutsche Journalisten wegen Spionageverdachts ausgewiesen wurden, nutzte das NS-Regime die Situation. Ebbutts Zeit in Berlin war vorbei, auch ihm wurde jetzt – nach rund zehn Jahren in der Reichshauptstadt – offiziell Spionage vorgeworfen. »Norman Ebbutt, der bei Weitem beste Korrespondent, ist heute Abend abgereist«, notierte der US-Journalist und CBS-Korrespondent William Shirer am 16. August 1937 in seinem Tagebuch.

Ähnlich wie Reynolds hatte auch Ebbutt in seiner Berliner Zeit damit zu kämpfen, dass sein Blatt offenbar viele seiner Beiträge nicht in vollem Umfang veröffentlichte. Anders als Rothermeres *Daily Mail* war die *Times* natürlich kein Claqueur des Faschismus. Doch Chefredakteur Geoffrey Dawson (1874–1944) zählte den Appeasementpremier Neville Chamberlain zu seinen persönlichen Freunden. »Unter Geoffrey Dawson blieb die ›Times‹ der stärkste Fürsprecher Chamberlains«, urteilt Geoff Andrews, Biograf der Cambridge-Spione um Kim Philby.[99] Dawson selbst gab später zu, zumindest teilweise die Strategie verfolgt zu haben, sein Möglichstes zu tun, »um das Blatt von Inhalten freizuhalten, die deutsche Empfindlichkeiten verletzen konnten«.[100] Andererseits sollen Ebbutts Beiträge durchaus redigier- und kürzungsbedürftig gewesen sein, sodass hier gleich zwei Faktoren ins Spiel kamen, die ein endgültiges Urteil bis heute schwer machen.[101]

Ganz klar war die Situation dagegen beim *Manchester Guardian.* Das schon damals nationales wie internationales Prestige auf sich ziehende Blatt von der *»Fleet Street of the North«* hatte durch seine eindeutig liberale und gegen die Nazis gerichtete Haltung keine Hitler-Interviews zu erwarten. Dennoch galt die Berichterstattung des *Guardian* als die zutreffendste und oft auch engagierteste unter den britischen Blättern. Das lag auch an seinem Berlinkorrespondenten Frederick Augustus Voigt (1892–1957). Der in London geborene Sohn deutscher Eltern begann ironischerweise in der Anzeigenabteilung des *Guardian,* wurde aber bereits 1920 von dessen legendärem Chefredakteur C. P. Scott in die deutsche Hauptstadt geschickt. Bis zu seinem Transfer nach Paris – nicht zuletzt aus Sicherheitsgründen – war Voigt beständig im ganzen Reich, aber auch den angrenzenden Staaten wie Polen unterwegs und galt als einer der besten Kenner der deutschen Verhältnisse. Voigt kehrte 1934 nach Großbritannien zurück, berichtete in seiner neuen Rolle als *Diplomatic Correspondent* jedoch auch immer wieder über Deutschland.

Die weiteren Interviews Hitlers mit der britischen Presse waren einzelne Gespräche mit Reportern verschiedener Blätter, einmal mit einem Vertreter der Nachrichtenagentur Reuters im Juli 1931. Eine gewisse Sonderrolle nimmt dabei Percy Thomas Etherton ein. Er kam offenbar zweimal zum Zuge. Etherton (1879–1963) war ein Abenteurer und Karriereoffizier, der 1933 die Expedition zur Überfliegung des Mount Everest mit organisierte; ein Journalist war er im strengen Sinne nicht. Am 30. Mai 1932 erschien ein Interview Ethertons mit Hitler im *Daily Sketch* (London/Manchester). Worum es hier geht, zeigt der einleitende Text: »Herr Hitler, Führer der Nazis, der stärksten Partei im preußischen Parlament, wünscht sich sehr ausdrücklich ein besseres gegenseitiges Verständnis der angelsächsischen Rassen untereinander.« Dann heißt es auch: »Hitler möchte gern der deutsche Cromwell sein und welche Haltung er bezüglich der drängenden Weltprobleme – und Großbritanniens – einnimmt, gibt er in dem untenstehenden Interview zu erkennen.« Das zweite Interview Ethertons – er traf Hitler noch einmal 1933 – erwies sich offenbar als problematisch, um nicht zu sagen: abenteuerlich. Domarus merkt dazu an: »Ein *Interview,* das Hitler am 6. Februar dem Vertreter der Daily Mail, *Oberst Etherton,* gewährte, löste beim Erscheinen Mißfallen aus, so daß Hitler im Völkischen Beobachter [14.2.1933] folgenden ›*authentischen Text*‹ veröffentlichen ließ«:

> Berlin, 13. Februar. Am 6. Februar gewährte der Reichskanzler dem englischen Obersten Etherton, der als Vertreter der »Daily

Mail« und der ihr angeschlossenen Presseorgane erschienen war, eine Unterredung. Das dem Obersten Etherton nach der Unterredung schriftlich ausgehändigte Interview erschien am 12. Februar nicht in der »Daily Mail«, sondern im »Sunday Expreß« in völlig entstellter Form mit willkürlichen Veränderungen und Zusätzen, ohne Wissen und Genehmigung der deutschen zuständigen Stellen. Der Verfasser hat offenbar Bruchstücke einer früheren Unterredung verwertet und sonstige Beobachtungen fälschlich dem Reichskanzler zugeschrieben. Nachfolgend veröffentlichen wir den Text der Unterredung, die mit der Frage des Obersten Etherton an den Reichskanzler begann, wie er über das Problem der Abrüstung denke.

Der prominenteste britische Hitler-Interviewer seiner Zeit war mit Sicherheit Winston Churchills Sohn Randolph (1911–1968), der zunächst im Juli 1932, als Hitler seinen dritten »Deutschlandflug« unternahm, für eine Berichterstattung im *Sunday Graphic* (London) viel Zeit damit verbrachte, mit Hitler »von einer Versammlung zur anderen zu fliegen«, wie der *Spiegel* 1959 genüsslich aufspießte: »Es begann mit einem Lunch auf dem Flugplatz außerhalb Berlins. Hitler, ein Abstinenzler, Nichtraucher und Vegetarier, aß bei dieser Gelegenheit seine bevorzugten Rühreier und Salat. Seine Leutnante und ich stärkten uns mit einem kräftigen Imbiß.«[102] Am 24. September desselben Jahres interviewte der gerade mal einundzwanzigjährige Churchill Hitler dann für die *Daily Mail*, man traf sich, es war ein Sonntag, zum Gespräch in Berlin. »Ich traf ihn, kurz bevor er in den Urlaub aufbrach«, so Churchill. Zum Inhalt des Interviews heißt es: »Adolf Hitler, Führer der deutschen Nationalsozialistens, erläutert exklusiv für die ›Daily Mail‹ seine politische Haltung hinsichtlich der Regierung Von Papen.« Hitler betont, dass das Volk sein Vertrauen in diese Regierung verloren habe. Im Gegensatz dazu würde die nationalsozialistische Bewegung »einen ausgereiften Plan zur Behebung unserer wirtschaftlichen Probleme in die Tat umsetzen, und angesichts der Unterstützung von Millionen, die hinter uns stehen, sollten wir das Selbstbewusstsein und das moralische Recht haben, mit unserem Erfolg zu rechnen.« Hitler beendet das Interview mit folgender Bemerkung: »Aber eins kann ich Ihnen versichern, wenn die Leute, die heute an der Macht sind, das Volk so behandeln wie vor der Französischen Revolution, dann wird das eine Revolution zur Folge haben, die noch viel gewaltsamer sein wird als die Französische.«

Vernon Bartlett (1894–1983), der im Juni 1934 am Zug war, konnte bereits seine ganz eigene Geschichte mit »Herr Hitler« erzählen. Bartlett arbeitete zur Zeit des Interviews seit noch nicht einmal einem Jahr als *Diplomatic Correspondent* für das liberale Blatt *News Chronicle*. Davor lagen Stationen bei der *Daily Mail*, als Auslandskorrespondent der *Times* und vor allem bei der BBC. Beim öffentlich-rechtlichen Sender hatte Bartlett 1933 den Austritt Deutschlands aus dem Völkerbund kommentiert – nach Ansicht der BBC-Oberen und anderer einflussreicher Kreise aber »nicht bissig genug«. Das Foreign Office beschwerte sich offiziell, Bartlett habe die Millionen von Hörern »einseitig beeinflusst«, und das noch bevor sich die britische Regierung selbst habe zu dem Ereignis erklären können.[103] Bartletts Vertrag mit der BBC wurde daraufhin nicht verlängert.

Und noch ein Zeitungsmann aus Großbritannien hat sich mit Hitler zum Gespräch getroffen: James Gomer Berry (1883–1968) war ein Waliser Bergbaumagnat und Zeitungsverleger, dem in den 1930er-Jahren die damals von der werktäglichen *Times* völlig unabhängige *Sunday Times* sowie die Blätter *The Daily Sketch* und *The Sunday Graphic* gehörten und der bis 1937 gemeinsam mit seinem Bruder William Berry Eigentümer des *Daily Telegraph* war. Dazu kamen noch Regionalzeitungen und weitere Titel. 1936 wurde Gomer Berry als Lord Kemsley in den Adelsstand erhoben; in den 1940er-Jahren galt Kemsley Newspapers Ltd. als größter Pressekonzern Großbritanniens.

Auch *Sunday-Times*-Chefredakteur William Waite Hadley (1866–1960) war ein enger Freud Chamberlains und regte bei Kemsley nach dem Münchner Abkommen von 1938 einen Austausch von Zeitungsbeiträgen zwischen Deutschland und England an, um das Verständnis füreinander zu befördern und Spannungen abzubauen. Die Verhandlungen und Absprachen zogen sich bis ins Frühjahr 1939 hin. Im Mai gab NS-Pressechef Otto Dietrich grünes Licht und lud die Briten zu finalen Absprachen mit Hitler nach Deutschland ein. Im Juli landete Lord Kemsley in Begleitung des späteren BBC-Mitarbeiters und Parlamentsabgeordneten Cyril Lakin in höchst diplomatischer Mission in Berlin. Kemsley traf Hitler auch tatsächlich am Rande der Wagner-Festspiele in Bayreuth, längst ging es nicht mehr um einen bloßen Artikelaustausch (zu dem es dann auch nie kam). Doch die gegenseitige Versicherung, dass ein Ausbalancieren der unterschiedlichen Interessen beider Staaten noch möglich sei, war, wie Lakin-Biograf Geoff Andrews schreibt, »von Hitlers Seite […] nicht viel mehr als eine Propagandaübung«.[104]

Nach dem Zweiten Weltkrieg versuchte sich Ward Price wenig glaubhaft von seiner profaschistischen Einstellung loszusagen. In seiner 1957 erschienenen Autobiografie »Extra Special Correspondent« heißt es durchsichtig: »Meine zahlreichen Treffen mit Hitler […] ließen mich jedes Mal erneut darüber staunen, wie ein so neurotischer Charakter mit einer derart eingeschränkten Wahrnehmung eine Rasse im Griff haben konnte, die so zahlreiche und hervorragende Qualitäten besaß wie die deutsche.« Price berichtete weiter für die *Mail,* suchte im Koreakrieg neue Helden und fand General Douglas MacArthur.

Sefton Delmer, der im Krieg »schwarze Propaganda« für den britischen *war effort* in Form von deutschen Tarnsendern wie dem »Soldatensender Calais« betrieben hatte, arbeitete bis Ende der 1950er-Jahre wieder in gehobener Stellung als Sonderkorrespondent des *Daily Express,* bis er das Blatt nach einem Konflikt mit Lord Beaverbrook im Herbst 1959 verließ. 1954 hatte er mit seiner Artikelserie »Wie tot ist Hitler?« nochmals für Aufsehen gesorgt. Darin schrieb er über den auflebenden Militarismus und wieder in einflussreiche Positionen kommende ehemalige Nazis in der Bundesrepublik, was die damals eher rechtskonservative *Zeit* mit dem Beitrag »Wie tot ist Sefton Delmer?« konterte.[105] Bis Delmer wirklich starb, dauerte es allerdings noch einmal fünfundzwanzig Jahre; Anfang der 1960er-Jahre beriet er den *Spiegel* beim Ausbau seiner Auslandsberichterstattung. Wie seine Kollegen spielte auch Delmer seine Rolle 1963 im Gespräch mit Günter Gaus auf dessen Frage, ob er eitel sei, selbstverliebt herunter: »Ich habe nichts, worauf ich eitel sein könnte. [...] Ich bin viel zu dick. Was habe ich schon erreicht?«[106]

Rothay Reynolds wechselte nach Jahrzehnten bei der *Daily Mail* und einer kurzen Auszeit als Vortragsreisender in Großbritannien für sein letztes »Assignment« 1940 zum *Daily Telegraph,* für den er zunächst nach Rom ging und dann aus Palästina berichten wollte. Dort starb er kurz nach seiner Ankunft siebenundsechzigjährig am 20. August 1940. *Times*-Mann Norman Ebbutt erlitt einen Monat nach seiner Rückkehr nach England 1937 einen Herzanfall und musste die Arbeit als Journalist aufgeben. Er starb erst 1968.

Und die *Sunday Times?* Sie fiel knapp vierundvierzig Jahre später, jetzt, wie die werktägliche *Times* schon im Besitz des letzten großen Pressebarons Rupert Murdoch, noch einmal auf Adolf Hitler herein – und publizierte 1983 als Partner der deutschen Illustrierten *Stern* die gefälschten Hitler-Tagebücher.

7

Champagner in Al Capones Presseclub

»Achsenjournalisten« und Neutrale

»Glauben Sie mir«, so sagte der Führer zu Bojano, »ich werde es unter keinen Umständen mehr vergessen, was Italien getan hat. Das ganze deutsche Volk – hierbei machte er eine Handbewegung, als ob er die Gesamtheit der Deutschen von der Ostsee bis zur Donau zusammenschließen wollte – wird niemals vergessen, was Italien und Mussolini getan haben. Unsere Freundschaft ist über allen Formalitäten. Die Achse ist stark und fest, mehr denn jemals.« Und dann nach einer kurzen Pause fügte der Führer hinzu: »Wir sind bereit, auch unsere Freundschaft und Dankbarkeit zu zeigen, wenn Italien sie eines Tages benötigen sollte.« Dann ging der Führer mit treffenden Worten auf Österreich über, wobei er, so sagte Bojano, folgende Worte fand: »Dieses Volk von Österreich fühlt den inneren Drang, mit Deutschland vereinigt zu sein. Haben Sie gesehen, wie es auf unser Kommen reagiert hat? Haben Sie die Begeisterung gesehen? Das österreichische Volk wurde lange von einer Handvoll Männer getäuscht und unterdrückt.«

Völkischer Beobachter, 17. März 1938

Ein faschistischer Journalist und Hitler-Interviewer namens Filippo Bojano veröffentlichte 1944 ein Buch mit dem rätselhaften Titel »In the Wake of the Goose-Step« – »Im Sog des Stechschritts«. Es erschien in New Yorker und Londoner Verlagen, kurze Zeit später auch in einer schwedischen Übersetzung (hier betitelt »Utan Masker« – »Ohne Masken«). Das Buch war in Schweden verfasst worden, in italienischer Sprache, eine publizierte italienische Originalversion ist aber bis heute nicht aufzufinden. Bojano, geboren 1896 in Andretta (Avellino), war nicht nur ein Faschist, weil er in der Presse faschistische Ansichten propagierte, sondern gleichsam ein echter Urfaschist. Er hatte schon 1920, in jungen Jahren, Benito Mussolini persönlich kennengelernt, auf Vermittlung des Dichters Gabriele d'Annunzio. Bojano war ein Protegé von Mussolinis jüngerem Bruder und publizistischem Mentor Arnaldo (1885–1931) und von diesem 1929 als Korrespondent des offiziellen Parteiblatts *Il Popolo d'Italia* nach Berlin geschickt worden. Dort blieb er elf Jahre auf Posten und arbeitete auch für die Agencia Stefani, bis 1940.

In seinem Buch von 1944 stellte Bojano sich durchgängig als eine Art Verfolgter des NS-Regimes dar, bedroht von Goebbels oder Ribbentrop-Mitarbeitern wie Gustaf Braun von Stumm (genannt »Braunstumm«) und Karl Megerle. Für Bojano lohnte sich der Seitenwechsel; in den 1950er-Jahren finden wir ihn in Rom als Hörfunknachrichtenchef der öffentlich-rechtlichen RAI wieder. Auch der »Duce« Benito Mussolini kam 1944 nicht mehr gut weg: »Er war unnahbar, zu allen herablassend und ichbezogen. Die Zeitung [*Il Popolo d'Italia,* L.H.] bestand für ihn nur aus seinen flammenden Leitartikeln. Der restliche Inhalt interessierte ihn nicht. [...] Ich fragte mich oft, ob all seine Gesten und Taten nichts weiter waren als Theaterposen.« Kurz, Bojano schrieb über »*Nazis*« und »*Fascists*« eher so, als habe er damit, wenn überhaupt, nur als teilnehmender Beobachter zu tun gehabt.

Der späte Mussolini-Skeptiker Bojano hatte allerdings gleich 1933 das Buch »Ein Faschist erlebt die nationale Revolution« veröffentlicht, mit einem freundlichen Vorwort von Ministerpräsident Hermann Göring, im Leipziger Verlag E. Mittler & Sohn. Der Verlag pries es so an: »Filippo Bojano, ein intimer Freund Mussolinis und der langjährige Berliner Korrespondent des faschistischen Hauptorgans ›Popolo d'Italia‹, veröffentlicht seine Eindrücke über die nationale Erhebung in Deutschland. Als Frontkämpfer und Faschist ist er wie kein anderer Ausländer dazu berufen, die Bedeutung dieser deutschen Umwälzung zu beurteilen.« Bojano lobte in dieser Schrift besonders die Schlägertruppe SA, vor allem »die beste deutsche Jugend, die diese Reihen füllte, bis zu den Hohenzollern, die durch des Kaisers dritten Sohn, August Wilhelm, vertreten waren«. Und wenn sich eine Gelegenheit geboten habe, so Bojano, »irgendeine Mordhöhle der Kommunisten zu bezwingen, so war der ›Sturm‹ gar bald auf der Gefechtslinie und fiel dann auf Befehl der Führer mit einem Sprung über den heimtückischen Gegner her«.

Immerhin, was die »Judenfrage« anlangte, gab sich Bojano nonchalant, er könne zu seinem Bedauern das ganze Problem nicht verstehen: »Die Judenfrage war bisher für den Nationalsozialismus eine lebenswichtige Frage, aber, wer weiß weshalb ich den Eindruck habe, daß über kurz oder lang dieser Haß gegen die Juden vergessen sein wird. Vielleicht, weil es für eine Bewegung, die sich die schwere Aufgabe gestellt hat, die Nation zu erneuern, weder natürlich noch zweckmäßig ist, die Zeit mit einem Kampf von sehr anzweifelbarem praktischen Wert zu vergeuden [...]«, außerdem erzeuge die »jüdische Rasse« »nicht immer und nicht ewig dort, wo sie Fuß fasst, Böses«, sondern erweise »sich auch manchmal für die Gesamtheit nützlich«. Tatsächlich wäre diese Bojano-Schrift zwei, drei Jahre später im NS-Staat gar nicht mehr so zu veröffentlichen gewesen. Als Bojano mit dem deutschen Regierungsrat Rie Otto (»R. O.«) Stahn ein Jahr später einen Herausgeberband über Arbeits- und Freizeitpolitik mit dem Titel »Wir haben's gewagt! Weg und Wollen der Führer in Deutschland und Italien« publizierte, erhob die Kanzlei des Führers unter Reichsleiter Philipp Bouhler sofort Einspruch: »Wegen der politischen Lage (gehässige Äußerungen italienischer Kreise gegen Deutschland) Bedenken der Parteiamtlichen Prüfungskommission. [...] Keine Auslieferung des Buches vor Klärung der Einstellung der italienischen Regierung zu der vom Verfasser getroffenen Auswahl der führenden Köpfe des Faschismus, Einholung einer Äußerung Hitlers über den die NS-Bewegung betreffenden Teil des Buches [...].«[107]

Über eine Äußerung Hitlers zu diesem Spezialproblem deutsch-italienischer Ausgewogenheit ist nichts weiter bekannt geworden, aber hier sind wir schon mitten im Getümmel der Divergenzen zwischen Faschismus und Nationalsozialismus, Duce und Führer, Römertum und Germanenverherrlichung. Und für diese mehr oder weniger feinen Unterschiede zwischen zwei strukturell und dann formell verbündeten totalitären Regimen sind die fast zwanzig Hitler-Interviews, die von italienischen (aufgrund der Zeitumstände ausschließlich faschistischen) Journalisten geführt wurden, sehr signifikant. Da sich diese Begegnungen über einen Zeitraum von 1923 bis 1938 hinziehen – danach gab es, auf der publizistischen Ebene, nichts mehr zu besprechen –, sind es aufgrund der Bündniskonstellation und in der dichten Abfolge vielleicht sogar die interessantesten Hitler-Interviews. Zumal die jeweiligen Journalisten hier weniger denn je als harmlose Fragesteller fungierten, sondern in ein Netz zahlreicher *go-betweens,* Vermittler, Propagandisten zwischen München, Berlin und Rom eingebunden waren.

1934/35 waren die deutsch-italienischen Beziehungen medial auf einem Tiefpunkt. Bojano berichtet in seinem 1944er-Buch darüber, dass Mussolini persönlich der gelenkten italienischen Presse Anweisungen zu Angriffen auf die NS-Führung gegeben habe. Goebbels, der in seinen Tagebüchern konsistent und schon früh zwischen den Italienern im Allgemeinen (in seinen Augen unzuverlässig, selbstverliebt, eingebildet) und dem »Duce« als Führungsfigur unterschied, ließ deutlich dagegenkarten: Hans Schwarz van Berk, einer der wenigen NS-Journalisten, die Goebbels für professionell fähig hielt, schrieb im *Angriff:*

> Italienische Journalisten haben das Temperament ihres Landes, auch wenn sie in der barbarischen Verbannung des nördlichen Berlin leben müssen, und eine südliche Plötzlichkeit, die auch der Faschismus nicht dämpfen kann, wenngleich er seine Presse am Zügel hält. Das fällt uns in kühlerem Klima natürlich auf. […] Wie sollte man sonst begreifen, daß »Messagero« und »Lavoro Fascista« eine Doublette gegen unsere Wotans-Barbarei auflegen und an unserer Kultur keinen Geschmack finden? […] Die Nationalsozialisten als Urheiden drehen das christliche Gewissen Europas auf dem Spieß. Die Nationalsozialisten verjagen die Juden, während der Faschismus sie, wenn sie nach Palästina wollen,

durch den Triester Lloyd auf seinen Dampfern mit einer koscheren Schiffsküche hilfreich hinübergeleitet.

1935 verlief eine Begegnung von Goebbels mit Bojano, der zusammen mit dem US-Korrespondenten Louis P. Lochner geladen war, ziemlich frostig: »Auslandsjournalisten. Lochner und Bojano. Der Italiener eiskalt. Ich nicht minder. Diese ›Altrömer‹ verzeihen uns nie, daß wir ihnen in der Welt den Rang abgelaufen haben«, notierte der Propagandaminister im Tagebuch.

Hitler aber brauchte Mussolini noch, vor allem für eines seiner Zentralprojekte: die Heimholung Österreichs ins neue Deutsche Reich. Es ist indes signifikant, dass es nach dem eingangs zitierten Kurzinterview Bojanos mit Hitler in Wien keine weiteren publizierten Gespräche des deutschen »Führers« mit italienischen Journalisten mehr geben sollte (abgesehen von einer Kurzmeldung der offiziösen Agenzia Stefani). Und Bojano hatte recht, wenn er in seinem »Stechschritt«-Buch vermerkte, dass seine Wahl zum Vorsitzenden des Vereins der Ausländischen Presse in Deutschland (VAP) 1938/39 kein geeigneter »faschistischer« Schutzschild für diesen noblen Kreis mehr war.

Zum Thema Hitler-Interview bemerkte Bojano:

> Jedem ausländischen Korrespondenten, der in jenen Jahren in Deutschland war, wurde als berufliches Hauptziel ein Treffen mit Adolf Hitler aufgetragen. Hitler galt als der interessanteste Mensch in ganz Deutschland. Das Echo seiner aktuellsten Hetztirade gegen das politische System hallte durch das ganze Land und weit über die Grenzen hinaus. Sein Buch *Mein Kampf* war überall Diskussionsthema. Hitler war eine Berühmtheit, lange ehe er die Mehrheit hinter sich hatte.

Bojano hatte sein erstes Hitler-Interview, nach längerem Warten, anlässlich der Reichspräsidentenwahlen im Frühjahr 1932 bekommen; er berichtete auch faktengetreu darüber, dass das SPD-Parteiblatt

Vorwärts getitelt habe: »Arbeiter, wählt Hindenburg!« – und dass Hitler überhaupt erst seit seiner kuriosen Ernennung zum Regierungsrat an der Braunschweiger Gesandtschaft in Berlin am 25. Februar 1932 hatte kandidieren können. 1944 erinnerte sich der *Popolo-d'Italia*-Vertreter an das Gespräch so:

> Eines Tages bekam ich endlich das Interview im Berliner Kaiserhof, auf das ich so lange gewartet hatte. Der Nazi-Führer sagte ziemlich wenig und offensichtlich widerstrebte es ihm, über Mussolini und Faschismus zu reden. [...] Er machte sich lustig über die Anschuldigung, er habe die Anfänge seiner Nazi-Bewegung mit Hilfe von Mussolini finanziert – eine Anschuldigung, die sich als haltlos erweisen sollte. Er wies mich aber darauf hin, dass Italien das letzte Land war, in dem *Mein Kampf* veröffentlicht worden war.

Bojano wurde von Hitler und dessen Beratern häufiger im Flugzeug und in Autos auf Wahlkampftouren mitgenommen. Putzi Hanfstaengl habe allerdings deutlich gemacht, dass sich Hitler weder besonders für Italien an sich interessierte noch überhaupt irgendeine Kenntnis über dieses Land besitze. Neben seiner Tätigkeit als Journalist wurde Bojano von Mussolini beauftragt, Berichte aus Berlin über die Entwicklungen in Deutschland zu schreiben: »Die Berichte musste ich ihm persönlich schicken und ausschließlich über *Popolo d'Italia.* Die Übermittlung dieser Berichte durfte nur über das Büro der Zeitung erfolgen.«

Mussolini hatte Hitler zunächst nicht recht ernst genommen, besonders nach dem misslungenen Hitler-Ludendorff-Coup von 1923. Er war der originäre *»Duce«*, Hitler war seine Karikatur, ein unbeholfener Nachäffer, ein provinzieller Österreicher und Bayer. Er hatte es mit seinem »Marsch auf Rom« 1922 bereits im ersten Anlauf geschafft, war vom italienischen König zum Ministerpräsidenten ernannt worden und nicht schmählich im Gefängnis gelandet. Und er hatte, jedenfalls in der Aufbauphase des Faschismus, Intellektuelle, Künstler und Visionäre bei sich, wie den Dichter und Inspirator Gabriele d'Annunzio oder den Futuristen Filippo Marinetti, nicht obskure Figuren wie Dietrich Eckart oder Alfred Rosenberg. Schließlich: Mussolini, wenngleich Rassist, hatte intellektuell-jüdische Geliebte wie Angelica Balabanova oder Margherita Sarfatti; der virile Poseur Mussolini nahm Hitler auch als Mann nicht ernst. Hitler-Fotos mit nacktem Oberkörper bei der »Ernteschlacht«, wie sie Mussolini gern von sich verbreiten ließ, wären undenkbar gewesen.

In seinem Buch »Technik des Staatsstreichs« schrieb Curzio Malaparte, geboren 1898 als Curt Erich Suckert, 1931 über Hitler, »dieser feiste und hochmütige Österreicher mit harten und mißtrauischen Augen« habe in Mussolini »nur eine Art Cäsar im Frack und Zylinder« gesehen, »der zuviel Nietzsche und Barrès gelesen hat, der sich für die Ideen Fords und für das Taylorsystem interessiert und sich für eine industrielle, politische moralische Standardisierung« einsetze. Hitler wolle Mussolini nachahmen, »aber wie ein Mann des Nordens, ein Deutscher, glaubt, einen Mann des Südens, einen Lateiner nachzuahmen«. Das war zwar der reine Stil des späteren Erfolgsautors Malaparte (»Kaputt«, »Die Haut«), hätte aber genauso gut von Mussolini selbst sein können. Malaparte, der frühe und später abtrünnige Faschist, wunderte sich, dass das Klima der Weimarer Republik so günstig sein sollte für ein »Zerrbild Mussolinis«, das sogar das italienische Volk erheitern würde. Und korrekterweise sagte Malaparte damals voraus – und er war später sehr stolz auf diese Prognose –, dass Hitler, wenn überhaupt, auf »legalem« Wege die Macht in Deutschland übernehmen werde, nicht durch einen Staatsstreich. Mussolini ließ den unberechenbaren Malaparte 1933 auf die Insel Lipari verbannen, zehn Jahre später, nach seinem eigenen Sturz, würde er, wie dann auch seine Tochter Edda, selbst auf abgelegenen Inseln landen.[108]

Hitler wiederum hängte sich wie eine Klette an Mussolini, erbat signierte Porträts von ihm, schickte Emissäre wie Lüdecke nach Rom (dann übernahm Hermann Göring, 1924 in einer wenig thematisierten Episode via Österreich nach Italien geflüchtet), lobte ihn über den grünen Klee – musste aber bis 1934 warten, ehe ihn der »Duce« endlich einmal persönlich empfing, in Venedig. Hanfstaengl hielt sich zugute, dass er dieses Treffen – damals schon ein Staatsbesuch – vermittelt hatte. Hitler trat mit zerknautschtem Filzhut und Trenchcoat auf, der Duce in vollem Ornat – der deutsche »Führer« sollte diese häufig reproduzierte Erniedrigungs-Ikonografie niemals vergessen. Mussolini nach dem Hitler-Besuch in Venedig zu Bojano: »Hitler ist einfach ein wirrköpfiger Narr. Sein Kopf steckt voll von philosophischen und politischen Redensarten, die überhaupt nicht zueinander passen. Ich kann nicht aus ihm herausbekommen, weshalb er mit der Machtübernahme so lange wartete, und warum er den Possenreißer und Witzbold spielte, mit seinen lächerlichen Wahlkämpfen, um auf legalem Wege an die Regierung zu kommen. Entweder er ist ein Revolutionär oder er ist es nicht.«

Und Propaganda- und Außenminister Galeazzo Ciano, Schwiegersohn Mussolinis, sagte damals angeblich in der Bar des Hotels Danieli zu seinem Freund Orio Vergani über Hitlers außenpolitische Vorstellungen:

> Er sagt, Europa müsse man überrumpeln, jetzt, wo es in keiner Weise auf einen Krieg vorbereitet ist. Er würde zum Beispiel gern in Frankreich einmarschieren. Wenn wir ihm dabei helfen, glaubt er fest, dass das in vierundzwanzig Stunden zu schaffen ist. Es reiche, wenn wir ihm garantierten, stillzuhalten. Anscheinend verfügt er, über ich weiß nicht wie viele, Kraftradfahrer mit Maschinengewehren. In weniger als acht Stunden könnten sie die Rheinbrücken passiert haben und ohne vorherige Kriegserklärung in Paris und in größeren Städten Frankreichs sein.

Goebbels schrieb am 26. September 1937, während des pompös aufgezogenen Staatsbesuchs des »Duce« in Berlin, in sein Tagebuch:

[Mussolini] scharf gegen England, das er hasst. Vor allem wegen seiner Heuchelei. Die Presse in London und Paris findet er verächtlich. Er hat mich gerne als Journalisten. Das ist er nämlich auch selbst geblieben. Amerika findet er ganz kulturlos. Seine Kunst ist von Europa ausgeliehen. Über den Film gibt er sehr klare und sehr kritische Urteile ab. Aber ist im Grunde ein Künstler. Das müssen wir Staatsmänner immer sein, sagt er. Ein Sohn von ihm gründet eine Filmgesellschaft. Und den anderen schickt er nach Spanien, sagt er. Ein Mann! [...] Zu Frauen hat er starke innere Beziehungen. Aber nur, wenn sie schön sind! Die Presse schätzt er nicht. Von der Pressefreiheit hält er gar nichts. Am [NS-Blatt, L. H.] Angriff hat er einen Narren gefressen. Er fragt mich immer wieder danach. Dann verabschiedet er sich sehr herzlich. Man muss ihn richtig liebhaben.

Am 27. Dezember 1940 dekretierte Goebbels seiner »Promi«-Ministerkonferenz, dass »vom Propagandaministerium eine Welle der Achsenfreundschaft« auszugehen habe. Diese Haltung sei nicht nur den Italienern, »sondern ebenfalls den führenden politischen und wirtschaftlichen deutschen Kreisen gegenüber« einzunehmen. Es sei ein alter deutscher Fehler, die Außenpolitik von Ressentiments beherrschen zu lassen. Goebbels: »Hiergegen muss mit aller Schärfe angegangen werden. Wir können nur gemeinsam siegen oder gemeinsam untergehen.« Allerdings hieß es in der Konferenz vom 21. März 1941 dann wieder, es sei nicht opportun, die Werke Mussolinis in deutscher Sprache herauszugeben,[109] da eine Reihe von Reden aus dem Ersten Weltkrieg »und auch noch eine Rede aus dem Jahr 1934 starke antideutsche Tendenz« hätten.

1940 hatte sich auch Filippo Bojano brav von Goebbels verabschiedet, in dem Refugium des Propagandaministers am Bogensee nördlich von Berlin. Er hatte seinen Berliner Nachfolger Roberto Suster und auch gleich den Präsidenten und Mitbesitzer der Agenzia Stefani, Senator Manlio Morgagni, mitgebracht – der sich dann 1943 umbringen sollte, weil er den Sturz seines Idols Mussolini nicht verkraften konnte. Bojano ging in die Sowjetunion, wo es für den Korrespondenten einer faschistischen Nachrichtenagentur auch nicht gerade gemütlich war. Am Schluss des Krieges finden wir Bojano in Schweden, dort ging es journalistisch eher harmlos zu.

Historiker und Publizisten waren nach 1945 von der konkreten und spektakulären Machtumkehr im Verhältnis zwischen Hitler und Mussolini fasziniert – symbolpolitisch schon dadurch exerziert, dass Hitler nach dem Sturz des »Duce« 1943 auf der Hinrichtung von dessen Schwiegersohn Galeazzo Ciano bestand. Allerdings krümmte Mussolini, trotz flehentlicher Bitten seiner Tochter Edda, auch keine Hand mehr für Ciano, der für seine Entmachtung gestimmt hatte.[110] Damals war dem einstigen »Duce« von Hitler, Ribbentrop und einigen höheren SS-Strategen noch ein Pseudo-Refugium am Gardasee zugestanden worden, die sogenannte Republik von Salò, offiziell »Repubblica Sociale Italiana« (der ehemalige Duce ist bis heute Ehrenbürger in Salò[111]). Mussolini hatte in seiner Villa am Gardasee (heute wieder das Luxushotel »Villa Feltrinelli«, an einem nahe gelegenen Ufer war die »Villa Fiordalisa« seiner Geliebten Clara Petacci, heute auch ein Nobelhotel) nun zwei Bewachungen: seine eigene und hochgewachsene Männer der SS – eine größere Demütigung konnte es nicht geben.

Die erste dokumentierte Begegnung von Hitler mit einem italienischen Journalisten, im März 1923, ging ziemlich schief. Bei dem Interviewer handelte es sich allerdings auch um Giulio De Benedetti (1890–1978), den ein Memorial seines langjährigen Stammblatts *La Stampa* aus dem Jahr 2018 als »unerbittliches und eitles Genie« *(»genio spietato e vanitoso«)* beschrieb. De Benedetti war schon als Zwanzigjähriger zu *La Stampa* in Turin gestoßen und amtierte dort wieder von 1948 bis 1968 als Chefredakteur. 1919 war er zur ebenfalls in Turin ansässigen *Gazzetta del Popolo* gewechselt, seit 1927 dort leitender Redakteur, dann aber wegen mangelnder Regimetreue entlassen. Er war jüdischer Abstammung, überlebte auch beruflich die antisemitischen italienischen

Rassengesetze dank der Protektion durch den faschistischen Senator Giovanni Agnelli aus der extrem einflussreichen Fiat-Industriellendynastie; im September 1943 flüchtete De Benedetti vor den Deutschen in die Schweiz.

Das Interview ist, wie fast alle frühen Hitler-Begegnungen mit Publizisten, als Story aufgebaut – zumal es sich hier um einen Zufallstreffer handelte, wenn wir De Benedetti glauben. Er hatte in München die Redaktion des *Völkischen Beobachters* besucht, dann sei plötzlich und unerwartet »Adolfo Hitler« persönlich aufgetaucht. Zuvor hatte der Italiener im *VB* mit einer »Bande exaltierter Leute (Gesichter von Neurotikern und Kokainsüchtigen, die mich ein wenig an die Moskauer Tschekisten erinnerten)« diskutiert – die auch »über die beste Art der Tötung aller Juden und Sozialisten« geredet hätten.[112] Hitler selbst sei ein Mann, der drei oder vier Stunden sprechen könne, »mit einer Stimme wie ein Maschinengewehr im Einsatz«, vor einem Publikum von »Fanatikern« in den großen Biersälen von München. Von Angesicht zu Angesicht und bei Tageslicht sei der Eindruck weniger imposant: »gewöhnliches, uninteressantes Gesicht«, »gedrungene Gestalt«, »vorgetäuschte Eleganz«, kurz: »ein kleiner Diktator«, nicht mehr.

Auf die Bitte, das Programm der NSDAP knapp zu skizzieren, habe Hitler sich weitgehend mit Mussolinis faschistischem Programm identifiziert; er sei allerdings enttäuscht, dass der Duce bislang nicht die zentrale Gefahr des internationalen Judentums erkannt habe: »Wir sind überzeugt, dass die Befreiung des deutschen Volkes nicht erreicht werden kann, wenn nicht zuerst der Sozialismus und die jüdische Idee zerstört werden. Wie kann man ein Gebäude bauen, wenn man nicht zuerst das Fundament legt? Jetzt sind die Fundamente unserer Befreiung die nationale Einheit, die Reinheit der Rasse, die Abschaffung des demokratischen Regimes.« Immerhin gab Hitler auf Nachfragen an, dass zwar der »Kampf gegen Frankreich« zur Zeit von der Berliner Regierung in einer »beschämend schwachen Form« geführt werde, der bewaffnete Kampf gegen die Franzosen zur Zeit mangels militärischer

Der Mann mit der auffälligen Frisur, Giulio De Benedetti (1890–1978), hatte 1910 als Stenograf bei dem Turiner Blatt »La Stampa« angefangen; für die gleichfalls in Turin erscheinende »Gazzetta del Popolo« interviewte er Hitler 1923 vor dem Münchener Putsch. De Benedetti, der als Jude auch in Italien ab 1938 nur noch unter Pseudonym veröffentlichen konnte, garnierte seinen Bericht über das Gespräch mit ironischen Anmerkungen über den Mussolini-Imitator Hitler. Nach 1945 amtierte De Benedetti über mehrere Jahrzehnte als Chefredakteur bzw. Direktor von »La Stampa«.

Mittel aber auch nicht die Aufgabe seiner Bewegung sein könne. Benedetti: »Aus Gründen der Menschlichkeit ist es gut, dass dies so ist. Ich meine nicht, dass Sie, Herr Hitler, der Regierung in Paris den Kampf erklären, aber es scheint mir zu einfach zu sein, dass eine bewaffnete nationalistische Partei einfach in den Straßen von München aufmarschiert und Frankreich den gnadenlosen Krieg erklärt, sich aber damit begnügt, mit Polizeischutz ein paar Sozialisten und ein paar Juden zu verprügeln …«.

Hitler habe ihm, Benedetti, noch einen zweiten Termin in der Corneliusstraße, »im Hauptquartier seiner bewaffneten Organisation«, versprochen, dazu sei es jedoch nicht gekommen. De Benedetti sprach aber mit einigen Kombattanten der NS-Paramilitärs: »Als sie erfuhren, dass ich Italiener war, verlangte jemand ein Portrait des ehrenwerten Mussolini, einige andere gaben sich mit Zigaretten zufrieden, mehrere gestanden mir, dass sie arbeitslos seien und irgendeine Beschäftigung suchten.« Mitunter sei der Name »Lüdendorf« (sic) erwähnt worden.

De Benedettis Wiedergabe seiner Hitler-Begegnung ist etwas enigmatisch, aber sicher ist, dass der jüdische italienische Journalist mit Hitlers besessenem Kampf gegen die *ebrei* wenig anfangen konnte, und auch Mussolini, dem der Text (publiziert in *Il Popolo d'Italia* unter dem Titel »Adolfo Hitler der ›Faschist‹«, am 28. 3. 1923) sicherlich zur Kenntnis kam, wird sich eher amüsiert haben, im Sinne von De Benedettis Conclusio: »Er [Hitler] scheint mir kein allzu gefährlicher Diktator zu sein.«

De Benedetti hatte versucht, seinem Hitler-Text einen explizit ironischen und herablassenden Tonfall zu geben; das änderte sich immerhin ein halbes Jahr später, als mit Dottore Leo Negrelli (1894–1974) der nächste italienische Interviewer nach München kam, für den kurzlebigen *Corriere Italiano* (Rom). Negrelli war der dogmatischere Faschist und brachte es konsequenterweise noch bis zum Presseattaché im letzten Mussolini-Refugium Salò; schließlich emigrierte er 1945 nach Franco-Spanien, wo er wieder im Zirkel rechtsradikaler Gruppierungen wirkte – so traf er im Juni 1949 in Madrid den britischen Ex-Faschistenführer Oswald Mosley.

Der Kontakt zu Hitler war über Lüdecke hergestellt worden, der sich so erinnerte:

> Ich besaß hervorragende Kontakte zur Idea Nazionale und anderen profaschistischen Zeitungen. Die Redakteure des Corriere d'Italia (sic), damals halboffizielles Regierungsorgan, waren besonders entgegenkommend. Wie ich ihnen nahegelegt hatte, entsendeten sie einen akkreditierten Korrespondenten nach München, einen Dr. Leo Negrelli, der bereits in Budapest gewesen war. Dank meiner Empfehlungsschreiben erhielt er Interviews mit Hitler und Ludendorff, die auf der Titelseite der Zeitung erschienen. [Die] Partei in München behandelte ihn fürstlich, was sich auszahlte.

Das sozialistische Organ *Avanti,* dessen Chefredakteur Mussolini einmal gewesen war, widmete Emissär Lüdecke allerdings die Überschrift: »*Il Signor Ludecke – L'Anima Damnata di Hitler*« (»Der Herr Lüdecke – die verdorbene Seele Hitlers«).

Das Negrelli-Interview mit Hitler erschien am 16. Oktober 1923 unter der Überschrift »*La giovane Germania prepara la riscossa*« – in etwa: »Das junge Deutschland bereitet das Comeback vor«. Die Unterzeile »I rapporti italo-tedeschi circa l'Alto Adige« weist auf einen zentralen Punkt in den Hitler-Mussolini-Beziehungen hin, der in vielen Interviews italienischer Journalisten mit Hitler wiederkehren sollte – den Status von Südtirol, das nach dem Vertrag von Saint-Germain ab 1919 endgültig zu Italien gehörte.[113] Das Schicksal der deutschstämmigen Sprachmehrheit in Südtirol war stetes Thema bei deutschen und österreichischen Nationalisten, und gemäß seiner »Heim-ins-Reich«-Ideologie hätte Hitler eigentlich Südtirol für den deutsch-österreichischen Machtraum reklamieren müssen. Dass er dieses nicht tat, wurde ihm von allen Seiten vorgehalten – von Sozialdemokraten (»Verräter«) bis zur Strasser-Fraktion in der eigenen Partei, inklusive Goebbels. Dem »Führer« war indes die Annäherung an den Mussolini-Faschismus wichtiger, aber schnell kamen Gerüchte auf, er habe die Südtiroler für Geldzahlungen aus Rom aufgegeben. So nutzte Hitler das Negrelli-Interview, um die Bedeutung des Südtirol-Problems herunterzuspielen:

> Ich bin in einem verzweifelten Kampf, um verständlich zu machen, dass zwischen Italien und Deutschland die Frage des Alto Adige (Negrelli: »tatsächlich sagt er Südtirol«) überhaupt nicht ein Element der Zwietracht zwischen den beiden Ländern darstellt. Ich lasse mich insbesondere nicht von der Wiener Presse, einer Presse, die nicht die deutschen Interessen repräsentiert, zu einer Kampagne gegen Italien in dieser Frage verleiten. Ich protestiere auch dagegen, wenn sie den Anschein erwecken wollen, dass die Frage des Alto Adige wichtiger ist als die von Elsaß-Lothringen oder Oberschlesien. Es gibt 17 Millionen Deutsche außerhalb der deutschen Grenzen – und da sollen wir uns nun ausgerechnet besonders um die 180.000 sorgen, die heute unter Italien sind? Als Nationalist, wenn ich mich in die italienische Sicht hineinversetze, halte ich voll und ganz den italienischen Anspruch für gerechtfertigt, diese strategische Grenze [auf dem Alpenhauptkamm] zu haben. Als Deutscher versichere ich, dass eine leichte Meinungsverschiedenheit wie diese in keiner Weise die Beziehungen zwischen diesen beiden Völkern kompromittieren kann. Wir müssen bedenken, dass über die 10 Millionen Deutschen, die in Russland leben, niemand spricht. Und doch sind auch das Deutsche.

Außerdem ging es im Negrelli-Interview einmal mehr um die Juden:

> Die jüdische Frage ist für den deutschen Staat eine Existenzfrage. In unserem Land spielt sich ein für die ganze Welt interessanter Kampf ab. Hier wird die entscheidende Schlacht für Europa stattfinden, so wie vor drei Jahrhunderten die Kämpfe in Ungarn gegen

> die Türken für ganz Europa wichtig waren. Es handelt sich um den Kampf des jüdisch-marxistischen Prinzips gegen das Prinzip der Nationalitäten. Wenn der Bolschewismus sich Deutschlands ermächtigt, wird er sich in ganz Europa ausbreiten und auch ihr Italiener würdet ihn an den Grenzen haben. Von Wladiwostok bis zum Rhein hätte man dann ein einziges jüdisches Reich.

Es gebe, so Hitler zu Negrelli, »zwei Möglichkeiten für ein künftiges Europa: entweder ein System freier Nationalstaaten oder ein System der Staaten unter der Diktatur Moskaus und des jüdischen Kapitals«. Die Juden hätten eine besondere Fähigkeit zur Mimikry; sie arbeiteten wenig und widmeten sich Spekulationsgeschäften, außerdem brächten sie die deutschen Christen vom rechten Weg ab. Negrelli traf Hitler am 19. Oktober bei einer SA-Versammlung noch einmal, wobei der NS-Führer versicherte, seine Bewegung wolle mit Italien in herzlicher Verbindung *(»amicizia cordiale«)* bleiben, zumal über Jahrhunderte viele Deutsche nach Italien gereist und sogar dort begraben seien. Sein politisches Denken sei allerdings gen Norden, Richtung Bremen und Hamburg, gerichtet und nicht Richtung Adria. Und Straßburg am Rhein sei für die deutschen Gefühle wichtiger als Bozen oder Meran.

Der gebürtige Triestiner Negrelli wurde 1924/25 Verbindungsmann zu Hermann Göring in Italien und 1926 Chefredakteur der deutschsprachigen *Alpenzeitung* in Bozen, mit der wiederum die Faschisierung Südtirols vorangetrieben werden sollte.

Als letzter italienischer Publizist vor dem Novemberputsch kam der bekannte »Irredentist« Gustavo Traglia Ende Oktober für das römische Blatt *L'Epoca* in die bayerische Hauptstadt, wo er feststellte, die paramilitärischen NS-Kombattanten seien dort bereits *»eine echte Armee«* und würden von der Bevölkerung überall mit großer Begeisterung begrüßt. Hitler versicherte einmal mehr seine Bewunderung für den »ehrenwerten Mussolini« und spielte die Bedeutung der Südtirol-Frage erneut herunter; auch das Problem einer möglichen Wiedererrichtung der Monarchie stelle sich in Deutschland vor einer grundsätzlichen

Staatsreform nicht. Traglia, der für diverse Blätter unter anderem in Paris, Albanien und Abessinien gearbeitet hatte (und auch den ganzen faschistischen Weg von Fiume bis Salò mitgehen sollte), schrieb in *L'Epoca,* es sei evident, dass die Autorität des Reichs schon jetzt in Bayern *»nur auf dem Papier bestehe«*. 1940 finden wir ihn bei den »Gruppi d'Azioni Nizzarda« wieder, also jenen Irredentisten, die unter Berufung auf Garibaldi die Restitution von Nizza ins neue italienische Großreich forderten.[114] Dazu sollte es bekanntlich nicht kommen, auch weil Hitler ein Interesse daran hatte, die Côte d'Azur bei Pétains Vichy-Regime zu belassen.

Nach seiner Inhaftierung in Landsberg war Hitler zunächst einmal für Jahre auch aus dem italienischen außenpolitischen Spiel heraus; Mussolini und seine *Gerarchi* konzentrierten sich nach der »Matteotti-Krise« ohnehin zunächst darauf, einen totalitären faschistischen Staat (mit weitreichenden kolonialen Bestrebungen) aufzubauen. Das italienisch-savoyische Königshaus blieb unangetastet; schließlich hatte Vittorio Emanuele III. Mussolini 1922 überhaupt erst zum Amt des Ministerpräsidenten verholfen, in welchem dieser noch eine gewisse Zeit mit dem konservativ-aristokratischen Establishment kooperieren musste. Im Zuge der vollständigen Faschisierung wurde schrittweise Mitte der 1920er-Jahre auch die italienische Presse gleichgeschaltet, mit einer Eingemeindung der Journalistenverbände, zentraler Berufsliste und einer neuen Presseschule. Zur Gründung eines umfassenden Ministerio della Cultura Populare, allgemein unter der Abkürzung »Minculpop« bekannt, sollte es hingegen erst 1935 kommen; hier hatte sich Galeazzo Ciano die Aufbauleistung von Goebbels zum Vorbild genommen – die institutionellen Kopierverhältnisse zwischen Faschismus und Nationalsozialismus kehrten sich um.

Hitler als Führerpersönlichkeit wurde für italienische Korrespondenten erst wieder interessant – wie für die internationale Presse generell –, als die NSDAP nach den Reichstagswahlen 1930 spektakulär mit 107 Abgeordneten in das deutsche Parlament eingezogen war. Pietro

Solari (1885–1955) führte für die *Gazzetta del Popolo* 1930/31 zwei Interviews mit Hitler. Nach 1945 schaffte Solari eine ähnliche Karrierekonversion wie Filippo Bojano: Er wurde wieder Deutschlandkorrespondent, diesmal in Bonn für den demokratisch gewendeten *Corriere della Sera.* Hitler wiederum machte in den Interviews einfach da weiter, wo er 1923 zwangsweise hatte aufhören müssen, ließ speziell für seine Gesprächspartner Mussolini-Büsten im Braunen Haus aufstellen. Ende September 1930 betonte er sein Desinteresse an Südtirol und nun auch noch mehr den Gegensatz zwischen dem bürgerlich verwahrlosten und demografisch entkräfteten Frankreich und einem starken Italien:

> Wir bewundern Italien als große Nation, die dank des Faschismus wiederauferstanden und zu dem Platz emporgestiegen ist, der ihr in Europa und in der Welt gebührt: die erste unter den lateinischen Nationen. Frankreich möchte ein demütiges, von Paris abhängiges Italien; vor lauter Stolz kann es nicht zugeben, daß Italien ihm den Primat unter den lateinischen Nationen weggenommen hat. Übrigens ist das keine Frage des Stolzes, sondern der Fakten: auf der einen Seite ein bei 37 Millionen Einwohnern stagnierendes Frankreich, auf der anderen ein fruchtbares Italien mit 42 Millionen Staatsbürgern, die in der Welt verstreut sind. Wenn wir die Lage Italiens und seiner Bevölkerungsentwicklung im Verhältnis zu seinem Raum betrachten, finden wir viele Ähnlichkeiten mit Deutschland.

Hitler operierte nun im Kampf für die Revision der Bedingungen von »Versailles« – er spreche nur von »Tributen«, niemals von »Reparationen«, notierte Solari – nun stärker mit Zahlen: Die Höhe der Tribute belaufe sich

> insgesamt auf 764 Milliarden, eine absurde und irrsinnige Summe. Aber damit man uns nicht bösen Willen vorwirft, wollen wir nicht vorgreifen, sondern uns an die Zahlen halten: Tatsache ist, daß

> Deutschland, das in zehn Jahren Milliarden bezahlt hat, um den Rest zu zahlen, das Jahr des Heils 1988 erreichen muß. Wie hat das Reich in den letzten zehn Jahren die Tributzahlungen aufgebracht? Ausschließlich durch Auslandskredite. […]
>
> Wen wundert es, daß Deutschland nach zehn Jahren ausgezehrt ist? Es bedarf keiner großen Wissenschaft, um zu begreifen, daß ein Wirtschaftsorganismus, wie ein menschlicher Körper, eine bestimmte Fähigkeit hat, einen Aderlaß zu verkraften, die man nicht überfordern darf. Die Folgen seht ihr: die Arbeitslosigkeit. Am Herbstanfang liegt, den amtlichen Zahlen zufolge, die Arbeitslosigkeit im gesamten Reich bei drei Millionen. In Wirklichkeit sind es sechs Millionen.

Bei einem Interview mit Gino Cucchetti von *Il Popolo d'Italia* im Frühjahr 1931 gab sich der NS-Führer nun ganz als rassenbewusster europapolitischer Stratege, aber auch als geläuterter Legalist. Cucchetti:

> »Ich will Euch daran erinnern«, sagt mir Hitler, während er mir genau in die Augen schaut, »daß ich mich von Anfang an […] für eine Annäherung an Italien ausgesprochen habe und für eine Verständigung mit England. Ich war und bin heute noch davon überzeugt, daß nur ein englisch-italienisch-deutscher Block den Frieden und die europäische Zivilisation vor der Zersetzung durch ein mehr und mehr mit schwarzem Blut durchmischtes Frankreich auf der einen Seite und vom Alptraum des asiatischen Bolschewismus auf der anderen retten kann. Frankreich kann heute wegen des beeindruckenden demografischen Rückgangs, der diese Nation plagt, und wegen der – im Grunde verständlichen – Tendenz zur Bildung eines Blocks von hundert Millionen Franko-Negern, die sie höchstens zu einer afrikanischen Macht reduzieren kann, […] heute nicht mehr nach der einstigen Vormachtrolle im Westen streben.«

»Ich merke, daß Hitlers Stimme zum ersten Mal zittert«, dramatisierte Cucchetti bei der Interviewwiedergabe für den Druck; er zitierte Hitler so:

> Der Wahlerfolg vom 14. September des vergangenen Jahres [...] zeigt, daß der Triumph auch über den legalen Weg gesichert ist. Aber das beste Indiz für diesen Triumph ist der großartige Anblick, den die Jugend bietet: Sie ist ganz mit uns, für uns und widmet sich tagtäglich und auf tausend Weisen unserer Sache. Fast sechzigtausend Jugendliche der deutschen Universitäten haben an den letzten Wahlen teilgenommen. Nie zuvor hat man ähnliches erlebt. Deutschland kann seiner Zukunft sicher sein. Die Jugend folgt immer demjenigen, der die Zukunft in der Hand hat![115]

Bei einem weiteren Interview mit Solari, geführt am 6. Dezember 1931, machte Hitler, strategisch nicht ungeschickt, einen kalkulierten Unterschied zwischen dem *Zentrum* als bürgerlicher Partei und der katholischen Kirche im Allgemeinen: »Der deutsche Nationalsozialismus ist gezwungen, das katholische Zentrum genau so zu bekämpfen, wie der italienische Faschismus sich von den Popolari befreien musste. [...] Der Nationalsozialismus bekämpft nicht die katholische Kirche. Wir sind keine religiöse, sondern eine politische Bewegung. Wenn der Katholizismus sich auf politischen Gebiet mit dem Zentrum identifiziert, so ist das nicht unsere Schuld.«

Und überhaupt: »Im nächsten Frühling sind die Wahlen für den preußischen Landtag. Der nationalsozialistische Sieg wird erdrückend sein. Wir werden das Zentrum und die Sozialdemokraten hinwegfegen und dem Nationalsozialismus die Macht im größten und wichtigsten Land des Reiches erobern.« Manches sollte auch besser nicht publiziert werden. Solari: »Hitler macht zu diesem Punkt eine Zwischenbemerkung und bittet, die Antwort auf diese Frage nicht zu veröffentlichen. Ich gebe ihm darauf mein Wort, und der Chef der Nationalsozialisten verabschiedet mich mit einem zackigen römischen Gruß und einem herzlichen Händedruck und bemerkt dabei: ›Die italienische Presse hat sich immer äußerst loyal und korrekt verhalten.‹«

Interessanterweise gingen die faschistischen Journalisten immer noch vom »römischen Gruß« aus und nicht vom »Hitlergruß« – die Dominanzverhältnisse schienen klar. In der bürgerlich-demokratischen Presse in Deutschland wurden Ende 1931 die italienischen Hitler-Interviews stärker beachtet: »Wieder ein Interview Hitlers« *(Danziger Allgemeine Zeitung),* »Die Nationalsozialisten als Fischfänger im Ausland« *(Augsburger Postzeitung)* oder im Zentrumsorgan *Germania:* »Hitlers Werben in Rom«.

Der Professorensohn und gelernte Rechtswissenschaftler Italo Zingarelli[116] (1891–1979) war bei seinem Hitler-Gespräch vom 31. Januar 1932 für *La Stampa* stärker geistesgeschichtlich interessiert und passte den NS-Führer bei seinem Besuch im Nietzsche-Haus in Weimar ab; Überschrift: *»Conversazione con Adolfo Hitler nella casa di Federico Nietzsche«.*[117] Das Interview begann dort mit einem längeren Gespräch mit der Nietzsche-Schwester Elisabeth (unter anderem mit einer Referenz auf das bekannte germanische Siedlungsprojekt des verstorbenen Elisabeth-Foerster-Nietzsche-Ehemanns in Paraguay), und es wurde dann offenbar im Hotel Elephant fortgesetzt:

> Hitler offenbarte ein absolutes Vertrauen in die Solidarität aller Deutschen und behauptete, daß, obwohl Deutschland unter dem Gesichtspunkt der staatlichen Gliederung jahrhundertelang unter Teilungen gelitten habe, dennoch das Gefühl der nationalen Einheit immer und überall stark geblieben sei, in Bayern wie in Thüringen, in Oldenburg, in Preußen wie in Westfalen. Er fügt hinzu, daß die französischen Spekulationen der Nachkriegszeit über den vermeintlichen deutschen Separatismus heute mehr denn je absurd seien: »Im Volk existieren solche Gefühle nicht. Was die religiöse Frage betrifft, werde ich daran erinnern, daß der Deutsche aus Westfalen, der den Ruf hat, am entschiedensten Deutscher zu sein, Katholik ist. Wenn ich im Norden spreche, beobachte ich bei

den Massen eine Begeisterung, die nicht geringer ist als im Süden. Ich würde sogar fast behaupten, daß diese Begeisterung in Holstein, an der äußersten nördlichen Grenze Deutschlands, am größten ist.«

Das war ausnahmsweise einmal durchaus korrekt: Nirgendwo in den deutschen Provinzen war die NS-Begeisterung so deutlich wie in Schleswig-Holstein – auch nach 1945.

Ein Hitler-Interview von Alfredo Stendardo, immer elegant gekleidet, unter anderem Sekretär des Auslands-*Fascio* in Berlin und Überwacher der dort befindlichen Italiener, für *Il Giornale d'Italia* im Februar 1932 stand schon im Zeichen der Reichspräsidentenwahlen jenes Jahres. Hitler, den Stendardo im Kaiserhof traf, hatte sich entschlossen, gegen den bisherigen Amtsinhaber Hindenburg anzutreten – im Sinne seines Legalitätskurses: »Die Person Hindenburgs ist heute ein Ausdruck dieses Systems [von Weimar, L. H.]. Wir werden sie bekämpfen, obwohl es uns persönlich sehr leid tut, den Feldmarschall, den wir als Feldherrn unserer Heere im Krieg verehren, in eine so unangenehme Lage getrieben zu sehen.«

Auch in einem »Kaiserhof-Gespräch« mit Carlo Scorza (1897–1988), faschistisches Schwergewicht und mehr Politiker als Journalist, betont der NS-Führer die Sinnhaftigkeit seiner »legalen« Strategie:

> Bei der einhelligen Zustimmung, die uns von allen Teilen Deutschlands entgegengebracht wird, hätten wir sofort auf der ganzen Linie siegen und mit einem Schlag unwiderrufliche Tatsachen schaffen können. Aber nachdem wir einmal den legalen Weg eingeschlagen haben, konnten wir nicht anders, als auf diesem Weg fortzuschreiten, der uns dazu zwingt, von jeglichen Terminen abzusehen. Zwei oder drei Monate haben für uns keinerlei Bedeutung mehr, da wir durch das ständige Wachsen unserer Anhängerschaft und die in der Tiefe und in die Breite gehende Ausbreitung unserer Ideen in den Volksmassen ruhig warten können.

Zudem entwickelte Hitler noch einmal seine Idee von einer Blockbildung zwischen Deutschland und Italien (»110 Millionen Menschen«, mit allen grundlegenden Tugenden wie »moralische Gesundheit, Opferbereitschaft und physische Stärke«). Diesem Block würden sich sicherlich Österreich, Ungarn, Bulgarien und vielleicht auch Rumänien, später auch »unweigerlich« England anschließen, das gar nichts anderes tun könne, als gemeinsame Sache zu machen, »denn unsere Widerstandskraft und unser Sieg gegen den Bolschewismus werden ihm Ruhe im Osten garantieren«. Das Interview sei, so Scorza, »wenn auch nicht stenografiert, unmittelbar nach Verlassen des Kaiserhofs durch Kamerad Renzetti und mich rekonstruiert« worden – ein Hinweis auf die zentrale Rolle, die in Berlin der schillernde faschistische Multifunktionär Giuseppe Renzetti (1891–1953) für die deutsch-italienischen Beziehungen inzwischen spielte.[118]

Kurz vor der Reichstagswahl vom November 1932 gewährte Hitler noch Remo Renato Petitto von *Il Tevere* ein Interview, diesmal im Braunen Haus in München. Der Monarchist Petitto, Spanienspezialist und Anhänger der dort längst entthronten Carlisten, notierte verwundert:

> Wie der Duce der Wiederbegründer *[restauratore]* der italienischen Rasse sein will, so will Hitler der Wiederbegründer der germanischen Rasse sein; die Bewegung der Braunhemden will sich nicht darauf beschränken, den Kampf im politischen Leben zu wagen, sondern will auch das ganze Volk aufwerten; es ist ein voller Erfolg: Millionen Wähler, hunderte Abgeordnete, Braunhemden in Regimentsstärke. Aber die Macht hat er noch von Papen überlassen. Warum? Es ist klar, dass die Braunhemden die Macht hatten und haben für einen »Marsch auf Berlin«. Und warum haben sie es nicht gemacht? Und was wollen sie mit den Wahlen im nächsten November erreichen? Es ist ein Geheimnis.

Das lag ganz auf der Mussolini-Linie, der Hitler ja für einen Zögerer und Kleinbürger hielt und schon geplante Hitler-Besuche in Italien

1931/32 aus realpolitischem Kalkül wieder absagen ließ. Tatschlich verloren die Nationalsozialisten bei den Reichstagswahlen im November 1932 beträchtlich an Stimmen; nur die Unterstützung durch völkisch-konservative Eliten um Franz von Papen (mit dem fatalen Konzept der »Einrahmung«) brachte Hitler letztlich an die Macht.

Nach der Wahl Hitlers zum Reichskanzler gab es, bis auf die kurzen Begegnungen mit Filippo Bojano in Wien 1938, im Prinzip gar keine Interviews mit italienischen Journalisten mehr – der deutsche »Führer« sollte nicht weiter aufgewertet werden. Die beiden totalitären Regime in Berlin und Rom widmeten sich nun einer Inszenierungs-Wettschlacht mit wechselseitigen, pompös aufgezogenen Staatsbesuchen sowie den üblichen Kontakten auf Botschafter- und Parteiebene oder durch geheimdiplomatisch agierende *intermediates,* signifikant dokumentiert durch die Rolle des bisexellen Aristokraten Landgraf Philipp von Hessen im Vorfeld der Vereinnahmung Österreichs 1938. Der Graf hatte 1925 Prinzessin Mafalda von Savoyen geheiratet, die Tochter des italienischen Königs, war 1930 in die NSDAP eingetreten und hatte es zum SA-Obergruppenführer und NS-Regierungspräsidenten von Hessen-Nassau gebracht. Nach dem Sturz Mussolinis kamen er, schon seit Längerem von Hitler nicht mehr gebraucht, und seine Ehefrau als »Sonderhäftlinge« in KZ-Haft; Prinzessin Mafalda starb im August 1944 bei einem alliierten Luftangriff auf Buchenwald, es war eben »Die brutale Freundschaft« – so hatte der britische Historiker Frederick W. Deakin sein Standardwerk über die deutsch-italienischen Beziehungen in faschistischen Zeiten genannt (1964). *Brutal* war nahezu alles, was von der »Achse« angerichtet wurde, eine Freundschaft gab es zu keinem Zeitpunkt, schon gar nicht zwischen Hitler und Mussolini. An der propagandistischen Oberfläche spiegelte Hitler perfekte Harmonie vor, so in einer Meldung der Agenzia Stefani nach dessen Rombesuch vom Mai 1938:

> Er hob die aufrichtige Freundschaft und Sympathie hervor, die ihm das italienische Volk überall entgegengebracht habe. Sie habe

ihn tief ergriffen. Außerdem lobt er die ausgezeichnete Organisation und die kulturelle Haltung von Heer, Marine und Luftwaffe. Er erwähnte den tiefen Eindruck, den die Stadt Rom auf ihn gemacht habe, und bedauerte, für die Besichtigung der großartigen Denkmäler nur wenig Zeit zur Verfügung gehabt zu haben. In herzlichen Worten gab er schließlich seiner Freude über das tiefe Verständnis zwischen den beiden Völkern, zwischen dem Nationalsozialismus und dem Faschismus, Ausdruck. Eine solche Freundschaft könne nicht künstlich geschaffen werden.

Die Gespräche mit den italienischen Journalisten hatten für den NS-Führer und Mussolini-Adepten Hitler strategische Relevanz, jedenfalls bis 1933. Dagegen fielen die Interviews mit Japanern, Spaniern oder Portugiesen kaum ins Gewicht; das waren Länder, die vielleicht einmal Bündnispartner werden könnten, aber Hitler kannte sich da mit den politischen Verhältnissen kaum aus, lediglich über Japan war er oberflächlich von Professor Karl Haushofer instruiert worden.

Anfang April 1923, kurz vor dem Putsch des Militärdiktators Primo de Riveira, kam der spanische Journalist Javier Bueno ins Haus des Ex-Admirals Waldemar von Vollerthun, wo sich auch Hitler einfinden sollte. Bueno publizierte unter dem Pseudonym »Antonio Azpeitua« in der konservativen Tageszeitung *ABC* (Madrid), das Blatt publizierte das Interview 2018 erneut. Bueno schilderte den »Führer des bayerischen Faschismus« so: »Hitler ist ungebildet und hat nie eine wissenschaftliche Bildung genossen, er kann Ideen nicht mit Hilfe abstrakter Begriffe beschreiben; deswegen nutzt er vereinfachende Beispiele, sucht Ähnlichkeiten, Vergleiche mit konkreten Dingen. Vielleicht liegt darin seine Kraft, die Massen zu beeindrucken. Er ist ohne den geringsten Zweifel davon überzeugt, dass er im Besitz der absoluten Wahrheit ist.«

Der Ex-Admiral im schwarzen Gehrock sei ein bekennender Monarchist, ein Feind der Republik und aller Männer, »die sie ehrlich oder aus opportunistischen Gründen verteidigen, egal welcher politischen Schattierung sie angehören«. Vollerthun hatte Hitler als eine

Art *mystery man* beschrieben, der oft unvermutet auftauche, manchmal aber auch nicht. Als Hitler dann tatsächlich kam, habe er misstrauisch und besorgt gewirkt. Buenos physische Beschreibung von Hitler: »Großer Kopf auf einem Stiernacken; kräftiger Unterkiefer, blaue Augen im geröteten Gesicht, die Begeisterung, Aggressivität, Gewalttätigkeit, Ehrgeiz und Selbstgewissheit ausstrahlen. Unter einer plebejischen Nase, deren Flügel sehr weit sind, der Schnurrbart, borstig wie Stacheln, durch die Rasur auf ein Minimum reduziert.« Hitler, so Bueno, sei obsessiv mit dem Problem der Finanzierung seiner Bewegung beschäftigt; er beklage, dass sich die Summen verspäteten, die ihm zugesagt worden seien, damit er Leute rekrutieren und diese bezahlen könne: »›So kann ich nicht weitermachen!‹, ruft er aus, in drohendem Befehlston, ›die Zeit rast, die Ereignisse überstürzen sich; ich brauche Geld, Geld, viel Geld …; wenn nicht …‹ Der Ex-Admiral versucht, seine Ungeduld zu dämpfen. ›Ja, Sie werden all das Geld bekommen, das Sie brauchen. Diese Herren werden verstehen, dass es dringend ist …‹«

Nachdem es unter Mühen gelungen sei, Hitler vom Thema Geld abzubringen, habe man über sein politisches Programm sprechen können. Dieses – unbedingter Antimarxismus, Kampf gegen die Bodenspekulation, Vorzensur bei Presse, Kino und sogar bei »femininen Moden« etc. – fand Bueno inkohärent und verwirrend. Der spanische Journalist hatte auch schon das 25-Punkte-Programm der NSDAP gelesen und sich in Sachen Hitler Rat bei »einem Deutschen von sehr subtilem und kultiviertem Geist« geholt, der gesagt habe: »Das gegenwärtige Verhalten von Hitler kann man so beschreiben: Es gibt einen sehr schwer Erkrankten, und während *todas las autoridades científicas* (all die wissenschaftlichen Autoritäten) ihn untersuchen und nach einem Genesungsplan suchen, stiefelt ein Pferdeknecht ins Zimmer des Patienten und ruft vom Balkon herunter: ›Er stirbt! Er atmet kaum noch! Er macht seine letzten Atemzüge!‹ Und das Geschrei und der Skandal können die letzten Energien des Kranken aufbrauchen.« Der schwer Erkrankte war in dieser Allegorie das vor allem psychisch lädierte Deutsche Reich nach der Niederlage von 1918.

Gegen Ende des Gesprächs sei »Pferdeknecht« Hitler aufgestanden – das Zimmer wirke zu klein für das Donnern seiner Worte und das Gefuchtel seiner Arme. Bueno: »Wir fürchten schon um das Geschirr, das auf dem Tisch steht, und befürchten, dass jeden Moment die alarmierte Nachbarschaft herbeieilen könnte. Sein Gesicht ist hochrot angelaufen, mit den Fäusten schlägt er auf unsichtbare Feinde ein, als sei dies der Moment, in dem er denjenigen, die sich gegen ihn stellen, den Krieg erklärt. Seine enormen Nasenflügel scheinen bereits das Blut zu riechen …«

Dann habe Hitler sich seine Pistole wieder umgehängt, »die er wie einen Stock oder einen Regenschirm an der Garderobe gelassen hatte«. Hitler bot Bueno anschließend generös an, ihn in seinem Auto mitzunehmen, wo immer er hinwolle: »Aber ich muss Sie warnen, dass es eine gewisse Gefahr bedeutet, an meiner Seite zu sein.« Bueno beendet seinen Artikel mit der Reflexion: »Welchen Einfluss hat dieser Mann und wo übt er ihn aus?« Nun, dass sollte ja ein paar Monate später beim Bierhallenputsch deutlich werden.

Dass die Anbahnungen und Formalitäten für Hitler-Interviews nach dessen Ernennung zum Reichskanzler komplexer und formeller wurden, vor allem durch potenzielle außenpolitische Rücksichtnahmen, kann man an dem Gesuch des japanischen Hitler-Bewunderers Dr. Okanouye alias Reiji Kuroda, Berliner Korrespondent der *Asahi*-Blätter, ablesen, der am 22. November 1934 den »Herrn Reichskanzler und Führer« direkt anschrieb. Kuroda verwies darauf, dass er Hitler bereits im Dezember 1931 im Braunen Haus interviewt (veröffentlicht am 3. Januar 1932) und 1932 ein Buch verfasst habe, das »die Hitler-Bewegung dem japanischen Leser sehr nahe brachte«. Einige kurze Minuten für ein Gespräch würden »mit Dankbarkeit genügen«, so Kuroda, »da die *Asahi* kurz vor der Saarabstimmung für das heutige Deutschland Verständnis erwecken möchte«. Kritische Fragen waren bei dieser Grundvoraussetzung demnach nicht zu erwarten.

Hans Thomsen von der Reichskanzlei, der damals für Hitler-Post und auch für Interviews zuständig war, rüffelte den Japaner erst einmal, weil er seinen Antrag unmittelbar an Hitler geschickt hatte, »obwohl er wissen müsste, dass dieser Weg nicht der korrekte ist«. Gegen die Persönlichkeit Kurodas »als angesehenes Mitglied des Vereins der Ausländischen Presse« sei im Prinzip nichts einzuwenden, und die deutschfreundliche Einstellung der japanischen Presse »bis auf geringfügige Störungen in der Rassenfrage« sei bekannt, es müsse aber zunächst Staatssekretär Walter Funk (RMVP) eingeschaltet werden. Und natürlich auch der Reichsminister des Auswärtigen. Schließlich war der »Führer« einverstanden, Kuroda zu empfangen; er wünsche jedoch, »dass das Interview in Frage und Antwort genau formuliert« werde. Thomsen schrieb einen Entwurf, in dem das Wort »Japan« nicht ein einziges Mal vorkam, nur die für Hitler erfolgreiche Saar-Abstimmung. So ging es natürlich auch nicht. Letztlich einigte man sich auf einen Text, in dem Hitler – im Vorfeld des Antikomintern-Pakts – in Sachen Japan außerordentlich vage blieb, vor allem die Notwendigkeit einer weiteren politischen und militärischen »Gleichberechtigung« Deutschlands betonte, und solange dies nicht sichergestellt sei, habe auch eine Äußerung zur »Anerkennung Mandschukuos«[119] nur theoretischen Wert. Immerhin kabelte Botschafter Herbert von Dirksen aus Tokio am 28. Januar 1935: »Asahi bringt Interview Führers in großer Aufmachung. Kuroda schildert eingehend Empfang und würdigt Persönlichkeit Führers in warmen Worten. Wortlaut folgt.«

Hanfstaengl, der sich immer als eine Art außenpolitischer Generalberater Hitlers verstand, war gegen die von Haushofer induzierte Japan-Annäherung der Nationalsozialisten. Besonders unangenehm war ihm (mit rassistischen Untertönen) der Besuch des japanischen Professors und Hitler-Bewunderers Minosuke Momo, der im Dezember 1931 im Auftrag des Blattes *Tokio Nichi Nichi Shimbun* am Prinzregentenplatz auftauchte:

> Als ein bezeichnendes Erlebnis [für Hitlers Japanbegeisterung, L. H.] ist mir in der Fülle der sich immer mehr häufenden Interviews ein Gespräch mit einem japanischen Professor Momo in

> Erinnerung, das um die Wende 1931/32 in Hitlers Privatwohnung am Prinzregentenplatz stattfand und zu dem ich als dolmetschender Dritter hinzugezogen wurde. Es wurde eine Sitzung mit wechselseitigen Komplimenten und Elogen, die ich notgedrungen dolmetschen musste, auch wenn mir die berechnete Saccharinsüße des Japaners sowie Hitlers instinktlose Präjudizierung der von der Weltöffentlichkeit einmütig verurteilten japanischen Gewaltpolitik in der Mandschurei oft genug die Sprache verschlug. »Ich bin gekommen«, begann Professor Momo, ein ölig lächelndes, unscheinbares Männlein wie aus einer Idealbesetzung für die Oper »Der Mikado« und zweifellos ein Regierungsagent, »ich bin gekommen, Herr Hitler, um Ihnen als dem großen Führer die Bewunderung des japanischen Volkes für die von Ihnen geleitete Bewegung zum Ausdruck zu bringen.« Und kaum, dass ich diese erste Redewendung unseres Gastes verdeutscht hatte, war auch Hitlers Redefluss nicht mehr zu bremsen. In einer fast peinlichen Folge von Gemeinplätzen erging er sich in Lobsprüchen über das ritterlich-heldische Japan, über seine Samuraitradition, über die geistige und physische Härte seiner Menschen als Ergebnis der Zenphilosophie und was es der angelesenen Weisheiten aus Haushofers Zitatenschatz noch mehr gab.

Hanfstaengl habe, so behauptete er jedenfalls in seiner Autobiografie nach 1945, bereits während des Gesprächs an das unheilvolle Echo in der angloamerikanischen Presse gedacht, das einer Veröffentlichung dieser Unterhaltung in Japan unweigerlich folgen würde.

Im Interview mit Professor Momo kam Hitler wieder auf die ewige Reparationsfrage zu sprechen:

> Wenn die Welt endlich erwachen würde, würde sie die deutschen Reparationszahlungen unverzüglich beenden, um den Zusammenbruch der Weltwirtschaft zu verhindern. Die deutschen Reparationen haben allein Frankreich wirtschaftlichen Vorteil ge-

> bracht. Man muß sich im klaren sein, dass der Zusammenbruch der deutschen Wirtschaft auf der ganzen Welt schwerste Folgen hat. Die heutige Situation habe ich bereits vor einigen Jahren prophezeit. Aber damals nahmen alle Zeitungen der Welt meine Vorhersagen nicht ernst und machten sie nur lächerlich. Man las in jedem Zeitungsartikel, dass Herr Owen Young, der Vorsitzende der Reparationskommission, die finanziellen Probleme besser verstehe als Herr Hitler. Aber jetzt sieht die Presse endlich ein, dass Herr Young die Sache nicht richtig verstanden hat und Hitler doch recht hatte. Wenn ich nun die Macht ergreife, werde ich der Weltöffentlichkeit verkünden, dass Deutschland nicht in der Lage ist, weitere Reparationszahlungen zu leisten.

Das Hitler-Gespräch von Kazimierz Smogorzewski, Jahrgang 1896, für die *Gazeta Polska* war ungewöhnlich – nicht so sehr inhaltlich, sondern weil sich der »Führer« 1935 ein einziges Mal herabließ, einem gemäß seiner Ideologie »slawischen Untermenschen« ein Interview zu geben. Der frankophile Smogorzewski hatte in Paris studiert und im Ersten Weltkrieg als Freiwilliger der französischen Armee angehört. Von 1929 bis 1933 gab er die Monatsschrift *La Pologne* heraus. Dass er überhaupt ein Interview mit Hitler geführt hatte, wurde ihm nach 1945 in Polen übel angekreidet, und er sprach bis zu seinem Tod 1992 auch nicht gern darüber – obwohl er als Exilant in London 1940 auf die »Sonderfahndungsliste G. B.« des Reichssicherheitshauptamts geraten und insofern keiner Sympathien zum NS-Regime verdächtig war. Polskie Radio hat das Gespräch vor ein paar Jahren wieder ausgegraben und als »wertvolles Zeitdokument« eingestuft, allerdings auch als »Fiasko« für den Interviewer.

»Ich freue mich, dass die deutsch-polnischen Beziehungen auf einem guten Wege sind. Wir Deutsche werden die Fehler aus den vergangenen Jahrhunderten nicht mehr wiederholen. Ich bin glücklich über die Fortschritte, die wir in dieser Hinsicht in nur wenigen Monaten erreicht haben«, hatte Hitler 1935 seinem polnischen Gesprächspartner versichert. Das war eine taktische Folge aus dem am 26. Januar 1934 geschlossenen deutsch-polnischen Nichtangriffspakts (»Hitler-Pilsudski-Pakt«), der natürlich das Papier nicht wert war, auf dem er unterzeichnet wurde, vorbereitet auf deutscher Seite von Außenminister Konstantin Freiherr von Neurath.

Das Interview war offenbar eine Auftragsarbeit, angeregt vom seinerzeitigen polnischen Außenminister Józef Beck (1894–1944). Der hätte sich allerdings denken können, wie auch Smogorzewski, dass man auf Interviewstatements des deutschen Diktators gerade in der Polenpolitik des NS-Staates nichts geben konnte. Bedauerlicherweise war es nicht das letzte Mal, so kommentierte der Redakteur von Polskie Radio, dass sich Smogorzewski »für politische Zwecke« habe einspannen lassen: »Als er im Londoner Exil war, versorgte er die kommunistische Führung in Warschau mit erschöpfenden Berichten. Dabei war Smogorzewski vor 1939 ein heller Lichtschweif am journalistischen Himmel, ein Meister des kreativen Schreibens.« Umso erstaunlicher sei Smogorzewskis spätere Wandlung zum Propagandisten gewesen, aber dennoch solle man ihn vielleicht »auch als einen Autor in Erinnerung behalten, der in ausländischen, vornehmlich britischen Zeitungen sein Heimatland Polen mit literarischem Glanz versah. Noch mit knapp neunzig Jahren erklärte er den Engländern die polnische Kultur. Das schöpferische Glück kam spät in Smogorzewskis Leben, aber dann mit aller Macht. Und so ist er – nebenbei bemerkt – auch eine Hoffnung für Menschen, die den neunzigsten Geburtstag noch vor sich haben.« Smogorzewski war nach 1945 in London hauptberuflich als Redakteur für die »Encyclopædia Brittanica« tätig. Er starb im November 1992 in Shepperton nahe London.

In jenem Jahr 1935 kam auch der portugiesische Journalist Armando Boaventura vom *Diário de Notícias* für ein »Führer«-Interview vorbei, geführt am 31. Januar. Hier war es so, dass der portugiesische Gesandte in Berlin den Wunsch des klerikalfaschistischen Staatschefs Salazar übermittelte, dass dessen »intimer Freund« Boaventura von Hitler empfangen werden möge. Überdies werde der Journalist eine Reihe von freundlichen Aufsätzen über das neue Deutschland publizieren. »Angesichts der Sympathien der portugiesischen Regierung für die Entwicklung in Deutschland«, so notierte Presseabteilungsleiter Gottfried Aschmann (im AA Vorgänger von Paul Schmidt-Carell), »werden diese Aufsätze unter Aufsicht des hiesigen Gesandten geschrieben werden und durchaus positiv sein.« Hier nun wurde das Prinzip des *Non-Interview*-Interviews auf die Spitze getrieben: »Der Gesandte betonte, dass Herr Boaventura kein Interview erbittet, keine Fragen zu stellen hat oder stellen wird, dass vielmehr der Führer und Reichskanzler nach seiner Wahl ihm nur ein paar Worte über ein beliebiges Thema sagt, womit die Inanspruchnahme beendet sein würde.« Von der deutschen Botschaft in Lissabon kam dabei die Anregung, dass Boaventura noch seinen Freund Herrn Gorreira (von dem man sagte, dass er Hitler noch mehr bewundere als dieser sich selbst), den Chefredakteur des deutschfreundlichen *Jornal do Commercio*, mitbringen dürfe, damit sich niemand zurückgesetzt fühle. Textvorgabe des AA für Hitler: »Er kenne Portugal persönlich leider nicht, ihm seien aber die zahlreichen Naturschönheiten und Kunstschätze des an Geschichte reichen Landes wohl bekannt. Die guten Beziehungen, die zwischen Deutschland und Portugal beständen, begrüsse er umso mehr als die Ziele, die er in Deutschland verfolge, in der gleichen Richtung liegen, wie die Pläne der portugiesischen Staatsführung.«

Hitler zeigte sich gnädig und das NS-offizielle Deutsche Nachrichtenbüro (DNB) bekam eine schöne Meldung: »*Der Führer empfängt einen portugiesischen Journalisten.* Die grosse portugiesische Tageszeitung ›Diario de Noticias‹ veröffentlichte am Donnerstag in ganz grosser Aufmachung auf der ersten Seite die Unterredung, die der Führer und Reichskanzler dem Redakteur dieser Zeitung, Armando Boaventura, gewährt hat. Die Überschrift lautete: ›Die Saarabstimmung ist mehr als ein Sieg Deutschlands – Sieg des Friedens in Europa‹. Gleichzeitig veröffentlicht das Blatt Lichtbilder vom Führer.«

Diese etwas kindische Meldung zeigt, wie sehr Hitler und seine Propagandavasallen danach gierten, wenige Monate nach der Röhm-Affäre außenpolitische Anerkennung zu erhalten – und sei es auch nur in Portugal. Und so hieß es denn auch in der DNB-Meldung: »Boaventura […] gibt seinen Landsleuten Aufklärung über die tatsächlichen Verhältnisse in Deutschland und widerlegt die Greuelmeldungen über Deutschland und seinen Führer, die auch in Portugal vielfach geglaubt würden.«

Das war zwar im Sinne der NS-Propaganda ganz nett, half aber mittelfristig nicht viel: Salazar mit seinem *Estado Nuevo* blieb im Gegensatz zu Hitler einer der langlebigsten Diktatoren Europas, bis weit in die 1970er-Jahre hinein, weil er sich für einen konsequenten Neutralitätskurs im Zweiten Weltkrieg entschieden hatte. Lissabon wurde so die internationale Spionagezentrale in der ersten Hälfte der 1940er-Jahre, und noch 2006 wählte das portugiesische Fernsehpublikum Salazar, 1953 mit dem »Großkreuz des Verdienstordens der Bundesrepublik Deutschland« ausgezeichnet, zum »größten Portugiesen« aller Zeiten.

Hanfstaengl hatte das Ganze anders in Erinnerung:

> So erinnere ich mich an den Besuch eines angesehenen, aufgeschlossenen brasilianischen [d. i. portugiesischen, L. H.] Journalisten vom »Diaro de Noticias«, der eigens über Bayreuth nach München gekommen war, um mit Hitler ein Gespräch über die Ziele und Programmpunkte der Partei zu führen. Da Hitler immer wieder Verabredungen nicht einhielt, kam ich […] auf die Idee, den Journalisten, der sich inzwischen als begeisterter Wagnerianer gezeigt hatte, Hitler am nächsten Tag in der Pause einer Tristan-Aufführung im Prinzregententheater vorzustellen. Als sich Hitler nach dem zweiten Akt mit meiner Frau und den anderen Damen im Foyer unterhielt, rief ich wie zufällig auf den Journalisten zeigend aus: »Da ist ja unser brasilianischer Herr, den wir gestern so bitterlich enttäuscht haben. Heute ist sein letzter Tag in München. Er würde Ihnen, Herr Hitler, vor seiner Abreise noch

gerne die Hand schütteln.« Aber Hitler lehnte eine Begegnung brüsk ab, was der in der Nähe stehende Journalist als eine Beleidigung empfinden musste. Da halfen keine Entschuldigungen von mir. Das Unglück war geschehen und irreparabel.

Die Quittung sei, so Hanfstaengl, ein wenig freundlicher Bericht des *Diário de Notícias* gewesen. Der Artikel sei danach Philipp Bouhler, einem der Adjutanten Hitlers, in die Hände gefallen, der Portugiesisch konnte und eine Übersetzung des Artikels Hitler vorlegte. Der NS-Auslandspressechef: »Ergebnis: Wieder einmal war erwiesen, daß Hanfstaengl unfähig war, die Weltpresse von den Vorzügen des Nationalsozialismus und von dem Genie Adolf Hitlers zu überzeugen.« Ein Hitler-kritischer Artikel im *Diário de Notícias* ist allerdings nicht nachweisbar.

Von 1942 an waren nur noch Journalisten aus »neutralen« Staaten und solche in Berlin, die Jakob Kronika in seinem Tagebuch »Der Untergang Berlins« (1946) »Quisling-Auslandskorrespondenten« nennt, also Kollaborateure aus Japan, Vichy-Frankreich, Kroatien, den Niederlanden oder Rumänien, viele aber auch mit einer perversen Beobachterlust am Untergang. Kronika, ein Südschleswiger, der für dänische und schwedischer Blätter schrieb, vermerkte noch am 21. März 1945, dass einige der Quislinge nun in den hauptstädtischen Verein der Auslandspresse aufgenommen werden wollten, früher hätten die »ausländischen Nazis« nur hohnvoll über den Club gelacht; nun aber solle »die Legitimation des Vereins eine Hilfe sein für die Zeit nach dem Zusammenbruch Nazi-Deutschlands. Es ist klar, dass wir weiterhin vorsichtig manövrieren müssen.« Noch am 22. April fuhr Kronika ins von alliierten Bomben halb zerstörte Propagandaministerium, wo noch im Bunker gearbeitet wurde. Goebbels fabuliere »aufgepulvert« von kommenden »großpolitischen Sensationen« (dem Zusammenbruch des Bündnisses von Amerikanern und Sowjets), aber, so Kronika: »Auch die engsten Mitarbeiter von Goebbels dort unten mühen sich vergebens, gute

Miene zum bösen Spiel zu machen. Es ist aus mit der Nazi-Gläubigkeit!« In den Straßen Berlins patrouillierten allerdings noch die berüchtigten Feldjäger (»Kettenhunde«) und aufgepeitschte Hitlerjungen; auch für Auslandskorrespondenten waren die letzten Wochen des NS-Regimes nicht ungefährlich, vom Bombenhagel ganz abgesehen. Aber fast bis zum Schluss gab es Champagner und erlesene Speisen in Al Capones Presseclub.

Es war ein Skandinavier, dem es gelang, das letzte Interview mit Hitler zu führen, im März 1944, allerdings nur telefonisch. Das Interview war real, schon deshalb, weil es die zentrale NS-Nachrichtenagentur DNB publizierte und sie auch den Namen des Hitler-Gesprächspartners nannte: Christer Jäderlund. Dennoch blieb das Gespräch lange mysteriös, weil es Jäderlund nach 1945 in seinen Erinnerungsbüchern nicht erwähnte – und wer hätte sich nicht dieses Scoops gerühmt? Staffan Thorsell, Chefredakteur des schwedischen Blattes *Expressen,* hat 2006 für sein Buch »Mein lieber Reichskanzler! Schwedens Kontakte zu Hitlers Reichskanzlei« (bislang nur auf Schwedisch erhältlich) über dieses letzte Hitler-Interview recherchiert.

Inhaltlich ging es um die Bündnistreue Finnlands, offenbar hatte der schwedische König Gustav V. beim finnischen Marschall Mannerheim interveniert, um einen Sonderfrieden mit der Sowjetunion zu vermitteln.[120] Darüber hatte auch Reuters berichtet. Hitler befand sich auf dem Obersalzberg. Jäderlund, Korrespondent von *Stockholms-Tidningen,* nicht unbedingt ein NS-Gegner, aber immerhin vorher gleich zweimal wegen missliebiger Berichterstattung aus Deutschland ausgewiesen, hatte eine deutsche Mutter und war gelernter Kriminalpolizist, in Deutschland ausgebildet. Im April 1944 schätzte ihn Ribbentrops »Presse-Schmidt« in einem Memo wieder als zuverlässig ein: »Nach der Ausweisung einiger antideutscher Elemente, Fredborg, Pihl, (Korrespondenten von Svenska Dagbladet und Sydsvenska Dagbladet in Berlin) treten die derzeitigen schwedischen Korrespondenten als eine geschlossene Gruppe auf, die die politischen Ereignisse in Deutschland loyal behandeln. Einzelne Korrespondenten wie

Stockholms-Tidningens Repräsentant Jäderlund werden manchmal für prominente Sonderaufgaben eingesetzt.«

Anfang der 1930er-Jahre, so Staffan Thorsell, habe sich Jäderlund an den Bonnier-Verlag gewandt, weil er ein Buch über seine Erfahrungen als Freiwilliger an der Westfront im Ersten Weltkrieg schreiben wollte: »Als zusätzliche Würze schickte er seinen Orden, das Eiserne Kreuz, und sein Einberufungsbuch von der deutschen Armee mit. Åke Bonnier war zunächst sehr interessiert und hoffte auf eine schwedische Version von ›Im Westen nichts Neues‹. Als das Manuskript eintraf, verlor der Verlag schnell das Interesse. Jäderlund war ein unternehmungslustiger Reporter, aber kein literarisches Genie in der Klasse von Erich Maria Remarque.« Bonnier druckte später aber ein Jäderlund-Buch über »Hitlers Deutschland«, wenn auch nicht völlig vom deutschfreundlich-militaristischen Grundton des Autors überzeugt.

Jäderlund hatte gute Kontakte zu Hermann Göring und Ernst Röhm, wurde sogar Gastmitglied in einer SA-Sturmkompanie in Berlin. Die Röhm-Bekanntschaft half nach 1934 im Deutschen Reich nicht unbedingt weiter. 1940 wurde Jäderlund ausgewiesen, auf Order von Goebbels persönlich, nachdem der Schwede über die deutschen Massenerschießungen von Juden in Polen berichtet hatte. 1942 kehrte er, nach zwischenzeitlichen Engagements in der Türkei und Finnland, nach Berlin zurück, ganz Vollblutreporter.

Sein Interview mit Hitler freute vor allem Goebbels, der in sein Tagebuch schrieb. »Endlich ist er [Hitler, L. H.] wieder politisch-diplomatisch aktiv. Das Interview ist sehr diplomatisch geführt, und wir werden für größtmögliche Verbreitung sorgen.« Ob das Interview eine »große Sensation« in der Weltpresse war, wie Thorsell annimmt, sei dahingestellt; wahrscheinlich wunderte man sich in London oder Washington eher darüber, warum der auch zum Leidwesen Goebbels' ziemlich abgetauchte »Führer« ausgerechnet Finnland-Gerüchte zum Anlass nahm, mit einem Journalisten zu telefonieren. Hitler ging es in der Unterhaltung mit Jäderlund wohl vor allem darum, Mutmaßungen zu zerstreuen, er selbst habe Interesse an Friedensverhandlungen:

»Die Nachrichten sind falsch. […] Ich verstehe nicht, warum ich mich an den schwedischen König hätte wenden sollen.«

»Ich weiß nicht, ob König Gustav von Schweden versucht hat, Finnland zu beeinflussen. Wenn ja, betrachte ich es ausschließlich als schwedische Angelegenheit.«

Hitler erhebe seine Stimme, schreibt Jäderlund, wenn es um die russischen Bedingungen für einen Friedensschluss mit Finnland gehe. Englische und amerikanische Garantien für Finnlands Unabhängigkeit seien dem »Führer« nutzlos erschienen: »Was britische Garantien wert sind, hat sich im Falle Polens auf ziemlich eklatante Weise gezeigt«, sagte Hitler: »England und Amerika sind selbst mit schweren inneren Krisen konfrontiert. Die Frage, ob sie den Sowjets irgendwelche Vorschriften machen können, erübrigt sich völlig. Vielmehr sollte man fragen, wie lange sie eine bolschewistische Revolution in ihren eigenen Ländern verhindern können.«

Goebbels schrieb am 21. März 1944 in sein Tagebuch: »Die schwedischen Zeitungen behaupten, Finnland müsse sich zwischen König Gustav und Adolf Hitler entscheiden. Ich glaube, dass Hitlers Weg der bessere ist und dass er vor allem über größere Machtmittel verfügt, um seinen Worten den nötigen Nachdruck zu verleihen.«

Noch im März 1945 wurde Christer Jäderlund trotz seiner geleisteten funktionalen Dienste zum zweiten Mal aus Deutschland ausgewiesen – ein Beleg dafür, dass der zensorische NS-Propagandaapparat auch noch in Schutt und Asche durchhielt. Dass er sich hatte benutzen lassen, steht außer Frage, wahrscheinlich mochte er sich deshalb an diese Episode seines Journalistenlebens nur ungern erinnern. Von 1950 bis 1959 war Jäderlund, gestorben 1965, wieder Korrespondent für *Stockholms-Tidningen,* jetzt in Bonn. Da konnte er sich im »Bundesdorf« mit vielen alten Kollegen aus der Zeit vor 1945 austauschen – eine bis heute ungeschriebene Kontinuitätsgeschichte.

8

Faking Hitler

Undercover-Journalisten und Scharlatane: zweifelhafte Interviews

Die bekanntesten Hitler-Fakes waren sicherlich die vom Kunstfälscher Konrad Kujau hergestellten, im *Stern* 1983 veröffentlichten Hitler-Tagebücher: »grotesk-blamable Affäre«, »Jahrhundertfälschung«, »Mutter aller Fälschungen«. Ein Skandal, der im Oscar-nominierten »Schtonk!« (Regie: Helmut Dietl, 1992) thematisiert und fiktionalisiert wurde – eine der wenigen gelungenen deutschen Filmkomödien nach 1945, die allerdings auch als »bieder heruntergebetete Theorie, als papierner Entwurf ohne visuelle Kraft und Schärfe [...] von fast schon erschreckender Harmlosigkeit« entwertet wurde, so der katholische *Filmdienst.* Eine Fälschung, die später noch mal aufbereitet werden sollte in der TV-Miniserie »Faking Hitler« (2021 auf RTL+, mit Lars Eidinger als *Stern*-Reporter Gerd Heidemann), die wiederum auf dem britischen Comedy-Drama »Selling Hitler« basierte (ITV 1991, mit Jonathan Pryce als Heidemann).

Auf die Idee, falsche Begegnungen mit Hitler zu fabrizieren, waren andere aus diversen Gründen deutlich früher gekommen. Am Anfang ein jüdischer Kommunist. Der im August 1896 in Charkiw (Ukraine) als Lazar Herman, geborene Leo Lania[121], war nach dem Tod des Vaters (ein Universitätsprofessor) 1904 nach Wien gezogen. Zunächst meldete er sich freiwillig zum Militärdienst, wandelte sich aber zum Pazifisten und militanten Sozialisten, wurde Redakteur des Zentralorgans der Wiener KP, *Rote Fahne,* und wahrscheinlich auch KPÖ-Mitglied. Von der Parteiarbeit aber distanzierte Lania sich früh, etwa Mitte 1921, anlässlich des KPD-Ausschlusses seines engen Freundes Paul Levi: ehemaliger Lebensgefährte von Rosa Luxemburg, zu der Zeit auch Vorsitzender der deutschen KP, den Lania in seiner Autobiografie »Welt im Umbruch« (1954) als »bürgerlich, fast aristokratisch wirkenden Kommunisten« charakterisierte. Endlose Diskussionen und überhaupt der inhumane Charakter des KPÖ-Parteiapparats stießen ihn ab. Später schrieb er in seiner Autobiografie: »Ich glaubte an den Kommunismus, ich glaubte an Lenins Heilsbotschaft, und andererseits sah ich ganz klar, daß die Politik der kommunistischen Parteien zu einem fürchterlichen Debakel führen mußte.«

Im September 1921 zog Lania mit seiner Frau Lucy nach Berlin, ohne Geld, ohne erlernten Beruf. Es sei der US-Journalist Frederick Kuh gewesen, der ihm im Wiener Café Herrenhof die deutsche Hauptstadt als »Herz des neuen Europas« (Hexenkessel, rauschhaft, Exzesse, Utopien) angepriesen hatte. Dann heißt es, noch am ersten Abend in Berlin habe er im Romanischen Café, damals populärster Intellektuellen- und Bohemientreff, gegenüber der Kaiser-Wilhelm-Gedächtniskirche gelegen, den US-amerikanischen Journalisten Louis Lochner (ab Mitte der 1920er-Jahre bei Associated Press) kennengelernt, was für Lanias Fortkommen entscheidend sein sollte. Denn Lochner konnte ihm, aus US-Perspektive, das Konzept des Reporters, von Journalismus im Allgemeinen und von Nachrichtenagenturen vermitteln. Und weil es in der Weimarer Republik mit Wolff's Telegraphisches Büro (WTB, staatsnah) und der Telegraphen-Union (TU, Teil des Alfred-Hugenberg-Konzerns) nur zwei große Agenturen gab, die den immensen Zeitungsmarkt quasi kontrollierten, beschloss Lania zu versuchen, dieses bürgerlich-konservative WTB/TU-Nachrichten-Duopol aufzubrechen und gründete, unter dem Einfluss von Lochner, die Internationale Telegraphenagentur (Intel). Doch geriet Lanias zu Beginn erfolgreiches Projekt bald unter die Räder der Inflationsdynamik und musste schließen.

Irgendwann im Oktober 1923 aber gelang Lania ein unerhörter Coup, als er, getarnt als italienischer Faschist, zuallererst undercover exklusiven Kontakt mit Adolf Hitler und weiteren Topnazis in den Redaktionsräumen des *Völkischen Beobachter (VB)* in der Schwabinger Schellingstraße herstellte. In »Welt im Umbruch« erwähnt Lania, er sei bereits 1913 Benito Mussolini begegnet, bei einem Besuch der Mailänder Redaktion des Zentralorgans der italienischen sozialistischen Partei *Avanti!*, deren Chefredakteur zu der Zeit der spätere Faschistenführer war. Zu der Aktion 1923 schreibt Lanias Biograf, der Historiker und Medienwissenschaftler Michael Schwaiger, in »Hinter der Fassade der Wirklichkeit« (2017), dass die Anregung zu dieser Recherche wahrscheinlich von Paul Levi ausgegangen sei, dass bereits im November 1922 eine Lania-Analyse mit dem Titel »Italien und der Faschismus« in der *Weltbühne* erschienen war. Auch habe Lania, so Schwaiger, im Sommer 1922 »eine erste direkte Begegnung mit dem Faschismus« gehabt, als er im Italienurlaub Augenzeuge rechtsextremer Aufstände in Norditalien wurde, mit Spuren des Terrors durch Zehntausende Faschisten: »zerstörte sozialistische Volkshäuser und Druckereien, verbrannte Gewerkschaftshäuser, zu Krüppeln geschlagene Arbeiter«. Dazu Michael Schwaiger:

> Für Lania gab es genügend und gute Gründe, sich mit Hitler und der nationalsozialistischen Bewegung zu befassen. [...] War Hitler wirklich nur der »antisemitische Agitator«, »üble Demagoge« und »Narr«, als der er in der demokratischen Presse dargestellt wurde? [...] War Hitler eine Gefahr? Wo lag das Schwergewicht seiner Bewegung? Welche Rolle spielte er in seiner Partei? Wer waren seine Mitarbeiter? Mit diesen Fragen brach Lania im Oktober 1923 nach München auf, um bei Hitler persönlich zu recherchieren.

Als investigativer Reporter, als *muckraker*, »Schmutzaufwirbler« also, bastelte Leo Lania, der fließend Italienisch sprach, seine Tarnung. Mit einem gefälschten Schreiben von Arnaldo Mussolini,[122] in dem stand, der »Duce« wolle mehr über Hitler erfahren, schmuggelte er sich in den Hitler-Kreis in Schwabing. Acht Tage blieb er in der *VB*-Zentrale, wo man auf seine »Finte« hereinfiel, wie Michael Schwaiger schreibt, ihm sogar einen Italienischdolmetscher zur Seite stellte. In »Welt im Umbruch«, der erwähnten Autobiografie, schildert Lania die Nazis mit Hauptrollen in der frühen Phase:

> Röhm war ohne Zweifel der stärkere, Pöhner der gewieftere Politiker, Strasser weit gebildeter – aber Hitler hatte etwas vor ihnen voraus: *den Glauben an sich.* Einen abnormalen Größenwahn. Im Grunde ihrer Seele waren alle andern Zyniker – Hitler war ein Fanatiker. […] Hitler war nicht weniger kühl, berechnend, skrupellos, verlogen und zynisch, sofern es sich um Politik, seine Partei, die nationalsozialistische Idee handelte; aber seine Überzeugung von seiner Mission und seiner Größe war unbedingt echt. In diesem Punkte war er ehrlich. Und in seinem Antisemitismus. Er glaubte an die Verschwörung der Juden, er glaubte wirklich an die »Protokolle der Weisen von Zion« und an das Ritualmordmärchen, er glaubte an seine göttliche Sendung. Männern ohne jeden Glauben, Entwurzelten, Abenteurern mußte so ein Mann gewaltig imponieren. […] Aber konnte ein solch Besessener zu einer politischen Gefahr für Deutschland werden?

Als die Täuschung aufzufliegen drohte, gelang Lania rechtzeitig die Flucht. Einige Wochen danach, am 8. und 9. November 1923, stieg der gescheiterte Münchener Hitler-Putsch. Der Marsch auf die Feldherrnhalle endete im Kugelhagel, vier Polizisten und sechzehn Demonstranten kamen ums Leben, Hitler konnte leicht verletzt entkommen, wurde aber am 11. November festgenommen. Lania war zur selben Zeit und in der Folge aktiv als Autor, der das Reportagematerial verarbeitete (»Die Totengräber Deutschlands«, 1924; »Der Hitler-Ludendorff-Prozess«, 1925) und eine Dokumentation zum Waffenhandel schrieb (»Gewehre auf Reisen«, 1924). Die auf der einen Seite ein Verfahren nach sich zog, in dessen Zusammenhang eine sogenannte Lex Lania erlassen wurde (ein Gesetz, das Journalisten ermöglicht, ihre Quellen zu verschweigen). Und die auf der anderen Seite von Kurt Tucholsky 1924 in der *Weltbühne* als »von der ersten bis zur letzten Zeile interessant« gelobt wurde. 1932 konnte Lania *most actionlike* in letzter Sekunde fliehen; erst nach Wien, dann über einige Umwege nach New York.

Nach dem Krieg ging Lania zunächst als Korrespondent für amerikanische Medien nach Europa, blieb ab 1955 dauerhaft in München, wo er 1961 an einem Herzinfarkt starb. Michael Schwaiger in seiner Lania-Biografie: »Es liegt eine bittere Ironie in dem Umstand, dass Lania, der sein Leben lang gegen das Vergessen anschrieb, noch zu Lebzeiten in Vergessenheit geriet.« Seine Interviews mit Hitler waren keine Fälschung im klassischen Sinne, es hatten ja reale Aufeinandertreffen stattgefunden. Doch er gab sich als ein anderer aus, als Italiener, als Nichtjude. Gefälscht war es somit doch.

Im Oktober 1923, einige Wochen nachdem Leo Lania unter falscher Identität Hitler getroffen hatte, soll sich ein weiteres fiktives Interview mit ihm zugetragen haben. Zwei katalanische Journalisten, Eugeni Xammar und Josep Pla, sagten, sie hätten Hitler am 8. November 1923 im Büro des *VB* getroffen, allerdings an einem eher unwahrscheinlichen Termin. Xammar,[123] geboren 1888 in Barcelona, der zunächst aus Großbritannien berichtet hatte, dann von 1922 bis 1937 aus Deutschland, schrieb:

> Nur wenige Stunden vor dem Staatsstreich, der ihn für eine Nacht zum Diktator von Deutschland machen sollte, hat uns Adolf Hitler ein Interview gewährt, das man zweifellos als interessant bezeichnen kann. […] Verwundet und gefangen ist Adolf Hitler für uns der gleiche, der er gesund und in Freiheit war: Der dümmste Mensch, den wir jemals das Vergnügen hatten kennenzulernen. Ein Dummkopf voller Tatendrang, Vitalität und Energie, ein maßloser, nicht zu bremsender Dummkopf. Ein gewaltiger, großartiger Dummkopf, der zu einer glanzvollen Karriere berufen ist (wovon er noch fester überzeugt ist, als wir es sind).

Einige Hitler-Zitate aus dem Xammar/Pla-Interview, zuerst gedruckt am 23. November 1923 in *La Veu de Catalunya,* im üblichen Sound:

> Die meisten Ausländer in dieser Welt sind Juden, verstehen Sie? Man darf ihnen nicht trauen. Italiener, Engländer, Rumänen, Holländer … Sie alle haben ihre Pässe. Dass ich nicht lache! Das sind alles Juden. […] Die Judenfrage ist ein Krebsgeschwür, das unseren deutschen nationalen Organismus zerfrisst. Ein politisches und soziales Krebsgeschwür. Glücklicherweise sind die sozialen und politischen Geschwüre nicht unheilbar. Man kann sie herausschneiden. Wenn wir wollen, dass Deutschland lebt, müssen wir die Juden vernichten […] Was hätten wir davon, die jüdische Bevölkerung von München auszurotten, wenn die Juden im übrigen Land, so wie jetzt, weiterhin über Geld und Politik herrschen? In ganz Deutschland gibt es mehr als eine Million Juden. Was wollen Sie tun? Sie alle über Nacht umbringen?

»Gegen die Echtheit des Interviews«, so der Spanienspezialist Knud Böhle, »wird von katalanischen Journalisten/Wissenschaftlern vorgebracht, dass Xammar und Pla später in keiner ihrer Schriften, auch den autobiografischen nicht, auf das *Interview* zu sprechen kamen.« Auch habe Hitler am 8. November 1923 gar keine Zeit für ein Interview gehabt.

> Tatsächlich lässt sich auf Basis der Literatur zum Hitler-Putsch annehmen, dass ein solches Interview im hektischen Kontext der Putschvorbereitung kaum denkbar ist. Dass Hitler am 8. November 1923 sich mehrmals in den Räumen des *VB* aufhielt, ist belegt. Auffällig ist aber, dass niemand der Anwesenden, weder Hanfstaengl noch Rosenberg noch Paula Schlier, die Undercover-Sekretärin, die dort Tagebuch führte, irgendeinen Hinweis hinterlassen haben, dass es solch ein Treffen mit katalanischen Journalisten am 8. November gegeben hat.[124]

In der Einleitung zur 2007 im Berenberg-Verlag (Berlin) erschienenen deutschen Version von Xammars »Das Schlangenei. Berichte aus dem Deutschland der Inflationsjahre 1922–1924« (die spanische Originalausgabe war 1998 erschienen) schrieb Herausgeber Heinrich von Berenberg: »Dem Münchener Hitler-Putsch im November 1923 hat er [Xammar] einige der besten und sarkastischsten Seiten gewidmet, die je darüber geschrieben wurden.« Xammar und Josep Pla hätte der Putschist Hitler ein Exklusivinterview gewährt, auch weil in Spanien der Diktator Primo de Rivera die Macht ergriffen habe. Hitler habe die beiden mit offenen Armen empfangen: »Den Spaniern stehen in Bayern alle Türen offen. Es sind die einzigen Ausländer, die das von sich behaupten können.« Auch hieß es in einer Sendung des Deutschlandfunks 2007 anlässlich der »Schlangenei«-Veröffentlichung, Zeitgenossen hätten Xammar beschrieben als »sehr gebildeten, eleganten und polyglotten Kosmopoliten, als manischen Zeitungsleser, Musikliebhaber und Gourmet«. Der Stil seiner Reportagen sei britisch gewesen, auch ironisch, »je nach Gegenstand konnte seine Schilderung auch in süffisanten Spott ausarten«. Er habe Hitler allerdings, so die *DLF*-Autorin, in seiner Passage vom »maßlosen Dummkopf« Anfang der 1920er-Jahre noch »völlig unterschätzt«. »Der weltläufige Katalane konnte sich damals offenbar nicht im Traum vorstellen, dass Hitler sein Programm eines Tages umsetzen könnte.« Die Authentizität des Interviews wird nicht hinterfragt. Der Autor eines Artikels im *Focus* von Anfang Juni 2022 zitiert ausführlich aus Xammars »Schlangenei«-Buch, und auch er nimmt das Hitler-Interview für echt.[125]

Ebenfalls 2022 erschienen im Kölner Kupido-Verlag von der Kritik (etwa in der *FAZ*, der *Süddeutschen Zeitung*, im WDR, im Deutschlandfunk) empfohlene Reportagen des spanischen Journalisten Manuel Chaves Nogales, überschrieben mit »Deutschland im Zeichen des Hakenkreuzes«; Texte, die Nogales drei Monate nach der Machtergreifung 1933 für die Zeitung *Ahora* verfasst hatte. Nogales und Xammar, daher die Verbindung, waren schon in Spanien Bekannte und wohnten in Berlin-Charlottenburg nicht weit voneinander entfernt. Interessant im Zusammenhang mit Xammar und Pla sind einige Seiten (29–35) des Kupido-Verlegers Frank Henseleit mit dem Titel: »Eugeni Xammar und Josep Pla erfinden ein *Interview* mit Adolf Hitler – Eine Farce«. Für Henseleit besteht kein Zweifel, die Sache mit dem »Interview« sei »Betrug«, es mangele nicht an »Monstrosität«, auch in Spanien mehre sich mittlerweile diese Meinung. Er weist beispielsweise darauf hin, dass in keiner der drei veröffentlichten Versionen des »Interviews« (von Xammar am 23.11.1923 auf Katalanisch in *La Veu de Catalunya,* am 27.11.1923 in spanischer Übersetzung in *La Correspondencia de Valencia;* von Pla, überwiegend wortgleich mit Xammar, am 28.11.1923 in *Publicitat)* der Putsch vom 8./9. November erwähnt werde oder dass Hitler seit dem 11. November in Haft saß. Noch ein Widerspruch: Henseleit zufolge hätten Xammar und Pla gesagt, das Interview habe am 8. November »kurz vor 21 Uhr« stattgefunden, im Münchener Bürgerbräukeller, nicht tagsüber im Büro des *Völkischen Beobachters.* Und Frank Henseleit geht einen Schritt weiter. Er schreibt, das »Interview« zeuge auch von antisemitischen Tendenzen in Teilen der spanischen und katalanischen Elite. »Die Fantasterei Xammars, wie man das ›Problem‹ lösen könne [...] entsprang ganz offensichtlich einem tiefen Antisemitismus, der – mit einem nationalistischen Hass auf Spanien gepaart – zu einem journalistischen Exzess anhob: ›Was wollen Sie tun? Sie (die Juden) alle über Nacht umbringen? Das wäre natürlich die beste Lösung, und wenn man das zuwege brächte, wäre Deutschland gerettet.‹ Dies und weit mehr legte Xammar Hitler in den Mund.« Ein komplett anderes Bild entsteht beim Berenberg-Verlag.

Wie es für die drei spanischen Autoren weiterging: Als Höhepunkt von Manuel Chaves Nogales' Deutschlandreportagen fungierte ein Goebbels-Interview; besonders die »drastische Einleitung«, mit der Nogales die spanische Zensur umging. Dieser Einführung zufolge zähle Goebbels zur »lächerlichen, grotesken Sorte Mensch«, er sei »der Typ des gekränkten Irren«, »ein Sektierer, dem sein Ideal befiehlt, den Vater an die Wand zu stellen und erschießen zu lassen, wenn er sich ihm in den Weg stellt«. Danach musste Nogales fliehen, erst nach Paris, 1940 nach London. Wo er 1944 mit sechsundvierzig Jahren wohl an Krebs starb.

Eugeni Xammar bekam Probleme mit der spanischen Zensur wegen einer Passage aus dem Interviewtext und wechselte zur Tageszeitung *La Publicitat*. Nach dem Ende des Spanischen Bürgerkriegs 1939 ging er ins Exil, erst nach Tunesien, später arbeitete er als Übersetzer bei den UN in New York und für die Weltgesundheitsorganisation in Genf. Er kehrte in den 1960ern in seine Heimat zurück und starb 1973, mit fünfundachtzig Jahren, in L'Ametlla del Vallès, Provinz Barcelona. Über Josep Pla, vor allem bekannt als Autor katalanischer Literatur, wurde 2014 in »Espías de Franco: Josep Pla y Francesc Cambó« (von Josep Guixà) bekannt, dass er während des Spanischen Bürgerkriegs als Spion für den franquistischen Nachrichtendienst tätig war. Er starb 1981 in Llofriu, Provinz Girona. Zu ihrem »Interview« mit Hitler 1923 haben sich Xammar und Pla nie geäußert.

Am 23. Januar 1931 erschien auf Seite 3 des *Jewish Criterion* (Pittsburgh, Pennsylvania) ein »exklusives« Interview mit *»Deutschlands faschistischer Häuptling«*. Als Autor war ein Max Fränkel beziehungsweise Fraenkel von der Associated Press verzeichnet. Unter dem Titel »Adolf Hitler *erklärt«* einige unmissverständliche Sätze des Herausgebers: »In diesem sensationellen Interview, dem einzigen, das Deutschlands antisemitischer Führer jemals einem jüdischen Journalisten gewährt hat, wird die geistige Armut Adolf Hitlers in vollem Umfang deutlich. Durch einige direkte Fragen des unerschrockenen Interviewers, der sich in einem Restaurant vorstellte, in die Enge getrieben, legt der Nazihäuptling seinen arroganten, dummen Judenhass offen.«

Das Vorwort macht deutlich: Der Exklusivtermin mit dem deutschen *»faschistischen Häuptling«* war ein *fake interview*. Es soll stattgefunden haben in einem *»Bierlokal«* am Berliner Halensee, am westlichen Ende des Kurfürstendamms. In einem Versammlungssaal habe Hitler hier zunächst an einem unbedeckten Holztisch gesessen, umgeben von lauten jungen Männern. Laut, bis »wie durch Zauberhand« es still wurde, sobald er sprach. Hin und wieder soll er eine Pause eingelegt haben, »um einen imposanten Schluck Bier zu trinken«. Als Fränkel ihn angesprochen habe, hätte Hitler vorgeschlagen, das Gespräch zu zweit in einem Privatbüro um die Ecke fortzusetzen. Man merkt: Es handelt sich bei dem Text um die Parodie eines Interviews; um ein Interview, das nie stattgefunden hat. Es ist einfach kaum vorstellbar, dass Hitler sich 1931 spontan, unbegleitet von einem Nazi-Sicherheitstrupp, mit einem ihm unbekannten Journalisten zurückgezogen hätte.

Das Interview selbst, der sachliche, fast freundliche Rede-und-Antwort-Stil des falschen Hitler, die untypische Rhetorik deuten auf eine Fälschung hin. Auch als Hitler, der normalerweise zum Monologisieren neigte, beziehungsweise der *fake Hitler* anfangs den *fake Fraenkel* »business-like« und freundlich fragt: »Was wollen Sie denn wissen?« Und dann anfügte: »Ich mag es nicht, Interviews zu geben. Ich bin selbst ein Zeitungsmann *(newspaperman),* ich weiß, wie leicht einem die eigenen Worte im Mund umgedreht werden. Aber da Sie jetzt hier sind, werde ich einige Fragen beantworten.« Unter weniger dramatischen Umständen würde das alles auf Satire hindeuten. Auch Aussagen wie »die Regeln meiner Partei verbieten es, Erklärungen abzugeben, wenn sie nicht von unserem inneren Rat genehmigt wurden« sind offensichtlich fiktiv. Der Autor dachte an »Hitlers diktatorische Macht« und musste lächeln, wie er schrieb. »Hitler« fuhr fort: »Wir sind eine disziplinierte Partei. In der Tat sind die Nationalsozialisten die diszipliniertesté politische Organisation im ganzen Reich.« Oder: »Der Antisemitismus ist nicht Teil unseres Programms. Unser Programm ist es, Deutschland von all den Elementen zu säubern, die eine Rückkehr zu normalen Bedingungen verhindern.«

Dem Autor des *Jewish Criterion* schien 1931 bewusst zu sein, welche Gefahr von Hitler ausging. Auf die Frage: »Wollen Sie die Juden ernsthaft komplett aus Deutschland vertreiben?«, antwortete der gefälschte Hitler, ohne zu zögern: »Ich will die Juden loswerden, die seit dem Krieg von Osteuropa aus in unser Land eingedrungen sind und unsere Moral durch wahnwitzige Spekulationen untergraben haben.« Oder, ein weiteres Beispiel für den »dummen Judenhass« des »Nazihäuptlings«: »Das deutsche Leben muss von allen fremden Elementen gesäubert werden, die den wahren deutschen Geist entstellen.« Es scheint, dem wahren Autor von »Adolf Hitler *explains*« ging es vor allem um Aufklärung. Am Ende beobachtete er, wie Hitler sich wieder seinen Leuten näherte: »Ein junger Mann in einem braunen Hemd, dessen Ärmel mit dem Hakenkreuz verziert war, streckte seinen Arm zum traditionellen faschistischen Gruß aus.« »Max Fränkel« ist unter diesem Namen nicht nachweisbar. Im Rückblick erscheint das Ganze zum einen als schwarzer Humor. Es scheint aber auch, als sei es darum gegangen, den barbarischen Hintergrund der Naziideologie offenzulegen. Den man schon erkennen konnte, bevor zwei Jahre nach der Veröffentlichung im *Jewish Criterion* der wirkliche Horror mit Hitlers Ernennung zum Reichskanzler begann.

Der spektakulärste, wohl komplizierteste Fall gefälschter Hitler-Interviews trug sich ebenfalls 1931 mit den »Hitler-Breiting-Gesprächen« oder der Breiting-Manipulation zu. Oder war es 1968, als der italokroatische Publizist Edouard Calic (1910–2003) in dem Buch »Ohne Maske« das Stenogramm zweier zu dem Zeitpunkt unbekannter Hitler-Interviews veröffentlichte, die wiederum aus dem Nachlass Richard Breitings stammten? Oder stammen sollten? Calic in der Einleitung zu »Ohne Maske«: »In zwei Gesprächen, deren Inhalt nicht für die Öffentlichkeit bestimmt war, hat Adolf Hitler […] dem Chefredakteur der *Leipziger Neuesten Nachrichten (LNN)*, Richard Breiting, im Mai und Juni 1931 seine Ziele und Pläne vorgetragen.« Diese Termine, so Calic, habe NSDAP-Pressechef Dr. Otto Dietrich vermittelt, mit dem Breiting durch Dietrichs Arbeit als *LNN*-Korrespondent in München (1928–1930) befreundet war.

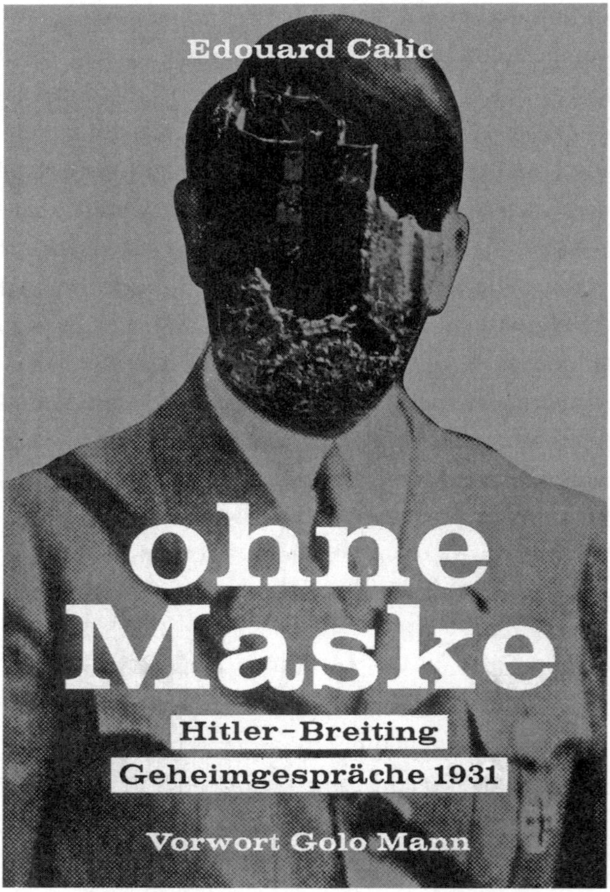

Ob und wie intensiv der deutsche Journalist Richard Breiting (1882–1937, Chefredakteur der »Leipziger Neuesten Nachrichten«) jemals Hitler interviewt hat, ist bis heute umstritten. Nachdem der Publizist Edouard Calic die angeblichen Breiting-Gespräche 1968 posthum ediert hatte, galten sie zunächst als zeithistoriografische Sensation (u. a. durch Zuspruch von Sebastian Haffner, Golo Mann und Joachim Fest), bevor die Mehrheit der Geschichtswissenschaftler zu der Auffassung gelangte, es handele sich um eine Fälschung Calics.

Danach scheint das alles wie eine Räuberpistole. Es geht um Max Amann, »Leiter des Parteiverlagswesens«, und um Propagandachef Goebbels, die beide offenbar durch den »Parteigeschäftskalender« von dem Interview erfuhren; Mitte Januar 1934 soll die Gestapo in Leipzig alle Notizen von Breiting zurückverlangt haben. Mit der Begründung, dabei handele es sich um geistiges Eigentum Hitlers vor der Machtübernahme, das vom Ausland falsch verstanden werden könne. Calic weiter: Breiting habe anschließend kategorisch behauptet, alles vernichtet zu haben und der Partei beitreten zu wollen. »Aus vorhandenen Dokumenten geht hervor, daß die Zentrale der Gestapo in Leipzig ein Geheimverfahren einleitete. Breiting wurde beschuldigt, ein ›Judenknecht‹ zu sein, weil er mit Juden verkehrte. [...] Man machte Breiting zum Vorwurf, er hätte ›die höchsten Stellen auf unwürdige Weise betrogen und noch nach der Machtübernahme die Juden bevorzugt‹. Er wurde somit nicht in die Partei aufgenommen, man drohte ihm einen Prozeß an wegen Korruption und illegaler Bereicherung.«

Der Journalist Richard Breiting (1882–1937) also, Mitglied der bürgerlichen Deutschen Volkspartei (DVP), mit engen Kontakten zu Ernst Oberfohren, Fraktionschef der rechtsradikalen Deutschnationalen Volkspartei (DNVP). Breiting, »wohl ein rechter Mann, aber kein Nationalsozialist« *(Der Spiegel,* 7/1969), zunächst ab 1903 Redakteur bei den *LNN,* ab August 1922 Chefredakteur, gehörte somit »zu den einflußreichsten Männern Sachsens« *(Der Spiegel,* 37/1972). »Eine kommunistische Zeitung nannte ihn einmal den heimlichen Diktator Sachsens«, der die *LNN* »schon 1930/31 [...] auf einen wohlwollend-neutralen Kurs gegenüber Hitler gesetzt« habe (Sebastian Haffner).

Die zwei »nicht für die Öffentlichkeit bestimmten« vermeintlichen »Hitler-Breiting-Gespräche«, die am »4. Mai 1931« und »Anfang Juni 1931« stattgefunden haben sollen, hat Calic in »Ohne Maske« auf exakt 100 Seiten nach »Breitings Stenogrammen« dokumentiert. Die erste »Unterredung mit Adolf Hitler« beispielsweise habe sich in einem Arbeitszimmer neben dem »Senatorensaal« (im Braunen Haus, ehemals Palais Barlow in der Münchener Brienner Straße) zugetragen, und zwar laut Calic, unter Vorbehalt also, folgendermaßen: Breiting, in Begleitung von Alfred Detig (Münchener Korrespondent der *LNN),* wurde von Hitlers Privatsekretär Rudolf Heß empfangen, der ihm Hitler vorstellte. Dem wiederum Breiting versicherte, er habe zufällig in München zu tun und wolle ihn kennenlernen, denn als Journalist könne er »doch an einer Persönlichkeit wie Hitler nicht vorübergehen«. Im Gespräch ging es, mal im Dialog, oft Hitler seitenlang monologisierend, gegen Kommunisten, Bolschewisten, »sozialdemokratische Schmarotzer«, ging es um das »aussterbende« Bürgertum, das er bekämpfe, das er und die NSDAP nicht brauchten, das von Juden und »verjudeten Gesellen« bestimmt werde. Hitler würde kämpfen, »um dem deutschen Volk für die kommenden Jahrhunderte – ich betone für Jahrhunderte – ein neues, besseres Leben zu sichern«. Breiting schilderte Hitler mal als »erregt«, mal »höhnisch lachend«. Mal werfe er einen nachdenklichen Blick zur Decke, oder »plötzlich ändert er den Ton und antwortet sehr schroff«. Er beschrieb ihn als erregt mit rotem Kopf, dann schreiend, in größter Erregung. Am Ende des drei Stunden dauernden Gesprächs war Hitler »entspannt«, »scheint sich beruhigt zu haben, hat sich den Mund abgewischt«.

Golo Mann, Sohn von Thomas Mann, verfasste 1968 ein Vorwort zu »Ohne Maske« und fiel dort, sehr wahrscheinlich, doppelt rein, auf Hermann Rauschning (s. u.) und auf Breiting beziehungsweise Calic. Für ihn war Breiting ein »Konservativer, ein solider deutscher Bürger«, der sich von Hitler zugleich angezogen und abgestoßen fühlte. Angezogen von dem »grimmigen Feind des Kommunismus«, dem »Verächter der sozialen Demokratie«, Hasser des »Schanddiktates von Versailles«. »Abgestoßen: denn sein faszinierender Gastgeber ist doch ein wenig gar zu radikal. Antisemitismus, gut und schön; aber, nicht wahr, unter den Juden gibt es doch auch anständige Menschen. Antikommunismus, ausgezeichnet; aber wie denkt Hitler selber über die Heiligkeit des Privateigentums?« Im Gespräch mit Breiting sei Hitler zurückhaltender gewesen, so Golo Mann, sei nicht als »Mann des Chaos« aufgetreten wie gegenüber Rauschning. »Und so, durch eine unnachahmliche

Mischung von brutaler Ehrlichkeit und Kunst des Verbergens, erreicht er, was er will. Breiting geht tief beeindruckt von dannen. Einen solchen Politiker hat er noch nie erlebt. Das ist der kommende Mann!«

Weitere prominente Kommentatoren, die Calic folgten: Der bekannte deutsch-britische Schriftsteller und Publizist Sebastian Haffner schrieb 1969 in der *Zeit* unter dem Titel »Hitler als Verführer«, die Breiting-Texte seien »ein historisches Dokument ersten Ranges«. »In diesen beiden Gesprächen sehen wir Hitler in Aktion – und zwar nicht den Massenredner und Demagogen Hitler, sondern den Politiker Hitler, der im vertraulichen Gespräch alle seine Künste spielen läßt: werbend, überredend, einschüchternd, schockierend, verführend. Dokumente dieser Art, die Hitlers politische Methode illustrieren und die allein seine heute oft unbegreiflich scheinenden jahrelangen Erfolge erklären können, besaßen wir bisher nur wenige.« Und am Ende des Artikels ein damals aktueller Bezug:

> Es ist diese althergebrachte Schwäche des deutschen Bürgertums für die Rechte, die vor vierzig Jahren den Aufstieg der NSDAP erklärte. […] Es ist diese Schwäche, die ein neues Bündnis des Bürgertums mit einer aufstrebenden starken Rechtspartei […] am Ende eine Koalitionsregierung CDU-NPD durchaus nicht unmöglich erscheinen läßt – selbst auf die Gefahr hin, daß es damit dasselbe Ende nimmt wie 1933. Wie die Gespräche ungefähr verlaufen würden, worauf es in ihnen ankäme und wovon ihr Erfolg abhängen würde – dafür geben uns die Gespräche zwischen Hitler und Breiting einen immer noch aktuellen Anhaltspunkt. Wer rechtzeitig gewarnt sein will, tut gut daran, sie sorgfältig zu studieren.

Dann bezeichnete der anerkannte Schweizer Historiker Walther Hofer die Dokumente aus dem Leipziger Nachlass von Breiting als »sensationell«. Auch einem namentlich nicht genannten *Spiegel*-Autor kamen noch keine Zweifel. In dem Artikel »Deutsch und brutal« (*Spiegel*

Nr. 7/1969) darf Calic die Breiting-Notizen resümieren mit: »Aus den beiden Unterredungen ist ersichtlich, daß Hitler seine Pläne wie mit dem Rechenschieber vorauskalkulierte.« Und auch Joachim Fest nimmt in seiner Hitler-Biografie Bezug auf die Breiting-Gespräche 1931. Dazu die Ehrenerklärungen der Witwe Richard Breitings, des Enkels, der ehemaligen Sekretärin und von Oberregierungsrat a.D. Ludwig Krieger, die man am Ende von Calics Einleitung zu »Ohne Maske« findet und die alle die Authentizität der Dokumente bestätigen.

Anfang der 1970er-Jahre aber wurden verstärkt Zweifel daran laut. Dem britischen Historiker Hugh Trevor-Roper etwa fiel auf, dass Hitler schon 1931 Männer erwähnen sollte, die erst nach 1933 mächtig wurden, wie Roosevelt, Churchill und Kardinal Eugenio Pacelli, den späteren Papst Pius XII. Im *Spiegel* 37/1972 lautete der Untertitel: »Ein britischer Historiker bestärkte deutsche Kollegen in einem Verdacht: In der Bundesrepublik kursiert manipuliertes Material als Schlüssel-Dokument der Hitler-Forschung« (andererseits war es Trevor-Roper, der 1983 die gefälschten Hitler-Tagebücher im *Stern* als Gutachter mit Weltruf zu »99,5 Prozent« für echt erklärte). Weiter gab es Kritiker wie den Historiker und *Zeit*-Redakteur Karl-Heinz Janßen, den Politikwissenschaftler Eckhard Jesse und besonders Ministerialrat und »Amateurhistoriker« Fritz Tobias (»Das ist alles absurd«) und den Zeithistoriker Hans Mommsen (»Was hier Hitler zum Teil zugeschrieben wird, kann er nicht gesagt haben«), die auf andere inhaltliche Anachronismen verwiesen, die man bei Hitler/Breiting fand. Oder den Politologen Uwe Backes, der darauf hinwies, dass Hitler in den angeblichen Interviews den Begriff »Extremismus« benutzte, der aber in den 1930er-Jahren im deutschen Sprachgebrauch noch unüblich war. Seit den 1980er-Jahren hat sich nach einer zähen Historikerkontroverse die Position durchgesetzt, dass es sich bei den »Geheimgesprächen Hitler-Breiting« (weitgehend) um eine nachträgliche Fabrikation handelt; dass Herausgeber Calic die Protokolle entweder komplett erfunden oder die Originale erheblich erweitert habe beziehungsweise dass hier, wie Karl-Heinz Janßen in der *Zeit* (9.11.1979) zusammenfasste, »eine der unverfrorensten Geschichtsfälschungen dieses Jahrhunderts« vorliege.

Hinter diesem mysteriösen Fall gefälschter Hitler-Interviews findet man auch die Kontroverse um den Reichstagsbrand. Im Zentrum: wieder Edouard Calic. Literaturkritiker Karl Corino, Herausgeber von »Gefälscht! Betrug in Politik, Literatur, Wissenschaft, Kunst und Musik« (1988), schrieb im Vorwort: »Das Argument, bestimmte Fälschungen dienten einer guten Sache und ihre Enthüllung sei deswegen ›volkspädagogisch unwillkommen‹, dieses Argument kann man noch jetzt zu hören bekommen. So bei den Auseinandersetzungen um den Brand des Deutschen Reichstages 1933. Gewissen Universitätslehrern und Publizisten zufolge ist es besser, wenn die Nazis als Brandstifter gelten, selbst um den Preis eklatanter Fälschungen.«

Noch mal Karl-Heinz Janßen. In seinem *Zeit*-Artikel »Die Eigentore des Herrn Calic« schrieb er zu einem *Tagesspiegel*-Stück des Historikers Jürgen Schmädeke, Verbündeter des Luxemburger Komitees, das beweisen wollte, dass Nazis hinter dem Reichstagsbrand steckten: »Es ist der falsche Weg, die NS-Vergangenheit zu bewältigen, indem man aus politischen Gründen und nach moralischen Kriterien die Zeitgeschichtsforschung in eine bestimmte Richtung lenken, also der historischen Wahrheit nur die Ehre geben will, wenn sie die eigenen Vorurteile bestätigt.« Wobei: Endgültig und zweifelsfrei geklärt sind die Hintergründe des Reichstagsbrandes nach wie vor nicht.

Schon 1939 kamen die »Gespräche mit Hitler« von Hermann Rauschning heraus, zuerst auf Französisch (»Hitler m'a dit. Confidences du Führer sur son plan de conquête du monde«) und Englisch (»Hitler Speaks. A Series of Political Conversations with Adolf Hitler on his Real Aims«). Im Jahr darauf folgte die deutsche Fassung (»Gespräche mit Hitler«, Zürich 1940), eine US-amerikanische (»The Voice of Destruction«, New York 1940), dann auch in weiteren europäischen Ländern, und in Kanada, Südamerika, Palästina, der Türkei. Professor Golo Mann irrte nach Breiting/Calic ein zweites Mal, als er in seinem 1968er Vorwort zu

Calics »Ohne Maske« schrieb: »Als die instruktivsten Gespräche, die Hitler in den Jahren vor der Machtergreifung führte [Rauschning sagte, seine Gespräche mit Hitler hätten 1932 bis 1934 stattgefunden, L. H.], sind mir immer jene erschienen, die Hermann Rauschning 1939 publizierte. Den Senats-Präsidenten von Danzig, damals selber Nationalsozialist, ließ Hitler am tiefsten in seine Seele blicken. Darum ist in diesen Gesprächen so reichlich vom ›nächsten Krieg‹ die Rede.« Schon in Golo Manns Vorwort in der Neuauflage von Rauschnings »Die Revolution des Nihilismus« (1964, zuerst 1938) waren die »Gespräche mit Hitler« eine »Meisterleistung publizistischer Brillanz« gewesen.

Mann war nicht der Einzige, dem solch ein Fauxpas passierte, als er der Fälschung aufsaß. Rauschnings »Gespräche mit Hitler« hätten »ganze Generationen historisch interessierter Zeitgenossen und ungezählte Historiker in die Irre geführt. Seine falschen Hitler-Zitate stehen bis heute in den Schulbüchern. [...] Allein in der Hitler-Biographie von Joachim Fest werden Rauschnings erfundene Gespräche und Aussprüche mehr als fünfzigmal zitiert.« (Karl-Heinz Janßen: »Kümmerliche Notizen«, *Zeit* Nr. 30/1985) Oder der britische Hitler-Biograf Alan Bullock; auch er nahm Rauschning jedes Wort ab. Oder Ferdinand Kuhn jr. (1905–1973), Amerikaner in zweiter Generation, der in seiner Rezension (*New York Times*, 18.2.1940) von »The Voice of Destruction«schrieb: »Ein neues Rauschning-Buch von albtraumhafter Qualität«, »das uns das Blut in den Adern gefrieren lässt«. Er nannte ein »Hitler-Zitat«, an das Autor Rauschning sich offenbar besonders lebhaft »erinnern« konnte: »Es kann sein, dass wir zerstört werden. Aber wenn das passiert, werden wir eine Welt mit uns herunterziehen – eine Welt in Flammen.« Einige *NYT*-Seiten weiter stand eine Verlagswerbung: »Rauschning's startling new book smashes the wall of secrecy that hides the true Hitler!« (»Rauschnings aufsehenerregendes neues Buch zerschlägt die Mauern der Geheimhaltung, die den wahren Hitler verbergen!«)

Hermann Rauschning, geboren 1887 im westpreußischen Thorn, Abkömmling von Großgrundbesitzern und preußischen Offizieren, studierter Germanist und Historiker (in Berlin), Dr. phil., Freimaurer, ehrgeizig. Nationalkonservativer, der Demokratie und Parlamentarismus verachtete. NSDAP-Mitglied seit 1932, SS-Standartenführer, Senatspräsident (Ministerpräsident) von Danzig seit Juni 1933. Mit dieser steilen Karriere aber ging es zu Ende, als sich Spannungen und Streit mit dem deutlich jüngeren Danziger Gauleiter Albert Forster (geb. 1902, 1952 hingerichtet in Warschau) ergaben. Verzweifelt versuchte Rauschning einer drohenden Abberufung zu entgehen und wandte sich auch an Hitler persönlich, doch umsonst. Forster gewann.

Im November 1934 wurde Arthur Greiser neuer Senatspräsident, Rauschning musste zurücktreten. »Zu seinem Glück [...], weil er sonst wie sein [1946 gehängter] Nachfolger Greiser sein Leben beendet hätte, anstatt im gesegneten Alter von 94 Jahren 1982 im Bett«, so Fritz Tobias in seinem Rauschning-Kapitel in Karl Corinos »Gefälscht!« (1988). Fritz Tobias (1912–2011), niedersächsischer Ministerialrat, bekannt durch Forschungen zum Reichstagsbrand vom 27. Februar 1933, vertrat immer eloquent die Überzeugung, Rauschning habe die »Gespräche« erfunden. Nach dem erzwungenen Abgang emigrierte Rauschning 1935 erst nach Polen, weiter in die Schweiz, nach Frankreich, England, in die USA. Nachdem er 1938 wie erwähnt »Die Revolution des Nihilismus« veröffentlicht hatte, kamen im Folgejahr die »Gespräche mit Hitler« heraus: eine »einzigartige Möglichkeit der Rache Rauschnings an Hitler, Forster und Konsorten. [...] Nach alledem wird man Hermann Rauschning geradezu als den typischen Renegaten bezeichnen können, der sich erst zu einem wütenden NS- und Hitlergegner wandelte, nachdem er endgültig verschmäht worden war«, so Tobias.

Golo Mann schrieb, Hitler habe Rauschning »am tiefsten in seine Seele blicken« lassen. Das war natürlich nicht der Fall. Der Ex-Senatspräsident von Danzig hatte Hitler vielleicht drei- oder viermal getroffen, nie allein und bestimmt nicht »mehr als hundertmal«, wie er vorgab. Dazu kam, dass so manches, von dem Rauschning 1938 behauptet hatte, es seien nahezu wörtlich wiedergegebene Hitler-Worte, von Hitler nach Kriegsbeginn umgesetzt wurde. Niemand zweifelte dann mehr an der Authentizität der »Gespräche«. Weiter steckte neben der Rache auch bestimmt ein finanzieller Aspekt dahinter. Zwar gelang es dem Propagandaministerium, das Buch in neutralen Ländern (Schweiz, Dänemark, Schweden, Jugoslawien) zu verbieten. Im *feindlichen Ausland* aber erhielt Rauschning für seine Fälschung mit 125.000 französischen Francs einen »sagenhaft hohen Vorschuß« (K.-H. Janßen zufolge »mehr als jemals ein Autor in Frankreich für ein Buch bekommen hatte«). Bis zum deutschen Einmarsch in Frankreich im Juni 1940 wurden 219.000 Exemplare verkauft.

In einer Rezension für *H-Soz-Kult* schrieb Bernd Lemke vom Militärgeschichtlichen Forschungsamt 2006: »Nach ihrer Herausgabe kurz nach Beginn des Zweiten Weltkriegs als Sensation sondergleichen ›gefeiert‹, dann zunehmend kritischer betrachtet und schließlich geradezu vernichtet, fristet das Werk heute zumindest in der Wissenschaft ein regelrechtes Schattendasein, gebrandmarkt als Fälschung.« Denn fünfundvierzig Jahre nach Erstveröffentlichung, ein Jahr also nach dem Kujau-Skandal um die gefälschten Hitler-Tagebücher 1983, stellte der revisionistische Schweizer Bezirksschullehrer Wolfgang Hänel fest: »Hermann Rauschnings ›Gespräche mit Hitler‹ – Eine Geschichtsfälschung«. Rauschning habe »in seinen vielen Veröffentlichungen nur immer auf Zitate aus Hitlers *Mein Kampf* zurückgreifen oder sich auf luftige Spekulationen und Kombinationen beschränken müssen«.[126] Tobias schrieb von »Widersprüchen«, »Unsinnigkeiten«, »dreisten Unwahrheiten«, »grob erfundenen Fälschungen« bei Rauschning. Wie etwa in dem berühmt-berüchtigten 18. Kapitel »Hitler privat« (in der Schweiz wurde es zensiert, um Hitler nicht zu provozieren), in dem von nächtlichen Teufelserscheinungen die Rede ist: »Taumelnd habe er im Zimmer gestanden, irr um sich blickend. ›Er! Er! Er ist dagewesen‹, habe er gekeucht. Die Lippen seien blau gewesen. Der Schweiß habe nur so an ihm heruntergetropft. […] Dann habe er plötzlich losgebrüllt: ›Da, da! In der Ecke! Wer steht da?‹ Er habe aufgestampft, habe geschrien, wie man das an ihm gewohnt sei.«

Ein erster Kritiker und Zweifler hatte sich schon direkt nach Erscheinen der »Gespräche« gemeldet. Friedrich Stampfer, zuvor Chefredakteur des »SPD-Zentralorgans« *Vorwärts*, hatte Rauschning »einen Sensationsschriftsteller niederer Art« genannt, der persönliche Erinnerungen an Hitler »verhökert« und dabei Wahrheit und Dichtung vermischt habe. Der Stuttgarter Historiker Eberhard Jäckel wollte 1969 Rauschnings Texte nicht mehr »als primäre Quelle« nutzen. Andere Forscher dagegen sprachen sich für einen differenzierteren Umgang mit der Rauschning-Quelle aus, Theodor Schieder vor allem, »Nestor der deutschen Neuhistoriker« (K.-H. Janßen). Laut ihm blieben Rauschnings »Gespräche mit Hitler« ein »Dokument von unbezweifelbarem Quellenwert insofern, als sie Deutungen enthalten, die aus unmittelbarer Einsicht erwachsen sind«. Heute ist es allgemein Konsens in der Forschung, dass es sich bei den »Gesprächen« um nicht mehr als »gut erfundene[s] Propagandamaterial gegen den NS« handelt.[127]

Der 1913 geborenen Inga Arvad wurde zunächst von der *Berlingske Tidende* (Kopenhagen), weltweit eine der ältesten Zeitungen, 1931 der Titel der dänischen Schönheitskönigin zugesprochen. Bei der anschließenden Wahl zur Miss Europe in Paris blieb sie ohne Erfolg. Das *beauty business* erschien ihr ohnehin langweilig, und so heiratete sie zum ersten Mal: den fünf Jahre älteren ägyptischen Adeligen Kamal Abdel Nabi. Die Ehe dauerte allerdings kaum zwei Jahre, Anfang 1933 verließ sie Kairo und kehrte zurück nach Kopenhagen. 1936 folgte eine weitere (1942 geschiedene) Hochzeit, jetzt mit dem ungarischen Regisseur Paul Fejos (1897–1963); für ihn die dritte von vier Ehen, für sie die zweite von drei. 1934 hatte sie unter ihm Erfahrungen als Schauspielerin gemacht, in dem Kinoflop »Flugten fra millionerne« (»Millions in Flight«), orientierte sich dann um und fand ihre Bestimmung im Journalismus. Im Frühjahr 1935 gelang es ihr, sich als Berlinkorrespondentin der konservativen dänischen Wochenzeitschrift *Vore Damer* (Unsere Damen) auszuweisen. Schwerpunkte: *News* aus dem Theater- und Filmbereich, Reiseberichte, *personalities*. Arvad ging es in Berlin also mehr um *human interest* als um Politik und in letzter Konsequenz um nichts weniger als um ein Exklusivinterview mit Hitler.

Die dänische Schönheitskönigin und Gelegenheitsjournalistin Inga Arvad (1913–1973) münzte Zufallsbegegnungen mit Adolf Hitler bei den Olympischen Spielen 1936 zu »Interviews« mit dem NS-Diktator für die dänische Presse um, was auch zu Irritationen im deutschen Auswärtigen Amt führte. Ihre Romanze mit dem jungen John F. Kennedy führte 1941 zu einer Intervention von FBI-Chef J. Edgar Hoover, der JFK und »Inga Binga« bespitzeln ließ, weil er Arvad für eine NS-Spionin hielt. Inga Arvad heiratete in dritter Ehe 1946 den Cowboy-Darsteller Tim McCoy und starb 1973 auf ihrer Ranch in Nogales (Arizona).

Auszüge aus der ziemlich reißerischen Biografie »Inga« von Scott Farris:[128] »1935 schienen die Nazis eine fast unglaublich positive Veränderung Deutschlands erreicht zu haben. Sie hatten einem Land, das zuvor von kriegerischen Milizen verwüstet worden war, Stabilität gebracht, und Hitler war wohl das populärste Staatsoberhaupt der Welt.« »Über Hitler zu tratschen, galt als geschmacklos. Darüber hinaus gab es wenig zu tratschen, sagte Inga, außer dass er Wagner liebte oder dass er das gleiche Theaterstück dutzende Male besuchte und bei jeder Aufführung schallend lachte.« Weiter: »In Berlin wurde Inga schnell bekannt als ehemalige Schönheitskönigin und Schauspielerin, problemlos bewegte sie sich in den gesellschaftlichen Kreisen der Nazis. […] Inga genoss die Aufmerksamkeit und fühlte sich willkommen.« Dann lief es über den Kontakt mit der Schauspielerin Emmy Sonnemann (1893–1973), die am 10. April 1935 Hermann Göring heiratete. Arvad war auf der Hochzeit anwesend (Hitler war Trauzeuge, Reichsbischof Ludwig Müller predigte: Jesus war Arier, kein Jude), lernte dort Goebbels kennen, der anschließend ein »Interview« mit Hitler organisierte.

Scott Farris schreibt, das erste Treffen habe am frühen Abend des 17. Oktober 1935 stattgefunden. Die SS-Wachen am Eingang der Reichskanzlei hätten die zweiundzwanzigjährige Arvad schwer beeindruckt: »Die größten und hübschesten Soldaten, die man in Deutschland finden konnte«. Zu Hitlers Büro: »Die Dimensionen des Raumes konnte man kaum erfassen.« Dann trat er ein:

> Ihr erster Eindruck war, dass der Führer außerordentlich schüchtern wirkte. Hitlers Gesichtsausdruck wurde weicher, als er Inga zu erkennen schien, da er sie auf Görings Hochzeit kennengelernt hatte. […] Hitler konnte im Umgang mit Frauen galant, ja sogar charmant sein, und als er Inga zu einem großen Sessel führte, bemerkte er, dass Inga das vollkommenste Beispiel nordischer Schönheit sei, das er je gesehen habe. Es war ein Kompliment, das Inga verfolgen sollte. […] Nun waren Hitler und Inga für die nächsten anderthalb Stunden allein.

Was folgte, war eine gesellschaftliche, unverbindliche Konversation, die nachher als Interview ausgegeben wurde. Und an die Inga Arvad sich, laut Farris, wie folgt erinnerte: »Allmählich wurden wir warm und lehnten uns bequem in unseren Stühlen zurück. Er wurde überaus menschlich, sehr freundlich, sehr charmant, als ob er nichts Wichtigeres auf dieser Welt zu tun hätte, als mich davon zu überzeugen, dass im Nationalsozialismus die Rettung der Welt liegt.« Im Gegensatz zu den meisten Journalisten, habe er bei Inga nicht einfach einen Monolog abgehalten; sie und Hitler hätten »ein echtes Gespräch« geführt. Sie habe ihn gefragt, warum er Vegetarier sei, warum er nicht verheiratet sei. Hitler antwortete, mit einem Privatleben habe er schon vor vielen Jahren aufgehört. Dass er aber manchmal auch gerne ein normaler Bürger wäre, der seine Jacke anzieht und in den Parks spazieren geht. Und Inga war »begeistert von seiner Freundlichkeit«.

Arpads Artikel mit der Überschrift »Eine Stunde mit Adolf Hitler« erschien am 1. November 1935 in der *Berlingske Tidende.* »Man mag ihn sofort«, so Arvad. »Er scheint einsam zu sein. Die Augen, die zartherzig sind, schauen einen direkt an. Sie strahlen Kraft aus.« In der dänischen Botschaft in Berlin wurde Arvads Exklusivinterview aber nicht so gewürdigt, wie sie es sich gewünscht hatte. Presseattaché Per Faber bezeichnete Arvad nur als ehemalige Schönheitskönigin. Seine Theorie sei gewesen, so Scott Farris, »dass die *Berlingske Tidende* sie benutzte, um Zugang zu den Orten zu erhalten, an denen sich die Dame offen bewegen kann, während es den Nazis mit Inga um Propagandazwecke ging«.

Auch wenn sie danach nicht oft in Berlin war, wurde Arvad am 9. August 1936 zu den Olympischen Spielen eingeladen. Und, wie sich in Farris' »Inga«-Biografie zeigt, vor den Ereignissen im Olympiastadion zu einem hochexklusiven, privaten Mittagessen mit Hitler in der Reichskanzlei (»Er hatte angeordnet, alle Lebensmittel sollten aus Dänemark kommen«). Zwischen den Gängen führte sie ein zweites Interview. Darüber etwa, dass die *Naziphilosophie* eher eine klassische Rolle von Frauen als Mutter und Hausfrau vorsehe (Hitlers Antwort: »Wie sehr Sie sich irren! Wir haben eine große Anzahl von Frauen, die in hohen Positionen arbeiten«). Er sprach über die vielen Pläne, die ihn seit vielen Jahren beschäftigten. Darüber, dass er gerade deshalb den Frieden in Europa brauche, um sie zu verwirklichen. Dass er es »höchstwahrscheinlich nicht mehr erleben werde, dass alle unsere Pläne in die Tat umgesetzt werden, aber die nächste Generation wird sie weiterführen. Ich werde tun, was ich kann.« Dann fragte sie nach einem geheimen Wunsch. Hitler: »Ja ... ich würde gerne reisen. Leider sieht es nicht so aus, als ob ich jemals die Zeit dazu haben werde.«

Am Nachmittag des 9. August saß Arvad in Hitlers Privatloge im 120.000 Zuschauer fassenden Olympiastadion und sah, wie Jesse Owens sein viertes Gold gewann, als Startläufer der US-amerikanischen 4 × 100-Meter-Staffel. Zuvor hatte Hitler ihr ein signiertes Foto in einem schweren Silberrahmen gegeben mit der Aufschrift »Für Inga Arvad, in freundlichem Gedenken an Adolf Hitler«. Man fragt sich, ob die Normalität und Sympathie, die bei Hitler im Dialog mit der jungen, attraktiven, im Rückblick naiven Inga Arvad durchscheint, nicht umso gespenstischer wirkt.

Bald darauf erhielt Arvad auf einer Party in Berlin die Offerte eines hochrangigen Nazis, für Deutschland in Paris zu arbeiten – offensichtlich als Spionin. Arvad erschrak, flog sofort nach Kopenhagen, dann nach Südostasien mit Paul Fejos (noch ihr Mann), siedelte schließlich Ende Februar 1940 an Bord der S. D. Conte di Savoia über nach Nordamerika. Die, wie deutlich wird, sehr ambitionierte Inga Arvad bewarb sich an der renommierten Graduate School of Journalism der New Yorker Columbia University, wurde zugelassen und lernte auch, dass es keine gute Idee war, in den USA mit ihrem Foto mit Hitler-Widmung anzugeben. Arthur Krock, Kolumnist der *New York Times*, den sie einfach auf dem Broadway angesprochen hatte (Zitat Krock: »Ich war wie betäubt von ihrer Schönheit«), vermittelte ihr einen Posten bei der konservativen *Times-Herald* in Washington, wo sie am 12. Juni 1941 anfing.

Über ihre neue Arbeitsstelle ergab sich ein zweites Aufeinandertreffen von Arvad mit einem, neutral formuliert, für die Weltgeschichte bedeutsamen Mann. Es war Kathleen Kennedy, auch bei der *Times-Herald* tätig, die den Kontakt zwischen Inga Arvad und ihrem Bruder John Fitzgerald (1917–1963), genannt Jack, vermittelte. In ihrer täglichen *Times-Herald*-Kolumne porträtierte Inga dann auch John F. Kennedy (»Junge mit Zukunft«), fand Gefallen an dem vier Jahre Jüngeren, sagte, er sei »erfrischend, weil er weiß, was er will. Er hat klare Motive.« Oder: »Wenn er einen Raum betrat, wusste man, er ist da […], indem er gleichsam einen tierischen Magnetismus ausstrahlte.« (Zitate aus der JFK-Biografie von Robert Dallek) Eine heftige Affäre entwickelte sich, doch zum einen würden die Kennedys eine nicht katholische Frau – Arvad war eine evangelische Dänin – nie als Jacks Ehefrau akzeptieren. Dazu kam, dass *resident alien* Arvad beziehungsweise ihr Hitler-Interview (und natürlich sein Spruch: »vollkommenstes Beispiel nordischer Schönheit«) auch Edgar Hoovers FBI aufgefallen war. Was während des Zweiten Weltkriegs unweigerlich zu dem Verdacht führte, dass sie eine Nazispionin war. Die Affäre mit John F. Kennedy fand im März 1942 ein Ende.

Schon zuvor übrigens, Mitte der 1930er-Jahre, sei das dänische Botschaftspersonal in Berlin laut Scott Farris verblüfft gewesen, wie Arvad ein privates Interview mit Hitler bekommen konnte. Botschafter Herluf Zahle damals zum dänischen Außenministerium: Arvads bisherige journalistische Erfahrung habe sich auf eine Reihe von »ziemlich einfachen Interviews mit ein [p]aar Ministerialdamen« beschränkt. Weiter Scott Farris: Zahle habe auch Gerüchte erwähnt, »die er von einem deutschen Diplomaten gehört hatte, wonach Inga einige nicht ganz so feine Maßnahmen ergriff, um Zugang zu hochrangigen Nazi-Beamten zu erhalten. Die Gerüchte, Inga sei Hitlers Geliebte, waren so weit verbreitet, dass sie in Ingas FBI-Akte vermerkt wurden.« Beweise dafür fand man allerdings nicht. Ihre Vergangenheit in Berlin schadete Arvad weder beruflich noch ihrem gesellschaftlichen Ansehen in den USA. Ihren privaten Mittagstermin mit Hitler hat Arvad gegenüber dem FBI natürlich nie erwähnt. Sie gab jedoch zu, während der Olympischen Spiele in Hitlers Loge gesessen zu haben, wobei sie darauf hinwies, dass sie nicht direkt neben ihm saß und dass sich viele andere in der Loge befanden.

Im Mai 1945 verlobte sie sich mit Robert Boothby, einem britischen Parlamentsabgeordneten. Sie hatten sich in Los Angeles kennengelernt, er schickte ihr einen zwanzigseitigen Brief und bat sie, ihn nach seiner Rückkehr nach England zu heiraten. Doch daraus wurde nichts, noch einmal wegen des Hitler-Spruchs mit der »perfekten nordischen Schönheit« (obwohl er sich einige Wochen zuvor erschossen hatte) und wegen der Auswirkungen, die dies auf Boothbys politische Karriere haben könnte. Die *Los Angeles Times* titelte am 24. Mai 1945: »Kompliment von Hitler beendet Romanze mit M. P.«. 1946 oder 1947 heiratete Inga Arvad in dritter Ehe den US-Schauspieler Tim McCoy, hauptsächlich bekannt für Rollen in zweitklassigen Western. Sie starb 1973, schon mit sechzig Jahren, auf einer Ranch in Arizona an Krebs.

Schließlich Richard Helms. Von Januar 1966 bis Februar 1973 war der *»dashing spymaster«*, also der »elegante Meister der Spionage«, Helms (1913–2002) CIA-Chef beziehungsweise »Director of Central Intelligence« unter den Präsidenten Lyndon Johnson und Richard Nixon. Am Anfang seiner Karriere beim Geheimdienst, im Weltkrieg 1942, arbeitete er im OSS, zeitweise in Deutschland. Das OSS ging dann nach dem Krieg auf im Office of Special Operations (OSO), aus dem 1947 die Central Intelligence Agency (CIA) wurde. Für den Deutschlandposten hatten ihn nicht zuletzt seine guten Deutschkenntnisse qualifiziert. Sein Großvater war deutscher Auswanderer, er war in der Schweiz und Süddeutschland zur Schule gegangen, und schon zuvor war Helms in Deutschland beruflich tätig gewesen.

Denn 1935 fand er eine Anstellung bei der US-Nachrichtenagentur United Press. Erst in London, dann zu Thanksgiving (Ende November 1935) in Berlin. Und hier begann seine eigentliche journalistische Ausbildung, unter dem Auslandskorrespondenten und lokalen UP-Chef Frederick Oechsner. Er fand ein günstiges Apartment am Wittenbergplatz und lernte, meistens in der »Taverne«, all die anderen besten *newsmen* in Deutschland kennen (H. R. »Red« Knickerbocker, William »Bill« Shirer, Louis Lochner, Ralph Barnes, H. V. Kaltenborn), wie er sich in seiner Autobiografie »A look over my shoulder: a life in the Central Intelligence Agency« erinnert (2003). Er übersetzte Hitlers Reden für lateinamerikanische UP-Kunden, vor allem für *La Prensa* in Buenos Aires, oder wichtige Artikel aus der deutschen Presse.

Außerdem hatte sich im September 1936, angeblich, ein Interview von dem dreiundzwanzigjährigen Helms mit Hitler ergeben, anlässlich des Reichsparteitags in Nürnberg. Das Gerücht über das Hitler-Interview fand sich später in zahlreichen Presseclips wieder. David Wise etwa (1930–2018), fleißiger Buchautor über Geheimdienst- und Spionagethemen, schrieb am 29. Dezember 1974 in der *New York Times:*

> 1936 gelang es Richard McGarrah Helms, damals ein junger Reporter der United Press, Adolf Hitler zu interviewen. Während des Mittagessens sprach Herr Hitler drei Stunden lang. Auf die Frage, wie er die Nazi-Kundgebung in Nürnberg inszeniert habe, antwortete Hitler, dass die Delegierten mit Sonderzügen hergebracht worden seien; was auch eine perfekte Übung für die Eisenbahn im Falle einer Mobilmachung sei. Das war eine interessante Information für den zukünftigen Chef der CIA. Helms erinnerte sich drei Jahrzehnte später, nachdem Präsident Lyndon B. Johnson ihn zum Leiter des amerikanischen Nachrichtendienstes und Spionagenetzes ernannt hatte, gerne an diese Begebenheit und an andere Details des Gesprächs.

In einem Nachruf der Associated Press hieß es 2002:

> Der große, hagere Tennisenthusiast mit dem distanzierten Auftreten blieb auch nach seinem Ende bei der CIA Teil der Geheimdienstwelt. Agenten wandten sich oft an ihn, wenn sie Probleme hatten. […] Richard Helms wurde am 30. März 1913 in St. Davids,

Pennsylvania, geboren. Er schloss 1935 sein Studium am Williams College ab, als Mitglied der US-akademischen Ehrengesellschaft *Phi Beta Kappa*. Danach arbeitete er in Europa als Reporter der United Press und wurde bekannt durch sein Exklusivinterview mit Adolf Hitler.

In den *Tampa Times* stand in einem weiteren Helms-Nachruf am 24. Oktober 2002 (Titel: »Der Mann, der Geheimnisse für sich behielt«): »Richard Helms wurde […] als Sohn eines leitenden Angestellten von Alcoa und als Enkel eines führenden internationalen Bankiers geboren. Er wuchs in South Orange, N. J., auf und studierte während der High School zwei Jahre lang in der Schweiz, wo er Französisch und Deutsch lernte. […] Er ging als Reporter für United Press nach Europa. Sein größter Erfolg, wie er sagte, war ein Exklusivinterview mit Adolf Hitler.« Dann Jay Nordlinger im *National Review* (13.9.2019): »Ich hatte einmal einen Briefwechsel mit Helms – kurz, aber erfreulich. Später sah ich ihn bei einer Veranstaltung in Washington. Zu diesem Zeitpunkt saß er bereits im Rollstuhl. Charles Krauthammer sagte zu mir: Sie müssen mit Richard Helms reden. Er hat Hitler interviewt, wissen Sie. Tatsächlich, das hat er 1936. Helms war 23 Jahre alt und Europakorrespondent für UPI.«

Helms selbst relativierte die Sache. Sicher, er hatte vom Reichsparteitag berichtet. In seiner Autobiografie[129] schrieb er über die perfekte Inszenierung, über die Fahrt zum Luitpoldhain in einem »offenen Mercedes«, neben einem schwarz uniformierten SS-Fahrer, hinten saßen Rassenideologe Alfred Rosenberg und ein polnischer Reporter. Zum Luitpoldhain, wo »zehntausende Nazis in Militärformation auf den Führer warteten«. Schrieb dann über die Fahrt zur Nürnberger Burg, nach der Kundgebung, direkt hinter Hitlers massivem Horch-Mobil. Über Hakenkreuz-Fahnen an jedem Gebäude, jubelnde Menschenmassen, zum Nazi-Gruß erhobene Kinderarme, über den bezaubernden, hypnotisierenden Eindruck, den das alles auch auf ihn machte. Über die *intoxication* des deutschen Volkes.

Oben auf der Burg kümmerte sich Helms in seinem Text vor allem um Äußeres. Man plauderte mit Rudolf Hess und Joachim von Ribbentrop, Hitler trat hinzu: »Aus der Nähe wirkte Hitler kleiner und weniger beeindruckend als aus der Ferne. Feines, dunkelbraunes Haar, am Scheitel leicht ergraut; hellblaue Augen. Sein ordentlich gestutzter Schnurrbart war leicht angegraut. [...] Die untere mit Gold umrandete Zahnreihe war vielleicht falsch.« Sein Auftreten sei angenehm gewesen, wenn auch nicht gerade entspannt, seine Knie hätten sich nervös hin und her bewegt. Einer habe gefragt, warum man die jährlichen Feierlichkeiten des Parteitags so spektakulär inszenieren würde. Hitler habe gelächelt: »Teile der Partei in ganz Deutschland arbeiten das ganze Jahr über hart für mich und für die Sache. Was soll ich tun? Geldpreise würden die Staatskasse sprengen. Also bringe ich die Tüchtigsten für ein paar Tage hierher, gebe ihnen diese Show und eine Chance, uns alle kennenzulernen. Sie selbst zahlen ihre eigenen Ausgaben. [...] Sie gehen angeregt nach Hause und sind bereit, wieder für mich zu arbeiten.« Dann: »Außerdem ist das genau die Art von Übung, die die Reichsbahn im Falle eines Krieges durchführen müsste.« Das Wort »Krieg« blieb Helms im Gedächtnis. Das ganze Aufeinandertreffen mit Hitler nimmt im Buch vielleicht eine Seite in Anspruch. Kein Exklusivinterview, aber immer wieder schmückendes Beiwerk in der Biografie von »Dick« Helms.

9

»Nazi Megaphone«

Der Diplomat als Journalist: das Hitler-Interview von John Cudahy (1941)

»Was immer man von Hitler denken mag, keiner kann abstreiten, dass er ein Meister der Propaganda ist. Und keiner kann abstreiten, dass er ein Meister der Lüge ist. Keiner kann abstreiten, dass er ein Meister darin ist, Gehirne zu vereinnahmen. Jedenfalls keiner außer John Cudahy, unser früherer Botschafter in Belgien, und andere schlichte Gesellen.«

Harold L. Ickes, US-Innenminister
(*New York Times*, 10. Juni 1941)

Anfang September 1943 wurde in Brown Deer, nahe Milwaukee, Wisconsin, ein Rancher von einem seiner Lieblingspferde abgeworfen, das vor einem Graben gescheut hatte. Ein Nachbar sah das herrenlos umhergaloppierende Tier und war alarmiert. Wenig später wurde der Rancher tot aufgefunden – Genickbruch. Der tote Mann war *John Clarence Cudahy*, Jahrgang 1887, vermögender Immobilieninvestor und Erbe eines der führenden Unternehmen in der fleischverarbeitenden Industrie, Autor und Diplomat. In den Roosevelt-Regierungen war er sukzessive US-Botschafter in Polen, Irland, Belgien und Luxemburg gewesen, immerhin sieben Jahre lang, von 1933 bis 1940.[130] Die *Sheeboygan Press* bezeichnete ihn in ihrem Nachruf mit einem gewissen Lokalstolz »wegen seiner Größe von über einem Meter achtzig, dem grauen Haar und den stechenden blauen Augen als attraktivsten Botschafter der USA«. Aber auch in den überregionalen Tageszeitungen wie der *New York*

Times wurde der unerwartete Tod des Ex-Botschafters stark beachtet. John Cudahy war der letzte Abgesandte eines US-Medienkonzerns (der *Time-Life*-Gruppe von Henry Luce, in in diesem Fall in Kooperation mit der North American Newspaper Alliance), mit dem Adolf Hitler in seinem Leben zusammentraf, auf dem Berghof, am 23. Mai 1941.

Es war überhaupt das letzte Face-to-face-Interview des »Führers« mit einem Auslandskorrespondenten. Cudahy, nicht mehr im diplomatischen Dienst, seit Längerem über den Eintritt der USA in den Krieg mit Präsident Roosevelt über Kreuz, allgemein als »Isolationist« und zeitweiliger Promotor der »America First«-Bewegung gehandelt, hatte sich von *Time Life* als Berichterstatter anheuern lassen, um noch einen gewissen Rest von Bedeutung zu bewahren. Und es ist einer der vielen ironischen Twists dieses Interviews, dass der virile, gut aussehende Cudahy in seinen besten Mannesjahren, wie man damals gern sagte, noch vor Hitler zu Tode kam, während sein psychophysisch ramponierter Interviewpartner noch etwas länger durchhielt.

> Cudahy findet, Hitler sei sehr angespannt; beschreibt ihn als blass und müde; erklärt, der Nazi-Diktator habe beim Interview magenkrank und hundemüde gewirkt – berichtet von seiner leblosen weißen Hand und dem ergrauenden Haar.

Mit diesen Nachrichten über Hitlers Gesundheitszustand machte die *New York Times,* an die das Interview sublizenziert worden war, ihren Bericht über das Cudahy-Hitler-Gespräch am 10. Juni 1941 auf. Es ist eine Einzelanalyse wert, nicht nur, weil es im Grunde Hitlers letztes Interview war, sondern weil wir über das Zustandekommen und das Personal, das involviert war, ziemlich gut Bescheid wissen und – noch relevanter – weil es sich als komplettes Desaster erwies, mehr noch für den Fragesteller als für Hitler. Der hatte denn auch das ganze Interview, sobald es beendet war, für ziemlich sinnlos erklärt; »er hielt das Interview für Zeitverschwendung, denn egal, was er sagte, die amerikanische Presse würde es verzerren«, erinnerte sich Cudahy.

John Clarence Cudahy (1887–1943), vermögender Unternehmer, Diplomat und lange Zeit überzeugter US-»Isolationist«, ließ sich 1941 von der Illustrierten »Life« für ein Hitler-Interview anheuern. Hitler hatte dem Treffen mit Cudahy auf dem »Berghof« nur widerwillig zugestimmt; er versprach sich von solchen Treffen angesichts der geo- und militärpolitischen Lage realistischerweise nichts mehr.

Der Zeitpunkt des Treffens mit einem nicht sonderlich einflussreichen Ex-US-Botschafter (und auch noch einem prononcierten Freund des von den Deutschen als »Luxusgefangener« gehaltenen belgischen Königs Leopold III.) Mitte Mai 1941 war für den Diktator lästig und unangenehm. Ein paar Tage zuvor war Rudolf Heß, einer der wenigen Duzfreunde Hitlers, Altparteigenosse, rabiater Antisemit und einer der unangenehmsten NS-Hysteriker, mit seiner Messerschmidt Bf-110 nach Schottland geflogen, ganz allein. Die selbst konstruierte »welthistorische Friedensmission« des »Führer«-Stellvertreters, Haushofer-Schülers und Astrologiebegeisterten hatte sich zwar in jeder Hinsicht als Bruchlandung erwiesen, hielt aber vor allem den NS-Propaganda-Apparat tagelang in Atem. Goebbels schrieb am 13. Mai 1941 in seinem Tagebuch: »Der Führer ist ganz zerschmettert. Welch ein Anblick für die Welt: ein geistig zerrütteter zweiter Mann nach dem Führer. Grauenhaft und unausdenkbar. Jetzt heißt es, Zähne zusammenbeißen.« Der deutsche Propagandaminister hatte sich aber, wie üblich, schnell wieder gefangen und machte sich über sein britisches Pendant, Duff Cooper, lustig, weil der es nicht verstehe, aus der Sache mehr zu machen: »London kommt anscheinend nicht auf den naheliegenden Dreh, einfach ohne Rücksicht auf Heß Erklärungen in seinem Namen herauszugeben. Das wäre für uns die einzige, aber auch furchtbare Gefahr.« Und, ganz selbstgefällig: »Ich müsste englischer Propagandaminister sein, ich wüsste, was ich zu tuen hätte.«

Als der plötzliche Heß-Abflug ihn überraschte, war der Diktator gerade mit militärstrategischen Fragen von ganz anderer Relevanz beschäftigt: Die Planungen zum Überfall auf die Sowjetunion (»Unternehmen Barbarossa«) befanden sich im Endstadium; es gab noch allerlei mit den Oberkommandos der Wehrmacht und der SS zu koordinieren. Der Balkanfeldzug und der Fallschirmangriff auf Kreta waren noch nicht abgeschlossen. Und schließlich: Hitler musste im Frühjahr 1941 wissen, dass es über kurz oder lang, so oder so, zu einem Kriegseintritt der USA kommen würde. Daran würde auch ein isolierter

Interventionsgegner wie Cudahy nichts mehr ändern können, es ging nur noch um den Zeitpunkt.

Joseph Goebbels, Joachim von Ribbentrop und der deutsche Botschafter in den USA, Hans-Heinrich Dieckhoff (der sich gerade in Berlin aufhielt), schätzten die Position Amerikas offenbar anders ein und überzeugten den nicht sonderlich begeisterten »Führer« von der Sinnhaftigkeit dieser Begegnung. Mit Ribbentrop hatte Cudahy während seines mehrwöchigen Deutschlandaufenthalts Anfang Mai 1941 gesprochen, *off the record,* mit Goebbels etwas früher, der wiederum nichts dagegen hatte, dass Cudahy das Gespräch mit ihm publizistisch verwertete. Der Propagandaminister hatte Cudahy schon versichert, eine Invasion der USA durch die deutsche Wehrmacht sei schon militärisch-logistisch unmöglich, was zu Cudahys Missvergnügen in Teilen der US-Presse so interpretiert wurde, dass die Deutschen zumindest *mit dem Gedanken* einer Invasion gespielt hätten. Cudahy hielt Hitlers Chefpropagandisten für den »akademisch am besten gebildeten Mann in der Partei«, und in Sachen Ribbentrop kam er zu folgendem Urteil: »Von Ribbentrop legte in seinem Interview mit mir eine gewisse Selbstinszenierung an den Tag, bewies aber in den zwei Stunden, in denen er sich über den Krieg ausließ, einen klaren, logischen Verstand und ein staatsmännisches Verständnis von Europa; man kann ihn sich von seiner Befähigung her durchaus als qualifizierten Nachfolger von Nummer Eins vorstellen.« Da es nicht mehr so viele gab, in der NSDAP wie außerhalb, die den allgemein als äußerst unsymphatisch und arrogant eingeschätzten Ex-Spirituosenhändler Ribbentrop (»Ribbensnob«) für einen geeigneten Nachfolger Hitlers hielten, wird verständlich, warum sich auch der Außenminister bei Hitler dafür einsetzte, Cudahy auf dem Berghof zu empfangen.

»Die Opposition gegen Roosevelt wächst«, notierte Ribbentrops Erzfeind Goebbels am 24. April 1941 in sein Tagebuch, »Senator Wheeler tummelt sich sehr. Ich empfange den früheren US-Botschafter Cudahy in Brüssel [sic]. Er ist einer der Hauptmacher gegen Roosevelt, fest von unserem Sieg überzeugt. Er sieht schwarz für sein Land, aber auch vielleicht den Bolschewismus. Er möchte gerne, dass der Führer ihm eine Unterredung gewährte, evtl. mit einer Erklärung, was nach dem Krieg geschehen könnte. Das wird sehr schwer sein, aber ich werde es beim Führer versuchen.«[131]

Schon im Protokoll der Goebbels-»Ministerkonferenz« vom 21. April 1941 war festgehalten worden:

> Sehr gut sei ein Bericht des ehemaligen USA-Botschafters in Belgien, der sich immer schon durch objektive Berichterstattung ausgezeichnet habe. In der deutschen Presse wollen wir ihn nicht besonders herausbringen, aber für den Auslandsdienst sei er gut zu gebrauchen. Dr. Bömer teilt mit, der Botschafter sei zur Zeit in Berlin. Er sei durch das Verhalten der deutschen Truppen in Belgien völlig auf unsere Seite gebracht worden. Dr. Bömer hält es für zweckmäßig, wenn der Minister ihn empfangen würde; der Minister erklärt hierzu seine Bereitschaft.

So war die Anbahnung dieses Meetings mit Goebbels (und mittelbar des Hitler-Interviews) eine der letzten Amtshandlungen von »Charlie« Bömer, bevor er vor dem Volksgerichtshof landete (vgl. Kapitel 4).

In der Ministerkonferenz vier Tage später war Goebbels noch hoffnungsfroher gestimmt; wenn Cudahy tatsächlich vom Führer empfangen werde, dann, so war der Propagandaminister überzeugt, könne »in diesem Augenblick, wo in der amerikanischen öffentlichen Meinung eine schwere Krise für die Interventionisten ausgebrochen ist«, der Prozentsatz der »Nichtinterventionisten« um zwei Prozent »von 49 auf 51 % gesteigert werden«. Das war grober Unfug, zumal Goebbels ansonsten empfahl, in der deutschen Presse den Einfluss von Isolationisten im US-Senat nicht besonders herauszustellen, damit in der Bevölkerung kein geschönter Eindruck von den politischen Kräfteverhältnissen in den USA entstehe. Überhaupt wurde vom »Promi« bis zum tatsächlichen Kriegseintritt der USA die Anti-Roosevelt-Propaganda in der deutschen Presse eher abgebremst; selbst Charles Lindbergh, Fliegerlegende und Posterboy der »America First«-Bewegung, hatte sich gemeldet und darum gebeten, nicht allzu sehr als NS-Freund herausgestellt zu werden, um in den USA noch halbwegs satisfaktionsfähig bleiben zu können.

Wie Cudahy selbst in seinem schnell geschriebenen autobiografischen Buch »The Armies March«, noch in jenem Jahr 1941 erschienen, preisgab, reichte er vor dem Interview keine Fragen ein. Es war aber wohl so, dass seine vorherigen, hochrangigen NS-Gesprächspartner ihm bedeutet hatten, den in dieser geopolitisch entscheidenden Phase schwer belasteten Führer nicht zu sehr zu verärgern. Und daran hielt sich der Ex-Botschafter, der sich noch 1940 sehr für Roosevelts Wiederwahl eingesetzt hatte, dann auch – abgesehen von einer Frage nach der Zukunft des überrannten belgischen Staates, auf die Hitler nebulös antwortete. Die Konstruktion des 1830 errichteten Staatsgebildes Belgien war von Beginn an derartig fragil (im Grunde bis heute), dass diese Frage in Hitlers Nachkriegsplanungen keine wesentliche Rolle spielte – auch wenn diverse Außenamtsstrategen und akademische »Westforscher« ihre Vorstellungen dazu hatten, bis hin zur vollständigen Integration in ein »Großgermanisches Reich« (»Reichsgau Flandern«, »Reichsgau Wallonien«), in Kombination mit den ebenfalls zu vereinnahmenden Niederlanden.

Nach einem Spanienaufenthalt war Cudahy ins Berliner Luxushotel Adlon übergesiedelt und hatte eigentlich eine düstere Atmosphäre erwartet, jedoch:

> Stattdessen war die Lobby des Adlon mit strahlendem Licht und regem Trubel erfüllt. Es war die Zeit des üblichen Kaffeekränzchens, und die Menschen saßen bei Muckefuck an Tischchen, wie man sie in Hotellobbys überall auf der Welt findet, während ein Orchester »My Blue Heaven« spielte. Abgesehen von den Militäruniformen hätte sich die Szene auch in New York oder Boston oder Milwaukee abspielen können. Abgesehen von den Uniformen und

der in die Palisanderwand eingelassenen vergoldeten Hitler-Büste, die mürrisch und mit finsterer Missbilligung auf das muntere Treiben blickte. Doch niemand schien die missmutige Statue zur Kenntnis zu nehmen. Man begrüßte sich mit »Heil Hitler«, gab sich die Hand und nahm Platz.

Der *Time*-Reporter Steve Lair hatte Cudahy gewarnt, dass es im Adlon überall Abhöreinrichtungen gebe. Nach geraumer Zeit erhielt Cudahy einen Anruf von Botschafter Dieckhoff, der ihm überraschenderweise mitteilte, es bestehe die Möglichkeit eines Meetings mit der *»Nummmer eins in Berchtesgaden«;* Cudahy hatte schon nach Lissabon abreisen wollen.

Für sein Interview mit Hitler hatte sich Cudahy drei Themen vorgenommen – *»das Thema Konvois«,* eine mögliche NS-Invasion der USA und die dauerhaften ökonomischen Folgen einer deutschen Dominanz in Europa für die US-Wirtschaft. Und eben nicht die repressiven und die mörderischen Maßnahmen des NS-Regimes gegen Oppositionelle, Juden und alle möglichen anderen als »Untermenschen« klassifizierte Personengruppen. Diese spezielle Themenauswahl wurde Cudahy gleich nach Erscheinen des Interviews von seinen Kritikern vorgehalten. Aber für ihn war sie durchaus logisch und konsistent, denn er befand sich auf seiner eigenen privaten »Friedensmission« und wollte vor allem die USA aus einer direkten militärischen Intervention im *European theatre* heraushalten. Also musste er den Begleitschutz der US-Marine für britische Geleitzüge *(»convoys«)* als Vorstufe einer Verwicklung der Vereinigten Staaten in einen kommenden Weltkrieg einschätzen, wie auch seine Freunde vom America First Committee. Die beiden anderen Themenkomplexe passten dazu: Jedes weitere Reizen Hitlers durch die zunehmend engere Roosevelt-Churchill-Allianz würde die US-Wirtschaft schädigen und sogar eine direkte militärische Bedrohung der USA hervorrufen.

Hitler tat Cudahy dann auch den erwartbaren, bezogen auf die Stimmung in den USA verwertbaren Gefallen: *»Convoys bedeuten Krieg«*[132] –

so begann seine Interviewreportage in der *Life*-Ausgabe vom 9. Juni 1941, aufgemacht mit großem Foto von der Berghof-Alpensicht. Was Cudahy nicht kalkuliert hatte: *Life* versah den Text mit einer redaktionellen Einordnung, in der Branchen-Fachsprache »Redaktionsschwanz« genannt, aber in diesem Fall gleich am Anfang:

> Im Frühjahr beauftragte *LIFE* den ehemaligen US-Botschafter in Belgien, John Cudahy, nach Berlin zu fahren und eine Artikelreihe über Nazi-Deutschland und seine Kriegsziele zu verfassen. Vor zwei Wochen wurde ein Gespräch mit Adolf Hitler genehmigt – das erste Interview des deutschen Diktators mit einem amerikanischen Pressekorrespondenten seit einem Jahr. *LIFE* veröffentlicht hiermit, was der Führer Mr. Cudahy über eine deutsche Invasion Amerikas, die Zukunft des deutschen Handels, den Umgang der Deutschen mit besetzten Ländern etc. gesagt hat.
>
> Die Zeitschrift *LIFE* ist sich, wenn sie diesen Artikel in einer so krisenhaften Zeit abdruckt, ihrer ernsten Verantwortung sehr wohl bewusst. Sie tut es trotzdem, weil sie darauf vertraut, dass die Leserschaft dieses Interview vernünftigerweise als das erkennt, was es in Wahrheit ist: ein wesentlicher Bestandteil von Hitlers politischer Strategie, durch die Leugnung von Angriffsabsichten die USA »milde zu stimmen«.

Und mehr noch: Gerade die Roosevelt-Regierung verfügte über enge Medienkontakte, vor allem zu *Time-Life*-Mogul Henry Luce, und so wurde das Cudahy-Interview auch noch am Schluss mit Auszügen aus einer Roosevelt-Rede garniert, mit der gleich das ganze Interview vernichtet wurde. Cudahy war, so gesehen, in die Falle seiner Medienauftraggeber gegangen: »*LIFE* vermutet, dass Hitler genau diesen Zeitpunkt für ein Interview gewählt hat, um die Rede des Präsidenten zu untergraben. Aus unserer Sicht enthält die Rede des Präsidenten eine vernichtende Antwort auf Adolf Hitlers ›honigsüße Worte‹.« Diese Antwort wurde direkt hinter dem Interview platziert.[133]

In Begleitung der Referenten und Aufpasser Richard Sallet vom Außenamt, Hans Theodor Fröhlich[134] vom RMVP (beide hatten in den USA studiert und galten in ihren Ministerien als Amerikaspezialisten) und von *»Herr[n] Schmidt, dem berühmten Übersetzer«* wurde Cudahy im *»großen schwarzen Mercedes«* von einem Berchtesgadener Hotel zu Hitlers Alpenresidenz gefahren. Und offenbar funktionierte bei Cudahy das landschaftliche und architektonische Berghof-Beeindruckungsmanagement noch einmal. Der Mercedes stoppte nach einer scharfen Kurve vor einem »weißen Häuschen, das einem zweistöckigen kalifornischen Bungalow ähnelte« (Cudahy). Hitler mit seiner Passion für Architektur verfüge, so Cudahy, über »eine der weltweit herausragendsten Bibliotheken zum Thema Architektur, insbesondere mit Schwerpunkt Theater«. Chefübersetzer Paul Schmidt machte den Ex-Diplomaten noch auf das Kehlsteinhaus aufmerksam, in das sich, wie Cudahy fantasierte, »der Herr des Berghofs zurückzieht, wenn er in zutiefst grüblerisch-kontemplativer Stimmung ist«. Cudahy fand den Berghof-Komplex zunächst eher unauffällig, bewunderte dann aber besonders die enorme Halle und das berühmte große versenkbare Fenster darin – »wie ein Schaufenster, das fast die gesamte Vorderseite einnahm und den Blick auf den spektakulären Untersberg freigab, der weiß und prächtig in der Sonne gleißte. Tief unten lag das Dörfchen Obersalzberg, Menschen arbeiteten auf den gepflügten Äckern und hinter einem grünen Tal aus Licht und Schatten träumte in der Ferne Salzburg.«

Dann beschrieb Cudahy die Teppiche mit kostümierten Figuren aus der Periode Friedrichs des Großen oder mit »flämischen Pferden« aus der Zeit von Rubens, Sesselbezüge mit »winzigen Hakenkreuzen«, den Flügel und die Bronzebüste von Richard Wagner, und den Blumenschmuck – gelbe Lilien, Margeriten, Zinnien und Hortensien. Und die SS-Bewacher – »durch und durch tüchtige, durch und durch geschäftsmäßige muskulöse Gestalten«.

Und dann, pünktlich um drei Uhr nachmittags, trat *»The Führer«* in den großen Saal ein, begleitet von »Walter Havel«, also Walter Hewel, Ribbentrops Verbindungsmann im Führerhauptquartier und schon zu Landsberger Haftzeiten einer der Adlaten Hitlers.[135] Cudahy fiel die »ungesunde Hautfarbe« seines Gesprächspartners auf, er habe ausgesehen wie ein Gefängnisinsasse, dem seit längerer Zeit das Sonnenlicht verwehrt worden sei. Hitlers Augen – einmal mehr Thema für einen Hitler-Interviewer – »hatten dieses blasse opake Grün, das man auf See in gewissen Stimmungen beobachten kann. Vor allem waren sie hart, unnachgiebig, fanatisch, schroff wie seine Gesichtszüge, ohne jedes entgegenkommende Wohlwollen, ohne jede Güte.«

Man sieht, John Cudahy war kein Freund des NS-Regimes, und er schätzte Hitler korrekterweise als Fanatiker ein – aber er war kein großer Stratege und hatte sich in seiner Vorliebe für gehobenes Feuilleton bei Zeitpunkt und Setting seines Interviews vertan, vor allem, was die Wirkungen dieser Begegnung auf die Beraterkreise von Roosevelt und Churchill betraf. Oder, anders gesagt: Er überschätzte in dieser spezifischen Situation seine professionellen Möglichkeiten und die Schwierigkeiten seiner Doppelrolle als Ex-Diplomat und *Time-Life*-Korrespondent.

Das Gespräch mit Hitler begann schon auf der nonverbalen Ebene ungemütlich, mit einer Art *staring contest:* »Hitler starrte mich an und ich starrte zurück. Er fixierte mich so lange, dass ich mich fragte, ob dieses Wettstarren wohl nie ein Ende nähme. Auf seinem Gesicht lag ein Ausdruck kalter Feindseligkeit. Schließlich senkte er den Blick und sah mich hernach nur noch hin und wieder beiläufig an.«

Mehr noch: Während Cudahy seine Fragen in Richtung Übersetzer richtete, antwortete Hitler nur in Richtung »Havel«, dem stummen Beisitzer, der immerhin ziemlich gut Englisch konnte. Inhaltlich konfrontierte Cudahy seinen Interviewpartner zunächst mit der in den USA verbreiteten Vorstellung, auf ein deutsches Supremat in Europa werde eine Invasion Nord- und Südamerikas folgen. Hitler, so Cudahy, »lachte rau und schnarrend, unangenehm wie ein schabender Gangwechsel im Automobil, und sein Gesicht wirkte, als machte es schon lange Urlaub von offenem spontanen Lachen, als er erklärte, dass Deutschland in die westliche Hemisphäre einmarschiere, sei etwa so fantastisch wie eine Mondinvasion«.

Dann brachte Cudahy die Möglichkeit ins Spiel, dass ein »triumphierendes Deutschland« desaströs für die US-Wirtschaft wäre, weil die Löhne in Deutschland viel niedriger seien als in den USA und ohne nennenswerten Gewerkschaftseinfluss im NS-Staat länger gearbeitet und billiger produziert werden könne. Die Grundannahme gefiel Hitler nicht: Erst der Nationalsozialismus habe die Lebens- und Arbeitsbedingungen der Lohnabhängigen wesentlich verbessert, das sei nur durch den Krieg einstweilen unterbrochen worden. Außerdem sei eine deutsche Wirtschaftsorganisation Europas (inklusive des Südostens) doch gut für den deutschen Export – und damit würde letztlich die Konkurrenz für die USA auf dem Weltmarkt verringert. Hier saßen sich nicht unbedingt zwei Experten für den Welthandel gegenüber; Hitler ergriff zudem die Gelegenheit, eines seiner ökonomischen Lieblingstheoreme anzubringen: Der zukünftige deutsche Handel werde auf einem Tausch »Ware gegen Ware unter völligem Ausschluss jedweder Spekulation« basieren. Sogenannte Wirtschaftsfachleute, so Hitler, hätten diese und andere seiner ökonomischen Thesen immer belächelt, aber in zwanzig oder dreißig Jahren würden diese an Universitäten gelehrt. Deutschland habe keine großen Geldreserven, aber zur Verblüffung Cudahys ließ der Rohstoff-Fan Hitler erkennen, dass der Goldstandard als Basis für Kredite durchaus sinnvoll sei.

Was Cudahys Frage nach der Situation militärisch besetzter deutscher Nachbarstaaten anlangte, blieb der Diktator bei seinem *cantus firmus,* Deutschland habe diesen Krieg nicht begonnen, die Briten würden ihrerseits Millionen von Indern, Ägyptern und Arabern unterdrücken; alles, was er für Europa wolle, sei »Frieden, Wohlstand und Glück«; Deutschland sei an Sklaven und Versklavung jeder Art nicht interessiert. Und damit hatte Hitler genug von dieser merkwürdigen Unterhaltung und erhob sich abrupt. Walter Hewel notierte in sein Tagebuch: »15 Uhr Cudahy – USA-Gesandter in Belgien, Freund Lindberghs. Fragen fremde Welt – kindlich wie in Kampfzeit vor 20 Jahren.

Aber positiv. Cudahy tief beeindruckt.« Das Interview des Ex-Diplomaten mit Hitler wurde weitverbreitet, in der US-Provinzpresse wie international, vom *Highland Recorder* (Virginia) bis zu *The Courier Mail* (Brisbane), ein Beleg dafür, welchen Marktwert ein Gespräch mit dem deutschen Diktator 1941 hatte.

Man machte es sich zu einfach, wenn man John Cudahy als pures Produkt des *spoils systems* beurteilte, also jener ausgeprägten US-Sitte, reiche Unterstützer von Präsidentschaftskandidaten mit Botschafterpositionen oder anderen repräsentativen öffentlichen Posten zu belohnen. Seine Demarchen und Berichte aus Polen und Irland waren nicht unprofessioneller als diejenigen konventioneller Karrierediplomaten; so hatte es auch *Time* im August 1940 eingeschätzt, nebst Hinweisen auf die Familiengeschichte (allerdings mit der Überschrift »Cudahy und Hölle«, was schon das kommende Unheil für den Ex-Diplomaten ankündigte):

> Der alte Patrick Cudahy, ein Ire aus Kilkenny, kam im Alter von sechs Jahren in die USA und wurde in der Fleischbranche reich. Sein Sohn und Erbe John Clarence Cudahy, mit seinem rosigen Gesicht ein Abbild des Vaters, unterstützte vor 1932 Roosevelt und wurde durch natürliche Auslese US-Diplomat. Der großgewachsene drahtige Mr. Cudahy hatte Recht studiert und praktiziert, die Familienimmobilien in Milwaukee verwaltet, Großwildjagd betrieben, tapfer im Ersten Weltkrieg gekämpft und umfangreiche Prosa über seine Abenteuer verfasst. Gesegnet mit Charme, einem warmen Herz und vollen Taschen bewährte sich Mr. Cudahy in Polen, Irland und Belgien als überdurchschnittlicher Amateurdiplomat. Seine Freunde und Vorgesetzten im Außenministerium warfen ihm nie Dummheiten vor, rühmten ihn aber auch nie für großen Tiefgang.

John Cudahy, Erbe des Schlachthof-Imperiums seines Vaters, solide ausgebildeter Jurist (Harvard, Wisconsin Law School), hatte im Ersten

Weltkrieg ungewöhnlicherweise an der russischen Kältefront gegen die Bolschewiken gekämpft (»Polar Bear Expedition«) und darüber unter Pseudonym ein Buch geschrieben – »Archangel: The American War with Russia« (»Archangelsk: Der amerikanische Krieg gegen Russland«). Es folgten Bücher über seine Erlebnisse in Mexiko und Afrika. Mehr als um das blutige Schlachtereigewerbe, literarisch schon 1906 von Upton Sinclair in »Der Dschungel« verewigt, hatte sich der Abenteurer und Weltreisende dann um die lukrativen Immobilieninvestments seiner Sippe gekümmert, wie die Cudahy Tower Apartments in Milwaukee. Noch heute kündet die Stadt Cudahy (rund 20.000 Einwohner) von den einflussreichen Aktivitäten seiner Familie in Wisconsin.

Der US-Historiker Timothy P. Maga hat John Cudahy in einem aufschlussreichen Aufsatz (»Diplomat among Kings. John Cudahy and Leopold III.«, 1984) als »schwarzes Schaf der Familie« beschrieben, weil er sich im Gegensatz zu seinen Brüdern mehr um Reportagen, Großwildjägerei und Diplomatie gekümmert habe als um das Kerngeschäft. Tatsächlich war Cudahy durchaus begabt im Beschreiben von Situationen und Personen. Seine Beobachtungen etwa über das Sozialgefüge im Polen der Pilsudski-Ära der 1930er-Jahre waren scharfsinnig:

> Die Wahrheit, sofern man Wahrheit als Realität definiert, hatte auf das Leben in Polen wenig Einfluss. Die Aristokratie lebte mit ausladender feudaler Geste auf großem Fuße. Man lebte galant, elegant und ohne jedes soziale Verantwortungsgefühl. Man war sich der drückenden Armut der Menschen nicht bewusst und das Leben war angenehm auf den prachtvollen Anwesen; Prinz Radziwills Ländereien beispielsweise waren so groß wie Delaware und Rhode Island zusammen. […] In Polen wurden wir Zeugen des letzten Gefechts des Feudalismus.

So erinnerte sich Cudahy jedenfalls in »The Armies March«. Oder über Sumner Welles, Roosevelts Chefstrategen und stellvertretenden US-Außenminister (1937–1943), den er erkennbar nicht mochte: »Er war so gesprächig, wie eine Muschel gesprächig ist, den Pariser Journalisten zufolge konnte er in vier Sprachen schweigen.«

Der schnelle Abstieg aus dem inneren Kreis um Roosevelt begann für Cudahy nach seiner Zeit in Irland, dem Herkunftsland seines Vaters, mit seiner Bestellung am 17. Januar 1940 zum US-Botschafter für Belgien. Den deutschen »Westfeldzug« gegen Frankreich, Belgien und die Niederlande konnte er natürlich nicht voraussehen, aber er verwickelte sich dann so konkret in das Schicksal des belgischen Königshauses, der belgischen Regierung im Allgemeinen und den Aktionen der deutschen Besatzungsmacht, dass ihn sein alter Freund Roosevelt eher als Belastung wahrnahm. Andererseits darf man Cudahy den Schock nach dem deutschen Überfall schon abnehmen, den er in »The Armies March« noch einmal beschrieb:

> Das Casino in Ostende mutete an wie ein klappriges Skelett. Mit den Haufen gesplitterten Glases. Und der Anblick der schwarzen Vorhänge, die wie wild in den leeren Türeingängen dieses Schauplatzes eleganter und parfümierter Sünde flatterten, hatte etwas Makabres an sich. Mehr als eine Million Belgier waren rasend vor tierischer Angst aus ihren Häusern geflohen und zogen nun auf dem Rückweg erschöpft wieder daran vorbei. Es war nur eine Woche vergangen, doch viele waren in diesen wenigen Tagen stärker gealtert als durch den Verschleiß einer Generation. Viele hatten in ihrem Seelenschmerz, der die menschliche Leidensfähigkeit überstieg, Selbstmord begangen.

Kurz vor seiner Demission in Belgien, offiziell am 18. Juli 1940, hatte Cudahy noch seine späteren publizistischen Auftraggeber, die Luces, die gerade auf Europatour waren, in der Brüsseler US-Botschaft getroffen, die sich angesichts der deutschen Bombardierungen eher wie coole Kriegsreporter benommen hätten: »Mrs. Luce ist die Dramatikerin Claire Boothe, eine sehr hübsche, geistvolle und lebhaft schöne Frau. […] Sie waren ein großartiges Paar, die Luces, für meine Seelenruhe viel zu heldenhaft, und ich muss sagen, dass ich erleichtert war, als sie nach langem Drängen am nächsten Tag endlich mit Mrs. Hugh Gibson abreisten, der Frau des früheren Botschafters Gibson, die mit dem Automobil nach Paris fuhr.« (Die Luces führten eine offene Ehe, Claire Boothe Luce, *Socialite* und Erfolgsautorin, war unter anderem die Geliebte von Joe Kennedy sr.).

Mit dem unglücklichen belgischen König Leopold III. (aus der ohnehin extrem skandalbehafteten Coburger Dynastie) hatte Cudahy schnell Freundschaft geschlossen und befürwortete seinen Verbleib im Schloss Laeken bei Brüssel, wo er sich von den NS-Besatzern unter relativ komfortablen Bedingungen hatte festsetzen lassen – anders als die niederländische Königin Wilhelmina von Oranien-Nassau, die nach London emigrierte, wie auch die belgische Zivilregierung. Stattdessen kartete Cudahy nun gegen die Franzosen, Engländer und die eigene US-Regierung, weil sie den Belgiern nicht ausreichend und rechtzeitig zu Hilfe gekommen seien, vor allem in humanitärer Hinsicht. Und die Briten würden mit ihrer Seeblockade weiterhin zur Hungersnot der belgischen Bevölkerung beitragen. Die deutschen Invasoren hätten sich dagegen ziemlich ritterlich benommen (»Ich war im letzten Krieg Soldat, und meiner Meinung nach haben sich die Deutschen besser benommen, als es US-Soldaten getan hätten«).

Das sagte Cudahy, zu Besuch bei Joe Kennedy sr., dem US-Botschafter in London. Der Besuch Cudahys bei Joe Kennedy, dem eigentlich befreundeten »Appeaser« und Roosevelt-Kritiker, zeigte auch das mittlerweile zerrüttete Verhältnis der beiden irisch-katholischen Diplomaten auf. Während Cudahy vor Reportern in der Londoner US-Botschaft über seine jüngsten Touren in Belgien, Frankreich, Spanien und Portugal berichtete und zu seiner Einschätzung der Situation in Belgien ansetzte, begann Kennedy (der schon im November 1940 als US-Botschafter in Großbritannien abgelöst wurde), mehrfach ein Fenster der Botschaft zu öffnen und lautstark zuzuschlagen, bevor er die anwesenden Reporter hinausschickte. Die Reporter hatten allerdings genug gehört, um zu berichten. In einem Brief von Ende September 1940 an Joes sr. damals 23-jährigen Sohn John F. Kennedy, in welchem er diesem zu dessen Buch »Why England Slept« gratuliert, bedauerte Cudahy die »unentschuldbare Publizität« seines Londoner Auftritts.

Der stellvertretende US-Außenminister Sumner Wells, so *Time* in dem bereits erwähnten Artikel, gab in Washington eine Pressekonferenz: »Auf Anordnung des Präsidenten wurde Botschafter Cudahy umgehend zur Beratung zurückberufen.« Und damit war die diplomatische Karriere von John Cudahy definitiv beendet. Noch härter sollte es für ihn allerdings nach der Veröffentlichung des Interviews mit Hitler kommen. Dass das Gespräch in britischen Regierungskreisen nicht gut ankommen würde, war abzusehen; aber nun schlug die US-Regierung direkt zurück – in Gestalt eines längeren, am 10. Juni 1941 in der *New York Times* publizierten Artikels von Innenminister Harold Ickes, einst einer der Chefplaner der »New Deal«-Politik, der erkennbar weder Cudahy noch Joe Kennedy wohlgesinnt war.

> ***Ickes bezeichnet Cudahy als Nazi-»Megaphon«;***
> **Erklärt, der Ex-Botschafter habe im Hitler-Interview**
> **»eine aberwitzige Geschichte geschluckt«**
> ***Autor wird als Naiv bezeichnet***
> **Minister erwähnt in seiner Kritik auch**
> **Gespräche mit Goebbels und Franco**

»Nachdem er seinen Job in Belgien verloren hatte, weil Hitler die Belgier in falscher Sicherheit gewiegt hatte«, so Ickes, »streifte Mr. Cudahy als ›Reporter‹ durch Europa. Tatsache ist, dass er weder Reporter noch Faktendeuter ist, sondern lediglich ein Megaphon, das es Hitler großzügig ermöglicht, den Amerikanern – einige so naiv und einfältig wie Mr. Cudahy selbst – seine Unflätigkeiten in die Ohren zu schreien.«

Und in diesem Tonfall ging es weiter. Obwohl »Mr. Cudahy« nach seiner persönlichen Erfahrung ein liebenswürdiger, netter und ehrlicher »Gentleman« sei und sicher kein Sympathisant von Franco, Goebbels oder Hitler, sei er doch ein naiver »Ahnungsloser da draußen«

in den Nazi-Bergen (wie Charles Lindbergh), ein »Einfaltspinsel« und »unfreiwilliges Sprachrohr der Faschistenbande«: »Die Naivität eines Mr. Cudahy wäre rührend, wenn sie nicht so gefährlich wäre. Indem sich unser charmanter Ex-Botschafter als Tonbandgerät für Hitlers Lügen hergibt, spielt er das Nazi-Spiel bis zum Anschlag mit. Dass sich Mr. Cudahy zum Handlanger macht, entschuldigt keineswegs sein Tun.« Und auch Ickes war die detaillierte Beschreibung des Blumenschmucks in Hitlers Berghof-Refugium aufgefallen: »Mr. Cudahy hatte nur Augen für die Blumen. Was sich hinter den Blumen verbarg, sah er nicht – die Konzentrationslager, die Morde, die Folter, das massenhafte Verhungernlassen ganzer Völker.«

Das war eine in der US-Diplomatiegeschichte ungewöhnlich brutale Abrechnung mit einem Ex-Botschafter (jedenfalls vor der Trump-Ära), der auch noch als Ickes' Parteifreund gelten musste. Der Ickes-Artikel, der sicher nicht ohne Wissen Roosevelts in der *New York Times* platziert wurde, zeigte aber auch, dass Hitler die Konsequenzen des Interviews besser eingeschätzt hatte als Goebbels und Ribbentrop. Die Würfel waren gefallen: Die Aktivitäten des obskuren America First Committee trugen eher dazu bei, dass sich der zunächst zögerliche Roosevelt Schritt um Schritt mit einer direkten Militärintervention in Europa anfreundete – und mit einem »antifaschistischen« Zweckbündnis an der Seite von Stalins Sowjetunion, mit Blick auf den Kalten Krieg im Grunde eine neue Version der Verzögerungsstrategie des Molotow-Ribbentrop-Pakts.

Im August 1941 sprang *Time* Cudahy noch einmal halbherzig zur Seite:

> John Cudahy, ehemaliger Botschafter in Belgien, meint, Franklin Roosevelt sollte – und wird – die USA aus dem Krieg heraushalten. Dies erklärte John Cudahy aus tiefster Überzeugung letzte Woche im Radio. Doch man darf John Cudahy nicht mit den üblichen Republikanischen Isolationisten und Roosevelt-Kritikern

Das Hitler-Interview von John Cudahy wurde von der US-Presse mehrheitlich negativ bewertet. In dieser Karikatur des bekannten Cartoonisten und Kinderbuch-Autors Theodor Seuss Geisel (»Dr. Seuss«, bekannt als Erfinder des Grinch), wird Cudahy als kleiner Bittsteller angesichts von Hitler als Schöpfer einer übermächtigen Germania dargestellt, publiziert im »PM Magazine« (1941): »Da siehst du's, Johnny ... Verkauf DAS den Trotteln in den USA.«

> verwechseln. Zum einen, weil er die Nazis rundweg verurteilt. Letzte Woche sagte er, das Hitler-Regime betreibe den »herzlosesten Imperialismus, seit der Mensch dem Schlamm der Barbarei entstiegen ist«. Zweitens ist John Cudahy keiner, der die Hände in den Schoß legt. Letzte Woche forderte er den Präsidenten auf, »ein amerikanisches Friedensprogramm« vorzulegen auf der Grundlage »einer internationalen Regierung, die über die Macht verfügt, eine Lösung dieses und all der endlosen Kriege in Europa durchzusetzen«. Cudahy ist bereit, ein solches Angebot mit »dem moralischen Ansehen und der Kraft Amerikas« zu stützen.

Am 30. Oktober 1941 sah man Cudahy ein letztes Mal prominent mit Charles Lindbergh und Senator Wheeler bei einer Kundgebung des AFC im New Yorker Madison Square Garden. Wenige Wochen später flogen Marineluftstreitkräfte der Japaner ihren Überraschungsangriff auf den US-Stützpunkt Pearl Harbor (Hawaii). Die USA erklärten Japan sofort den Krieg (aber nicht zugleich dem Achsenpartner Deutschland). Kurz darauf trat auch Hitler in einer seiner letzten großen öffentlichen Reden auf. Am 11. Dezember wetterte er im Reichstag, wie bereits erwähnt, in seiner verfaselten Tirade, mit der er die wahnwitzige Kriegserklärung gegen die USA begründete, gegen Roosevelt, dessen Gattin Eleanor und dessen jüdisch-plutokratisch-freimaurerischen »Gehirntrust« (den Begriff hatte Hitler immerhin inzwischen gelernt): »Heute stehe ich an der Spitze des stärksten Heeres der Welt, der gewaltigsten Luftwaffe und einer stolzen Marine. Hinter mir und um mich als eine verschworene Gemeinschaft weiß ich die Partei, mit der ich groß geworden bin und die durch mich groß geworden ist.« Und die Rede enthält, für Biografen durchaus interessant, Paralleldeutungen zu den Karrieren von Roosevelt und dem NS-Führer, schließlich waren beide 1933 Staatschefs geworden.

John Cudahy taucht in der *New York Times* noch einmal in einer Kurzmeldung am 21. Februar 1943 auf, in der er als Leiter der zivilen Defense League für Wisconsin bezeichnet wird (»Cudahy Heads Wisconsin Defense«). Sie war schon 1917 gegründet worden – wobei nicht ganz klar war, gegen wen Wisconsin 1943 hätte verteidigt werden müssen. Das America First Committee hatte sich bereits am 11. Dezember 1941 mit einer trotzigen Erklärung selbst aufgelöst: »Unsere Prinzipien waren richtig. Wären sie befolgt worden, hätte ein Krieg verhindert werden können.«

In »The Armies March« beklagt sich Cudahy, Redakteure, Kolumnisten und Politiker hätten sich nach der Publikation des Interviews nicht damit begnügt, Hitlers Aussagen zu kritisieren, sondern ihn selbst *ad personam* angegriffen, als von den Nazis beeinflusst oder sogar bestochen. Kaum einer habe analysiert, was eigentlich gesagt worden sei, die meisten hätten den Text einfach zum Anlass genommen, ihr vorgefasstes Hitler-Bild zu tradieren: »Ich war zutiefst deprimiert, nicht wegen der persönlichen Spitzen gegen mich, sondern wegen des intellektuellen Niveaus, das sich hier offenbarte.«

Das Cudahy-Interview hatte ein gewisses Nachleben, als es der linke Medien- und Gesellschaftskritiker George Seldes (1890–1995, Bruder des einflussreichen Literaturkritikers Gilbert Seldes) in seinem Buch »1000 Americans« (1947) in eine Reihe mit dem Wiegand-Interview von 1940 (vgl. Kapitel 4) stellte, das von der NS-Propaganda tatsächlich weidlich ausgenutzt und vorbereitet worden war. Seldes nahm Bezug auf einen Report, den der Bürgerrechtler und Friedensaktivist O. John Rogge für die amerikanische Regierung über NS-Undercover-Einflüsse in den USA verfasst hatte. Und in dem er feststellte, dass Hitler-Interviews zwecks Meinungsbeeinflussung gezielt in die US-Medien lanciert worden seien. Seldes kritisierte überdies den Einfluss von Bankhäusern wie J. P. Morgan, großen Unternehmen wie DuPont oder Standard Oil und dem Arbeitgeberverband National Association of Manufacturers auf die Ausrichtung der US-Presse – und auch Henry Luce und *Time-Life*: »*Time* ist reaktionär. *Time* ist arbeiterfeindlich. *Time* ist antiliberal.«

Die fortschreitende Medien- und Machtkonzentration in den USA war real, aber Henry Luce war mit seinen umfassenden Ideen vom

»*American Century*« ein glühender Patriot – von Sympathien für das NS-Regime konnte keine Rede sein. Das Interview war deshalb eher den Friedensillusionen eines AFC-Anhängers geschuldet als Vorgaben des Medienmoguls. Auf seiner Ranch in Wisconsin wird Cudahy noch Zeit genug gehabt haben, um einzusehen, dass ein Hitler-Interview auf dem Obersalzberg im Jahr 1941 nicht die luzideste Idee seines Lebens gewesen war.

10

Epilog: Wie interviewt man einen Diktator – und warum überhaupt?

Im Februar 2020 gab es an der Universität Wisconsin-Madison ein »Sigrid Schultz Luncheon«; der britische Historiker und Schultz-Forscher David Milne referierte zur Biografie der furchtlosen Reporterin, die für die *Chicago Tribune* aus dem NS-beherrschten Berlin berichtet hatte (vgl. Kapitel 4). Milne vermittelte seinen Gästen vorab einige »interessante Fragen«: »Wie interviewt man Hitler? Wie berichtet man kritisch über den Nationalsozialismus, ohne deportiert zu werden? Wie schreibt man für isolationistische Zeitungen und Chefredakteure? Wie verhält man sich, wenn man in einem Raum die einzige Frau unter den mächtigsten Männern Deutschlands ist? Und vor allem, wie betritt man den Raum?«

Abgesehen davon, dass kein Einzelinterview von Schultz mit Hitler nachweisbar ist (sie hatte ihn aber zweifellos getroffen und andere NS-Führer interviewt), rühren Milnes Fragen an Problemkonstellationen, die im Kern auch in den vorhergehenden Kapiteln durchdekliniert wurden – etwa zum Verhältnis der einzelnen Journalisten zu ihren Medienhäusern und Heimatredaktionen, zur schmalen Linie zwischen *fact finding* in einem diktatorischen Regime und der Fraternisierung mit seinen Repräsentanten, zu den Grenzen und Gefahren jeglicher Form von »kritischer Berichterstattung«, wenn man nicht Ausweisung oder Inhaftierung riskieren will. Und natürlich ist »Hitler« eine Chiffre für die Journalistik, diese Fragen gelten für den Umgang mit allen Diktatoren und Autokraten. Absolute Macht fasziniert absolut, vor allem Publizisten und Buchautoren, mitsamt dem Lebensstil von Kleptokraten und staatsterroristischen Gewaltherrschern; so kann man Monografien lesen wie »Zu Tisch bei Diktatoren. Die Lieblingsspeisen der Tyrannen« (Vikoria Clark, Melissa Scott, 2015), Berichte über die Köche von Saddam Hussein, Idi Amin, Enver Hoxha, Fidel Castro und Pol Pot[136] oder »Dictator's Homes« von Designpapst Peter York (mit Leopardenfell-Abbildung auf dem Titel, 2005). Das alles berührt die Grenze zwischen Schrecken und Slapstick, die Charlie Chaplin 1940 mit »The Great Dictator« meisterhaft ausgelotet hat.[137]

Es war ein Foto auf Instagram, das die amerikanische CNBC-Moderatorin Hadley Gamble im Oktober 2021 schlagartig international bekannt machte – und zum Hassobjekt der russischen Kreml-Propagandisten. Die damals Neununddreißigährige – groß, schlank, mit langen dunklen Haaren – hatte ein Foto auf ihrem Account gepostet, auf dem sie stolz und selbstbewusst, in einem engen Kleid und nudefarbenen High Heels der Luxusmarke Louboutin, auf die Bühne des internationalen Forums »Russische Energiewoche« in Moskau schritt, während ihr Gastgeber, der russische Präsident Wladimir Putin, mit gesenktem Kopf hinter ihr hertrottete. Dazu schrieb sie schlicht »Power Walk«, womit sie ganz offensichtlich nicht den Gang des russischen Präsidenten meinte.

Dieses Statement ärgerte Putin und seine Vasallen derart, dass Gamble umgehend in den russischen Staatsmedien beschuldigt wurde, sich »im Rahmen einer geheimen US-Spezialoperation an den Politiker herangemacht zu haben, um den damals 69-jährigen russischen Despoten abzulenken«, schrieb die *Daily Mail*. Dmitri Kisseljow, Generaldirektor der staatlichen Nachrichtenagentur Rossija Sewodnja und einer von Putins Hauptpropagandisten, kriegte sich in seiner Sendung »Westi Nedeli« (»Nachrichten der Woche«) gar nicht mehr über Gambles Auftritt ein. Nach seiner Darstellung hatte sie, um Putin aus der Reserve zu locken, ihre schimmernden nackten Beine ebenso provokant-lasziv gekreuzt wie Sharon Stone in der berühmt-berüchtigten Szene in dem Erotikthriller »Basic Instinct«. »In der Darstellung Kisseljows wurden die ikonischen High Heels zum Wahrzeichen der Verwerflichkeit, ja gar der Prostitution«, schrieb der *Stern:*

> Gamble unterstellte er faktisch einen Verführungsversuch. Als Beleg für ihre angeblichen unlauteren Absichten zitierte er den Designer der Schuhe, der einst gesagt habe, dass Schuhe auf einer nackten Frau gut aussehen müssen. »Gamble hat es vorgezogen, vor dem Präsidenten OHNE STRÜMPFE und mit ENTBLÖSSTEN ARMEN zu erscheinen«, hob Kisseljow theatralisch hervor. Auch am Bodyschimmer, den die Moderatorin wohl verwendet hat, störte er sich. Sie sehe so aus, als ob »sie gar nicht zur Arbeit ging«. Die Moderatorin habe ständig ihre Haare hergerichtet, mit Augen gezwinkert, Lippen geleckt und dabei gar ihre Zunge gezeigt. Sein Fazit: »Gamble hat sich eindeutig als Sexualobjekt präsentiert, ohne Angst vor der Kritik von Feministinnen.«

Der Inhalt des Interviews an sich war weder in der Propaganda noch in den restlichen Medien ein Thema, die über den Auftritt berichteten. Nur, dass sie »obligatorische Fragen nach Alexej Nawalny und der Meinungsfreiheit in Russland« gestellt habe, denen Putin »wie gewohnt« ausgewichen war oder bei denen er mit Gegenanschuldigungen ablenkte. »Sie sind eine schöne Frau«, sagte er einmal abschätzig zu ihr, »aber ich sage das eine zu Ihnen, und Sie sagen etwas anderes zu mir, als hätten Sie gar nicht gehört, was ich gesagt habe.«

Klar ist: Gleich welche Fragen sie gestellt, wie sehr sie ihm auf den Zahn gefühlt hätte, nie hätte sie damit die Aufmerksamkeit erlangt, die sie mit ihrem Outfit und ihrer aufreizenden Körpersprache erreicht hat. Zwei Tage später postete sie auf ihrem Instagram-Kanal das Foto einer Torte, die ihr Kollegen geschenkt hatten. Darauf das Konterfei eines aufgedunsenen Putin mit dem Schriftzug »Too beautiful«.

Gamble, bislang eine der letzten westlichen Journalistinnen, die den russischen Diktator interviewt hat, kam zwei Jahre später noch einmal in die Schlagzeilen: Im April 2023 wurde bekannt, dass sie mit Jeff Shell, dem verheirateten CEO von NBC Universal, eine Affäre hatte, worauf Shell seinen Job verlor.

Nun ist das Tragen eines sexy Outfits, kombiniert mit einer offensiv-flirtigen Körpersprache, sicher nicht die Allzweckwaffe, mit der man Diktatoren aus dem Konzept bringen kann, und auch nicht für jeden Interviewer geeignet. Zudem, das Beispiel zeigt es, übertüncht es den Inhalt, zielt also nur auf Äußerlichkeiten und bringt – wie in diesem Fall – politisch keinen größeren Erkenntnisgewinn.

Ganz anders hat es die italienische Journalistin und Bestsellerautorin Oriana Fallaci (1929–2006) gemacht, die Persönlichkeiten wie Deng Xiaoping, Fidel Castro, Zulfikar Ali Bhutto, Indira Gandhi, Henry Kissinger und Muammar Al-Gaddafi interviewte und für ihren provokanten und konfrontativen Interviewstil bekannt war. »Italiens Widerstand im Untergrund gegen den ›Nazifaschismus‹ war die Grundlage ihres Charakters, die Quelle ihrer ständig brodelnden Wut und Empörung; sie verfolgte die mächtigsten Männer der Welt bis in ihre Villen und Paläste und schien immer auf der Suche nach jemandem zu sein, der so mutig und heldenhaft war wie ihr Vater[138] – oder nach dem teuflischen Generalissimus, den sie ermorden musste«, schrieb *The Independent* 2019 in einem Porträt über sie.

Nachdem sie zwei Jahre lang jeden ihrer zahlreichen Kontakte im Nahen Osten genutzt hatte, der sie ihrem schier unerreichbaren Ziel näher bringen konnte, Ayatollah Ruhollah Khomeini zu interviewen, wurde sie überraschenderweise im Herbst 1979 zu dem streng religiösen Führer der Islamischen Revolution vorgelassen. Und das, obwohl Fallaci eine Frau und dazu noch eine Vertreterin der »teuflischen« westlichen Medien war, deren Lebensstil so gar nicht mit Khomeinis strengen Ansichten über die Rolle der Frau in der Gesellschaft in Einklang stand. Warum hat er dann dem Interview zugestimmt? Vermutlich hatte der Gründer der Islamischen Republik Iran, der im Januar 1979 aus dem französischen Exil heraus den Schah gestürzt und kurz darauf in den Iran zurückgekehrt war, eine Botschaft an die westliche Welt. Und die wollte er mithilfe der damals neunundvierzigjährigen Starjournalistin verkünden.

Das Interview fand in Ghom, der Hauptstadt der Provinz Ghom, statt. Ghom ist ein wichtiger schiitischer Wallfahrtsort und eines der Zentren der schiitischen Gelehrsamkeit, was als Zeichen in Richtung Fallaci gedeutet werden kann, die herrschenden Regeln zu befolgen. Aber Fallaci, diese »furiose, kompromisslose Mutter Courage des internationalen Journalismus«, wie der *Spiegel* im Dezember 2006 in einem Nachruf schrieb, dachte gar nicht daran. Bevor es zu dem Treffen kam, ließ der Schiitenführer die italienische Journalistin erst einmal zehn Tage lang in Ghom warten. Dann ließ er sie, begleitet von zwei Iranern, die ihr bei der Interviewanfrage geholfen hatten und nun das Gespräch übersetzten, in eine Schule kommen. »Miss Fallaci, barfuß und im Tschador – dem Ganzkörperschleier muslimischer Frauen –, saß auf dem Teppich, als der Ayatollah eintrat, die Aufzeichnung des Interviews begann. Am nächsten Tag kehrte Fallaci zu einem zweiten Treffen zurück«, leitete *The New Yorker* am 7. Oktober 1979 das Transkript des Interviews ein.

Fallaci hielt sich nicht lange mit Freundlichkeiten auf, sondern startete gleich mit dem Vorwurf, dass die Revolution dem Volk keinen Frieden bringe und Khomeini ein Diktator und Tyrann sei, der Angst und Schrecken verbreite. Der damals Siebenundsiebzigjährige reagierte überrascht und erklärte: »Ja, mich einen Diktator zu nennen, verletzt mich, weil es ungerecht und unmenschlich ist.« Die Menschen würden ihn lieben, und er würde die Menschen lieben. »Ein Diktator zu sein, ist im Islam die größte Sünde überhaupt. Faschismus und Islamismus sind absolut unvereinbar. Faschismus gibt es nur im Westen, aber nicht im Iran.« Und er behauptete, ein Freund von Freiheit und Demokratie zu sein.

Fallaci, die den Iran hervorragend kannte und wie immer exzellent vorbereitet war, ließ sich weder aufs Glatteis führen noch davon einschüchtern, dass der alte, düstere Mann in den wenigen Monaten bereits einige Hundert Landsleute hatte hinrichten lassen. Ununterbrochen stellte sie harte Fragen über die Islamische Revolution, die Unterdrückung der Frauen, über Menschenrechte, Presse- und Meinungsfreiheit, die Behandlung religiöser Minderheiten und konfrontierte ihn immer wieder mit der Frage, was für ihn Freiheit und Demokratie bedeute.

Fallaci: Imam, wie kann man einen Savak-Mörder und Folterer mit einem Bürger vergleichen, der seine sexuelle Freiheit auslebt? Nehmen wir beispielsweise den jungen Mann, der gestern wegen seiner homosexuellen Neigungen erschossen wurde.

Khomeini: Korruption, Korruption. Wir müssen die Korruption ausrotten.

Fallaci: Oder der Fall der achtzehnjährigen Schwangeren, die vor einigen Wochen in Beshar wegen Ehebruchs erschossen wurde.

Khomeini: Schwanger? Alles Lügen. Genauso eine Lüge wie die, wir würden Frauen die Brüste abschneiden. Im Islam gibt es so was nicht. Wir erschießen im Islam keine schwangeren Frauen.

Fallaci: Das sind keine Lügen, Imam. Alle iranischen Zeitungen haben darüber berichtet, und im Fernsehen wurde darüber diskutiert, warum ihr Liebhaber nur hundert Peitschenhiebe bekam.

Khomeini: Wenn das stimmt, hat sie bekommen, was sie verdient hat.

Als sie ihn fragte, warum Frauen im Iran sich mit diesem unbequemen, unpraktischen Tschador verhüllen müssen, der sie hindert, sich frei zu bewegen, normal zu arbeiten und am gesellschaftlichen Leben teilzunehmen, antwortete er: »Wenn Ihnen die islamische Kleidung nicht gefällt, müssen Sie sie nicht tragen. Die islamische Kleidung ist nur für gute und anständige Frauen.« – »Das ist sehr nett von Ihnen«, entgegnete sie, »und nachdem Sie es gesagt haben, werde ich diesen dummen mittelalterlichen Lappen sofort ausziehen.« Was sie dann unumwunden tat. »Und mit einem Schulterstoß ließ ich den Tschador fallen, der zu einem obszönen schwarzen Fleck zu Boden sackte. Was dann geschah, ist mir in Erinnerung geblieben wie der Schatten einer Katze, die gedöst hatte und dann plötzlich nach vorne springt, um eine Maus zu verschlingen. Er erhob sich mit einem so schnellen, plötzlichen Sprung, dass ich für einen Moment dachte, ich wäre von einem Windstoß getroffen worden. Dann sprang er ebenso katzenhaft über den Tschador und verschwand.«

Das Interview, das auf der Website des *Corriere della Sera* in voller Länge verfügbar ist, erregte sowohl im Iran als auch international große Aufmerksamkeit. Einige lobten die Journalistin für ihre Kühnheit, andere kritisierten sie für ihren herausfordernden Stil, wobei man leicht erahnen kann, aus welchen Ecken das Lob und aus welchen die Kritik kam.

So oder so: Fallacis Interview mit Khomeini ist ein bemerkenswertes Dokument journalistischer Integrität und eines kompetenten und kompromisslosen Journalismus, ein bis heute gültiger großer Moment in der Geschichte des Journalismus. Das lag einerseits an der hartnäckigen Unerschrockenheit der Italienerin und andererseits natürlich an ihrer ausgezeichneten Vorbereitung.

Wladimir Putin ist siebenundvierzig Jahre alt und gerade 100 Tage Präsident der Russischen Föderation, als er am 8. September 2000 bei der US-amerikanischen Late-Night-Legende Larry King im New Yorker CNN-Studio sitzt. Es ist sein erstes Interview mit einem amerikanischen Sender, und dann auch noch mit Larry King, Urgestein des amerikanischen Talkshow-Formats, Vorbild für zahllose Talkmaster dieser Welt, der von Madonna bis Bill Clinton alles interviewt hat, was Rang und Namen hat. Nun also Wladimir Wladimirowitsch Putin, der dem hemdsärmeligen Talkshow-König gegenübersitzt wie ein Konfirmand: schmal, blass, ein wenig steif und schüchtern, mit schwarzem Jackett, weißem Hemd und korrekt gebundener grausilbriger Krawatte. Seine Stimme ist dünn und bubenhaft hoch, er spricht Russisch, ein Übersetzer transferiert Kings Fragen per Kopfhörer in Putins Ohr.

In dem Interview geht es um Putins Religion, den amerikanischen Wahlkampf zwischen Al Gore und George W. Bush, und es geht um das russische atomgetriebene U-Boot »Kursk«, das keine vier Wochen zuvor, am 12. August, mit 118 Besatzungsmitgliedern in der Barentsee gesunken war. Alle Besatzungsmitglieder kamen ums Leben. Russische Militärs behaupteten erst, ein US-amerikanisches U-Boot hätte die »Kursk« gerammt; später sollte sich herausstellen, dass ein technischer Defekt eine Explosion ausgelöst hatte.

»Was ist mit dem U-Boot passiert?«, fragt King. »Es ist gesunken«, antwortet Putin und verzieht seine Lippen zu einem schmalen Lächeln. Vielleicht will er witzig wirken, schlagfertig. Doch der Satz kommt nicht gut an, weder in den internationalen noch in den russischen Medien, die zu diesem Zeitpunkt noch relativ unabhängig sind und zu dem Unglück kritisch berichten. Vor allem weil Putin es nach dem Untergang vorzog, in seinem Urlaubsdomizil zu bleiben, anstatt an den Ort des Unglücks zu eilen. Die flapsige Antwort, sein Nichterscheinen und die vielen Versäumnisse zur Vermeidung der Tragödie werden ihm jahrelang vorgeworfen.

Putin hat aus dem PR-Desaster seine Lektion gelernt und recht schnell Strategien entwickelt, um bei Interviews von Anfang bis Ende die Kontrolle zu behalten. Dazu gehört vor allem eine ausgezeichnete Vorbereitung. Er bringe »zu Interviews gerne angebliche Beweismittel mit«, wie der langjährige *Bild*-Chefredakteur Kai Diekmann in seiner Autobiografie »Ich war BILD« schreibt. Das sind Mappen, die ihm seine Mitarbeiter auf Handzeichen zureichen und aus denen er dann Zahlen oder Zitate referiert. Diekmann hat Putin zwischen 1999 und 2016 viermal ausführlich interviewt, einmal, 2005, zusammen mit dem damaligen Bundeskanzler Gerhard Schröder. Putin inszeniert Interviews ebenso wie seine Auftritte in der Öffentlichkeit. Er weiß immer genau, wer ihm gegenübersitzt, und er bestimmt auch, wer ihn interviewen darf. Es müssen auf jeden Fall Chefs sein, was dem damaligen WDR-Chefredakteur Jörg Schönenborn im April 2013 schmerzhaft auf die Füße gefallen ist. Der hätte das Interview lieber dem Leiter des ARD-Büros in Moskau, dem sachkundigen Udo Lielischkies, überlassen, aber Putin bestand auf Schönenborn.

»Putin stellt sich« ist das Transkript des Interviews auf der Internetseite der ARD-»Tagesschau« überschrieben. Vielleicht hätte es eher heißen müssen »Putin rächt sich« oder »Putin macht sich lustig«. Denn von Beginn an machte der russische Präsident deutlich, dass er sich dem Interviewer aus Deutschland meilenweit überlegen fühlt. Noch während der seine erste Frage stellte, in der es um Razzien bei Nichtregierungsorganisationen in Russland und ihre Einstufung als »ausländische Agenten« ging, begann Putin, betont entspannt, in seinem goldumrandeten Brokatsessel sitzend, belustigt vor sich hin zu schmunzeln. Dann bestritt er mit nachsichtiger Miene, dass es überhaupt Razzien gäbe, empfahl Schönenborn, die Sache objektiv zu betrachten, und erklärte, dass in den USA bereits seit 1938 so ein Gesetz existiere.

»Herr Präsident, mir ist nicht bekannt, dass in den USA ähnliche Durchsuchungen, Beschlagnahmungen stattfinden. Der Begriff ›ausländischer Agent‹, den die Organisationen tragen müssen, in unseren Ohren hört sich das nach Kaltem Krieg an«, entgegnete Schönenborn. Putin belehrte ihn daraufhin, dass sich das neue russische Gesetz ziemlich genau an das amerikanische anlehne und dass das amerikanische Justizministerium »vor Kurzem« die Nichtregierungsorganisationen ersucht habe, Dokumente bereitzustellen, aus denen hervorgeht, dass sie Gelder aus dem Ausland erhalten, verbunden mit einer langen Liste von Fragen. »Wir haben ein genau ähnliches Gesetz verabschiedet, das nichts verbietet, das möchte ich unterstreichen«, so Putin. »Dieses Gesetz verbietet ja nichts, dieses Gesetz schränkt nichts ein und lässt niemanden dichtmachen. Und keine Tätigkeit, selbst innenpolitische Tätigkeit für Organisationen, die sich aus dem Ausland finanzieren, ist verboten. Wir wollen nur wissen, wer dieses Geld bekommt und wofür dieses Geld ausgegeben wird.«

Dann fragte Putin: »Was glauben Sie? Wie viele Nichtregierungsorganisationen gibt es in Europa, die sich aus Russland finanzieren lassen? Was glauben Sie persönlich?« Schönenborn erstarrte leicht und versuchte zu retten, was nicht mehr zu retten war. »Ich kann ja nur über meinen Eindruck sprechen«, antwortete er hilflos. Putin erklärte es ihm. Es gebe in ganz Europa nur eine einzige, und zwar in Paris, eine zweite sitze in Nordamerika. »Ich habe schon geahnt, dass Sie mich das fragen werden«, fuhr Putin fort und unterstrich damit auch gleich seine Cleverness – um im selben Atemzug zu einem schmerzhaften, finalen Aufwärtshaken anzusetzen, indem er sich vorbeugte und scheinbar unschuldig fragte: »Wie heißen Sie übrigens?«

»Jörg Schönenborn«, antwortete der Fernseh-Chefredakteur des größten deutschen öffentlich-rechtlichen Rundfunksenders etwas verblüfft.

»Jörg?«

»Ja.«

Es waren gerade mal fünf Minuten vergangen. Ab dem Moment war klar, wer der Herr im Ring ist. Putin hatte das Sagen, gab den großen Belehrer, Schönenborn saß ihm gegenüber wie ein Pennäler und hatte ihm nichts entgegenzusetzen. Er hatte nur aufgeschriebene Fragen, die er abarbeitete, aber keinerlei Hintergrundwissen, um Putins Erklärungen mit Gegenargumenten parieren zu können.

So konnte Putin ungehindert behaupten, dass er eine starke Opposition begrüße und unterstütze und dass die Opposition frei demonstrieren dürfe, sofern sie sich »im Rahmen des Gesetzes« bewege. »Ordnung muss sein, es darf kein Chaos zugelassen werden. Wozu ein Chaos führen kann, sehen wir am Beispiel von Nordafrika. Wer braucht das?« Dann wies er Schönenborn darauf hin, dass sogar das Gesetz geändert wurde, dass man 50.000 Mitglieder haben müsse, um eine Partei registrieren zu lassen. Jetzt seien für die Registrierung nur noch 500 Menschen erforderlich. »Wir haben bereits 37 Parteien in Russland. Und mehrere Dutzend Parteien haben das Registrierungsverfahren beantragt. Wir wollen den politischen Wettbewerb weiterentwickeln. […] Wir wünschen politische Konkurrenz.« So konnte er ungebremst vor Schönenborn weiteren Unsinn verbreiten, als hätte es nie Verhaftungen von Demonstranten gegeben, als würde es in Russland keine oppositionellen Politiker wie Nawalny (1976–2024) und keine unabhängigen Sender wie den Fernsehkanal Doshd geben, die von Putin behindert, malträtiert und unter Druck gesetzt werden, und keine ermordeten Journalisten wie Anna Politkovskaja.

Selbst als Putin ihm eine Vorlage zum Kontern anbot und ihn bat, den Namen nur eines Verhafteten zu nennen, musste Schönenborn zurückrudern: »Ich habe ja gar nicht von Verhaftungen gesprochen, Herr Präsident. Ich habe von Durchsuchungen gesprochen.« Es war ein einziges Trauerspiel. »Verstehen Sie wirklich nicht, wie absurd Ihre Frage ist?«, fuhr Putin dem deutschen Topjournalisten einmal über den Mund. Die Antworten auf Schönenborns harmlose Fragen leitete Putin regelmäßig mit kleinen Seufzern ein wie ein Lehrer, der seinem etwas begriffsstutzigen Schüler zum zigsten Mal den Dreisatz erklären muss.

Die Reaktionen in deutschen Medien waren entsprechend verheerend. »Putin faltet ARD-Reporter zusammen« titelte der *Merkur.* Für das österreichische Boulevardblatt *Kronen Zeitung* hatte ein »aufgebrachter Putin« den Journalisten »auseinandergenommen«. Schönenborn wirke »in den 35 Minuten zu wenig bissig, um dem mit allen Wassern gewaschenen Machtpolitiker etwas entgegensetzen zu können. Putin wirkt hochkompetent und geht bei seinen Antworten so sehr ins Detail, dass Schönenborn scheinbar nichts anderes übrigbleibt, als zur nächsten Frage überzugehen«, urteilte die Branchenplattform *Meedia:* »Gegenfragen? Fehlanzeige.«

»Die wichtigste Frage blieb letztlich offen«, resümierte die *Süddeutsche Zeitung.* »Welches Ziel verfolgt ein Medium, wenn es den russischen Präsidenten befragt? Der Erkenntnisgewinn aus dem Interview war bescheiden, Putins Statements blieben oberflächlich und waren altbekannt. Schönenborn fehlte offensichtlich die Expertise, um bei Details hartnäckig nachzuhaken.« Putin wusste also, wer da kommt und wie er heißt. Und wie ein Sportler den Gegner vor einem wichtigen Kampf analysiert, hatte auch Sportfan Putin sein Gegenüber genau studiert und seine Schwächen sorgfältig seziert.

Wladimir Putin, der Interviews zwar auf Russisch führt, aber bekanntermaßen ziemlich gut Deutsch spricht, ist dafür bekannt, gern Tricks anzuwenden, um sein Gegenüber zu verunsichern und im besten Fall zu blamieren. Der ehemalige KGB-Mann sei »ein Meister der Inszenierung und der Überraschungen, der nichts dem Zufall überlässt und stets weiß, wen er vor sich hat«, schreibt Kai Diekmann in seinem Buch. Und so war es auch kein putziges Versehen, als bei einem Pressetermin mit Angela Merkel im Januar 2007 in Sotschi plötzlich Putins Labradorhündin im Raum auftauchte und neugierig auf die Bundeskanzlerin zusteuerte. Putin wusste genau, dass die deutsche Bundeskanzlerin, die mühsam versuchte, die Fassung zu wahren, panische Angst vor Hunden hat. Es war eine reine Machtdemonstration, nicht nur gegen Merkel, sondern gegen den gesamten Westen.

Auch wenn Putin bis zum Angriff auf die Ukraine am 24. Februar 2022 offenbar gern Interviews gegeben hat, war es nie leicht, einen Termin mit dem russischen Präsidenten zu bekommen. Vorab gab es immer ein langes Hin und Her mit seinem Pressebüro und seinem langjährigen Pressesprecher Dmitri Peskow. Waren Zeit und Ort vereinbart, war das Prozedere immer gleich. Armin Wolf, langjähriger Anchorman der Nachrichtensendung »ZIB 2«, stellvertretender Chefredakteur der ORF-Fernsehinformation und mit Abstand Österreichs prominentester Journalist, hat Putin 2018 interviewt und das Prozedere auf seinem Internetblog anschaulich beschrieben. Weil Putin zu Beginn seiner vierten Amtszeit als Präsident einen Besuch in Österreich plante, hatte Moskau dem ORF die Möglichkeit eines Interviews offeriert – selbstverständlich unter bestimmten Bedingungen:

1. Nicht die landes- und sprachkundige Moskau-Korrespondentin sollte das Interview führen, sondern es müsste ein »Hauptabend-Moderator« aus Wien anreisen – also Armin Wolf.
2. Mindestens 15 Minuten des auf 30 bis 40 Minuten angelegten Gesprächs müssten im Hauptabendprogramm gesendet werden.
3. Die deutsche Übersetzung sei mit dem Kreml abzustimmen.
4. Der Kreml veröffentlicht eine ungekürzte Version des Interviews als Video und Abschrift auf seiner Website.

Wolf habe dann versucht, sich »so gut wie möglich vorzubereiten, unter anderem mit einigen ausführlichen Putin-Interviews der letzten Jahre«, schreibt er in seinem Blog. »Und sehr schnell wurde mir beim Ansehen klar: Der russische Präsident würde ein sehr anspruchsvoller Gesprächspartner werden.«

Die Vorbereitung hat sich gelohnt: Wolfs Gespräch mit Putin, das am 1. Juni 2018 im Kreml stattfand und am Ende sogar fast vierundfünfzig Minuten dauerte, »sorgt nicht nur inhaltlich für weltweiten Gesprächsstoff«, lobte das österreichische Wochenmagazin *News*, sondern »auch die Art der Gesprächsführung war am Dienstag Thema zahlreicher Online-Debatten«. *New-York-Times*-Reporter Ivan Nechepurenko bezeichnete das Interview auf seinem Twitter-Account als »eines der spektakulärsten« seit »sehr sehr langer Zeit«, für Shaun Walker vom *Guardian* war es das bohrendste Putin-Interview seit Jahren. »Exzellent« fand es Bojan Pancevski vom *Wall Street Journal*, und den Nachrichtenchef von *Buzzfeed* überzeugte in dem »brillanten und total fesselnden« Gespräch vor allem die »forensische« Art der Befragung. Sogar der Kreml-nahe Journalist Bryan MacDonald von Russia Today (RT) zollte auf seinem Twitter-Account Respekt: »Anders als viele vor ihm hat der österreichische TV-Journalist Armin Wolf seine Hausaufgaben erledigt, bevor er Putin traf. Auch wenn er ihn zu oft unterbricht, ist das ein packender Austausch, in dem Putin auf die Probe gestellt wird, wie ich es jahrelang nicht gesehen habe.«

Aber Putin hielt dagegen und ließ sich nicht aus dem Konzept bringen. »Immer wieder unterbrach Putin den Journalisten, einmal sogar auf Deutsch (›Lassen Sie mich auch was sagen‹), und stellte es dann aber so hin, als hätte Wolf ihn nicht ausreden lassen«, schrieb die Tageszeitung *Die Welt*.

Armin Wolf analysierte bei Putin folgende fünf Antwortstrategien:

1. Er repliziert meist sehr ausführlich. Knappe Antworten sind selten, fast immer wird es grundsätzlich.
2. Er liebt Gegenfragen – für einen Interviewer immer unangenehm.

3. Er ist ein Meister des sogenannten *Whataboutism* – also des Ablenkens auf ein anderes Thema oder zumindest einen anderen Aspekt des Themas.
4. Wenn er etwas dementieren will, dementiert er, egal, wie viele Belege es für einen Vorhalt gibt.
5. Wenn er unterbrochen wird, kritisiert er das sofort – als unhöflich, ungeduldig oder voreingenommen. Um dann seine ursprüngliche Antwort fortzusetzen.

Hinzu kommt Putins spöttisches Lächeln und die kleinen Seufzer, mit denen er seine Antworten einleitet, um dem Interviewer zu vermitteln, wie schlecht informiert und ungenügend vorbereitet er sei und wie überlegen Putin ihm sei.

An einer Stelle konfrontiert Wolf den russischen Despoten mit dem Vorwurf, russische Hackergruppen hätten massiv versucht, 2016 den amerikanischen Wahlkampf, aus dem bekanntlich Donald Trump als Sieger hervorging, zu beeinflussen. Wolf wirft Putin vor, das zu bestreiten, es sei aber »unbestritten, dass es in St. Petersburg seit Jahren die berühmte Internet Research Agency gibt, die mit Millionen Fake-Postings, mit falschen Identitäten und über Facebook-Werbung versucht, die öffentliche Debatte im Westen zu beeinflussen«, so Wolf. »Diese Firma, diese sogenannte ›Troll-Fabrik‹, gehört Jewgenij Prigoschin, den Sie sehr gut kennen. Er hat sehr viele Regierungsaufträge für seine Firmen, er wird auch ›Putins Koch‹ genannt, weil eine seiner Firmen Ihre Staatsgäste bewirtet. Finden Sie es gut, wenn jemand, der so enge Beziehungen zur russischen Führung hat, diese Troll-Fabrik betreibt?«

Und wieder findet Putin einen Weg, mit süffisantem Ausdruck den Spieß umzudrehen: »Denken Sie im Ernst, dass ein Restaurantbetreiber, auch wenn er Möglichkeiten zum Hacken hat und eine Firma in diesem Bereich besitzt – ich weiß ja gar nicht, was er dort genau tut –, also dass dieser Mann wirklich die Wahlen in den USA oder in irgendeinem europäischen Land beeinflussen kann? Wie tief wären dann die Medien und die Politik im Westen gesunken, wenn ein Restaurantbesitzer aus Russland Wahlen in Europa oder den USA beeinflussen kann. Ist das nicht lächerlich?« Indem Putin Wagner-Chef Prigoschin[139] als schlichten Restaurantbesitzer bezeichnet, zieht er die Vorstellung in der Tat ins Lächerliche – und vermittelt unterschwellig die Überlegenheit Russlands über den Westen, der offenbar nichts dagegen unternehmen kann, dass ein Koch die Wahlen in den USA beeinflussen kann.

Putin hat offensichtlich seinen Machiavelli gelesen: »Zur Erlangung und Erhaltung politischer Macht ist jedes Mittel unabhängig von Recht und Moral erlaubt.« Gern inszeniert er sich als Demokrat und verständiger Staatsführer, dem Frieden und Freiheit in der Welt am Herzen liegen. Dabei hat er damals bereits die Krim besetzt, die Opposition zerschlagen, unabhängige Medien verboten und finanziell ausgetrocknet und mehrere Oppositionelle und Journalisten ermorden lassen. Zwischen dem, was Putin behauptet, und der Wirklichkeit tut sich eine immer tiefer werdende Kluft auf.

In den folgenden Jahren gibt Putin ausländischen Journalisten immer wieder Interviews – unter anderem der NBC-Journalistin Megyn Kelly, einer der wenigen Frauen, der er die Gnade eines Gesprächs gewährt. »Man sollte nicht versuchen, Wladimir Putin zu überlisten – ich glaube nicht, dass das gelingen wird«, wird sie im Juni 2021 von Radio Free Europe zitiert: »Aber man kann versuchen, ihn ein wenig in die Enge zu treiben. Er hat bei den Themen, zu denen ich ihn befragt habe, nicht die Wahrheit gesagt. Er wusste es, und ich wusste es.«

Während Kelly sich bei ihren Interviews mit Putin sehr gut schlug – es waren in der Tat mehrere –, scheiterte ihr Kollege Keir Simmons, der den Kreml-Chef im Juni 2021 im Vorfeld eines Treffens mit US-Präsident Joe Biden traf. Er war nicht gut vorbereitet und ließ sich ein ums andere Mal von Putin vorführen. »Man hat uns alles Mögliche vorgeworfen: Wahleinmischung, Cyberangriffe und so weiter und so fort«, lamentierte Putin einmal. »Und nicht ein einziges Mal, nicht ein einziges Mal haben sie sich die Mühe gemacht, irgendwelche Beweise oder Belege vorzulegen. Nur unbegründete Anschuldigungen. Ich bin überrascht, dass man uns noch nicht vorgeworfen hat, die Black-Lives-Matter-Bewegung provoziert zu haben. Das wäre ein guter Angriffspunkt gewesen.«

Putin habe dem NBC-Korrespondenten eine Abreibung verpasst, freute sich die Kreml-nahe Zeitung *Iswestija* nach dem Interview. »Die Chinesen sind begeistert von Putins Interview mit NBC«, feixte die staatliche Nachrichtenagentur RIA Novosti. Und der prominente russische Fernsehmoderator Wladimir Solowjow fragte in seiner Talkshow schadenfroh: »Haben Sie bemerkt, wie oft Putin ihm die Meinung gesagt hat?« Das ist genau das, was Putin und sein Team erreichen wollen: das russische Volk. Die Zielgruppe seiner Interviews mit ausländischen Medien sind nie die Leser, Hörer oder Zuschauer in den anderen Ländern. Es sind immer seine eigenen Leute, die Russen, und die russischen linientreuen Zeitungen und Nachrichtensender, denen er genug Futter liefert, um ihn als unbeugsamen Führer darzustellen, dem kein westlicher Reporter das Wasser reichen kann.

»Sie [die Kreml-Strategen] nutzen nicht die Möglichkeit, die Präsenz ausländischer Medien zu nutzen, um die Diskussion im Westen zu verändern«, wird Samuel Greene, Direktor des Russland-Instituts am King's College London, von Radio Free Europe zitiert. »Aber es ergibt sich ein hübsches Bild: Westliche Journalisten sind respektvoll, können Putin im Großen und Ganzen nicht erschüttern und werden regelmäßig überrumpelt oder sind zumindest nicht in der Lage, die richtigen Antworten zu geben.«

Schlimmer als gescheiterte Interviews mit Diktatoren sind allerdings Interviews, die gar keine sind. Weil den Interviewern jegliche Distanz fehlt und sie sich zu unkritischen Erfüllungsgehilfen ihrer Gesprächspartner machen. Wie zum Beispiel die RAI-Managerin und ehemalige Journalistin Monica Maggioni, die Ende November 2019 in Damaskus ein Interview mit dem syrischen Präsidenten Baschar Al-Assad führte, der seit Jahren mithilfe von Russland seine eigene Bevölkerung massakrierte und Teile seines Landes in Schutt und Asche legte. Bemerkenswert war nicht nur, dass sie das Interview mit keiner Redaktion im Sender abgestimmt hatte, sondern dass es so unkritisch war, dass mehrere RAI-Redaktionen sich weigerten, es auszustrahlen.

»Giftgas? Natürlich niemals. Bürgerkrieg? Davon kann keine Rede sein, bloß Kampf gegen den Terror. Und so geht es immer weiter«, schrieb die Tageszeitung *taz* in einer Kritik. In Damaskus war man von dem harmlosen Talk jedoch so begeistert, dass der syrische Präsident den Italienern per auf Facebook veröffentlichter Pressemitteilung ein Ultimatum stellte: Wenn die RAI das Interview nicht bis Montag, den 9. Dezember, ausstrahle, werde es in den syrischen Medien ohne die in den Vereinbarungen vorgesehene Gleichzeitigkeit ausgestrahlt werden. Das sei »ein weiteres Beispiel für die Versuche des Westens, die Wahrheit über die Situation in Syrien und ihre Folgen für Europa und die internationale Arena zu verbergen« hieß es in der Erklärung.

Während das syrische Staatsfernsehen das Interview am 12. Dezember 2019 in ganzer Länge ausstrahlte, wurde es von der RAI in den Tiefen seiner Streamingplattform Raiplay versenkt. Maggionis Karriere hat der peinliche Schwatz mit Assad erstaunlicherweise nicht geschadet, im Gegenteil: Fünf Monate später kehrte die damals Sechsundvierzigährige als Moderatorin zum Journalismus zurück und leitete ab November 2021 sogar als erste Frau die RAI-Hauptnachrichtensendung »TG1«.

»Das öffentlich-rechtliche Fernsehen hat ein neues Genre hervorgebracht – das Diktatoreninterview«, verkündete im Juli 2012 die *Frankfurter Rundschau.* »Unlängst unterhielt sich Claus Kleber (ZDF) mit dem iranischen Präsidenten Ahmadinedschad, und am Sonntag sendete das ARD-Magazin *Weltspiegel* ein Gespräch, das der Ex-Politiker Jürgen Todenhöfer mit Syriens Baschar al-Assad geführt hat.« Letzteres kam bei vielen Medien nicht besonders gut an: »Man kann als Querdenker in der selbst gezogenen Spurrille quer zum moralischen Menschenverstand stecken bleiben, und Jürgen Todenhöfer ist gerade dabei, dies zu tun«, kritisierte *Die Welt* prophetisch (mittlerweile hat sich der ehemalige CDU-Bundestagsabgeordnete und Medienmanager bekanntermaßen wirklich der Querdenkerszene angeschlossen). »Das Interview hatte entfernte Ähnlichkeit mit früheren solchen Gesprächen anderer idealistischer Publizisten und Querdenker, die im Krieg den netten heroischen Joe Stalin trafen oder vor dem Krieg den erstaunlich kenntnisreichen Herrscher vom Berghof priesen, der doch eigentlich nur anstrebe, was alle anstrebten, zum Beispiel das Selbstbestimmungsrecht der Völker auch für Deutsche.«

Um das Interview zu bekommen, hatte sich Todenhöfer, der aus seinen Sympathien für Assad und seiner Abneigung gegen die USA nie ein Geheimnis gemacht hat, zuvor in zahlreichen E-Mails, die später geleakt wurden, bei einer jungen Mitarbeiterin Assads angebiedert. Es handelte sich um Sheherazad Jaafari, damals etwa einundzwanzig Jahre alt und Tochter von Baschar Jaafari, einem Assad-Vertrauten und damaligen UNO-Botschafter von Syrien: »Liebe Prinzessin des Nahen Ostens. Lass uns aus Syrien den demokratischen Vorreiter der arabischen Welt machen, und ich werde jede freie Minute verbringen in diesem faszinierendsten Land mit der faszinierendsten Prinzessin.« Assad sei »der einzige Anführer, der deinem Land eine moderne Demokratie und eine stabile Zukunft ohne Fremdherrschaft geben kann. Das müssen wir der Welt klarmachen. Und deinem Volk.«

Auch dem amerikanischen Journalisten Edgar Snow fehlte die gebotene professionelle Distanz, als er 1965 Mao Tse-tung interviewte. Es war nicht sein erstes Interview mit dem »Großen Vorsitzenden«, denn bereits 1936 hatte man Snow auf der Suche nach einem ausländischen Autor für Maos Biografie ausgewählt, die auf ein internationales Publikum abzielen und das Bild der Welt von China und seinem Machthaber in ein positives Licht rücken sollte.

Snow, 1905 in Kansas City, Missouri, geboren, hatte nach einem Journalismustudium und einer kurzen Karriere als Börsenspekulant mit dreiundzwanzig Jahren eine Weltreise angetreten, die allerdings nach kurzer Zeit in China endete. Dort begann er als Korrespondent für die amerikanische Wochenzeitung *The Saturday Evening Post* zu arbeiten.

Als ihn die Anfrage erreichte, Mao beim Verfassen seiner Biografie behilflich zu sein, lebte er bereits seit acht Jahren im Reich der Mitte. Das Projekt verschaffte ihm die einmalige Chance, sowohl Mao als auch andere hohe Tiere der Kommunistischen Partei zu interviewen und einen Einblick in den Maschinenraum der chinesischen Macht zu erhalten, der den Augen der westlichen Welt bis dahin komplett verschlossen geblieben war. Natürlich war alles, was Eingang in das Buch fand, von Mao und der KPD gesteuert, gefiltert und inszeniert und diente vor allem der Vermehrung und Verbreitung von Maos Heldenmythos. Als es 1937 unter dem Titel »Red Star Over China« erschien, wurde es sofort ein Bestseller und auch ins Chinesische übersetzt. Es prägte die Sicht auf China weltweit und löste im Westen eine enorme Sympathiewelle für Rotchina und seinen Anführer aus.

Fast dreißig Jahre später, ein Jahr vor Beginn der »Großen Proletarischen Kulturrevolution«, saß Snow dem »Großen Vorsitzenden« also wieder gegenüber und führte ein fast vierstündiges Interview mit ihm, das am 27. Februar in dem amerikanischen Politikmagazin The New Republic erschien.

Das Gespräch stand unter dem Motto »Schan-nan hai-pei«, »Vom Süden der Berge zum Norden der Seen«. Snow hatte selbst weder Fragen notiert noch sich während des Gesprächs Notizen gemacht und durfte Mao auch nicht wörtlich zitieren. Später half ihm eine nicht näher bezeichnete Person, die ebenfalls bei dem Gespräch anwesend war und mitgeschrieben hatte, das Gespräch zu Papier zu bringen. Mao war zum Zeitpunkt des Interviews zweiundsiebzig Jahre alt, Snow sechzig. Ein erfahrener Mann, der sich in China vermutlich fast so gut auskannte wie ein Einheimischer. Deshalb fällt umso mehr auf, dass Snow lediglich als harmloser Stichwortgeber agierte, der Maos ausschweifenden politischen und philosophischen Gedankengirlanden einen pseudointerviewerischen Rahmen bot. Ehrfürchtig schrieb Snow:

> Der 72-jährige Kämpfer begrüßte mich in einem großen, klassisch-chinesischen Raum in der Großen Halle des Volkes, jenseits

des weitläufigen Platzes auf dem Tien An Men, in der ehemals Verbotenen Stadt das Tor des Himmlischen Friedens. Während unseres Gesprächs dankte er wiederholt ausländischen Invasoren dafür, die chinesische Revolution beschleunigt zu haben und Südostasien bis heute einen ähnlichen Gefallen zu tun. Er behauptete, China habe keine Truppen außerhalb seiner Grenzen stationiert und keinerlei Absicht, jemanden anzugreifen. Das Land würde nur seine eigenen Grenzen verteidigen. Je mehr amerikanische Waffen und Soldaten nach Saigon kämen, desto schneller würden die südvietnamesischen Befreiungskräfte bewaffnet und im siegreichen Kampf ausgebildet. Bisher brauchen sie die Hilfe der chinesischen Truppen nicht.

Sie redeten über den Vietnamkrieg, das schwierige Verhältnis zu Amerika, die Weltpolitik im Allgemeinen und den in der Sowjetunion bis 1956 herrschenden Stalin-Kult im Besonderen (wobei Mao den fanatischen Kult um ihn selbst geradezu bescheiden beiseitewischte) und über die Zukunft der chinesischen Jugend. Die hatte ihnen und ihren Familien der Große Vorsitzende einige Jahre zuvor selbst spektakulär durch den ganz offensichtlich gescheiterten »großen Sprung nach vorn« verbaut. Mit der rigiden Maßnahme wollte Mao sein Land eigentlich von heute auf morgen von einem Bauernstaat in ein hoch industrialisiertes Land umwandeln und hatte deshalb Millionen Bauern von den Feldern in Industrieanlagen gezwungen. Leider hatte er nicht bedacht, dass dadurch auch die Ernteeinträge zusammenbrachen, was zwischen 1959 und 1961 eine katastrophale Hungersnot auslöste, der zwischen zwanzig und fünfzig Millionen Menschen zum Opfer gefallen sein sollen. Jetzt, vier Jahre später, durfte Chinas geistiger, politischer und ideologischer Führer ungehindert über »Chinas reiche Getreideernte«, preiswerte Lebensmittel und Konsumgüter und Fortschritte auf allen Ebenen schwadronieren und sich als gütiger, weitsichtiger, philosophisch gebildeter und friedensliebender Staatenlenker inszenieren.[140] Mao, der vermutlich mehr Menschen auf dem Gewissen hat als jeder andere Diktator vor und nach ihm, gefiel sich selbst in der Rolle des demokratischen, fürsorglichen Landesvaters, der vor allem auf das Wohl seines Volkes bedacht war.

Snow war nicht der Einzige, der Interviews mit Mao geführt hat. Denn Mao hat ganz offensichtlich schon sehr früh die Medien als Propagandainstrument für seine eigenen Interessen und Belange entdeckt. Bereits 1940 hat ein amerikanischer Journalist namens Gunther Steen Zitate Maos aus einem Gespräch mit ihm veröffentlicht, in dem er Sätze sagte wie:

> Was China jetzt braucht, ist Demokratie und nicht Sozialismus. Genauer gesagt, braucht China gegenwärtig drei Dinge: (1) die Vertreibung der Japaner; (2) die Verwirklichung der Demokratie im ganzen Land, indem wir dem Volk alle Formen moderner Freiheit und ein System nationaler und lokaler Regierungen geben, die von ihm in wirklich freien allgemeinen Wahlen gewählt werden, was wir in den von uns kontrollierten Gebieten bereits getan haben; und (3) die Lösung der Agrarfrage, damit sich in China ein fortschrittlicher Kapitalismus entwickeln und der Lebensstandard des Volkes durch die Einführung moderner Produktionsmethoden verbessert werden kann.

Mao Tse-tung benutzte immer wieder westliche Medien für seine Zwecke und machte geschickt einzelne Medienvertreter zu Handlangern seiner Interessen. Zum Beispiel die amerikanische Journalistin Agnes Smedley, die Mao nicht nur interviewte, sondern auch mit ihm schlief, oder Anna Louise Strong, ebenfalls Amerikanerin, die 1946 den Gesprächsband »The Thought of Mao Tse-tung« veröffentlichte (1947 unter dem Titel »Mao Tse-tung. Interview mit der amerikanischen Korrespondentin Marie Louise Strong«, in deutscher Übersetzung erschienen).

Am 9. September 1976 starb Mao mit dreiundachtzig Jahren in Peking. Trotz aller erwiesener Grausamkeiten gegen seine eigene Bevölkerung hält der Heldenkult um ihn bis heute an – wozu die Interviews willfähriger West-Journalisten einen nicht unbeträchtlichen Teil beigetragen haben.

Die katastrophalen Folgen einer allzu abrupten Transformation von einem Agrar- in einen Industriestaat hätte Mao bereits einige Jahre zuvor in der Sowjetunion beobachten können, wo sein Amtskollege Josef Stalin auf ähnliche Weise vielen Millionen Menschen den Hungertod gebracht hatte. Auch sonst gibt es erstaunliche Parallelen zwischen den beiden Diktatoren, angefangen mit der Unterdrückung ihres Volkes bei gleichzeitiger Inszenierung als dem Gemeinwohl verpflichteter Landesvater. Weiterhin trafen beide fatale politische Entscheidungen, sie ermordeten grausam Millionen von Landsleuten, und schließlich wurden sie Gegenstand einer vollkommen irrationalen Glorifizierung, die weit über ihren Tod hinaus und bei einem erheblichen Teil der Bevölkerung sogar bis in die Gegenwart andauert.

Einblicke in Stalins Denken und Handeln verdanken wir vor allem einem dreistündigen Interview, das der damals äußerst bekannte, aber heute vergessene deutsch-schweizerische Journalist und Schriftsteller Emil Ludwig am 13. Dezember 1931 mit dem russischen Diktator führte. Das Interview, das Ludwig später als Grundlage für seine 1941 zuerst in den USA erschienene Stalin-Biografie[141] diente, ist auch deshalb bemerkenswert, weil es als Wortlautinterview veröffentlicht wurde, was damals eher unüblich war.

Ludwig, 1881 in Breslau geboren, hatte sich auf psychologische Porträts bedeutender Persönlichkeiten der Weltgeschichte spezialisiert, wobei er auch den einen oder anderen vom Sockel stieß. Seine flott geschriebenen Romanbiografien waren allesamt Bestseller; im Jahr 1930 hatten sie eine Gesamtauflage von 2,5 Millionen und waren in siebenundzwanzig Sprachen übersetzt, was ihn zu einem der erfolgreichsten Schriftsteller seiner Zeit machte. Allerdings auch zu einem höchst angefeindeten. Als 1925 seine Biografie über Wilhelm II. auf den Markt gekommen war, wurde ihm vorgeworfen, »die Hohenzollernlegende in Deutschland zerstört und die monarchische Reaktion verhindert« zu haben, »indem er das Bild Wilhelms II. als eines bösen Kriegstreibers in das einer kranken, komplexbeladenen, tragischen Figur verkehrte«, woraufhin sich unter Historikern »eine heftige Debatte um die Legitimität historischer Belletristik« entzündete.[142] Er wurde – nicht zuletzt aufgrund seiner jüdischen Wurzeln – angegriffen und diffamiert, Goebbels hasste ihn abgrundtief. 1932 emigrierte er in die Schweiz, 1933 gehörten auch seine Bücher zu denen, die öffentlich von NS-Studenten verbrannt wurden.

Zum Zeitpunkt des Interviews stand der dreiundfünfzigjährige Stalin seit zehn Jahren an der Spitze des ZK der KPdSU. Außer Ludwig hatte er bis dahin nur drei weiteren Ausländern Interviews gewährt, und zwar dem amerikanischen Journalisten Eugene Lyons (1930), dem schillernden amerikanischen Großfarmer Thomas D. Campbell (1928), dem »Weizenkönig der Welt«, der Stalin allerdings vor allem landwirtschaftlich beriet und später die Napalmbombe entwickeln sollte, und Paul Scheffer, der von 1921 bis 1929 in Moskau als Korrespondent für das *Berliner Tageblatt* arbeitete. Dort führte er mit seiner Frau, einer geborenen Fürstin Natalie Petrowna Wolkonskaja, ein offenes Haus und hatte regelmäßig Journalisten und Diplomaten zu Gast. Als seine Berichterstattung immer kritischer wurde, verweigerten ihm die Sowjetbehörden 1929 die Wiedereinreise.

Deshalb musste Emil Ludwig dem paranoiden Autokraten vor dem Interview zusichern, dass es zuerst in einer russischen Zeitung erscheint. Wozu mit größter Wahrscheinlichkeit auch gehörte, dass Stalin Einfluss auf die finale Fassung nahm. Erst nachdem es am 30. April 1932 in der russischen Zeitung *Bolschewik* veröffentlicht worden war, folgte am 24. Mai unter dem Titel »Unterredung mit Stalin« in der österreichischen Tageszeitung *Neue Freie Presse* eine dreiteilige gekürzte Fassung in deutscher Übersetzung.

In seiner Stalin-Biografie beschrieb Ludwig die Gesprächsatmosphäre als kühl und steril, Stalin als »düster und fremdländisch«, aber auch als bescheidenen Mann des Volkes. Dabei stellte er ihm – mit allem Respekt – durchaus die eine oder andere furchtlose Frage. Nachdem

Stalin ihm ausführlich erklärt hatte, wie sehr ihm das Wohl der Arbeiterklasse am Herz liege, dessen Aufstieg er gegen die verachtenswerte Klasse der Gutsbesitzer und Kaufleute fördere, und wie kollektiv, geradezu demokratisch politische Entscheidungsprozesse im Land ablaufen, sagte Ludwig:

> Ich habe den Eindruck, dass ein großer Teil der Bevölkerung der Sowjetunion in Angst und Schrecken vor der sowjetischen Regierung lebt und dass die Stabilität der sowjetischen Regierung bis zu einem gewissen Grad auf dieser Angst beruht. Ich würde gerne wissen, welche Gefühle in Ihnen persönlich durch das Wissen geweckt werden, dass es zur Aufrechterhaltung der Stabilität der Regierung notwendig ist, Angst zu schüren. In Ihren Beziehungen zu Ihren Genossen, natürlich auch zu Ihren Freunden, wenden Sie ganz andere Methoden an, und zwar keine Methoden der Angst. Aber man muss der Bevölkerung Angst einjagen.
>
> Stalin: Da irren Sie sich. Ihr Irrtum wird im Übrigen von vielen geteilt. Glauben Sie, dass es möglich ist, mit Methoden der Einschüchterung und des Terrors vierzehn Jahre lang an der Macht zu bleiben und die Unterstützung von Millionen zu genießen? Nein, das ist unmöglich. Die zaristische Regierung wusste besser als jede andere, wie man einschüchtert. Sie verfügte über eine lange und umfangreiche Erfahrung auf diesem Gebiet. Die europäische und insbesondere die französische Bourgeoisie haben dem Zarismus in jeder Hinsicht geholfen und ihn gelehrt, die Bevölkerung zu terrorisieren. Doch trotz dieser Erfahrung und trotz der Hilfe der europäischen Bourgeoisie führte die Politik der Einschüchterung zum Zusammenbruch des Zarismus.
>
> Ludwig: Aber die Romanows haben sich 300 Jahre lang gehalten.
>
> Stalin: Ja, aber wie viele Unruhen und wie viele Rebellionen gab es in diesen 300 Jahren? Es gab den Aufstand von Stenka Rasin, den Aufstand von Emilian Pugatschow, den Aufstand der Deka-

bristen, die Revolution von 1905, die Revolution vom Februar 1917 und die Oktoberrevolution. Und ich brauche wohl kaum zu erwähnen, dass sich das politische und kulturelle Leben des Landes heute grundlegend von dem unter dem alten Regime unterscheidet, als es die Dunkelheit, die Unwissenheit, die Unterwürfigkeit und die politische Unterwerfung der Massen waren, die es den damaligen ›Machthabern‹ ermöglichten, mehr oder weniger lange an der Macht zu bleiben.

Zu jener Zeit lief bereits die sogenannte Entkulakisierung, die Deportation und Ermordung mehr oder weniger wohlhabender Bauernfamilien (Kulaken), die sich gegen Stalins Zwangskollektivierung wehrten und deshalb als »Saboteure der Landwirtschaft« bezichtigt wurden. Eine der bemerkenswertesten Passagen des Interviews ist, dass Stalin ungefragt auf dieses Massenverbrechen zu sprechen kam und Ludwig damit die Tür zu weiteren Nachfragen weit aufstieß. Der ging jedoch mit keiner Silbe darauf ein.

»Es gibt allerdings einen gewissen geringen Teil der Bevölkerung, der die Sowjetmacht tatsächlich fürchtet und gegen sie kämpft«, sagte Stalin. »Ich meine die Überreste der sterbenden Klassen, der Klassen, die wir liquidieren, und vor allem einen unbedeutenden Teil der Bauernschaft – das Kulakentum. Hier handelt es sich aber nicht nur um eine Politik der Einschüchterung dieser Gruppen, die wir tatsächlich betreiben. Es ist allgemein bekannt, dass wir Bolschewiki uns hierbei nicht auf eine Einschüchterung beschränken, sondern weiter gehen und auf die Liquidierung dieser bürgerlichen Schicht hinarbeiten.«[143]

Dieser offen ausgesprochenen Liquidierung fielen zwischen 1929 und 1933 geschätzte 600.000 Menschen zum Opfer mit dem Ergebnis, dass in vielen sowjetischen Regionen die Landwirtschaft zusammenbrach. Das hatte in der Ukraine die epochale Hungersnot Holodomor mit sieben bis vierzehn Millionen Toten zur Folge.

Damit schließt sich der Kreis zu Paul Scheffer, der bereits 1929 im *Berliner Tageblatt* über die Hungersnöte in Russland berichtet hatte –

und daraufhin nicht wieder einreisen durfte. Und der 1930 ein viel beachtetes und in mehrere Sprachen übersetztes Buch mit dem Titel »Sieben Jahre Sowjetunion« veröffentlicht hatte, in dem er auch über die Zwangskollektivierung und den beginnenden Holodomor berichtete. Konnte Emil Ludwig dieses Buch wirklich verborgen geblieben sein? Oder hatte er Stalin Fragen dazu gestellt, die in der von Stalin kontrollierten Endfassung gestrichen worden sind? Wie auch immer, das Interview wurde ein großer Erfolg und weltweit nachgedruckt. Und so trug auch dieses Gespräch einen wesentlichen Teil zum eher freundlichen Bild Stalins in der Öffentlichkeit bei, das sich in jenen Jahren – trotz aller unbeschreiblichen Grausamkeiten – verbreitete.[144]

Im November 1990 reiste Trevor McDonald, ein aus Trinidad-Tobago stammender Journalist und Nachrichtensprecher des britischen TV-Senders ITN, nach Bagdad, um Saddam Hussein zu interviewen. McDonald, damals einundfünfzig Jahre alt, grauhaarig und extrem erfahren, hatte bis dahin bereits eine erstaunliche Karriere hingelegt: Geboren in ärmlichen Verhältnissen in der Karibik, wurde er Großbritanniens erster schwarzer Anchorman und ein Topjournalist, der die Großen und Bösen seiner Zeit befragte. Und er ist der erste und einzige britische Journalist, dem es je gelungen ist, mit Saddam Hussein zu sprechen.

Der Zeitpunkt des Interviews hätte nicht besser sein können: Drei Monate zuvor hatte der irakische Regent Kuwait annektiert, woraus kurze Zeit später, angeführt durch die USA unter George H. W. Bush, der Zweite Golfkrieg »zur Befreiung Kuwaits« entbrannte. In Wirklichkeit ging es bei der »Operation Wüstensturm« natürlich um Öl, Geld und Macht. Saddam wollte mehr Öl und eine längere Küste und damit auch Häfen zum Persischen Golf, die USA und ihre Verbündeten wollten das aus denselben Gründen verhindern. Die Folgen waren bekanntermaßen verheerend, aber das wusste McDonald damals natürlich noch nicht.

Saddam Hussein war zur Zeit des Interviews dreiundfünfzig Jahre alt und regierte das Land seit elf Jahren mit eiserner Hand. In den Jahren seiner bluttriefenden Schreckensherrschaft kamen Hunderttausende ums Leben, wurden gefoltert und ohne Prozess hingerichtet. 1987 und 1988 ließ er bei der sogenannten Operation Anfal Tausende Dörfer nordirakischer Kurden verwüsten, wobei zwischen 50.000 und 100.000 Kurden niedergemetzelt worden sein sollen.

Vier Wochen vor dem Termin, am 10. Oktober 1990, hatte eine junge Kuwaiterin vor dem Menschenrechtskomitee des US-Kongresses unter Tränen erzählt, dass irakische Soldaten ins Al-Adnan-Krankenhaus in Kuwait, in dem sie als Hilfsschwester arbeitete, eingedrungen seien, Babys aus den Brutkästen gerissen und sie auf die kalten Böden gelegt hätten, bis sie starben. Die Brutkästen sollen die Soldaten mitgenommen haben. Ein kuwaitischer Arzt, der angab, zu der Zeit als Chirurg in dem Krankenhaus gearbeitet zu haben, bestätigte, dass um die 120 Neugeborene der brutalen Aktion zum Opfer gefallen seien. Die beiden Aussagen spielten eine große Rolle in der Entscheidung der Regierung Bush, kurz darauf in den Irak einzufallen. Später erwiesen sich die Aussagen der beiden »Zeugen« als Lüge, die angebliche Krankenschwester war die fünfzehnjährige Tochter des kuwaitischen Botschafters in den USA und der angebliche Chirurg ein Zahnarzt, der sich zu der Zeit gar nicht in Kuwait aufgehalten hatte. Inszeniert hatte das Schauspiel die amerikanische PR-Agentur Hill & Knowlton, der die Kuwaitis zehn Millionen Dollar gezahlt hatten, um die amerikanische Bevölkerung positiv für einen Kriegseinsatz gegen den Irak zu stimmen. Was spektakulär gelang.

Für Trevor McDonald war zum Zeitpunkt des Interviews die »Brutkastenlüge« jedoch noch Realität. Zudem gab es Tausende von ausländischen »Gästen«, denen Saddam die Ausreise verweigerte und sie so als Geiseln hielt. Einer dieser Geiseln soll übrigens ein achtzehn Monate altes französisches Kleinkind namens Florian gewesen sein, den der Journalist Patrick Poivre d'Arvor, kurz PPDA genannt, im August in einer Reisetasche oder einem Jutesack – die Angaben differieren diesbezüglich – aus dem Irak geschmuggelt haben will. Die Geschichte der spektakulären Befreiung des Kleinkindes, die die französische

Illustrierte *Paris Match* damals als Titelgeschichte brachte, klingt in ihren Einzelheiten allerdings etwas merkwürdig, und am merkwürdigsten ist, dass außer *Paris Match* kein anderes Medium darüber berichtet hat. Warum, ist ein wenig schleierhaft, erinnert die Story doch in ihrer Dramatik ein wenig an den 1987 erschienenen und 1990 mit Sally Field verfilmten Bestseller »Nicht ohne meine Tochter« von Betty Mahmoody, in dem sie ihre spektakuläre Flucht aus dem Iran erzählte.

PPDA, 1947 in Reims geboren, arbeitete von 1975 bis 1983 als Nachrichtensprecher und Fernsehmoderator bei France 2, dann wechselte er nach einigem Hin und Her zu Télévision Française 1 (TF1), wo er die einschaltquotenstarken Abendnachrichten »Journal de 20 heures« moderierte. Er war ein Star, gut aussehend und charismatisch, aber auch eitel und etwas zwielichtig und nahm es mit der Wahrheit nicht immer ganz genau. So stellte sich ein Exklusivinterview mit Fidel Castro als Zusammenschnitt einer Pressekonferenz heraus, und ein Leibwächter Saddam Husseins, den er während des Ersten Irakkriegs interviewt hatte, entpuppte sich als Hochstapler. PPDA wurde des Plagiats beschuldigt und wegen Sozialmissbrauchs und Diffamierung verurteilt. Als er 2021 von mehreren Frauen sexueller Übergriffe und sogar der Vergewaltigung beschuldigt wurde, berichteten *Frankfurter Allgemeine Zeitung* und die *Neue Zürcher Zeitung* zwar über die Vorwürfe, in denen sie den mittlerweile Vierundsiebzigjährigen auch kurz porträtierten, die spielfilmreife Befreiung des Kindes fand jedoch keine Erwähnung. Selbst in seinem ausführlichen französischen und deutschen Wikipedia-Eintrag sucht man danach vergebens. Das Kind Florian gab es zumindest wirklich, es existieren Fotos mit ihm, PPDA und den Eltern, der Journalist wurde Patenonkel des Jungen. Am 1. Januar 1999 nahm das Leben des mittlerweile Neunjährigen durch einen Autounfall ein tragisches Ende.

Zurück zu Trevor McDonald. Dem war angesichts der explosiven politischen Situation, der Geiseln und dem grausamen Ruf, der Saddam vorauseilte, ein wenig flau im Magen, als er sein Ziel, den irakischen Diktator vor den Augen der Welt mit ein paar unbequemen Fragen zu konfrontieren, endlich erreicht hatte.

Ähnlich wie bei Fallaci waren dem Treffen mit Saddam monatelange komplizierte Verhandlungen vorausgegangen. In einem Beitrag für das Magazin *Carribean Beat*, das im Frühjahr 1992 erschien, erzählte McDonald die ganze lange Geschichte der Vorbereitungen des Interviews, der Ungewissheit, ob und wann es zustande kommt, und der Angst, dass ihm und seinem Team im Irak etwas zustoßen könnte. Als es endlich zu der Begegnung kam, in einem großen Raum »mit einer hohen Decke, reichlich Teppichboden in Gelb und Gold und großen bequemen Sesseln, […] lächelte der Präsident weder, noch sah er verärgert aus. Der Raum füllte sich mit Kabinettsmitgliedern. Sie waren offensichtlich herbeigerufen worden, um zuzuhören. Viele von ihnen, so nahm ich an, hatten noch nie gehört, dass der Präsident zu irgendetwas herausgefordert wurde.«

Und McDonald forderte ihn heraus. Konfrontierte ihn in dem einstündigen Gespräch mit Gräueltaten, Aggressionen, Morden und Menschenrechtsverletzungen, die Saddam allesamt weit von sich wies. Das seien alles falsche Behauptungen, die vor allem von Großbritannien und den USA gestreut würden, die sich gegen den Irak verschworen hätten und eine Invasion in das heilige muslimische Land planten. McDonald hielt immer wieder dagegen und stellte Saddams Erklärungen – angemessen respektvoll, aber bestimmt – infrage. Das war nicht ungefährlich. Später erzählte McDonald in einem Interview, dass jeder Regierungsminister, der während des Interviews mit im Raum gesessen hatte, ihm hinterher gesagt habe, »er habe noch nie gesehen, dass jemand Saddam eine Frage gestellt habe. Das einzige bekannte Mal, als ein Minister dies gewagt hatte, war er nach draußen gebracht und erschossen worden.«

Nach dem Interview »stand der Präsident auf und sagte, er wolle mit mir sprechen«, schreibt McDonald in *Carribean Beat*. »Meine Angst kehrte zurück. Ich hatte mich nie in persönlicher Gefahr gefühlt, aber ich dachte, er würde sagen, dass meine Fragen respektlos gewesen seien.

Stattdessen hielt er mir zwanzig Minuten lang einen Vortrag darüber, was für schreckliche Menschen die Kuwaitis seien. Unfähig, den Feuersturm zu sehen, der sich über seinem Land zusammenbraute, war er besessen vom Reichtum Kuwaits.« Das habe ihm sehr viel über die Art und Weise erzählt, wie Saddam den Irak regierte, erzählte er 2016 der britischen Fachzeitschrift *Press Gazette:* »Niemand hat ihn in Frage gestellt [...] niemand hat seine Entscheidungen auf Regierungsebene in Frage gestellt.«

Dem Interview von Trevor McDonald mit Saddam Hussein wird bis heute eine enorme historische Bedeutung beigemessen. Die kurze redaktionelle Beschreibung des Interviews auf dem Youtube-Kanal von ITN:

> Es wurde in der Hitze einer internationalen Krise aufgezeichnet, die in der Einleitung der »Operation Wüstensturm«, der großangelegten, kurzen und intensiven Bodenkriegsphase des Golfkriegs, und der Vertreibung der irakischen Streitkräfte aus Kuwait gipfelte. Die Feindschaft zwischen Saddam und dem Westen sollte bis zum Sturz des irakischen Baath-Regimes nach der anglo-amerikanischen Invasion des Irak im Jahr 2003 andauern. Und die von Saddam in diesem Interview von 1991 geäußerte Meinung, dass Großbritannien und Amerika sich gegen muslimische Länder verschworen hätten, fand in den aufstrebenden Dschihadisten-Organisationen in der Region ein offenes Ohr.

Trevor McDonald, der seinen Gesprächspartnern immer mit größtem Respekt, aber nie unterwürfig begegnete, hatte im April 1988 bereits den libyschen Langzeit-Despoten Muammar Al-Gaddafi interviewt und sich am Ende von ihm eine Widmung in dessen verfassunggebendes Werk »Das Grüne Buch« schreiben lassen. Er hatte auch Nelson Mandela, Bill Clinton und viele andere politische Persönlichkeiten interviewt, über die Grenzen Großbritanniens hinaus berühmt machte ihn aber das Gespräch mit Saddam Hussein. Er hatte sich »in die Höhle des Löwen« begeben und sein eigenes Leben riskiert, um den Vorhang zu lüften und der Welt einen Blick in die Gedankenwelt des Diktators zu ermöglichen. Bis heute sind dieses Interview und die Umstände seines Zustandekommens McDonalds zentrale Heldengeschichte, zu der er immer wieder befragt wird und die er immer wieder erzählt. Er wurde zu einer Ikone des Journalismus, 1999 von der Queen zum Ritter geschlagen und schrieb eine Autobiografie über sein »unwahrscheinliches Leben«.

Auch Steve Barnett Rosenberg, 1968 in Epping bei London geboren, kann man als eine journalistische Ikone bezeichnen. Seit 1991 lebt er in Moskau, wo er erst für CBS und seit 1997 für die BBC arbeitet. Seit 2003 fungiert er als ihr offizieller Russlandkorrespondent, nur unterbrochen durch eine vierjährige Stippvisite als Berlinkorrespondent von 2006 bis 2010.

2018 wurde er von mehreren britischen Medien für seinen Mut gelobt, nachdem er Wladimir Putin während einer landwirtschaftlichen Veranstaltung in Krasnodar gefragt hatte, ob Russland hinter der Vergiftung von Sergej Skripal und dessen Tochter stecke. Offenbar machte die überraschende Frage den russischen Despoten, der nie um eine Antwort verlegen scheint, sprachlos, denn

»Putin grinste den Journalisten an, während er über eine Antwort nachdachte.

›Schauen Sie, wir haben genug mit der Landwirtschaft zu tun‹, antwortete er: ›Wie Sie sehen, geht es darum, für unser Volk gute Lebensbedingungen zu schaffen, und Sie kommen mir mit irgendwelchen Tragödien. Verstehen Sie erst mal die Hintergründe, dann können wir weiterreden‹.«

Ebenfalls bemerkenswert ist ein Exklusivinterview, das Rosenberg im November 2021 mit dem belarussischen Präsidenten Alexander Lukaschenko in dessen Residenz in Minsk geführt hat. Bisher hat der Autokrat nur wenigen Vertretern westlicher Medien die Gnade gewährt, ihm Fragen stellen zu dürfen. In dem fast eineinhalbstündigen

Gespräch ging es vor allem um die Tausenden von Migranten, die meisten aus Nahost, die seit Monaten über Belarus in die EU strömten.

Rosenberg, dessen Russlandaffinität sich vielleicht mit der Herkunft seines Großvaters erklären lässt, der aus Shklow im heutigen Belarus stammt, begegnete, bestens informiert, seinem Interviewpartner auf Augenhöhe. Rosenberg spricht perfekt Russisch, die beiden reden sich wie alte Bekannte mit den Vornamen an.

Lukaschenko wirkte von Anfang an angespannt, die Unterschenkel gekreuzt, den Oberkörper leicht nach vorn gebeugt, als würde er gleich von seinem Stuhl aufspringen. Seine Stimme war laut, fast schrill, immer wieder fiel er Rosenberg ins Wort, widersprach sich und schien in einem ständigen Verteidigungsmodus zu sein, wie ein kläffender Hund hinter einem Zaun. Rosenberg hingegen blieb äußerlich gelassen, gab Lukaschenko immer wieder Kontra, insistierte, zog dessen Aussagen in Zweifel und entgegnete ihnen mit eigenen Beobachtungen vor Ort.

Rosenberg habe den belarussischen Machthaber »zur Weißglut« gebracht, kommentierte der österreichische *Kurier* und zitiert einige Passagen:

> Lukaschenko behauptet, 80 Prozent der Wahlberechtigten hätten bei der letzten Wahl 2020 für ihn gestimmt. »Wie kann es dann sein, dass so viele Menschen auf den Straßen gegen Sie protestierten? Können Sie mir das erklären?«, fragt Rosenberg.
>
> »Das macht keinen Sinn in Ihrem Kopf«, erwidert Lukaschenko. Menschen hätten schon immer demonstriert in Belarus – »wir sind ein demokratisches Land« –, doch diesmal hätte der Westen die Menschen unterstützt: Großbritannien, die USA und Deutschland hätten, so Lukaschenko, Menschen eingeschleust und die Proteste finanziert.

Als Lukaschenko behauptete, nur jene NGOs aus dem Land geworfen zu haben, »die das Land zerstören wollten«, konterte Rosenberg: »Unter anderem jene für Tierschutz und behinderte Menschen?«

»Lukaschenko beendet das Gespräch mit den Worten: ›Ich bin keine rachsüchtige Person. Ich habe immer Frauen respektiert.‹«, resümiert der *Kurier.* »Rosenbergs Conclusio: ›Wenn ein Machthaber sagt, er sei nicht rachsüchtig, aber im nächsten Satz hinzufügt, er werde jenen vom Westen finanzierten Abschaum massakrieren, kann man nicht anders, als daran zu zweifeln.« Im März 2023 wurde das Interview von der Royal Television Society mit dem »Television Journalism Award als Interview of the Year« ausgezeichnet.

Eines der meistdiskutierten Diktatoreninterviews der letzten Jahre war Tucker Carlsons Begegnung mit Wladimir Putin im Kreml (Februar 2024). Carlson, geboren als Bankierssohn 1969 in San Francisco, zunächst für respektierte *legacy media* tätig, unter anderem für CNN und PBS, dann von 2009 bis 2023 Starmoderator bei Rupert Murdochs rechtsgerichtetem und für den intellektuellen Zusammenbruch der US-Republikaner fatal einflussreichem Network Fox News, ist mittlerweile für jede Verschwörungstheorie zu haben – und so waren harte Carlson-Nachfragen beim »Killer im Kreml« (John Sweeney) ohnehin nicht zu erwarten. Putin konnte seine These, die russische Militärintervention in der Ukraine diene vor allem der »Entnazifizierung« des Nachbarlandes, ungefiltert vortragen, belehrte seinen Gesprächspartner mit Zitaten aus entlegenen historischen Dokumenten, erwies sich als der ausgebufftere Zyniker und hielt Carlson dessen frühere Versuche vor, bei der CIA unterzukommen.

Interessant war hier das Medien-Setting: Carlson hat nach seiner etwas undurchsichtigen Entlassung bei Fox eine neue publizistische Heimstatt bei Elons Musks »X« (früher: Twitter) gefunden; Multimilliardär Musk möchte aus dem ökonomisch defizitären früheren Messaging-Portal eine umfassende Plattform für Audiovision, Sportübertragungen und Finanzdienstleistungen machen – bislang wenig erfolgreich. Das Carlson-Putin-Treffen brachte in diesem Sinne Publicity – zumal Donald Trump, dessen radikalen Anhängern der libertäre Musk als

Der US-Rechtsaußen Tucker Carlson interviewte am 8. Februar 2024 den russischen Diktator Wladimir Putin für sein »Tucker Carlson Network« und Elon Musks Plattform »X« (früher: »Twitter«). Der gut vorbereitete Putin konnte seinem handzahmen Befrager unter anderem weitreichende Erklärungen über sein großrussisches Weltbild abgeben. Die frühere US-Außenministerin Hillary Clinton bezeichnete Carlson anschließend als »nützlichen Idioten«.

selbst ernannter Held der Meinungsfreiheit bei »X« wieder Tür und Tor geöffnet hat, kurze Zeit später zum Besten gab, er werde nur zusehen, wenn Russland Natostaaten angreifen werde, die ihren Militärhaushalt nicht aufstockten.

Carlsons Russlandtrip wurde von seinen früheren Mainstream-Kollegen im Journalismus erwartbar kritisiert *(»blowjob interview«*, »Märchenstunde«), während Carlson trotzig angab, auch er habe Angst gehabt, in Moskau verhaftet zu werden, warum auch immer. Die eigentliche Pointe der Episode war, dass sich Putin hinterher über die harmlosen Fragen des »X«-Gesprächspartners lustig machte; Putin-Sprecher Dmitri Peskow setzte noch gönnerhaft hinzu, Carlson »verstehe nicht viel«, höre aber immerhin zu. Noch verblüffender: Renommierte Journalistinnen und Journalisten wie Christiane Amanpour und Steve Barnett Rosenberg beschwerten sich darüber, dass Putin sich Tucker Carlson als Stichwortlieferanten ausgesucht hatte, Interviewanfragen von ihnen aber hatte ablehnen lassen. Was mochten sie sich von einem weiteren Putin-Interview versprochen haben, nach all dem, was man über ihn zur Genüge weiß?[145] Und wäre es nicht eine Reverenz an die ermordete Journalistin Anna Politkovskaja und andere kontinuierlich auf der Todesliste stehende Regimekritiker gewesen, nicht noch einmal um eine Audienz bei Putin nachzusuchen?

Auch ORF-Moderator Armin Wolf meldete sich via »X« noch einmal: »Tucker Carlson hat kein Interview bekommen, sondern eine Audienz bei Putin. Und hat dafür zwei Stunden unwidersprochene Propaganda abgeliefert. Exakt das war erwartbar, deshalb hat er die Audienz ja bekommen und seit zwei Jahren kein seriöses Medium ein tatsächliches Interview.« Und: »Ich glaube nicht, dass Herr Carlson und ich in derselben Branche arbeiten. Insofern: Sinnlos.«[146]

Für Interviews mit Diktatoren und Autokraten gilt wie für alle anderen, dass man sie besser oder schlechter vorbereitet führen kann, dass *sophisticated* und durch kluge Interventionen Verblüffungsgewinne zu erzielen sind (gerade in Live-TV-Gesprächen), dass der absolute

Machthaber in Gestik und Mimik kenntlicher wird – wobei sich solche Effekte abnutzen, je länger der jeweilige Diktator im Amt ist und Erfahrungen mit Auslandsjournalisten sammeln konnte. Journalisten in demokratischen Mediensystemen sollten sich daher immer fragen, ob letztlich die Propagandaeffekte für den Tyrannen, der häufig mit Großmachtansprüchen auch demokratische Systeme des Auslands aushebeln möchte, nicht gewichtiger sind als alle kurzfristigen Nachrichtenwerte und Scoops. Und für solche strategischen Fragen liefert die Geschichte der Hitler-Interviews, im Detail wie im Gesamtergebnis, gutes Material, auch wenn sie vielen Medienhäusern im Nachhinein nicht mehr gefallen dürfte.

Dank

Die Grundidee für dieses Buch liegt mehrere Jahrzehnte zurück. Als junger Medienredakteur beim Berliner *Tagesspiegel* las ich Ende der 1980er-Jahre Howard K. Smiths Buch »Last Train from Berlin« mit der damals verwegenen Idee, daraus ein Filmprojekt zu entwickeln. Das konnte, wie so häufig, nicht realisiert werden, obwohl es heute mehr denn je attraktiv wäre – aber das Interesse an der Arbeit von Auslandskorrespondenten in unfreundlichen Umgebungen und der merkwürdigen Konstellation von Journalisten und Diktatoren blieb. Die Arbeit an der Monografie »Heideggers Testament. Der Philosoph, der ›Spiegel‹ und die SS« (über das legendäre *Spiegel*-Gespräch mit dem zeitweiligen »Führer«-Bewunderer Martin Heidegger, 2014) gab mir viel später die Gelegenheit, mich ausgeruhter mit journalistischen *Interviewstrategien* zu beschäftigen. Hinzu kamen persönliche Interviewerfahrungen, etwa mit Boris Beresowski, dem Oligarchen, der mit anderen Jelzin-Parteigängern Putin an die russische Führungsspitze gebracht hatte, mit Henry Kissinger oder mit Ex-KGB-General Boris Kalugin, auch mit Schauspielerinnen, Modeschöpfern und Künstlern wie Claudia Cardinale, Françoise Hardy, Giorgio Armani oder Peter Lindbergh – jeweils im Rahmen von Dokumentarfilmprojekten; dies sei nur erwähnt, weil ich die Anspannung der Interviewer vor dem konkreten Prominenzgespräch einigermaßen nachvollziehen kann.

Ohne die Mitarbeit von Dieter Anschlag (Köln/Frankfurt a. M.) hätte dieses Buch so nicht realisiert werden können; er hat die einzelnen Kapitel vorab mit großer Sorgfalt redigiert, Archivanfragen lanciert und sich vor allem mit der Chronologie der Hitler-Interviews beschäftigt. Nils Berg (Bochum) hat sich in seiner Zeit beim Institut für Medien- und Kommunikationspolitik auf die Suche nach Zeitungsoriginalen der Interviews nebst begleitendem Schriftwechsel mit den Archiven gemacht. Steffen Grimberg, Sabine Sasse und Christian Wagener als über

Jahrzehnte bewährtes Team verdanke ich die Vorbereitung einzelner Kapitel, vor allem zu britischen und französischen Interviews mit dem NS-Führer und der erweiterten Frage nach dem Sinn von Diktatoreninterviews. Ferner danke ich Sylke Hachmeister und Anton Hachmeister, Tatjana Reiff, Diemut Roether, Paola Niccolaioni und Silke Geiring (Bayerische Staatsbibliothek) für weiterführende Einzelrecherchen und Kontaktanbahnungen. Magnus Brechtken, Peter Schöttler, Paul Hoser und Norman Domeier haben mir vonseiten der Historikerschaft mit wertvollen Hinweisen zur Forschungslage weitergeholfen. Anne Emmert, Christine Ammann und Sylvia Bieker haben die englischen Texte sehr präzise übersetzt – vielen Dank. Mia Paetzold und Levi Paetzold haben sich mit der Bibliografie zu diesem Buch und Datenbankrecherchen beschäftigt. Knud Böhle hat mich an seinen Recherchen zu den spanischen Hitler-Interviews teilhaben lassen, auch dafür mein herzlicher Dank. Besonders danke ich Martin Breitfeld (Kiepenheuer & Witsch) und Jan Martin Ogiermann für ihre Geduld beim Lektorat, zumal sich dieses Projekt als wesentlich komplexer herausstellte, als ursprünglich absehbar war.

Köln/Antibes, im Frühjahr 2024

Zugunsten einer kompakten Darstellung ist im vorhergehenden Text auf einen ausufernden Belegapparat verzichtet worden. Die Endnoten dienen vor allem zusätzlichen Informationen und der zeithistoriografischen Orientierung der Leser. Alle verwendeten Archivmaterialien befinden sich (in Kopie oder als Digitalisat) im Archiv des Instituts für Medien- und Kommunikationspolitik *(IfM, Köln); fachwissenschaftlich interessierten Lesern können Belegstellen auf Anfrage mitgeteilt werden.*

Anmerkungen

1 Die für dieses Buch recherchierten Interviews sind detailliert in einer Liste nachgewiesen, siehe S. 337 ff.

2 Vgl. Hans V. Kaltenborn: »Fifty Fabulous Years. 1900–1950« (New York 1950); siehe auch ders.: »An Interview with Hitler, August 17, 1932«, in: *The Wisconsin Magazine of History*, Vol. 50, No. 4 (1967).

3 Hitler-Interview mit der *Rheinisch-Westfälischen Zeitung* am 16. August 1932, wiedergegeben in Max Domarus: »Hitler. Reden und Proklamationen 1932–1945«, Band I; auch in: *Völkischer Beobachter* (VB) Nr. 230 vom 17. August 1932; Stefan Krings ordnet in seiner Biografie über Dietrich das Interview Theodor Reismann-Grone zu, dem RWZ-Verleger und Schwiegervater von Otto Dietrich. Das Gespräch war von Otto Dietrich vermittelt worden.

4 Ex-Sozialist Mussolini war nach dem faschistischen »Marsch auf Rom« von König Viktor Emanuel III. zum Regierungschef einer Koalitionsregierung der italienischen Rechten bestellt worden; er wurde am 31. Oktober 1922 als Ministerpräsident vereidigt. Hitler galt von nun an für geraume Zeit in der deutschen und internationalen Presse vollends als Kopie Mussolinis, auch in seiner Interviewpolitik, vgl.: »Schmussolini. Ein amerikanisches Interview Hitlers«, in: *Vorwärts* vom 21. August 1928. Siehe auch die bei Hans-Jochen Gamm in »Der Flüsterwitz im Dritten Reich« (1963) wiedergegebene Sottise: »Vom ersten Besuch Hitlers in Italien wurde in Deutschland geraunt, Hitler habe seinen italienischen Kollegen folgendermaßen begrüßt: Hitler: ›Ave, Imperator!‹, und Mussolini antwortet: ›Ave, Imitator!‹«

5 Der Freikorpsführer Gerhard Roßbach (1893–1967) war als Frondeur gegen das demokratische Weimarer System am 11. November 1922 nach dem »Gesetz zum Schutze der Republik« festgenommen worden. Roßbach war auch Titelheld eines nationalistischen Romanessays von Arnolt Bronnen, der 1930 bei Rowohlt erschien. Zu Roßbach sowie zur Ideologie und Körperpolitik der Freikorps vgl. Klaus Theweleits Klassiker »Männerphantasien 1 + 2«, München 2000 (zuerst 1977).

6 Vgl. für eine dezidierte Kritik an Wortlaut und Überlieferungsgeschichte von »Hitlers Tischgesprächen«: Mikael Nilsson: »Hitler Redux. The Incredible History of Hitler's So-Called Table Talks« (2021). Es besteht aber wenig Zweifel daran, dass sich Hitler in Themenauswahl und seinen diversen Skurrilitäten so ähnlich geäußert hat.

7 Hitler kritisierte, dass Napoleon über Gebühr seinen engeren Verwandtenkreis protegiert habe. Dies vermied Hitler; seine Aussage zeugt allerdings angesichts

der Entourage von Morphinisten, schweren Alkoholikern, Obskuranten und Wirtshausschlägern, mit denen er sich umgab, von einer sehr eingeschränkten Fähigkeit zur Selbstreflexion.

8 Norman Domeier: »Weltöffentlichkeit und Diktatur. Die amerikanischen Auslandskorrespondenten im ›Dritten Reich‹« (2021)

9 Le Bons »Psychologie der Massen« fängt aus heutiger Sicht obskur an: »Meine frühere Arbeit war der Darstellung der Rassenseele gewidmet. Hier wollen wir die Massenseele untersuchen.« Die Strukturierung des Buchs enthält allerdings auch einige heute noch modern klingende Thesen: »Das Schwinden allgemeiner Glaubensüberzeugungen und die außerordentliche Verbreitung der Presse heutzutage machen die modernen Ansichten immer veränderlicher / Wie die Anschauungen der Massen über die meisten Angelegenheiten zur Gleichgültigkeit neigen / Unfähigkeit der Regierungen, wie ehedem die Anschauungen zu lenken.« Vgl. zur Wirkung des Buchs das instruktive Nachwort von Helmut König zu Le Bons »Psychologie der Massen« in der deutschen Ausgabe, 16. Auflage (2021). Es gibt keinen Beleg dafür, dass Hitler Le Bons Schrift intensiver rezipiert hat – im Gegensatz zu Mussolini.

10 Vgl. jetzt auch Gerd Krumeich: »Als Hitler den Ersten Weltkrieg gewann. Die Nazis und die Deutschen 1921–1940« (2024), der den Titel seines Buchs selbst als »Provokation« ausweist: »Es gibt bislang keine Geschichte der Weimarer Republik, die das Trauma des verlorenen Krieges durchgehend verarbeitet hätte.«

11 Vgl. zur Publizistik des Tirpitz-Kreises Sebastian Rojek: »Versunkene Hoffnungen. Die Deutsche Marine im Umgang mit Erwartungen und Enttäuschungen 1871–1930« (2017).

12 Truman Smith (1893–1970) war Bataillonskommandeur beim U.S. 4th Infantry Regiment in den Frankreichschlachten des Ersten Weltkriegs und von 1920 bis 1924 stellvertretender US-Militärattaché in Berlin, wohin er als Militärattaché von 1939 bis 1945 noch einmal zurückkehrte. Erklärter Roosevelt-Gegner, betreute er unter anderem Charles Lindbergh bei dessen fünf Deutschlandreisen zur Inspektion der deutschen Luftwaffe beziehungsweise Luftfahrtindustrie. Smith wurde von Kritikern eine zu große Nähe zu Lindbergh vorgehalten, Fürsprecher lobten seine Informationen über den Stand der deutschen Aufrüstung. Vgl. zur Mission von Smith, die Hitler-Bewegung in München zu beobachten, Henry G. Gole: »Exposing the Third Reich. Colonel Truman Smith in Hitler's Germany« (2013).

13 Das Saar-Referendum von 1935 fand am 30. Januar jenes Jahres statt. 90,7 Prozent der Wähler stimmten für die Zugehörigkeit des Saarlands zum Deutschen Reich. In den Versailler Verträgen war im April 1919 festgelegt worden, dass das Saarland auf fünfzehn Jahre befristet, unter dem Mandat des Völkerbundes mit der Option eines späteren Volksentscheids, vom Reich abgetrennt werden sollte. Wirtschaftlich und politisch war das Saarland in dieser Phase von Frankreich ab-

hängig. Für die Saar-Abstimmung 1935 hatte das NS-Regime alle zur Verfügung stehenden Propagandamittel eingesetzt.

14 Wenige Wochen vor dem Röhm-Putsch war Hitler von dem Berliner AP-Bürochef Louis P. Lochner interviewt worden; dabei brachte der in NS-Kreisen gut vernetzte Lochner auch die Beobachtung unter: »Von einem ihrer prominentesten Mitarbeiter wird z. B. behauptet, das er (Ihre) Maßnahmen durchkreuze.« Hitler antwortete sybillinisch, dass er sich »nicht etwa mit Nullen umgeben habe, sondern mit wirklichen Männern. (…) Wenn nun eine solche Gruppe von machtvollen Persönlichkeiten zusammenkommt, so ist es unausbleiblich, dass einmal eine Reibung vorkommt. Aber noch niemals hat ein einziger der Männer, die mir Gefolgschaft leisten, versucht, seinen Willen mir aufzuzwingen. Ganz im Gegenteil, sie haben in bewunderungswürdiger Weise sich meinen Wünschen untergeordnet.« (Hier zitiert nach der deutschen Version des Interviews im *Völkischen Beobachter* vom 23. März 1934.)

15 Vgl. Peter Schöttler: »Eine Art ›Generalplan West‹. Die Stuckart-Denkschrift vom 14. Juni 1940 und die Planungen für eine neue deutsch-französische Grenze im Zweiten Weltkrieg«, in: *Sozial.Geschichte*, 18 (2003) Heft 3.

16 In der bisherigen Edition des Instituts für Zeitgeschichte (»Hitler: Reden, Schriften, Anordnungen 1925–1933«) sind im Prinzip nur die Antworten Hitlers aus den jeweiligen Interviews abgedruckt, nebst einer allgemeinen Zusammenfassung der Thematik. Das IfZ hat im Januar 2024 ein neues, auf sieben Jahre angelegtes Langzeitprojekt für Hitler-Reden, -Schriften und -Anordnungen angekündigt, das sich der Zeit von 1933 bis 1945 widmen wird. Siehe: https://www.ifz-muenchen.de/forschung/ea/forschung/edition-der-reden-adolf-hitlers-von-1933-bis-1945 (abgerufen am 14.5.2024).

17 So auch die Fähigkeit Hitlers, mit dem Begriff »Nationalsozialismus« synthetisierend verschiedene Wählerschichten anzusprechen. Hitler entledigte sich allerdings im Verlauf seiner Karriere konsequent seiner kapitalismuskritischen beziehungsweise sozialrevolutionären Parteigänger mittels Kaltstellung oder Mord, wie den Finanztheoretiker Gottfried Feder, die Strasser-Brüder und Röhms SA.

18 Der Umfang der Hitler-Biografien schwoll auch deshalb an, weil inzwischen sukzessive erheblich intensivierte fachhistoriografische Forschungen etwa zur »Entschlussbildung« im Vorfeld des Holocausts, zum Zusammenspiel von bürgerlicher Bürokratie und Justiz oder zur Entwicklung der Militär- und Industrieeliten in der Weimarer Republik und im NS-Staat vorgelegt wurden.

19 Vgl. George Turnbull: »Some Notes on the History of the Interview«, in: *Journalism & Mass Communication Quarterly* 13 (1), März 1936. Für eine brauchbare Anthologie zur Geschichte der journalistischen Interviews siehe Christopher Silvester: »The Penguin Book of Interviews. An Anthology from 1858 to the present Day« (1993).

20 Vgl. jetzt auch den Netflix-Film »Scop – ein royales Interview« (2024) über das

BBC-Interview von Emily Maitlis mit Prince Andrew zu dessen Verwicklung in das Netzwerk des Sex-Traffickers Jeffrey Epstein.

21 Der deutsche Bundeskanzler Konrad Adenauer wählte 1949 zum Beispiel bewusst den Europakorrespondenten des US-Provinzblatts *Cleveland Plain Dealer* (John P. Leacacos) aus, um seine Idee von einer Wiederbewaffnung Westdeutschlands zu lancieren.

22 Eines der bekanntesten Interviews dieser Art war das *Playboy*-Gespräch mit dem kanadischen Medienpapst Marshall McLuhan (März-Heft 1969), in dem er sich unter anderem auch zur Radiokommunikation der Hitler-Reden äußerte und dabei die These aufstellte, dass auch ohne Hitler ein anderer Demagoge das Radio benutzt hätte, um die Deutschen zu retribalisieren. Wichtiger für die heutigen Kommunikationsverhältnisse sind McLuhans in diesem Interview in leicht verständlicher Weise geschilderten Beobachtungen zur Schockwirkung kommunikationstechnologischer Schübe auf die gesellschaftliche Verständigung, die zunächst zu Verwirrung und Exaltiertheit im Sinne einer neuen technologischen Stammeskultur führe.

23 In diesem Sinne sind in der journalistischen Erfolgslogik möglichst skandalträchtige Interviews mit Charles Manson, Lady Di, Muhammad Ali oder Schriftstellern wie Michel Houllebecq in ihrer Wirkungsabsicht und Prominenzlogik adäquat.

24 In seinem Buch »97,196 Words: Essays« (2019).

25 Im angelsächsischen Sprachraum wird der Begriff »Interview« auch für Begegnungen von Diplomaten und Politikern verwandt. So erschien noch im Januar 1945 eine Begegnung zwischen dem ungarischen Generalstabschef Janos Voeroes mit Hitler und seiner noch verbliebenen Entourage im Berliner Führerbunker in US-Blättern unter dem Titel »Interview mit Hitler«. Voeroes war am 20. September 1944 im Führerbunker gewesen und schilderte gegenüber einem Moskauer AP-Korrespondenten den psychophysisch zerrütteten Zustand des NS-Diktators. Voeroes: »Ich hätte lieber in einer Schlacht gekämpft, als das mitzumachen, was dort (im Bunker) passierte« (siehe z. B. *Townsville Daily Bulletin* vom 19. Januar 1945). Außerdem gab es Gespräche von Hitler mit Publizisten oder Abenteurern, deren Inhalte diese später in Büchern wiedergaben, die aber nicht explizit als Interviews ausgewiesen wurden; vgl. das Buch des prominenten amerikanischen Rassentheoretikers und Eugenikers Lothrop Stoddard: »Into The Darkness: An Uncensored Report From Inside the Third Reich at War« (2011). Stoddard bereiste 1940 als Korrespondent der North American Newspaper Alliance für vier Monate das nationalsozialistische Deutschland und führte dabei Gespräche mit Hitler, Joseph Goebbels und Heinrich Himmler. Stoddard hatte nach eigenen Angaben dem Führer versprochen, den Inhalt des rassenkundlichen Gesprächs geheim zu halten. Der US-Journalist Ludwell Denny hatte schon im März 1923 für das Blatt *The Literary Digest* interessante Artikel über

die NS-Bewegung geschrieben, die auch auf einer Begegnung mit Hitler persönlich beruhten, ohne dass ein Text explizit als »Interview« ausgewiesen war; vgl. dazu Michael Zalampas: »Adolf Hitler and The Third Reich in American Magazines, 1923–1939« (1989). Die britische Forschungsreisende und Schriftstellerin Rosita Forbes (1890–1967; »The Secret of the Sahara«) hatte 1940 in ihrem Buch »These Men I Knew« ausführlich über ihre Gespräche mit Hitler, Mussolini und Stalin berichtet. Insofern sind die Grenzen zwischen (Home-)Storys, Begegnungen und expliziten Interviews fließend. Vgl. auch Despina Stratigakos' »Hitler at Home« (2015) mit Verweis auf William George Fiz-Geralds Artikel über den »Berghof« in »Current History« (Juli 1936) beziehungsweise »Homes and Gardens« (November 1938).

26 Vgl. Gregor Mayntz: »Weimar reloaded? Warum es die Deutschen nicht schaffen, den Anfängen zu wehren, und was ihnen nun zu tun bleibt«, 2019.

27 Es ist für rechtsextreme »Metapolitiker« bequemer, sich auf gelehrt oder dezisionistisch klingende Sentenzen wie das »Sein des Seyns« (Martin Heidegger) oder »völkerrechtliche Großraumordnung mit Interventionsverbot für raumfremde Mächte« (Carl Schmitt) zu beziehen als direkt auf Texte oder Reden von Hitler und Goebbels. Vgl. auch Patrick Bahners: »Die Wiederkehr. Die AfD und der neue deutsche Nationalismus« (2023).

28 Vgl. zur prinzipiellen Unmöglichkeit, ungehobelte Nombrillisten und Journalismusverächter wie Donald Trump rational zu interviewen, Federico Finchelstein: »Trump's NPR interview shows the danger of interviewing him«, in: *The Washington Post* vom 20. Januar 2022.

29 Es kam nur noch ein eher marginales Telefoninterview im Jahr 1944 mit dem schwedischen Journalisten Christer Jäderlund zustande; vgl. dazu ausführlicher Kapitel 7 in diesem Band.

30 Die schnellen Regimewechsel im damaligen Bayern 1918 ff. – vom Wittelsbacher-Königreich zu dem schon im Februar 1919 ermordeten Ministerpräsidenten Kurt Eisner, der mit einem provisorischen Nationalrat regierte, dann mit dem SPD-Ministerpräsidenten Johannes Hoffmann, anschließend mit der revolutionären »Räterepublik Bayern«, über die kurzlebigen bürgerlichen Kabinette Lerchenfeld und Knilling bis hin zur äußerst rechten »Ordnungszelle Bayern« unter Generalstaatskommissar Gustav von Kahr – waren selbst für Politikinteressierte äußerst verwirrend – ein entscheidendes Ferment für den Aufstieg Hitlers. Wegen der konfusen politischen Verhältnisse und zahlreicher Putschgerüchte wurde Bayern damals, neben Berlin, zum vorrangigen Anziehungspunkt für Auslandskorrespondenten. Vgl. Anton Joachimsthaler: »Hitlers Weg begann in München 1913–1923«, Geleitwort von Ian Kershaw (2000, zuerst 1989).

31 Die Wochenillustrierte *Liberty*, gegründet 1924 von Robert McCormick und Joseph Patterson, war seinerzeit in den USA hinter der *Saturday Evening Post* das General-Interest-Magazin mit der zweitstärksten Auflage. Für *Liberty* schrieben

unter anderem F. Scott Fitzgerald, Agatha Christie, Dashiell Hammett und H. G. Wells. 1950 wurde das Blatt eingestellt.

32 Siehe den Aufsatz von Phyllis Keller: »George Sylvester Viereck – The Psychology of a German-American Militant«, in: *The Journal of Interdisciplinary History*, Vol. 2, No. 1 (Summer 1971).

33 Ilsemann-Tagebuch, 19. September 1938, niederländische Ausgabe: »Wilhelm II in Nederland. 1918–1941, Dagboekfragmenten bezorgd door Jacco Pekelder en Wendy Landewé«, Huis Doorn 2015; vgl. auch Stephan Malinowski: »Die Hohenzollern und die Nazis. Geschichte einer Kollaboration«, Berlin 2021.

34 Vgl. Sander A. Diamond: »Herr Hitler. Amerikas Diplomaten, Washington und der Untergang Weimars« (1985); Diamond liefert hier auch eine erste zeithistoriografische Einschätzung des Interviews.

35 Viereck schrieb noch bis Ende der 1930er-Jahre Artikel für *Liberty*, auch über Hitler, zum Beispiel »What will Hitler do next?«, in: *Liberty* vom 14. Mai 1938; vgl. zur publizistischen Karriere Vierecks umfassender Neil M. Johnson: »George Sylvester Viereck: German-American Propagandist« (1972).

36 Der elegante Dr. jur. Thomsen (1891–1968) bildete mit seiner Frau Anna-Lise (»Bébé«), die durch ein zahmes, an der Leine gehaltenes Eichhörnchen namens »Bienchen« auffiel, ein Glamour-Couple in Washingtoner Diplomatenkreisen. Er galt als politisch so wandlungsfähig, dass ihm OSS-Chef »Wild Bill« Donovan 1941 das Angebot machte, gegen Zahlung von einer Million Dollar auf die Seite der Amerikaner zu wechseln; Thomsen lehnte aber ab und übernahm von 1943 bis 1945 den nicht unbequemen deutschen Botschafterposten im neutralen Schweden. In den 1950er-Jahren war er Vorsitzender der Hamburger Sektion des Deutschen Roten Kreuzes (DRK). Zu Thomsen siehe jetzt auch die farbige Darstellung von Harvey Solomon: »Such Splendid Prisons. Diplomatic Detainment in America During World War II« (2020).

37 Hanfstaengl verfügte über eine Chefsekretärin (Agnethe von Hausberger) und einen kleinen, circa zehnköpfigen Stab in der Münchner NSDAP-Reichspressestelle unter Amtsleiter Rolf Hoffmann. Erhalten gebliebene Akten dieser Stelle zeigen, dass sich Hoffmann und seine Mitarbeiter vor allem damit beschäftigten, NS-freundlichen Blättern in Nord- und Südamerika Materialien zuzusenden. Dieser Aktenbestand (1931–1939) im Institut für Zeitgeschichte ist bislang unzureichend ausgewertet.

38 Als der Münchner Piper-Verlag 1970 und dann noch einmal zehn Jahre später Hanfstaengls Erinnerungen in deutscher Sprache herausgab, wurde Putzi in einer Vorbemerkung des Verlags als »Mann von künstlerischer Bildung und gesellschaftlicher Brillanz« beschrieben, der sich aber auch »auf eine gleichzeitig kritische und naive Weise in die absurde Ideologie des Nationalsozialismus verstrickt« habe. Sachbuch-Chef des Piper-Verlags war damals der Ex-SS-Obersturmbannführer Hans Rößner.

39 Schon am 14. März 1937 hatte die *New York Times* vermutet, dass sich Hanfstaengl in der Schweiz aufhalte. Die *NYT* hatte unter anderem Hanfstaengls Schwester, seine Mutter und seine Sekretärin kontaktiert; vgl. »Hanfstaengl Sent by Hitler to Spain/But Friends Hint ›Putzi‹ Is in Hiding in Switzerland to Avoid Secret Mission/Ribbentrops Hand Seen/Ambassador to London is Said to Have Insisted on Silencing of Pianist as His Critic«.

40 Siehe dazu die materialreiche Dissertation von Gary A. Klein: »The American Press and the Rise of Hitler, 1923–1933« (1997) https://etheses.lse.ac.uk/1459/1/U105259.pdf (abgerufen am 15.5.2024).

41 Vgl. zahlreiche Fallbeispiele bei Willi A. Boelcke (Hrsg.): »Kriegspropaganda 1939–1941. Geheime Ministerkonferenzen im Reichspropagandaministerium«, DVA 1966.

42 Dovifats zeitungskundliches Institut war für die damaligen Verhältnisse personell durchaus interessant besetzt, so war dort etwa als Bömer-Kollege (und dessen gelegentlicher Koautor) Friedrich Bertkau angestellt, einst im Ersten Weltkrieg Leiter der durchaus avancierten Pressestelle im »Land Ober-Ost« – d.h. in den von den Deutschen besetzten Gebieten in Russland und weiteren »Ostgebieten«. Siehe dazu Friedrich Bertkau: »Das amtliche Zeitungswesen im Verwaltungsgebiet Ober-Ost. Beitrag zur Geschichte der Presse im Weltkrieg« (1928).

43 Zur erstaunlichen Karriere von Paul Karl Schmidt alias Paul Carell vgl. Wigbert Benz: »Ribbentrops Pressechef Paul Karl Schmidt vor und nach 1945«, Berlin 2005, und Christian Plöger: »Von Ribbentrop zu Springer. Zu Leben und Wirken von Paul Karl Schmidt alias Paul Carell«, Marburg 2009. Zu Schmidts/Carells NS-studentischem Engagement gegen Heidegger siehe Lutz Hachmeister: »Heideggers Testament. Der Philosoph, der *Spiegel* und die SS«, Berlin 2014. Verleger Axel Springer hielt Schmidt/Carell aufgrund dessen SS-Rang auch für einen fähigen Chefleibwächter; seine Fähigkeiten auf diesem Gebiet waren allerdings sehr begrenzt. Die Nachkriegskarriere von Schmidt alias Carell war durchaus signifikant; die NSDAP war spätestens seit dem Kauf des *Völkischen Beobachters* im Kern eine publizistisch-propagandistische Organisation (abgesehen von ihrem paramilitärischen Flügeln), sodass sich daraus ein personeller Überhang ergab, der dann wiederum in der Bundesrepublik Deutschland in verschiedenen Bereichen (Journalismus, Verlagsmanagement, Werbung, Marketing) wirksam werden konnte – weit über rechtsradikale Kreise hinaus.

44 Emil Franz Rasche (1904–1958), unter anderem Gauhauptstellenleiter in der Gauleitung Saarpfalz und als NS-Journalist bei der Tageszeitung »N.S.Z. Westmark« in leitender Funktion tätig. Rasche, seit März 1940 Legationsrat erster Klasse im Auswärtigen Amt, wurde nach zahlreichen Konflikten 1944 auf seinen eigenen Wunsch aus seiner Dienststelle im AA entlassen. Rasche wollte lieber wieder nach Ludwigshafen zur »N.S.Z. Westmark« zurück, die er als die »grösste Zeitung des Reiches nach dem Völkischen Beobachter« klassifizierte.

Herausgeber und Hauptgesellschafter des Blattes war »Anschluss-Spezialist« (Saarland, Österreich) Josef Bürckel. Dem überzeugten Nationalsozialisten Rasche gelang es nach 1945 auf rätselhafte Weise, zum Bürgermeister seiner Heimatstadt Unna (Westfalen) gewählt zu werden (von 1954–1958), diesmal auf dem Ticket der SPD.

45 Der schwedische Auslandskorrespondent Bertil Svahnström (1907–1972) wurde 1942 explizit deshalb aus dem NS-Reich ausgewiesen, weil er über den Fall Bömer berichtet hatte. Svahnström hatte von 1931 bis 1932 in Berlin studiert. Vgl. dazu: »Writer Incurs Nazi Ire. Swede's Report on Boemer Death Brings Advice to Leave Reich«, in: »New York Times« vom 8. September 1942.

46 Zur Internierung und Freilassung von Diplomaten und Journalisten der Achsenmächte siehe Solomon (2020), a. a. O.

47 Vgl. hierzu Paul Hoser: Münchener Post, publiziert am 3.Juli 2006; in: »Historisches Lexikon Bayerns«, URL http://www.historisches-lexikon-bayerns.de/Lexikon/Münchener_Post (abgerufen am 9.5.1924). Das Blatt war im Oktober/November 1923 vom bayerischen Generalstaatskommissar Kahr bereits einmal verboten, SA-Truppen verwüsteten dann im März 1933 die Redaktionsräume, und die *Münchner Post* (NS-Jargon: »Münchner Pest«) musste ihr Erscheinen endgültig einstellen.

48 Noch 1967 publizierte Schultz ein Kochbuch für Journalisten; Sigrid Schultz (Hrsg.): »The Overseas Press Club Cookbook«; vgl. jetzt auch Judith Mackrell: »Going with the Boys. Six Extraordinary Women Writing from the Front Line«, London 2021 (dt. Ausgabe 2023).

49 Hitler bewohnte 1932 bei seinen Berlin-Aufenthalten das obere Stockwerk des im November 1943 zerbombten Grandhotels Kaiserhof, Wilhelmplatz 3–5, schräg gegenüber der Reichskanzlei. Das Hotel war provisorische Parteizentrale der NSDAP, zuvor war Hitler im Hotel Excelsior abgewiesen worden. Siehe auch die Kaiserhof-Hitler-Schilderung durch den Starromancier Georges Simenon in: Oliver Lubrich (Hrsg.): »Reisen ins Reich, 1933–1945. Ausländische Autoren berichten aus Deutschland«, Frankfurt am Main 2004 (zuerst 1933).

50 Weitere Belege dafür bei Domeier (2021), a. a. O.

51 Pamela D. Toler: »The Dragon from Chigaco, The Untold Story of An American Reporter in Nazi Germany«.

52 Vgl. auch: »Außenpolitische Standortbestimmung nach der Reichstagswahl Juni–Juli 1928. Eingeleitet von Gerhard L. Weinberg«, München 1995.

53 Edward William Beattie (1909–1984), Korrespondent für die Nachrichtenagentur United Press (UP), nach 1945 unter anderem Nachrichtenchef beim 1942 gegründeten Hörfunksender *Voice of America*

54 Die »Taverne« in der Berliner Kurfürstenstraße/Ecke Courbièrestraße war das Stammlokal fast aller angloamerikanischen Auslandskorrespondenten und fehlt in kaum einer der Journalistenerinnerungen aus jener Zeit. Inhaber

Willy Lehmann, Jahrgang 1886, hatte seine Karriere als Produktionsleiter in der Stummfilmzeit begonnen und nutzte seine Kontakte zum Filmmilieu, um die gemeinsam mit seiner belgischen Ehefrau Maria betriebene »deutsch-italienische« Gaststätte zu einem mondänen Treffpunkt zu machen, der sein spezifisches Flair auch im NS-Staat weitgehend bewahren konnte, nunmehr allerdings mit Gestapo-Spitzeln im Publikum. Das mehrstöckige Gebäude, in dem sich die »Taverne« befand, wurde gegen Kriegsende zerstört; Willy Lehmann starb bereits im Oktober 1946 an Gehirnblutung in seiner Wohnung, Lietzenburgerstraße 7a.

55 Zur Geschichte der Hanfstaengl-Familie vgl. auch Gabriele Dinsenbacher: Die Künstlerfamilie Hanfstaengl, Fernsehdokumentation, Bayerischer Rundfunk 2006, sowie die bisher unveröffentlichte Dissertation »Unwonted exile: a biography of Ernst ›Putzi‹ Hanfstaengl« von David George Marwell (dem späteren Direktor des »Berlin Document Center«), 1988.

56 Leiter der Gestapo-Presseabteilung war zu der Zeit Regierungsrat Hermann Gotthardt (1901–1949), später noch »Judenreferent« im Reichswirtschaftsministerium unter Minister Walther Funk.

57 *Collier's*, gegründet 1888 von dem gebürtigen Iren Peter Fenelon Collier, galt als eines der Flaggschiffe des investigativen Journalismus in den USA mit einer Auflage von 2,5 Millionen Exemplaren (1941); das Blatt wurde 1957 eingestellt.

58 Zur Biografie von Ybarra siehe auch Carmen Müller: »Weimar im Blick der USA. Amerikanische Auslandskorrespondenten und Öffentliche Meinung zwischen Perzeption und Realität«, Münster 1997.

59 Unglücklich für den Interviewer waren die Nachwirkungen eines Hitler-Gesprächs, das der Verleger Bernard F. Ridder im Mai 1933 für seine deutschsprachige »New Yorker Staats-Zeitung« führte, gemeinsam mit seinem Berliner Korrespondenten William J. Margreve. Hitler machte in diesem Interview klar, dass die »jüdisch-marxistische Presse« im NS-Reich nie wieder ihren »krebsartigen Einfluss« werde ausüben können. Ridder, dessen Bruder Victor im Rahmen von Wirtschaftskonsultationen etwa zur selben Zeit ebenfalls Hitler getroffen hatte, geriet nach seiner Rückkehr in die USA zwischen alle Fronten. Einerseits sah er sich durch den rechtsextremen »German American Bund« drangsaliert, mehr NS-freundliche Texte in seinem Blatt zu veröffentlichen, andererseits geriet er unter Beschuss jüdischer Organisationen, nachdem er öffentlich bekundet hatte, zu 90 Prozent mit Hitlers Kurs übereinzustimmen, allerdings nicht vollständig mit der Behandlung der »Judenfrage«. Die Gefechte zwischen deutschen Emigranten und den »Ridder Brothers« zogen sich länger hin – bis zu einem Beleidigungsprozess am New Yorker Supreme Court, den Victor Ridder 1944 gegen den Philosophieprofessor Friedrich Wilhelm Foerster und den Publizisten Tete Harens Tetens angestrengt hatte. Die Klage scheiterte, über den Fall berichtet ausführlich Staranwalt Louis Nizer, der Foerster verteidigt hatte, in seiner Autobiografie »My Life in Court« (zuerst 1961). Aus der schmalen Zeitungsgruppe

der Ridders (neben der »Staats-Zeitung« noch rund ein Dutzend Provinzblätter) wurde nach 1945 in mehreren Schritten mit »Knight Ridder« einer der zeitweilig größten US-Medienkonzerne. Vgl. auch: »Ridder Seeks Check on Nazi Injustice/ Publisher Bases Prediction on Visit to Berlin and an Interview With Hitler/Calls Him ›Man of Peace‹/Says Chancellor Told Him He Would Not Have One Man Killed for 100,000 Square Feet of Land«, in: *New York Times* vom 9. Juni 1933.

60 John Patrick Diggins: »The View from America« (1972); und ders.: American Catholics and Italian Fascism, in: »Journal of Contemporary History«, Nr. 4/1967

61 Ex-Ministerialdirigent Schmidt gab sich in seinen viel zitierten Erinnerungen »Statist auf diplomatischer Bühne« (1949) als unbedarften Übersetzer aus, war aber auch SS-Standartenführer und Büroleiter von Außenminister Ribbentrop.

62 Wenige Tage nach dem Wiegand-Interview verärgerte Hitler im Château de Lausprelle den spanischen Generalstabschef Juan Vigón (1880–1955), indem er ihn für eine Audienz mit Hitler und Ribbentrop endlos warten ließ – ein Beispiel für die verunglückten Versuche, Franco-Spanien und Vichy-Frankreich intensiver in den Krieg einzubinden.

63 Vgl. Andreas Hillgruber: »Hitlers Strategie« (1982).

64 Norman Domeier hat das Zustandekommen des Wiegand-Interviews intensiv rechechiert; wir folgen hier seiner Chronologie, kommen aber in Teilen zu anderen Schlussfolgerungen.

65 Richard Sallet (1900–1962), dessen Vater die deutschsprachige Wochenzeitung *Dakota Free Press* herausgab, 1915 Kriegsfreiwilliger, war seit 1933 im Auftrag des RMVP Attaché an der deutschen Botschaft in Washington, NSDAP-Mitglied erst seit 1938; 1939–1944 Auswärtiges Amt; nach 1945 unter anderem Autor von »Der diplomatische Dienst« (1953) und »Die Vereinigten Staaten von Amerika. Land – Leute – Leben« (1956), danach Hochschullehrer an Universitäten in Michigan und North Carolina.

66 »Der großdeutsche Freiheitskampf«, II. Band, Reden Adolf Hitlers vom 10. März 1940 bis 16. März 1941, hier S. 39–41, herausgegeben von Reichsleiter Philipp Bouhler, Zentralverlag der NSDAP Franz Eher Nachf., München 1941.

67 Ein Hinweis zur Publikationsgeschichte des Buchs in Frankreich: Zuerst gab es hier nur eine illegale und gekürzte Übersetzung, die Hitler aber verbieten ließ, weil er die antifranzösischen Passagen nicht allzu bekannt machen wollte.

68 Zu den französischen Interviews mit Hitler vgl. auch Dominique Pinsolle: »L'art d'interviewer Adolf Hitler«, in: »Le Monde diplomatique«, August 2017, mit der im Prinzip korrekten Einleitung: »Die Geschichte der Medien hat ihre Mythen. Besonders diejenige des Chefreporters, der immer bereit ist, den Mächtigen entgegenzutreten. Die Realität ist häufiger weniger romantisch, besonders wenn man sich die 1930er Jahre ansieht. Die Verhältnisse, unter denen Adolf Hitler vor dem Krieg mehrfach von französischen Korrespondenten interviewt wurde, zeigen den Grad an Servilität einer gewissen Presse.«

69 Interessant eine Anekdote über die linksgerichtete, aus der Haute Bourgeoisie stammende Journalistin Geneviève Tabouis, geborene Le Quesne (1892–1985). Ab 1932 war sie Auslandsredakteurin bei *L'Œuvre*, wo sie immer wieder scharf vor Hitlers Aufstieg, der deutschen Wiederbewaffnung und einem preußischen Totalitarismus warnte. Hitler sagte über sie: »Madame Tabouis wusste gestern, was ich Ihnen jetzt sage, zu einem Zeitpunkt, als ich selbst nicht wusste, was ich sagen würde. Aber sie wusste es, diese klügste aller Frauen. Das ist lächerlich.« Siehe dazu Heinrich Wildner: »Tagebücher 1938–1944« (2022), Eintrag vom 1. Mai 1939: »Die heutige Hitlerrede fiel mir durch stetes Betonen der Einigkeit, die notwendig sei, um zu bestehen, auf, ferner durch das starke Betonen des Ich und der persönlichen Erfolge sowie durch die heftige Politik gegen die gegnerische Presse, wobei die Mme. Tabouis eine besondere Ehrung erfuhr. Die Rede wird daher ungünstig wirken müssen.« Gemeint ist die im Radio übertragende Hitler-Rede im Berliner Lustgarten vom 1. Mai 1939 vor den »Schaffenden«. Vgl. auch: »Madame Tabouis: Kassandra irrte«, in: *Der Spiegel* Nr. 23 vom 3.Juni 1958.

70 Der Historiker und Journalist Emmanuel Berl, Cousin von Henri und Lisette Franck, thematisierte in einem seiner Bücher Henris Liaison mit Anna de Noailles (1876–1933), geborene Anna Élisabeth Bibesco de Brancovan. Die Dichterin aus dem hoch vermögenden rumänischen Adel (Tochter des Bojaren Grigore Brâncoveanu und der griechischstämmigen Helena Ralouka Musuruş-Paşa) wuchs in einem Schloss auf, schrieb Gedichte, zählte Marcel Proust zu ihren Verehrern. Henri Franck war ihr platonischer Geliebter, Lisette bewunderte sie.

71 »Nationalsozialistische Europaideologie« (1955).

72 Zu Abetz siehe Roland Ray: »Annäherung an Frankreich im Dienste Hitlers? Otto Abetz und die deutsche Frankreich-Politik 1930–1942« (2000).

73 Text veröffentlicht in *L'Illustration*, 10.Dezember 1938.

74 *Libération*, 4.Dezember 2005; zur Beziehung von Gellhorn und de Jouvenel siehe vor allem Caroline Moorehead: »Martha Gellhorn – A Life« (2003).

75 Großformatige Pariser Publikumszeitschrift mit modernem Layout und linker Ausrichtung. Gründer und Herausgeber war Lucien Vogel (1886–1954), Sohn des in Flensburg geborenen, nach verlorenem Duell nach Paris emigrierten Malers Hermann Vogel. Lucien Vogels Tochter Marie-Claude (1912–1996) fotografierte 1933 die KZs Dachau und Oranienburg; *VU* war das erste Blatt, das solche Bilder druckte. Marie-Claude Vogel wurde 1942 verhaftet, kam nach Auschwitz und Ravensbrück, überlebte und sagte als Zeugin, und als erste Frau, bei den Nürnberger Prozessen aus.

76 Siehe hierzu »Zur Person – Sefton Delmer im Gespräch mit Günter Gaus«, ZDF, 4.September 1963, Quelle: https://www.zdf.de/dokumentation/zur-person/sefton-delmer-zeitgeschichte-archiv-zur-person-gaus-100.html (abgerufen am 15.2.2024).

77 Vgl. John Simpson: »Unreliable Sources. How the 20th century was reported« (2011).

78 Siehe *The Daily Express* vom 4.Mai 1931: »Storm Troops massing in Germany«.

79 Siehe *The Daily Express* vom 6.April 1932: »Hitler and the Crown Prince«.

80 Vgl. Will Wainewright: »Reporting on Hitler. Rothay Reynolds and the British Press in Nazi Germany« (2017).

81 Siehe Sefton Delmer: »Trail Sinister« (1961). Das Buch ist der erste Teil von Delmers Autobiografie; 1962 erschien unter dem Titel »Black Boomerang« der zweite Band; in Deutschland erschien seine Gesamtbiografie 1962 im Nannen-Verlag unter dem Titel »Die Deutschen und ich«.

82 Garrett Jones: »With Hitler across Germany«, Quelle: https://www.garethjones.org/german_articles/welshman_looks_at_europe_10.htm (abgerufen am 25.1.2024).

83 Siehe *The Daily Express* vom 28.Februar 1933: »Reichstag Fire Drama«.

84 Siehe *The Daily Express* vom 1.März 1933: »Liberty officially abolished all over Germany – Hindenburg signs Death Decree«.

85 Siehe *The Daily Express* vom 3.März 1933: »Suppose The Reds Had Set Fire To House Of Commons! Nazi-Chancellor furious«.

86 Vgl. Wainewright, op. cit. (2017).

87 Siehe *The Daily Express* vom 25.Februar 1933: »›Daily Express‹ Correspondent flies with Hitler – Whirlwind election tour by airplane«.

88 Simpson, op. cit. (2011).

89 Vgl. zur Rolle der mysteriösen Prinzessin Stephanie von Hohenlohe, geborene Richter (1891–1972), als *go-between* zwischen Hitler und Rothermere Martha Schad: »Hitlers geheime Diplomatin. Das Leben der Stephanie von Hohenlohe« (2004). Die Mehrfachspionin arbeitete nach 1945 journalistisch für den *Stern* und Publikationen des Axel-Springer-Medienkonzerns.

90 Kathryn S. Olmsted: »The Newspaper Axis. Six Press Barons who enabled Hitler« (2022).

91 Wainewright, op. cit. (2017).

92 Simpson, op. cit. (2011).

93 »Our troubled world«, in: *The Daily Mail vom* 7.März 1933, zit. n. Olmsted, S. 29.

94 Wainewright, op. cit. (2017).

95 Olmsted, op. cit. (2022).

96 Vgl. zur Analyse auch Angela Hermann: »Der Weg in den Krieg 1938/39. Quellenkritische Studien zu den Tagebüchern von Joseph Goebbels« (2011).

97 Vgl. Kylie Galbraith: »›From Our Own Correspondent‹. The British press and Nazi Germany 1933–1939« (2017).

98 Dass sich auch Qualitätsblätter wie die *Times* in ihrer Redaktionsstruktur nicht unbedingt homogen darstellten, zeigte sich an dem Mitteleuropa-Korrespondenten der Zeitung, Douglas Lancelot Reed, der einerseits ein Gegner der britischen

Appeasementpolitik war und sich andererseits schon in den 1930er-Jahren deutlich als Antisemit ausgewiesen hatte. Der Otto-Strasser-Anhänger vertrat nach 1945 die wirre These, Hitler sei ein Agent des Zionismus gewesen; vgl. Douglas Reed: »Insanity Fair« (1938).

99 Siehe Geoff Andrews: »Smooth Operator – The life and times of Cyril Lakin, editor, broadcaster and politician« (2021).

100 Wainewright, op. cit. (2017).

101 Zur Bewertung von Ebbutt siehe ausführlich Galbraith, op. cit. (2017).

102 Siehe: »Bück dich, Randolph«, in: *Der Spiegel,* Nr. 35/1959 vom 25. August 1959, Quelle: https://www.spiegel.de/politik/bueck-dich-randolph-a-8bdc6cf7-0002-0001-0000-000042622396 (abgerufen am 15.2.2024).

103 Siehe hierzu: »1933 – Hitler broadcast causes controversy«, BBC-Newswatch-History Jahr 1933, Quelle: http://news.bbc.co.uk/2/shared/spl/hi/newswatch/history/noflash/html/1930s.stm (abgerufen am 25.1.2024).

104 Vgl. Geoff Andrews, op. cit. (2021).

105 Vgl. Paul Bourdin: »Wie tot ist Sefton Delmer?«, in: *Die Zeit,* Nr. 13/1954 vom 1. April 1954, Quelle: https://www.zeit.de/1954/13/wie-tot-ist-sefton-delmer/komplettansicht (abgerufen am 25.1.2024).

106 Siehe: »Zur Person – Sefton Delmer im Gespräch mit Günter Gaus«, a. a. O.

107 Vgl. dazu Andrea Hoffend: »Zwischen Kultur-Achse und Kulturkampf. Die Beziehungen zwischen ›Drittem Reich‹ und faschistischem Italien in den Bereichen Medien, Kunst, Wissenschaft und Rassenfragen« (1998).

108 Vgl. Caroline Moorehead: »Edda Mussolini. The Most Dangerous Woman in Europe« (2022).

109 Innerhalb der NSDAP hatte 1924 der Zeitungswissenschaftler Adolf Dresler (1898–1971) die erste deutsche Mussolini-Biografie geschrieben. Obwohl er in den folgenden Jahren manisch über Mussolini und die faschistische Presse in Italien veröffentlichte (»Mussolini als Journalist«, »Arnold Mussolini. Der Bruder des Duce als Journalist«), kam Dresler, 1935 Reichshauptamtsleiter in der NSDAP-Pressestelle im Münchner Braunen Haus, in der Partei nicht weiter voran. Nach 1945 publizierte er pressehistorische Texte, unter anderem im *Börsenblatt des Deutschen Buchhandels.*

110 Ciano wurde gemeinsam mit anderen faschistischen Abtrünnigen im »Prozess von Verona« (8. bis 10. 1. 1944) zum Tode verurteilt und sofort erschossen. Zu Ciano siehe Tobias Hof: »Galeazzo Ciano. The Fascist Pretender« (2021).

111 Vgl. https://de.euronews.com/2020/02/15/mussolini-bleibt-ehrenburger-von-salo (abgerufen am 16.5.2024).

112 »Sozialisten« bezieht sich in diesem Kontext auf Kommunisten und Sozialdemokraten, verständlicherweise nicht auf die Nationalsozialisten.

113 Vgl. Walter Werner Pese: »Hitler und Italien 1920–1926«, in: »Vierteljahreshefte für Zeitgeschichte«, Jahrgang 3 (1955), Heft 2. In einem komplizierten Verfahren

schlossen Italien und das Deutsche Reich im Oktober 1939 ein Abkommen zur Umsiedlung der »volksdeutschen« Südtiroler. Insgesamt siedelten circa 75.000 »Optanten« tatsächlich ins Deutsche Reich um. SS-Chef Heinrich Himmler und seine Fachleute hatten im Rahmen dieser Umvolkungsaktion als neue Heimstätte für die deutschen Südtiroler alle möglichen Gebiete vorgesehen, etwa Galizien oder die »Freigrafschaft Burgund«. Diese Pläne verliefen aufgrund der Kriegsentwicklung im Sande.

114 Vgl. Gustavo Traglia: »Sulla Strada di Nizza« (1940).

115 Tatsächlich war der NS-Studentenbund schon früh eine der erfolgreichsten nationalsozialistischen Organisationen. Zahlreiche NS-Studentenführer wurden später Mitarbeiter in der Terrorbehörde des Reichssicherheitshauptamts oder landeten bei den NS-Einsatzgruppen. Vgl. unter anderem Michael Grüttner: »Biographisches Lexikon zur nationalsozialistischen Wissenschaftspolitik« (2004); Michael Wildt: »Generation des Unbedingten. Das Führungskorps des Reichssicherheitshauptamtes« (2002).

116 Der Professorensohn Italo Zingarelli arbeitete vor 1945 unter anderem als Auslandskorrespondent in Wien und Budapest. Nach 1945 setzte er seine Karriere als außenpolitischer Redakteur bei den Blättern *Il Tempo* und *Il Globo* fort. 1951 übersetzte Zingarelli die Memoiren des Diplomaten und SS-Obersturmbannführers Eugen Dollmann ins Italienische.

117 Hitler war vom 29. bis zum 31. Januar 1932 in Weimar, unter anderem bei der Uraufführung des Theaterstücks »Hundert Tage« (»Campo di Maggio«) nach einem Szenario von Benito Mussolini; bei dieser Gelegenheit überreichte er Elisabeth Förster-Nietzsche einen Strauß roter Rosen in ihrer Loge.

118 Zu Renzetti siehe Gianluca Falanga: Mussolini Vorposten in Hitlers Reich. Italiens Politik in Berlin 1933–1945 (2008).

119 Das »Kaiserreich« Mandschukuo war ein japanischer Satellitenstaat in der Mandschurei, der von 1932 bis 1945 existierte, aber international nur von wenigen Staaten anerkannt wurde. Herrscher von Mandschukuo (35 Millionen Einwohner) war Aisin Gioro Puyi, der zuvor letzter Kaiser von China gewesen war (1908–1912).

120 Vgl. George Axelsson: »Nazi Peace Move Denied by Hitler«, in: *New York Times* vom 19. März 1944.

121 Pseudonym seit 1915; ursprünglich ein Kosename, den die Mutter für ihn hatte.

122 Jüngerer Bruder und Mentor von Benito Mussolini und Chefredakteur der faschistischen Zeitung *Il Popolo d'Italia*.

123 Josep Pla (1897–1981), auch er katalanischer Journalist und Schriftsteller, mit dem Xammar das Interview gemacht haben soll, schrieb über ihn: »Xammar ist der intelligenteste Mensch, den ich je kennengelernt habe, [...] das absolute Gegenteil von einem Wichtigtuer, ein Mann mit wachestem Geist und klarstem Verstand. [...] Er hat mich mehr gelehrt als alle Bücher zusammen.«

124 Vgl. Knud Böhles Rezension zu Manuel Chaves Nogales: »Deutschland im Zeichen des Hakenkreuzes«, in: https://spanienecho.net/2024/02/15/manuel-chaves-nogales-deutschland-im-zeichen-des-hakenkreuzes/ (abgerufen am 11.5.2024). Böhle weiter: »In den Erinnerungen Xammars (Xammar, E.: Seixanta anys d'anar pel món: converses amb Josep Badia i Moret. Barcelona: Quaderns Crema 1991) an den 8. November 1923 wird mitgeteilt, dass er mit Pla abends im Franzikanerbräu saß, während in einem anderen Münchner Keller große Dinge passierten. Kurzlebig, aber groß. Exakt: ein Staatsstreich … Das ›Hitler-Interview‹ vom 8.11. wird auch in diesem Zusammenhang nicht erwähnt (…) Daraus ergibt sich, dass selbst der grandiose Text über den Putsch vom 8.11. eine Rekonstruktion *ex post* ist, die sich schon bei Zeitungsberichten, späteren Gesprächen etc. bedienen konnte. Von daher würde es nicht verwundern, wenn auch das ›Interview‹ vom 8.11. eine Konstruktion wäre.«

125 Weiter schreibt Knud Böhle zum offenbar gefälschten Interview: »Schaden entsteht eigentlich niemandem, am ehesten allerdings der Seriosität des Journalismus. Dass die Maßstäbe damals andere waren als heute, ist möglich. Ein ernstes Problem entsteht erst, wenn die Artikel selbst als historische Quellen interessant werden und ungeprüft für ›echt‹ gehalten werden. Und genau das ist Teilen der deutschen Historikerzunft und nicht wenigen Journalisten passiert.«

126 Tobias: »Auch Fälschungen haben lange Beine«, S. 102, in: Karl Corino: »Gefälscht! Betrug in Literatur, Kunst, Musik, Wissenschaft und Politik« (1988).

127 So in der »Enzyklopädie des Nationalsozialismus« (1997).

128 »Kennedy's Great Love, Hitler's Perfect Beauty, and J. Edgar Hoover's Prime Suspect« (2016).

129 Richard Helms: »A Look over My Shoulder. A Life in the Central Intelligence Agency« (2003).

130 In gewissem Sinne hatte Cudahy in seiner Doppelrolle als Ex-Diplomat und Interviewer einen Vorgänger in Alfred J. Pearson (1869–1939); der Literaturwissenschaftler und Deutschlandexperte Pearson war unter anderem US-Botschafter in Finnland und Polen gewesen, bevor er Anfang Juli 1934 Hitler interviewte, für den *New York Herald*. Hitler nutzte dieses Gespräch, um seine Sicht auf den »Röhm-Putsch« darzulegen. Pearson wiederum informierte US-Präsident Roosevelt über seine Eindrücke von Hitler und den Verhältnissen im NS-Staat. Das Interview war von Reichsbankpräsident Hjalmar Schacht vermittelt worden; am 30. Juli 1934 wurde Schacht als Nachfolger von Kurt Schmitt Reichswirtschaftsminister. Vgl. auch Branca, op. cit. (2019), und »Hitler Interview Says Nazi Action Averted Disaster/Effect Would Have Been Felt Even in U.S. Chancellor Tells Newspaperman«, in: *The Columbus Daily Telegram* vom 11. Juli 1934.

131 Senator Burton K. Wheeler (1882–1975), Demokrat aus Montana, war Mitbegründer des America First Committee, sprach sich aber nach Pearl Harbor auch

für den Kriegseintritt der USA aus. In Philip Roths *alternate history* »The Plot Against America« (2004) ist Wheeler US-Vizepräsident unter Charles Lindbergh.

132 Benjamin Carter Hett beschreibt in seiner jüngsten Monografie Roosevelt als eine Art »Orakel von Delphi«; die konsekutive Wendung von Roosevelt gegen die europäischen Faschismen (»Quarantäne-Rede«. »Lend-Lease-Abkommen«, Seekrieg im Atlantik, Unterstützung des Churchill-Kurses) ist allerdings gut erforscht. Vgl. Benjamin C. Hett: »Eskalationen. Wie Hitler die Welt in den Krieg zwang« (2021, zuerst 2020).

133 Roosevelt hatte in seiner Radioansprache vom 27. Mai 1941 (Ausrufung der »nationalen Notlage«) unter anderem deklamiert: »Wir werden keine von Hitler dominierte Welt akzeptieren. Und wir werden keine Welt akzeptieren, in der die Saat des Hitlerismus erneut gepflanzt werden und wachsen kann, wie nach dem Krieg in den 20er Jahren.«

134 Hans Theodor Fröhlich (1905–1988), promovierter Jurist nach Studium in Yale und Harvard, seit 1. November 1938 Referent in der RMVP-Abteilung Auslandspresse, Leitung des neu geschaffenen Referats USA-Presse. Verfasser von antisemitischen Texten über die US-Medien. Häufiger überlastet, erkrankt und in Kur (auch aufgrund des häufigen Alkoholkonsums gemeinsam mit den von ihm betreuten Auslandsjournalisten), schied er Ende 1943 aus dem RMVP aus. Nach 1945 als Rechtsanwalt tätig, ging er in die bundesdeutsche Justizgeschichte ein: Fröhlich und seine Ehefrau denunzierten im Sommer 1943 einen ihnen bekannten Kaufmann, weil dieser sich kritisch über das NS-Regime geäußert hatte. Der Denunzierte wurde zum Tode verurteilt. In den 1960er-Jahren, als Fröhlich deshalb angeklagt wurde, sprach ihn das Landgericht Gießen mit der Begründung frei, als überzeugter Nationalsozialist habe er nicht voraussehen können, dass ein nationalsozialistisches Gericht ein rechtswidriges Urteil würde fällen können.

135 Walter Hewel, geboren 1904 in Köln, SS-Brigadeführer, schon 1923 Teilnehmer am Hitler-Putsch, Mithäftling Hitlers in Landsberg, seit Herbst 1939 Verbindungsmann des AA zum Führer und Reichskanzler. Hewel war dafür bekannt, dass er gern seinen Chef Ribbentrop nachäffte, was Hitler amüsierte. Selbstmord am 2. Mai 1945 in Berlin.

136 Vgl. Witold Szablowski: »How to Feed a Dictator« (2020).

137 Chaplin hatte Anfang der 1930er-Jahre Mussolini noch gelobt, weil dieser in Italien für Pünktlichkeit der Züge und Hebung der Arbeitsmoral gesorgt habe, vgl. Richard Carr: »Charlie Chaplin. A Political Biography from Victorian Britain to Modern America« (2017); vgl. auch Frank Dikötter: »Diktator werden. Populismus, Personenkult und die Wege zur Macht« (2019).

138 Eduardo Fallaci war ein militanter Antifaschist und einer der führenden Köpfe des toskanischen Widerstandes gegen Mussolini. Er wurde verhaftet und gefoltert, aber wieder freigelassen. Er starb 1988.

139 Prigoschin, der viele Jahre als enger Vertrauter und »Bluthund« Putins galt und mit seiner Söldnertruppe Wagner in Syrien, Asien, Afrika und ab Februar 2022 in der Ukraine »russische Interessen vertrat«, wie es so schön heißt, starb am 23. August 2023 nach einer Fronde gegen Putin unter ungeklärten Umständen bei einem Flugzeugabsturz.

140 In Deutschland druckte der *Stern* das gesamte Interview im Wortlaut ab, die *Zeit* druckte Auszüge.

141 Erstdruck: »Stalin: Devil or Genius?« *Liberty* (New York), 10.Januar 1942–21.Februar 1942 | Erstausgabe: Emil Ludwig: »Stalin«, transl. by Erna McArthur. New York: G. P. Putnam's sons, 1942.

142 Das Zitat stammt aus der Onlineausgabe von »Deutsche Biographie«, herausgegeben von der Historischen Kommission bei der Bayerischen Akademie der Wissenschaften.

143 Zitiert aus: »Diktatoren im Gespräch: Die Interviews von Emil Ludwig mit Mussolini und Stalin«, aureon verlag, 2020.

144 Einer der meistdiskutierten Fälle einer im Nachhinein bizarren Stalin-Verehrung war der 1884 in Liverpool geborene Journalist Walter Duranty, der ab 1921 in der Sowjetunion als Korrespondent arbeitete. 1929 gewährte ihm Stalin ein Exklusivinterview, aus dem eine Artikelserie für die *New York Times* entstand, in der er Stalins diktatorisches Handeln rechtfertigte: Aufgrund seiner »asiatischen Mentalität« müsse das russische Volk mit harter Hand despotisch geführt werden. Zudem zeigte er Verständnis für die Vernichtung der Kulaken und leugnete den Holodomor. Die Serie brachte ihm 1932 den Pulitzerpreis. Die *New York Times* brauchte bis 1990, um sich für die Texte ihres Autors Duranty zu entschuldigen.

145 Vgl. zum Beispiel Catherine Belton: »Putins Netz. Wie sich der KGB Russland zurückholte und dann den Westen ins Auge fasste« (2020).

146 Ein weiterer Fall von grotesker Putin-Verehrung kam 2023 ans Licht, als Zahlungen aus Kreml-nahen Quellen über 600.000 Euro an den Dokumentarfilmer Hubert Seipel aufgedeckt wurden. Der NDR, für den der mit zahlreichen Preisen ausgezeichnete Seipel über Putin ein Porträt zur Präsidentschaftswahl 2012 sowie 2014 ein ausführlicheres Interview mit ihm gemacht hatte, musste 2023 eine Untersuchungskommission einrichten, um die schon damals als zu Putinfreundlich kritisierten Filme seines zuvor hoch geschätzten Mitarbeiters überprüfen zu lassen. Allerdings gibt es auch noch berühmtere Putin-Versteher wie zum Beispiel den amerikanischen Regisseur Oliver Stone. 2017 veröffentlichte er eine vierteilige Dokumentation über Putin, die die *Süddeutsche Zeitung* als »Autokraten-Porno« bezeichnete. Nachdem er schon 2016 in seinem Film »Ukraine of fire« den Euromaidan als einen von den USA organisierten Staatsstreich dargestellt hatte, stellte er nach dem russischen Überfall auf die Ukraine im Februar 2022 auf seinem »X«-Kanal das Massaker in Butscha infrage und suggerierte,

dass eine Clique von ideologischen Gegnern wie die NATO und der CIA verhindern würden, »die Realität zu verstehen« *(Rolling Stone).*

147 Diese Liste enthält die bisher nachweisbaren Interviews, die Hitler Auslandskorrespondenten beziehungsweise Vertretern ausländischer Medienorganisationen gegeben hat. Angegeben ist in der Regel das Erscheinungsdatum der Interviewtexte (»ff.« hinter dem Ersterscheinungsdatum bei Agenturinterviews bedeutet, es gab auch noch Berichte/Abdrucke in den Tagen danach); wo das Erscheinungsdatum nicht authentifiziert werden konnte, ist der in den veröffentlichten Quellen vorfindbare Interviewtermin (T) angegeben. Offenkundige Fake-Interviews wurden nicht in die Liste aufgenommen; Interviews, von denen nach wie vor unklar ist, ob sie in dieser Form stattgefunden haben, sind in eckige Klammern gesetzt. Quellen für diese Liste sind eigene Recherchen (vor allem in Akten der Reichskanzlei/dem Bundesarchiv), die bisherige Edition des Instituts für Zeitgeschichte (»Hitler. Reden, Schriften, Anordnungen«), Harald Sandner (»Hitler – Das Itinerar. Aufenthaltsorte und Reisen von 1889 und 1945«), Max Domarus (»Hitler: Reden und Proklamationen 1932–1945«), Eberhard Jäckel und Axel Kuhn/Hrsg. (»Hitler – Sämtliche Aufzeichnungen 1905–1924«), Milan Hauner (»Hitler – A Chronology of his Life and Time«) und Hans-Adolf Jacobsen (»Nationalsozialistische Außenpolitik«), wobei es hier in der bisher vorliegenden Forschungsliteratur Datierungsungenauigkeiten gab, die nach bestem Wissen und Gewissen für dieses Buch korrigiert wurden. Hitler-Interviews wurden in der Regel im *Völkischen Beobachter* oder anderen NS-Blättern in deutscher Übersetzung nachgedruckt; dies ist in der Liste nur angegeben, wenn es sich um die Wiedergabe von Agenturmeldungen handelt (vgl. zu den deutschen Übersetzungen im *VB* vor allem Domarus).

Liste der Interviews[147]

1922–1923

Karl von Wiegand, Hearst-Presse, 12./13. 11.1922 ff.
abgedruckt u. a. im *New York Journal-American,* 12.11.1922, und in *The Bridgeport Telegram* (Connecticut), 13.11.1922

N. N., dänischer Journalist, *Århus Stiftstidende* (Århus), 14.11.1922

Raymond Fendrick, *Chicago Tribune* (Chicago), 08.03.1923

Giulio De Benedetti, *Gazzetta del Popolo* (Turin), 28.03.1923

Javier Bueno (Pseudonym: Antonio Aspeitua), *ABC* (Madrid), 06.04.1923

N. N., US-Journalist, *The World* (New York), 20.08.1923

N. N., US-Journalist, United Press, 30.10.1923 (T)
UP-Text wahrscheinlich Anfang Oktober publiziert, nachrichtlich in *München-Augsburger Abendzeitung,* 07.10.1923, und *Münchener Post,* 09.10.1923

Rothay Reynolds, *The Daily Mail* (London), 03.10.1923
George Sylvester Viereck, *The American Monthly* (New York), 08.10.1923
Doppeltermin: Reynolds und Viereck interviewten Hitler jeweils am 02.10.1923. Das Interview von Viereck wurde am 09.07.1932 in teils gekürzter Form und mit teils ergänzten Passagen noch einmal im Wochenblatt *Liberty* veröffentlicht.

Leo Negrelli, *Corriere Italiano* (Rom), 16.10.1923
gekürzte Fassung dieses Interviews abgedruckt in *Il Popolo d'Italia* (Rom), 19.10.1923

Leo Negrelli, *Corriere Italiano* (Rom), 26.10.1923

Gustavo Tragia, *L'Epoca* (Rom), 04.11.1923

[**Eugeni Xammar,** *La Veu de Catalunya* (Barcelona), 24.11.1923
Josep Pla, *La Publicitat* (Barcelona), 28.11.1923
Doppeltermin: Xammar und Pla interviewten gemeinsam Hitler angeblich am 08.11.1923 in München im Redaktionssitz des *Völkischen Beobachters,* »nur wenige Stunden vor dem Staatsstreich« (Xammar). Die Texte von Xammar (24.11.) und Pla (28.11.) sind nachzulesen in Xammars Buch »Das Schlangenei. Berichte aus dem Deutschland der Inflationsjahre. 1922–1924«, Berlin 2007 (deutsche Ausgabe).]

1930–1933

Karl von Wiegand, Hearst-Presse, 05.01.1930 ff.
u. a. im *New York Journal-American,* 05.01.1930

Rothay Reynolds, *The Daily Mail* (London), 27.09.1930

Pietro Solari, *Gazzetta del Popolo* (Turin), 29.09.1930

Stanley Simpson, *The Times* (London), 04.10.1930

Karl von Wiegand, Hearst-Presse, 05.10.1930 ff.
u. a. im *New York Journal-American* und *Corriere della Sera,* jeweils 05.10.1930, und auch deutsche Presse

Stanley Simpson, *The Times* (London), 15.10.1930
N. N., US-Journalist, International News Service (Hearst), 15.10.1930 ff.
N. N., US-Journalist, Associated Press, 15.10.1930 ff.
abgedruckt z. B. in *New Yorker Staats-Zeitung,* 15.10.1930
Gruppeninterview: Simpson und die beiden US-Journalisten interviewten Hitler am 15.10.1930 in Berlin.

António Ferro, *Diário de Notícias* (Lissabon), 23.11.1930

Bruno Galzigna, *La Tribuna* (Rom), 17.03.1931 (T)

Gino Cucchetti, *Il Popolo d'Italia* (Rom), 12.05.1931

Sefton Delmer, *Daily Express* (London), 04.05.1931

Stanley Simpson, *The Times* (London), 09.06.1931

N. N., US-Journalist, United Press, 14.07.1931 ff.
erwähnt z. B. im *8-Uhr-Abendblatt* (Berlin), 14.07.1931, und in *The New York Herald* (Paris), 15.07.1931

N. N., Vertreter der englischen Nachrichtenagentur Reuters, 28.07.1931 (T)
(andere Quelle: T zwischen 14. und 28.07.1931)

Gino Cucchetti, *Il Popolo d'Italia* (Rom), 03.11.1931

Donald Mackenzie, *Sunday Graphic and Sunday News* (London), 06.12.31

Louis P. Lochner, Associated Press, 06.12.1931 ff.
abgedruckt u. a. in *Sonntagsblatt Staats-Zeitung und Herold* (New York), 6.12.1931

Pietro Solari, *Gazzetta del Popolo* (Turin), 07.12.1931

Louis P. Lochner, Associated Press, 07.12.1931
abgedruckt u.a. in *New York Herald Tribune,* 07.12.1931

Harold Callender, *The New York Times* (New York), 07.12.1931

Prof. Minuzuke Momo, *Tokio Nichi Nichi Shimbun* (Tokio), 24.12.1931

Charles Edward Gratke, *The Christian Science Monitor* (Boston), 22.12.1931

[**Annetta Halliday-Antona,** *Detroit News* (Detroit), 31.12.1931]

Reiji Kuroda alias Dr. M. Okanouye, *Tokio Asahi Shimbun* (Tokio), 03.01.1932

Italo Zingarelli, *La Stampa* (Turin), 06.02.1932

Alfredo Stendardo, *Il Giornale d'Italia* (Rom), 21.02.1932

Filippo Bojano, *Il Popolo d'Italia* (Rom), 28.02.1932

Dorothy Thompson, *Hearst's International Cosmopolitan* (New York) Nr. 3/32, März 1932

Hubert Renfro Knickerbocker, *New York Evening Post* (New York), 12.03.1932

N. N., französischer Journalist, *L'Œuvre* (Paris), 19.03.1932

Sefton Delmer, *Daily Express* (London), 22.03.1932

Sefton Delmer, *Daily Express* (London), 06.04.1932

Sefton Delmer, *Daily Express* (London), 11.04.1932

Stanley Simpson, *The Times* (London), 12.04.1932

Sefton Delmer, *Daily Express* (London), 13.04.1932

Sefton Delmer, *Evening Standard* (London), 14.04.1932, Nachtausgabe
Auszug im *Völkischen Beobachter (VB),* 16.04 1932
Hubert Renfro Knickerbocker, *New York Evening Post* (New York), 14.04.1932
Edgar Ansel Mowrer, *Chicago Daily News* (Chicago), 14.04.1932
Gruppeninterview: Delmer, Knickerbocker und Mowrer interviewten Hitler am 14.10.1932 in Berlin.

Carlo Scorza, Interview am 29.04.1932 im Kaiserhof
abgedruckt in Carlo Scorza: »Fascismo. Idea imperiale«, Rom 1933, S. 80–87

Percy Thomas Etherton, *Daily Sketch* (London, Manchester), 30.05.1932

Hans V. Kaltenborn, CBS Radio, nach 17.08.1932
wahrscheinlich nach 17.08.1932 im Hörfunk; Bericht über sein Interview später hier: Hans V. Kaltenborn: »An interview with Hitler, August 17, 1932«, in: *The Wisconsin Magazine of History,* Summer, 1967, Vol. 50, No. 4, S. 283–290

Louis P. Lochner, Associated Press, 19./20.08.1932 ff.
u. a. in *The Manchester Guardian,* 20.08.1932, *Berliner Nachtausgabe,* 19.08.1932, *VB,* 21./22.08. 1932

Karl von Wiegand, Universal Service (Hearst-Presse), 19.08.1932 ff.
u. a. in *New York Journal-American,* 19.08.1932, und *Wächter und Anzeiger,* 10.08.1932
Gruppeninterview: Kaltenborn, Lochner und Wiegand interviewten Hitler am 17.08.1932 auf dem Obersalzberg.

Randolph Churchill, *The Daily Mail* (London), 26.09.1932
vgl. dazu die Meldung der Nachrichtenagentur »Wolffs Telegraphen Bureau« (WTB) v. 27.09.1932, *Berliner Börsen Courier* und *Berliner Börsenzeitung,* jeweils vom 26.09.1932, und *Deutsche Zeitung* vom 27.09.1932

Remo Renato Petitto, *Il Tevere* (Rom), 04./05.10.1932

Sefton Delmer, *Daily Express* (London), 28.11.1932

N. N., italienischer Journalist, *Giornale d'Italia* (Rom), 03.02.1933

N. N., Vertreter von Associated Press, 04.02.1933 ff.

N. N., englischer Journalist (T) (und evtl. T für weitere Journalisten aus den drei Ländern)
Gruppeninterview am 03.02.1933
vgl. WTB vom 04.02.1933, veröffentlicht auch im *VB,* 06.02.1933

Percy Thomas Etherton, *Sunday Express* (London), 12.02.1933
Termin am 06.02.1933. Etherton kommt eigentlich als Vertreter von *The Daily Mail* (London), Interview erscheint aber am 12.02.1933 laut VB im *Sunday Express;* das Interview soll auch in Frankreich in *Le Matin* abgedruckt worden sein, das Erscheinungsdatum ist nicht bekannt.

N. N., ungarischer Journalist, *Budapesti Hírlap* (Budapest), 23.02.1933 (T)
Bericht laut WTB vom 23.02.1933

Louis P. Lochner, Associated Press, 24.02.1932 ff.
veröffentlicht auch im *VB,* 25./26.02.1933, und via *WTB* am 24.02.1933
In den Tagen nach dem 20. Februar Interviews mit weiteren ausländischen Journalisten (T)

Sefton Delmer, *Daily Express* (London), 03.03.1933

Sir John Foster Fraser, *The Daily Telegraph* (London), 06.05.1933

Bernard F. Ridder und William J. Margreve, *New Yorker Staats-Zeitung* (New York), 19.05.1933
(auch *New Yorker Staats-Zeitung* und *Herold)*
vgl. hierzu auch *Jewish Daily Bulletin* vom 24.05.1933

Thomas Russell Ybarra, *Collier's* (New York), 01.07.1933
zusammenfassender Vorabbericht über Ybarras Interview in *The New York Times,* 23.06.1933;
Ybarra traf Hitler für das Interview zweimal, einmal im vierten Quartal 1932 in München im Braunen Haus, das zweite Mal am 18. Mai 1933 in der Neuen Reichskanzlei in Berlin.

Anne O'Hare McCormick, *The New York Times* (New York), 10.07.1933

Kerim Tabet, *Al Muqattam* (Kairo) und *Al MusawaR* (Kairo), jeweils 18.08.1933

Ward Price, *The Daily Mail* (London), 19.10.1933

Karl von Wiegand, Hearst-Presse, 31.10.1933 (T)

[**Lukin Johnston,** Kanada, *The Province* (Vancouver), 15.11.1933 (T)]

Fernand de Brinon, *Le Matin* (Paris), 22.11.1933

1934–1939

Ward Price, *The Daily Mail* (London), 18.02.1934

Louis P. Lochner, Associated Press, 03.04.1934 ff
veröffentlicht u. a. im *VB,* 04.04.1934

Vernon Bartlett, *News Chronicle* (London), 25.05.1934

Alfred J. Pearson, *The New York Herald European Edition* (Paris), 11. 07. 1934
Nachdruck via United Press u. a. in *The Columbus Daily Telegram* (Columbus/Nebraska), 11.07.1934

Ward Price, *The Daily Mail* (London), 06.08.1934

Jean Goy, *Le Matin* (Paris), 18.11.1934

Pierre J. Huss, *International News Service* (Hearst), 16.01.1935 ff.
via DNB am 16.01.1935, veröffentlicht auch im VB, 17.01.1935

Ward Price, *The Daily Mail* (London), 18.01.1935
veröffentlicht auch im *VB*, 19.01.1935. Im *VB* vom 21.1.1935 erschien noch ein Kommentar von Ward Price zu diesem Interview: »Von der Friedensliebe Adolf Hitlers bin ich überzeugt. – Noch nie sah ich Adolf Hitler so jugendfrisch wie am letzten Freitag [Das Interview fand am Donnerstag, dem 17.1.1935, statt.] Immer wieder war ich erstaunt über die Konzentrationsschärfe seiner Gedankengänge, wenn er auf weltpolitische Ereignisse zu sprechen kam.«

Kazimierz Smogorzewski, *Gazeta Polska* (Warschau), 26.01.1935

Armando Boaventura, *Diário de Notícias* (Lissabon), 31.01.1935

Felix Correia, *»Diário de Lisboa«* (Lissabon), 07.02.1935
Doppeltermin: Interviewtermin für beide portugiesischen Journalisten war der 31.01.1935 in Berlin.

Reiji Kuroda alias Dr. M. Okanouye, *Tokio Asahi Shimbun* (Tokio), 27.01.1935

Ward Price, *The Daily Mail* (London), 18.03.1935

Hugh Baillie, United Press, 27./28.11.1935 ff.
mehrere US-Zeitungen und internationale Presse (siehe Faksimile-Liste im Buch auf S. 344 und 345); DNB-Text vom 27.11.1935; veröffentlicht auch im *VB*, 28.11.1935

Élisabeth Sauvy (alias Titaÿna), *Paris-Soir* (Paris), 26.01.1936

Bertrand de Jouvenel, *Paris-Midi* (Paris), 28.02.1936, und *Paris-Soir* (Paris), 29.02.1936

Roy W. Howard (Scripps-Howard-Zeitungen/United Press), 27.02.1936 (T)
Howard geht zu dem Hitler-Interview in Begleitung von Fred C. Oechsner (Leiter des Berliner Büros von UP).
Hitler bzw. Reichskanzlei geben keine Erlaubnis, das Interview zu veröffentlichen.

Ward Price, *The Daily Mail* (London), 11.03.1936

[**Inga Arvad,** *Berlingske Aftenavis* (Kopenhagen), 05.09.1936
Arvad interviewte Hitler (angeblich) Ende November 1935 (ohne Veröffentlichung) und (wahrscheinlich) im September 1936.]

Abel Bonnard, *Le Journal* (Paris), 22.05.1937

Ward Price, *The Daily Mail* (London), 14.03.1938

Filippo Bojano, *Il Popolo d'Italia* (Rom), 16.03.1938

N. N., italienischer Journalist der Agenzia Stefani, 10.05.1938 (T)
DNB-Wiedergabe, 10.05.1938

Alphonse de Châteaubriant, *Le Journal* (Paris), 02.09.1938

Ward Price, *The Daily Mail* (London), 19.09.1938

Robert Chenevier, *L'Illustration* (Paris), 10.12.1938

ab 1940

Karl von Wiegand, Hearst-Presse, 14.06.1940 (evtl. ff.)
u. a. in *Los Angeles Examiner, New York Journal-American, San Francisco Examiner,* jeweils 14.06.1940
veröffentlicht auch im *VB,* 16.06.1940

John Cudahy, *Life* (New York), 09.06.1941

[**Pierre J. Huss (International News Service,** Hearst), Oktober/November 1941
angebliches Interview, veröffentlicht in Huss' Buch »Heil! And Farewell« im Kapitel: »An interview with Hitler a month before he declared war on the United States«, S. 207–222, London 1943]

Christer Jäderlund, *Stockholms-Tidningen* (Stockholm), 19.03.1944
am 18.03.1944 über DNB vermittelt, DNB-Text, 19.03.1944, und Weltpresse, 19.03.1944 ff., z. B. *New York Times,* 19.03.1944

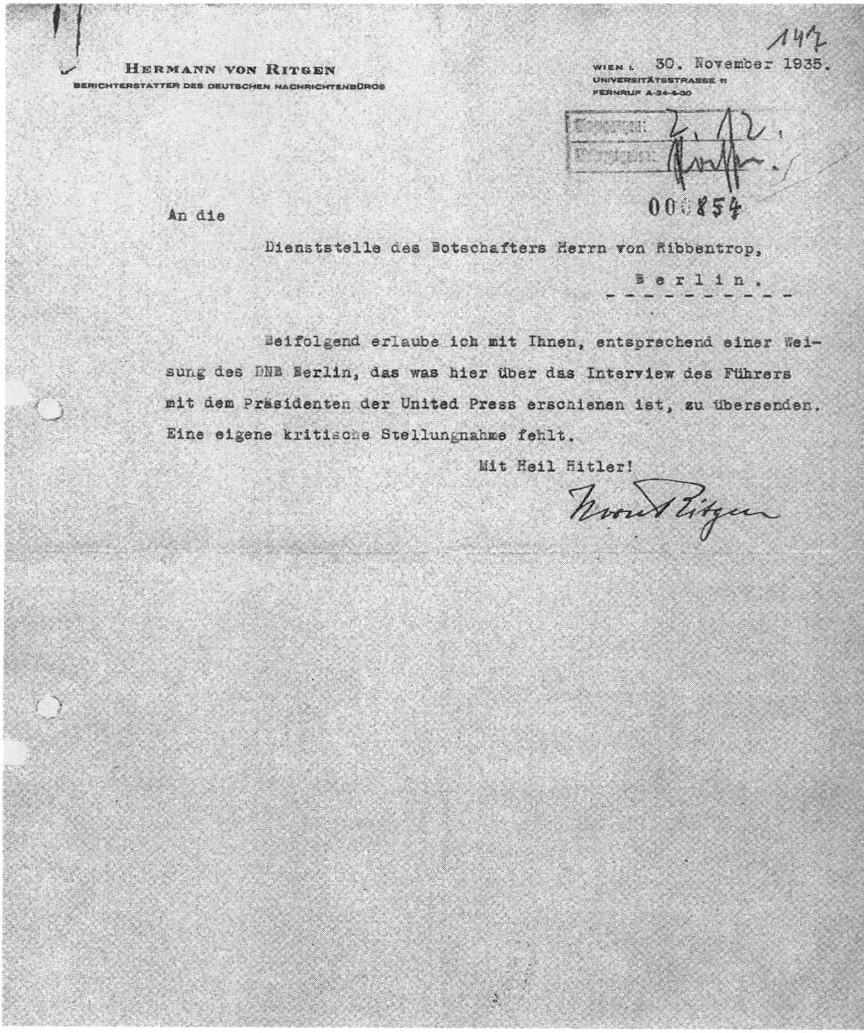

HERMANN VON RITGEN
BERICHTERSTATTER DES DEUTSCHEN NACHRICHTENBÜROS

WIEN I. 30. November 1935.
UNIVERSITÄTSSTRASSE 11
FERNRUF A-24-4-30

000854

An die

Dienststelle des Botschafters Herrn von Ribbentrop,

Berlin.

Beifolgend erlaube ich mit Ihnen, entsprechend einer Weisung des DNB Berlin, das was hier über das Interview des Führers mit dem Präsidenten der United Press erschienen ist, zu übersenden. Eine eigene kritische Stellungnahme fehlt.

Mit Heil Hitler!

Erfolgsmeldungen für Ribbentrop: Mitarbeiter des späteren NS-Reichsaußenministers Joachim von Ribbentrop, schon zuvor mit seinem »Büro Ribbentrop« außenpolitisch engagiert, strengten sich außerordentlich an, Hitler-Interviews auszuwerten. Hier eine Abdruck-Statistik des Hitler-Interviews mit dem UP-Chef Hugh Baillie (1935, im Original sechs Seiten, Bundesarchiv Berlin).

84

A k t e n n o t i z für Herrn Botschafter von Ribbentrop.

Die Unterredung, die der Präsident der United Press, Mr. Baillie, mit dem Führer und Reichskanzler hatte, ist in einer grossen Zahl von hauptsächlich nordamerikanischen Zeitungen erschienen. Wir geben in Folgendem einen Auszug der Zeitungen, in denen das Interview erschienen ist :

"The Republican-News"	Ohio	27.11.35	3 spl. S.1 Forts.S.10
"Bellaire Daily Leader"	Bellaire, Ohio	27.11.35	1 spl.S.1 " S.8
"Progress Bulletin"	Pomona, Cal.	27.11.	3 spl.Überschr. S.1, Text 1 spl. Forts.fehlt
"Press-Telegram"	Long Beach	27.11.	1 spl. S.1 Forts. S.A-4
"The TImes"Star"	Bridgeport Connecticut	27.11.	2 spl. S.1 Forts. S.2
The Clinton Herald"	Clinton(Iowa)	27.11.	2 spl. S.1 Forts. S.12
"Daily News-Index"	Evanston, Illin.	27.11.	2 spl. Überschr. S.1 Text 1 spl.
"The Daily Independent"	Murphysboro, Illinois	27.11.	1 spl. S. 1 - Forts.f.
"Canton Daily Ledger"	Canton, Illin.	27.11.	2 spl. S. 1
"The Daily Record"	Lawrendeville	27.11.	2 spl. S. 1 Fprts.S.2
"The Chattanooga News"	Chattanooga	27.11.	2 spl. S. 2
"The Press-Scimitar"	Memphis, Tenn.	27.11.	1 spl. S. 3 mit Bild
"East Palestine Daily Leader"	Ohio East Palestine	27.11.	1 spl. S. 1 Forts.S.4
"El Universal"	Mexico	28.11.	Aufmachung 8 spl. Text 1 spl.
"La Prensa"		28.11.	4 spl. S. 11 mit Bild
"St. Louis Star-Times"	St.Louis,	27.11.	2 spl. S. 1 und 2
"The Minneapolis Journal"	Minneapolis	27.11.	1 spl. S. 1 Forts.fehlt
"The Racine Journal-Times"		27.11.	2 spl. S. 3
"The San Francisco News"	San Francisco	27.11.	2 spl. S. 1 und 2
"Evening Pajaronian"	Watsonville, Santa Cruz, Cal.	27.11.	1 spl. S. 1
"Madera Tribune"	Madera, Calif.	27.11.	2 spl. S. 1
"The Tacoma Times",	Tacoma, Wash.	27.11.	2 spl. S. 1
"San Bernardino"	Calif.	27.11.	1 spl. S.2 Überschr. über ganze Seite
"The Canton Repository"	Canton	27.11.	1 spl. S. 15
"Mansfield News Journal"		27.11.	1 spl. S. 1

- 2 -

Literaturverzeichnis

A., O. 2017. *Hitlers geheimes Buch: Dokumente 1926–28*. Preußisch Oldendorf: DVG Deutsche Verlagsgesellschaft.

Alford, Kenneth D., und Theodore P. Savas. 2002. *Nazi Millionaires – The Allied Search for Hidden SS Gold*. Havertown: Casemate Publishers.

Aly, Götz. 1995. *Endlösung: Völkerverschiebung und der Mord an den europäischen Juden*. Frankfurt am Main: S. Fischer Verlag.

Andrews, Geoff. 2021. *Smooth Operator. The life and times of Cyril Lakin, editor, braodcaster and politician*. Cardigan: Modern Wales/Parthian.

Anfuso, Filippo. 1951. *Rom-Berlin in diplomatischem Spiegel*. München: Pohl & Co. Verlag.

Aping, Norbert. 2011. *Liberty – Shtunk! Die Freiheit wird abgeschafft. Charlie Chaplin und die Nationalsozialisten*. Marburg: Schüren Verlag.

Averbeck, Stefanie, und Arnulf Knutsch, Hrsg. 2005. *Zeitung, Werbung, Öffentlichkeit. Biographisch-systematische Studien zur Frühgeschichte der Kommunikationsforschung*. Köln: Herbert von Halem Verlag.

Bahners, Patrick. 2023. *Die Wiederkehr: Die AfD und der deutsche Nationalismus*. Stuttgart: Klett-Cotta.

Bahnsen, Uwe, und James P. O'Donnell. 1977. *Die Katakombe: Das Ende in der Reichskanzlei*. München: dtv.

Baillie, Hugh. 1959. *High Tension*. London: Werner Laurie.

Balabanoff, Angelica. 1927. *Erinnerungen und Erlebnisse*. Berlin: E. Laubsche Verlagsbuchhandlung.

Banach, Jens. 1998. *Heydrichs Elite: Das Führerkorps der Sicherheitspolizei und des SD 1936–1945*. Paderborn: Verlag Ferdinand Schöningh.

Bandinelli, Ranuccio Bianchi. 2016. *Hitler, Mussolini und Ich: Aus dem Tagebuch eines Großbürgers*. Berlin: Matthes & Seitz.

Baschwitz, Kurt. 1951. *Du und die Masse*. Leiden: E. J. Brill Verlag.

Bath, Matthias. 2015. *Der SD in Dänemark 1940–1945: Heydrichs Elite und der »Gegenterror«*. Berlin: Neuhaus Verlag.

Bauer, Richard. 1993. *München – »Hauptstadt der Bewegung«. Bayerns Metropole und der Nationalsozialismus*. München: Klinkhardt & Biermann.

Beard, Patricia. 2016. *Newsmaker: Roy W. Howard, The Mastermind Behind the Scripps-Howard News Empire From the Gilded Age to the Atomic Age.* Guilford: Lyons Press.

Beattie, Edward W. 1942. *Freely to Pass.* New York: Thomas Y. Crowell Company.

Belton, Catherine. 2022. *Putins Netz: Wie sich der KGB Russland zurückholte und dann den Westen ins Auge fasste.* Hamburg: Harper Collins Verlag.

Benz, Wigbert. 2005. *Paul Carell. Ribbentrops Pressechef Paul Karl Schmidt vor und nach 1945.* Berlin: wvb.

Bereshkow, W.M. 1975. *Jahre im diplomatischen Dienst.* Berlin: Dietz Verlag.

Bernays, Robert. 1934. *Special Correspondent.* New York: G.P. Putnam's Sons.

Berndt, A.J., und Oberst von Wedel, Hrsg. 1941. *Deutschland im Kampf.* Berlin: Verlagsanstalt Otto Stollberg.

Bertrand, Louis. 1936. *Hitler.* Paris: Artheme Fayard.

Billinger, Karl. 1939. *Hitler Is No Fool.* New York: Modern Age Books.

Bloch, Marc. 1995. *Die seltsame Niederlage: Frankreich 1940: Der Historiker als Zeuge.* Frankfurt am Main: Fischer Taschenbuch.

Bloomenkranz, Sol. 2012. *Charles Bedaux – Deciphering an Enigma.* Bloomington: iUniverse.

Boelcke, Willi A., Hrsg. 1966. *Kriegspropaganda 1939–1941: Geheime Ministerkonferenzen im Reichspropagandaministerium.* Stuttgart: Deutsche Verlags-Anstalt.

———. 1969. *Wollt Ihr den totalen Krieg? Die geheimen Goebbels-Konferenzen 1939–1943.* München: dtv.

Bojano, Filippo. 1933. *Ein Faschist erlebt die nationale Revolution: Die erste ausländische Darstellung der Deutschen Erhebung und ihres Sieges.* Berlin: E.G. Mittler & Sohn.

———. 1945. *In the Wake of the Goose-Step.* New York, NY, USA: Ziff-Davis Publishing Company.

Bollmus, Reinhard. 1970. *Das Amt Rosenberg und seine Gegner – Zum Machtkampf im nationalsozialistischen Herrschaftssystem.* Stuttgart: Deutsche Verlags-Anstalt.

Bosworth, R.J. B. 2021. *Claretta: Mussolini's Last Lover.* New Haven: Yale University Press.

Bouhler, Phillip, Hrsg. 1940–1942. *Der großdeutsche Freiheitskampf: Reden Adolf Hitlers. 3 Bde.* München: Zentralverlag der NSDAP.

Bourdrel, Philippe. 1983. *Nous avons fait Adolf Hitler.* Paris: Editions Ramsay.

Bourseiller, Christophe. 2022. *Ils l'appelaient Monsieur Hitler: L'histoire méconnue des nazis français 1920–1945.* Paris: Perrin.

Bouverie, Tim. 2021 (zuerst 2019). *Mit Hitler reden. Der Weg vom Appeasement zum Zweiten Weltkrieg.* Hamburg: Rowohlt.

Branca, Éric. 2019. *Les entretiens oubliés d'Hitler 1923–1940.* Paris: Perrin.

Brechtken, Magnus. 2018. *Albert Speer: Eine deutsche Karriere.* München: Siedler.

Bronnen, Arnolt. 1930. *Roßbach.* Reinbek: Rowohlt Taschenbuch.

Broszat, Martin, und Norbert Frei, Hrsg. 1992. *Das Dritte Reich im Überblick: Chronik – Ereignisse – Zusammenhänge.* München: Piper.

Brunelle, Gayle K., und Annete Finley-Croswhite. 2012. *Murder in the Métro. Laetitia Toureaux and the Cagoule in 1930 s France.* Baton Rouge: Louisiana State University Press.

Brunelle, Gayle K., und Annette Finley-Croswhite. 2020. *Assassination in Vichy: Marx Dormoy and the Struggle for the Soul of France.* Toronto: University of Toronto Press.

Buchanan, Patrick. 2017 (zuerst 2008). *Churchill, Hitler und der unnötige Krieg. Wie Großbritannien sein Empire und der Westen die Welt verspielte.* Selent: Pour le Mérite – Verlag für Militärgeschichte.

Bullock, Alan. 1972. *Hitler: Eine Studie über Tyrannei.* Düsseldorf: Droste Verlag.

Burdick, Charles Burton. 1987. *An American island in Hitler's Reich: The bad nauheim internment.* Menlo Park: Markgraf Publications Group.

Buschke, Heiko. 2003. *Deutsche Presse, Rechtsextremismus und nationalsozialistische Vergangenheit in der Ära Adenauer.* Frankfurt am Main: Campus.

Bussemer, Thymian. 2015. *Propaganda: Konzepte und Theorien.* Wiesbaden: VS Verlag für Sozialwissenschaften.

Calic, Edouard. 1968. *Ohne Maske: Hitler-Breiting. Geheimgespräche 1931.* Frankfurt: Frankfurter Societäts-Druckerei.

Callender, Harold. 1944a. *A Preface to Peace.* London: Bradford & Dickens.

———. 1944b. *A Preface to Peace.* New York: Alfred A. Knopf.

Carrère, Emmanuel. 2020.*97,196 Words. Essays.* London: Vintage.

Castle, Colin. 2014. *Rufus: The Life of the Canadian Journalist Who Interviewed Hitler.* Vancouver: Granville Island Publishing.

Cesarani, David. 2004. *Adolf Eichmann: Bürokrat und Massenmörder – Biografie.* Berlin: Propyläen Verlag.

Chateaubriant, Alphonse de. 1938. *Geballte Kraft. Ein französischer Dichter erlebt das neue Deutschland.* Karlsruhe: G. Braun.

Chaves Nogales, Manuel. 2022. *Deutschland im Zeichen des Hakenkreuzes.* Köln: Kupido Verlag.

Ciano, Galeazzo. 1949. *Tagebücher 1937/38.* Hamburg: Wolfgang Krüger Verlag.

Ciano, Galeazzo. 2015. *The War Diaries of Count Galeazzo Ciano 1939–1943*. Stroud: Fonthill Media.

Clark, Roland, und Tim Grady, Hrsg. 2023. *European Fascist Movements: A Sourcebook*. London: Routledge.

Clark, Victoria, und Melissa Scott. 2021. *Zu Tisch bei Diktatoren – Die Lieblingsspeisen der Tyrannen*. München: Wilhelm Heyne Verlag.

Cloud, Stanley, und Lynne Olson. 1996. *The Murrow Boys: Pioneers on the Front Lines of Broadcast Journalism*. Boston: Houghton Mifflin Company.

Cohen, Deborah. 2022. *Last Call at the Hotel Imperial: The Reporters Who Took on a World at War*. New York: Random House.

Cointet, Jean-Paul. 2014. *Hitler et la France*. Paris Éditions Perrin.

Colman, Penny. 2002. *Where the action was: Women war correspondents in world war II*. New York: Crown Publishing Group.

Colville, John. 1988. *Downing Street Tagebücher 1939–1945*. Übersetzt von Karl H. Schneider. Berlin: Verlag Wolf Jobst Siedler.

Conradi, Peter. 2007. *Hitlers Klavierspieler: Ernst Hanfstaengl: Vertrauter Hitlers, Verbündeter Roosevelts*. Frankfurt am Main: S. Fischer Verlag.

Corino, Karl, Hrsg. 1988. *Gefälscht!: Betrug in Literatur, Kunst, Musik, Wissenschaft und Politik*. Nördlingen: Greno.

Cowles, Virginia. 2022. *Looking for Trouble: Bericht einer unerschrockenen Kriegsreporterin*. Köln: DuMont Buchverlag.

Cucchi, Francesca. 2000. *Fascismo e Nazionalsocialismo. Negli anni trenta*. Mailand: Società Editrice Barbarossa.

Cudahy, John. 1941. *The Armies March: A Personal Report*. New York, NY, USA: Charles Scribner's Sons.

Cuthbertson, Ken. 2015. *A Complex Fate: William L. Shirer and the American Century*. Montreal, QC, Kanada: McGill-Queen's University Press.

Dagtoglou, Prodomos. 1963. *Wesen und Grenzen der Pressefreiheit*. Stuttgart: W. Kohlhammer Verlag.

Dahl, Edgar. 2021. *Das erste Opfer des Krieges ist die Wahrheit: Wie Roosevelt den Zweiten Weltkrieg plante*. Würselen: Nibe Media Verlag.

Dard, Olivier. 2008. *Bertrand de Jouvenel*. Paris: Perrin.

De Felice, Renzo. 2013. *Mussolini e Hitler. I rapporti segreti 1922–1933*. Bari: Editori Laterza.

De Rougemont, Denis. 1998. *Journal aus Deutschland 1935–1936*. Wien: Paul Zsolnay Verlag.

Deakin, F. W. 1964. *Die brutale Freundschaft – Hitler, Mussolini und der Untergang des italienischen Faschismus*. Stuttgart: Deutscher Bücherbund.

Delpierre, Alizée. 2022. *Servir les riches: Les domestiques chez les grandes fortunes.* Paris: Éditions La Découverte.

Delpla, François. 1996. *Montoire: Les premiers jours de la collaboration.* Paris: Éditions Albin Michel.

Delmer, Sefton. 1962 (zuerst 1961). *Die Deutschen und ich.* Hamburg: Nannen-Verlag.

Denny, Ludwell. 1930. *Amerika schlägt England. Geschichte eines Wirtschaftskrieges.* Stuttgart/Berlin/Leipzig: DVA.

Derry, Margaret E., Hrsg. 2012. *Liberty is dead. A Canadian in Germany, 1938.* Waterloo: Wilfrid Laurier University Press.

Diamond, Sander A. 1985. *Herr Hitler: Amerikas Diplomaten, Washington und der Untergang Weimars.* Düsseldorf: Droste Verlag.

Dieckhoff, Hans H. 2003. *Roosevelt auf Kriegskurs: Amerikas Kreuzzug gegen den Frieden 1933–1941.* Kiel: Arndt-Verlag.

Diggins, John P. 1972. *Mussolini and Fascism: The View from America.* Princeton: Princeton University Press.

Dikötter, Frank. 2020. *Diktator werden. Populismus, Personenkult und die Wege zur Macht.* Stuttgart: Klett-Cotta.

Distelbarth, Paul. 1935. *Lebendiges Frankreich.* Berlin: Rowohlt Verlag.

Dodd, Martha. 2005. *Meine Jahre in Deutschland 1933 bis 1937: Nice to meet you, Mr. Hitler.* Köln: Eichborn.

Doenecke, Justus D., Hrsg. 1990. *In danger undaunted: Anti-interventionist movement of 1940–41 as revealed in the papers of the America first committee.* Stanford, CA, USA: Hoover Institution Press.

Domarus, Max. 1965. *Hitler: Reden und Proklamationen 1932–1945. Band 1–4.* München: Süddeutscher Verlag.

Domeier, Norman. 2021. *Weltöffentlichkeit und Diktatur: Die amerikanischen Auslandskorrespondenten im »Dritten Reich«.* Wallstein Verlag.

Dord-Crouslé, Stéphanie. 2021. *Flaubert: Itinéraire d'un écrivain normand.* Paris: Éditions Gallimard.

Dovifat, Emil. 1990. *Der amerikanische Journalismus.* Herausgegeben von Stephan Ruß-Mohl. Berlin: Colloquium Verlag.

Du Bois, W. E. B. 2022. *Along the color line: Eine Reise durch Deutschland 1936.* München: C. H. Beck.

Dueul, Wallace R. 1942. *People Under Hitler.* New York: Harcourt, Brace and Company.

Düsterberg, Rolf. 2004. *Hanns Johst: Der Barde der SS: Karrieren eines deutschen Dichters.* Paderborn: Verlag Ferdinand Schöningh.

Duverger, Emmanuelle, und Robert Ménard. 2011. *Vive Le Pen!* Paris: Éditions Mordicus.

Effenhauser, Ulrich. 2015. *Alias Toller.* Berlin: Transit Buchverlag.

Eisack, Didier. 2022. *J'ai arrêté Otto Abetz: Histoire de mon grand-père, réfugié allemand … Juif … et résistant français.* Sainte-Luce-sur-Loire: Éditions Amalthée.

Evleth, Donna. 1999. *The Authorized Press in Vichy and German-Occupied France, 1940–1944: A Bibliography.* Westport, CT: Greenwood Press.

F. Bruckmann Verlag, Hrsg. 1940. *U. S. A. von heute. Seine Weltpolitik, Weltfinanz, Wehrpolitik.* München: F. Bruckmann Verlag.

Falanga, Gianluca. 2008. *Mussolinis Vorposten in Hitlers Reich: Italiens Politik in Berlin 1933–1945.* Berlin: Ch. Links Verlag.

Farris, Scott. 2016. *Inga: Kennedy's Great Love, Hitler's Perfect Beauty, and J. Edgar Hoover's Prime Suspect.* Lanham: Lyons Press.

Fechter, Paul. 1955. *An der Wende der Zeit. Menschen und Begegnungen.* Gütersloh: C. Bertelsmann.

Felsing, Monika. 2023. *Bettys Nachbarn: NS-Verfolgte im Exil in Amsterdam Zuid.* Norderstedt: BoD Verlag.

Fest, Joachim C. 1973. *Hitler – Eine Biographie.* Berlin: Propyläen Verlag.

Fetscher, Iring. 1998. *Joseph Goebbels im Berliner Sportpalast 1943: Wollt ihr den totalen Krieg?* Hamburg: EVA Europäische Verlagsanstalt.

Findahl, Theo. 1946. *Letzter Akt Berlin. 1939–1945.* Hamburg: Hammerich & Lesser.

Fischer, Heinz-Dietrich. 2015. *Zentren und Peripherien der Kommunikations-Historie – Aspekte, Befunde und Interpretationen.* Berlin: LIT-Verlag.

Fischer, Thomas, und Rainer Wirtz, Hrsg. 2008. *Alles authentisch?: Popularisierung der Geschichte im Fernsehen.* Kostnitz: UVK.

Flannery, Harry W. 1942. *Assignment to Berlin.* London: Michael Joseph.

Fleischmann, Peter. 2015. *Hitler als Häftling in Landsberg am Lech 1923/24: Der Gefangenen-Personalakt Hitler nebst weiteren Quellen aus der Schutzhaft-, Untersuchungshaft- und Festungshaftanstalt Landsberg am Lech.* Neustadt an der Aisch: Verlag PH. C. W. Schmidt.

Fleury, Cynthia. 2023. *Hier liegt Bitterkeit begraben: Über Ressentiments und ihre Heilung.* Berlin: Suhrkamp.

Forbes, Rosita. 1940. *These Men I Knew.* New York: E. P. Dutton & Co.

François-Poncet, André. 2015. *Tagebuch eines Gefangenen: Erinnerungen eines Jahrhundertzeugen.* Herausgegeben von Thomas Gayda. München: Europa Verlag.

Franz-Willing, Georg. 1974. *Ursprung der Hitlerbewegung 1919–1922*. Preußisch Oldendorf: K. W. Schütz.

Frei, Norbert, und Johannes Schmitz. 1999. *Journalismus im Dritten Reich*. München: C. H. Beck.

Friedrichs, Jürgen, und Ulrich Schwinges. 2015. *Das Journalistische Interview*. Wiesbaden: Springer Fachmedien.

Fromm, Bella. 1993. *Als Hitler mir die Hand küßte*. Berlin: Rowohlt Berlin.

Fuchs, Hannelore. O. J. *Mittendrin – Im Berlin der Nazizeit*. Torrazza Piemonte: Amazon Italia Logistica.

Gärtner, Margarete. 1955. *Botschafterin des guten Willens: Aussenpolitische Arbeit 1914–1950*. Bonn: Athenäum-Verlag.

Galbraith, Kylie. 2017. *»From Our Own Correspodent«. The British press and Nazi Germany, 1933–1939*. University of Adelaide, School of Humanities.

Gamm, Hans-Jochen. 1979 (zuerst 1963). *Der Flüsterwitz im Dritten Reich*. München: dtv/List.

Gellermann, Günther W. 1991. *... und lauschten für Hitler – Geheime Reichssache: Die Abhörzentralen des Dritten Reiches*. Bonn: Bernard & Graefe Verlag.

Gerritse, Theo. 2018. *Rauter: Himmlers Vuist in Nederland*. Amsterdam: Boom.

Gerste, Ronald D. 2011. *Roosevelt und Hitler: Todfeindschaft und totaler Krieg*. Paderborn: Verlag Ferdinand Schöningh.

Gerwarth, Robert. 2011. *Reinhard Heydrich: Biographie*. München: Siedler.

Gisevius, Hans Bernd. O. J. *Adolf Hitler – Versuch einer Deutung*. München: Bertelsmann.

Goebbels, Joseph. 2003. *Tagebücher*. Herausgegeben von Ralf Georg Reuth. München: Piper.

Goeschel, Christian. 2019. *Mussolini und Hitler: Die Inszenierung einer faschistischen Allianz*. Berlin: Suhrkamp.

Goetz, Judith u. a., Hrsg. 2018. *Untergangster des Abendlandes. Ideologie und Rezeption der rechsextremen »Identitären«*. Hamburg: Marta Press.

Gole, Henry G. 2013. *Exposing the third Reich: Colonel Truman smith in Hitler's Germany*. Lexington, KY, USA: University Press of Kentucky.

Goodwin, Doris Kearns. 1995. *No Ordinary Time: Franklin & Eleanor Roosevelt: The Home Front in World War II*. New York, NY, USA: Touchstone.

Görtemaker, Heike B. 2020. *Hitlers Hofstaat: Der innere Kreis im Dritten Reich und danach*. München: dtv Verlagsgesellschaft.

Graham, Stephen. 2023. *The Faces of Fascism – Mussolini, Hitler & Franco: Their Paths to Power*. London: BLKDOG.

Greenblatt, Jonathan. 2023. *It Could Happen Here: Why America Is Tipping from Hate to the Unthinkable – and How We Can Stop It.* New York: HarperCollins.
Greene, Daniel, und Edward Phillips, Hrsg. 2022. *Americans and the Holocaust.* New Brunswick: Rutgers University Press.
Greenwall, Harry J. 1943. *Three Years of Hell.* London: W H Allen.
Grimm, Hans. 1926. *Volk ohne Raum.* München: Albert Langen.
Gritschneder, Otto. 1990. *Bewährungsfrist für den Terroristen Adolf H.: Der Hitler-Putsch und die bayerische Justiz.* München: C. H. Beck.
Gross-Paris, Generalleutnant und Kommandant von, Hrsg. 1942. *Frankreich – Ein Erlebnis des deutschen Soldaten.* Paris: Ode Verlag.
Gruat, Cédric. 2011. *Hitler in Paris: Juni 1940.* Berlin: Wolff Verlag.
Grüttner, Michael. 2024. *Talar und Hakenkreuz. Die Universitäten im Dritten Reich.* München: C. H. Beck.
Gunther, John. 1938. *Inside Europe.* London: Hamish Hamilton.

Hachmeister, Lutz. 1998. *Der Gegnerforscher: Die Karriere des SS-Führers Franz Alfred Six.* München: C. H. Beck.
Hachmeister, Lutz, und Michael Kloft, Hrsg. 2005. *Das Goebbels-Experiment: Propaganda und Politik.* München: DVA.
Hafner, Georg M., und Esther Schapira. 2000. *Die Akte Alois Brunner: Warum einer der größten Naziverbrecher noch immer auf freiem Fuß ist.* Frankfurt: Campus.
Hainzerling, Larry, Randy Herschaft, with Ann Cooper. 2024. *Newshawks in Berlin. The Associated Press in Nazi Germany.* New York: Columbia University Press.
Hale, Oron J. 1965. *Presse in der Zwangsjacke. 1933–45.* Düsseldorf: Droste Verlag.
Haller, Michael. 2013. *Das Interview.* Konstanz: UVK Verlagsgesellschaft.
Halliday-Antona, Annetta. 1896. *Captives of Cupid: A Story of Old Detroit.* Detroit: John F. Eby & Company.
Hamann, Brigitte. 2004. *Hitlers Wien: Lehrjahre eines Diktators.* München: Piper.
Hanfstaengel, Ernst. 1980.*15 Jahre mit Hitler: Zwischen Weißem und Braunem Haus.* München: Piper.
———. 1957. *Unheard Witness.* Philadelphia: J. B. Lippincott Company.
Harlan, Thomas. 2011. *Thomas Harlan / Hitler war meine Mitgift / Ein Gespräch mit Jean-Pierre Stephan.* Reinbek: Rowohlt Taschenbuch.
Härtel, Christian. 2004. *Stromlinien: Wilfrid Bade. Eine Karriere im Dritten Reich.* Berlin: be.bra wissenschaft.
Hartlaub, Felix. 2022. *Aufzeichnungen aus dem Führerhauptquartier.* Berlin: Suhrkamp Verlag.

Hartmann, Christian, Thomas Vordermayer, Othmar Plöckinger, und Roman Töppel, Hrsg. 2016. *Hitler, Mein Kampf – Eine kritische Edition.* München-Berlin: Institut für Zeitgeschichte.

Haug, Wolfgang Fritz. 1970 (zuerst 1967). *Der hilflose Antifaschismus.* Frankfurt am Main: Suhrkamp.

Hauner, Milan. 1983. *Hitler – A Chronology of his Life and Time.* London: The Macmillan Press.

Hearn, Lafcadio. 1933. *Letters to a Pagan.* Detroit: Robert Bruna Powers.

Hedinger, Daniel. 2021. *Die Achse: Berlin – Rom – Tokio.* München: C. H.Beck.

Heiber, Helmut. 1960. *Adolf Hitler. Eine Biographie.* Berlin: Colloquium Verlag.

———. 1981. *Die Republik von Weimar.* München: Deutscher Taschenbuch Verlag.

Heiden, Konrad. 2007. *Adolf Hitler (Bd. 1): Das Zeitalter der Verantwortungslosigkeit.* Zürich: Europa Verlag.

———. 2011. *Adolf Hitler. Eine Biographie. Ein Mann gegen Europa. Das Zeitalter der Verantwortungslosigkeit.* Augsburg: Verlagsgruppe Weltbild.

Heim, Gabriel. 2023. *Wer sind Sie denn wirklich, Herr Gasbarra? Eine Vatersuche auf zwei Kontinenten.* Bozen: Edition Raetia.

Heimermann, Benoît. 2011. *Titaÿna. L'aventurière des années folles.* Paris: Éditions Arthaud.

Heims, Heinrich. 1980. *Adolf Hitler. Monologe im Führer-Hauptquartier 1941–1944.* Herausgegeben von Werner Jochmann. Hamburg: Albrecht Knaus Verlag.

Held, Karl, Hrsg. 1983. *Resultate Nr. 9: Die nationalsozialistische Herrschaft.* Bd. 1983. Resultate Gesellschaft für Druck und Verlag wissenschaftlicher Literatur GmbH.

Helms, Richard. 2004. *A Look over My Shoulder: A Life in the Central Intelligence Agency.* New York: Presidio Press.

Henke, Klaus D., und Hans Woller, Hrsg. 1991. *Politische Säuberung in Europa: Die Abrechnung mit Faschismus und Kollaboration nach dem Zweiten Weltkrieg.* München: dtv Verlagsgesellschaft.

Hermann, Angela. 2011. *Der Weg in den Krieg 1938/39. Quellenkritische Studien zu den Tagebüchern von Joseph Goebbels.* München: Oldenbourg Verlag.

Hermanns, Doris. 2012. *Meerkatzen, Meißel und das Mädchen Manuela: Die Schriftstellerin und Tierbildhauerin Christa Winsloe.* Berlin: AvivA.

Herring, Phillip F. 1997. *Djuna: Life and work of Djuna Barnes.* Harlow: Penguin Books.

Hesse, Kurt. 1967. *Der Geist von Potsdam.* Mainz: Hase & Koehler Verlag GmbH.

Hett, Benjamin Carter. 2021. *Eskalationen: Wie Hitler die Welt in den Krieg zwang.* Stuttgart: Reclam.

Hibbert, Christopher. 2008. *Mussolini: The Rise and Fall of IL Duce.* Basingstoke: Palgrave Macmillan.

Hillgruber, Andreas. 1982. *Hitlers Strategie: Politik und Kriegführung 1940–1941.* München: Bernard & Graefe.

Hilmes, Oliver. 2016. *Berlin 1936: Sechzehn Tage im August.* München: Penguin Verlag.

Hirschfeld, Gerhard, und Tobias Jersak, Hrsg. 2004. *Karrieren im Nationalsozialismus: Funktionseliten zwischen Mitwirkung und Distanz.* Frankfurt: Campus.

Höcke, Björn. 2023. *Nie zweimal in denselben Fluss. Björn Höcke im Gespräch mit Sebastian Hennig.* Lüdinghausen: Manuscriptum.

Hockerts, Hans Günter, u. a., Hrsg. 2002. *Akten der Reichskanzlei. Regierung Hitler 1933–1945.11 Bde.* München: R. Oldenbourg Verlag.

Hoeges, Dirk. 2015. *Theodor Heuss: Eine Stimme für Hitler.* Köln: Machiavelli edition.

Hoser, Paul. 1990. *Die politischen, wirtschaftlichen und sozialen Hintergründe der Münchner Tagespresse zwischen 1914 und 1934: Methoden Der Pressebeeinflussung.* Frankfurt am Main: Peter Lang Gmbh, Internationaler Verlag Der Wissenschaften.

Huss, Pierre J. 1943. *Heil! And Farewell.* London: Herbert Jenkins Limited.

Hutchby, Ian. 2023. *The Political Interview: Broadcast Talk in the Interactional Combat Zone.* Lanham: Lexington Books.

Ilsemann, Sigurd von. 1971. *Der Kaiser in Holland: Aufzeichnungen aus den Jahren 1918–1941.* München: Deutscher Taschenbuch Verlag.

———. 2015. *Wilhelm II in Nederland 1918–1941.* Soesterberg: Aspekt.

Irving, David. 1985. *Hitlers Krieg – Die Siege 1939–1942.* München: Wilhelm Heyne Verlag.

———. 1997. *Goebbels: Macht und Magie.* Kiel: Arndt-Verlag.

Jäckel, Eberhard, und Axel Kuhn, Hrsg. 1980. *Hitler – Sämtliche Aufzeichnungen. 1905–1924.* Stuttgart: Deutsche Verlags-Anstalt.

Jacobsen, Hans-Adolf. 1968. *Nationalsozialistische Außenpolitik. 1933–1938.* Frankfurt am Main: Alfred Metzner Verlag.

Janus, Hans. 2022. *Romane eines Lebens: Das Leben der Schriftstellerin Edda Rönckendorff.* Norderstedt: BoD Verlag.

Joachimstaler, Anton. 2000. *Hitlers Weg begann in München 1913–1923.* Stuttgart: F. A. Herbig.

Johnson, Neil M. 1972. *George Sylvester Viereck: German-American Propagandist.* Urbana: University of Illinois Press.

Jones, Mark. 2023.*1923: The Forgotten Crisis in the Year of Hitler's Coup.* London: Basic Books.

Joseph, Gilbert. 2002. *Fernand de Brinon, L'Aristocrate de La Collaboration.* Paris: Albin Michel.

Kalberer, Wilhelm. 1945. *Ich sprach mit Hitler, Himmler, Goebbels – Berliner Erlebnisse eines Schweizer Journalisten.* St. Gallen: Phoebe-Verlag.

Kaltenborn, Hans von. 1950. *Fifty Fabulous Years, 1900–1950. A Personal Review.* New York: G. P. Putnam's Sons.

Kater, Michael H. 1997. *Das »Ahnenerbe« der SS 1935–1945: Ein Beitrag zur Kulturpolitik des Dritten Reiches.* München: R. Oldenbourg Verlag.

———. 1998. *Gewagtes Spiel: Jazz im Nationalsozialismus.* München: dtv Verlagsgesellschaft.

Keller, Harald. 2009. *Die Geschichte der Talkshow in Deutschland.* Frankfurt am Main: Fischer Taschenbuch.

Kempner, Robert M. W. 1961. *Eichmann und Komplizen.* Zürich: Europa Verlag.

Kennan, George F. 2014. *The Kennan Diaries.* Herausgegeben von Frank Costigliola. New York: W. W. Norton.

Kennedy, John F. 2013 a. *Unter Deutschen. Reisetagebücher und Briefe 1937–1945.* Berlin: Aufbau Verlag.

———. 2013 b. *Unter Deutschen: Reisetagebücher und Briefe 1937–1945.* Herausgegeben von Oliver Lubrich. Berlin: Aufbau Verlag.

Kershaw, Ian. 1992. *Hitlers Macht: Das Profil der NS-Herrschaft.* München: dtv.

———. 2009. *Hitler: 1889–1945.* München: Pantheon.

Knickerbocker, H. R. 1932. *Deutschland – So oder so?* Berlin: Rohwohlt.

———. 1934. *Kommt Krieg in Europa?* Berlin: Rowohlt.

Koenen, Gerd. 2012. *Traumpfade der Weltrevolution: Das Guevara-Projekt.* Frankfurt am Main: Fischer Taschenbuch.

Kofler, Sabine V. 2023. *Adolf Hitler entlarvt: Die Südtirolfrage im öffentlichen Diskurs 1920 bis 1928.* Bozen, Italien: Edition Raetia.

Kohlmann-Viand, Doris. 1991. *NS-Pressepolitik im Zweiten Weltkrieg: Die »vertraulichen Informationen« als Mittel der Presselenkung.* Münster: K. G. Saur Verlag.

Koop, Volker. 2017. *Hans-Heinrich Lammers: Der Chef von Hitlers Reichskanzlei.* Bonn: Dietz Verlag.

Köpf, Peter, und Zana Ramadani. 2023. *Woke. wie eine moralisierende Minderheit unsere Demokratie bedroht.* Köln: Bastei Lübbe.

Kotz, Alfred. 1942. *Führen und folgen.* Potsdam: Ludwig Voggenreiter Verlag.

Krings, Stefan. 2008. »›Die öffentliche Meinung des deutschen Volkes ist der Nationalsozialismus!‹ Hitlers Pressechef Otto Dietrich (1897–1952)«. Universität Dortmund.

———. 2010. *Hitlers Pressechef: Otto Dietrich (1897–1952). Eine Biografie.* Göttingen: Wallstein.

Kronika, Jacob. 1946. *Der Untergang Berlins.* Flensburg: Verlagshaus Christian Wolff.

Krumeich, Gerd. 2024. *Als Hitler den Ersten Weltkrieg gewann. Die Nazis und die Deutschen 1921–1940.* Freiburg/Basel/Wien: Herder.

Kube, Alfred. 1986. *Pour le mérite und Hakenkreuz: Hermann Göring im Dritten Reich.* München: R. Oldenbourg Verlag.

Kuby, Erich. 1982. *Verrat auf deutsch: Wie das dritte Reich Italien ruinierte.* Hamburg: Hoffmann und Campe Verlag.

Laity, Paul, Hrsg. 2007. *Great Interviews of the 20th century: Adolf Hitler – George Sylvester Viereck 1932.* London: Guardian News & Media.

Lang, Jochen von. 2001. *Das Eichmann-Protokoll: Tonbandaufzeichnungen der israelischen Verhöre.* München: Propyläen bei Ullstein Taschenbuch Verlag.

Langer, Walter C. 1973. *The mind of Adolf Hitler.* Berkley Books.

Larson, Erik. 2013. *Tiergarten – In the Garden of Beasts: Ein amerikanischer Botschafter in Nazi-Deutschland.* Hamburg: Hoffmann und Campe.

Laske, Karl. 1996. *Ein Leben zwischen Hitler und Carlos: François Genoud.* Zürich: Limmat Verlag.

Le Bon, Gustave. 2017. *Psychologie der Massen.* Übersetzt von Rudolf Eisler. 2. Aufl. Stuttgart: Alfred Kröner Verlag.

Leff, Laurel. 2013. *Buried by The Times: The Holocaust and America's Most Important Newspaper.* New York: Cambridge University Press.

Leide, Henry. 2006. *NS-Verbrecher und Staatssicherheit: Die geheime Vergangenheitspolitik der DDR.* Göttingen: Vandenhoeck & Ruprecht.

Leo, Per, Maximilian Steinbeis, und Daniel-Pascal Zorn. 2017. *Mit Rechten reden: Ein Leitfaden.* 5. Aufl. Stuttgart: Klett-Cotta.

Lerchenmueller, Joachim. 2001. *Die Geschichtswissenschaft in den Planungen des Sicherdienstes der SS: Der SD-Historiker Hermann Löffler und seine Denkschrift »Entwicklung und Aufgaben der Geschichtswissenschaft in Deutschland«.* Bonn: J. H. Dietz.

Liebscher, Daniela. 2009. *Freude und Arbeit: Die internationale Freizeit- und Sozialpolitik des faschistischen Italien und des NS-Regimes.* Köln: SH-Verlag.

Liesemer, Dirk. 2018. *Aufstand der Matrosen: Tagebuch einer Revolution.* Hamburg: mareverlag.

Littell, Jonathan. 2009. *Das Trockene und das Feuchte.* Berlin: Berlin Verlag.

Liulevicius, Vejas Gabriel. 2018. *Kriegsland im Osten: Eroberung, Kolonisierung und Militärherrschaft im Ersten Weltkrieg.* Hamburg: Hamburger Edition, HIS.

Lochner, Louis P. 1943. *What about Germany?* London, England: Hodder & Stoughton.

———. 1955. *Stets das Unerwartete: Erinnerungen aus Deutschland 1921–1952.* Darmstadt: Franz Schneekluth Verlag.

Longerich, Peter. 1987. *Propagandisten im Krieg: Die Presseabteilung des Auswärtigen Amtes unter Ribbentrop.* Berlin: Walter de Gruyter.

———. 2010. *Joseph Goebbels: Biographie.* München: Siedler.

———. 2017. *Hitler: Biographie.* München: Pantheon.

Lovell, Julia. 2023. *Maoismus: Eine Weltgeschichte.* Berlin: Suhrkamp.

Low, Alfred D. 1996. *The Men around Hitler: Nazi elite and its collaborators.* New York: Columbia University Press.

Lowe, Keith. 2014. *Der wilde Kontinent. Europa in den Jahren der Anarchie 1943–1950.* Stuttgart: Klett-Cotta.

Lubrich, Oliver. 2009. *Reisen ins Reich: 1933 bis 1945 – Ausländische Autoren berichten aus Deutschland.* München: btb.

Ludecke, Kurt G. W. 2013. *I Knew Hitler: The Lost Testimony by a Survivor from the Night of the Long Knives.* Herausgegeben von Bob Carruthers. Barnsley: Pen & Sword Military.

Lukacs, John. 1998. *The Hitler of History.* New York: Random House.

Lundberg, James M. 2019. *Horace Greeley. Print, Politics, and the Failure of American Nationhood.* Baltimore: Johns Hopkins University Press.

Machtan, Lothar. 2001. *Hitlers Geheimnis.* Berlin: Alexander Fest Verlag.

Mackrell, Judith. 2022. *Going with the Boys: Six Extraordinary Women Writing from the Front Line.* London, England: Picador.

———. 2023. *Frauen an der Front: Kriegsreporterinnen im Zweiten Weltkrieg.* Berlin: Insel Verlag.

Maddow, Rachel. 2023. *Prequel: An American Fight against Fascism.* New York, NY, USA: Random House.

Malaparte, Curzio. 1982. *Kaputt.* Frankfurt am Main: S. Fischer Verlag.

———. 1988. *Technik des Staatsstreichs.* Übersetzt von Hellmut Ludwig. Berlin: edition TIAMAT.

Malinowski, Stephan. 2021. *Die Hohenzollern und die Nazis: Geschichte einer Kollaboration.* Berlin: Ullstein.

Mandel, Emily St John. 2021. *Das Glashotel.* Berlin: Ullstein.

Maser, Werner. 2004. *Fälschung, Dichtung und Wahrheit über Hitler und Stalin.* München: Olzog Verlag.

Matthäus, Jürgen, und Frank Bajohr, Hrsg. 2018. *Alfred Rosenberg: Die Tagebücher von 1934 bis 1944.* Frankfurt am Main: Fischer Taschenbuch.

Mauthner, Martin. 2016. *Otto Abetz and His Paris Acolytes: French Writers Who Flirted with Fascism, 1930–1945.* Brighton: Sussex Academic Press.

Mayntz, Gregor. 2019. *Weimar reloaded?: Warum es die Deutschen nicht schafften, den Anfängen zu wehren, und was ihnen nun zu tun bleibt.* Norderstedt: Books on Demand.

McArdle, Kenneth. 1959. *A Calvacade of Collier's.* New York, NY, USA: A. S. Barnes and Company Inc.

McCormick, Anne O'hare. 1957. *Vatican Journal: 1921–1954.* New York, NY, USA: Farrar, Straus & Cudahy Inc.

McDonough, Frank. 2019. *The Hitler Years: Triumph 1933–1939.* London: Head of Zeus.

Meletti, Vincenco. 1935. *Wesen, Wollen, Wirken des Faschismus. Mit einem Vorwort von Adolf Hitler.* Berlin: Verlag für Kulturpolitik.

Mendelssohn, Peter de, Lutz Hachmeister, Leif Kramp, und Stephan Weichert. 2017. *Zeitungsstadt Berlin: Menschen und Mächte in der deutschen Presse.* Berlin: Ullstein Buchverlage.

Millington, Chris. 2020. *A History of Fascism in France: From the First World War to the National Front.* London: Bloomsbury Academic.

Miltenberg, Weigand von (d. i. Herbert Blank). 1931. *Adolf Hitler Wilhelm III.* Berlin: Rowohlt Verlag.

Miskolczy, Ambrus. 2003. *Hitler's Library.* Budapest: Central European University Press.

Mohnhaupt, Jan. 2020. *Tiere im Nationalsozialismus.* München: Carl Hanser Verlag.

Mohnike, Ernst. 2020. *Die Sumner-Welles-Mission: Frieden für Europa im Frühjahr 1940?* Neu-Isenburg: Angelika Lenz Verlag.

Moorehead, Caroline. 2003. *Gellhorn – A Life.* London: Chatto & Windus.

———. 2022. *Edda Mussolini: The Most Dangerous Woman in Europe.* London: Chatto & Windus.

Morley, Nathan. 2023. *Radio Hitler. Nazi Airwaves in the Second World War.* Stroud: Amberley Publishing.

Moseley, Ray. 1998. *Zwischen Hitler und Mussolini: Das Doppelleben des Grafen Ciano.* Leipzig: Henschel Verlag.

———. 2017. *Reporting War: How Foreign Correspondents Risked Capture, Torture and Death to Cover World War II.* New Haven, CT, USA: Yale University Press.

Mowrer, Edgar Ansel. 1933. *Germany Puts the Clock Back.* London: Bodley Head.

Mowrer, Lilian. 1938. *Journalist's Wife.* London, England: William Heinemann.

Müller, Andrea M. 2010. *Die französische Gesandtschaft in München in den Jahren der Weimarer Republik: Französische Politik im Spiegel der diplomatischen Berichterstattung.* München: Herbert Utz Verlag.

Münzenberg, Willi. 2021. *Propaganda als Waffe.* München: Aurabooks.

Murgia, Michela. 2021 (zuerst 2018). *Faschist werden. Eine Anleitung.* Berlin: Wagenbach.

Nachama, Andreas, Hrsg. 2014. *Hans Bayer: Kriegsberichter im Zweiten Weltkrieg. [Ein Begleitkatalog zur gleichnamigen Ausstellung]: Hans Bayer – War Correspondent in the Second World War.* Berlin: Stiftung Topographie des Terrors.

Nagorski, Andrew. 2013. *Hitlerland: American Eyewitnesses to the Nazi Rise to Power.* New York: Simon & Schuster.

Nahme, Hans-Dieter. 2022. *Der Mord an General Kurt von Schleicher und das Ende der Reichswehr.* Göttingen: Matrix Media.

Neuberger, Helmut. 2001. *Winkelmaß und Hakenkreuz: Die Freimaurer und das Dritte Reich.* München: F. A. Herbig.

Niess, Wolfgang. 2023. *Der Hitlerputsch 1923: Geschichte eines Hochverrats.* München: C. H. Beck.

Nilsson, Mikael. 2021. *Hitler Redux: The Incredible History of Hitler's so-Called Table Talks.* London: Routledge.

Nizer, Louis. 2023 (zuerst 1961). *My Life in Court.* Bernsenville: Lushena Books.

Noller, Sonja, und Hildegard von Kotze, Hrsg. 1967. *Facsimile Querschnitt durch den Völkischen Beobachter.* München: Scherz Verlag.

Norwood, Stephen H. 2009. *The Third Reich in the Ivory Tower: Complicity and Conflict on American Campuses.* Cambridge: Cambridge University Press.

Oechsner, Frederick, Joseph W. Grigg, Jack Fleischer und Glen M. Stadler. 2020. *This is the Enemy: Amerikanische Korrespondenten berichten aus Nazi-Deutschland.* Berlin: edition TIAMAT.

Olden, Rudolf. 1984. *Hitler der Eroberer.* Frankfurt am Main: S. Fischer Verlag.

Olmsted, Kathryn S. 2022. *The Newspaper Axis. Six Press Barons who enabled Hitler.* Newhaven/London: Yale University Press.

Padover, Saul K. 1999. *Lügendetektor: Vernehmungen im besiegten Deutschland 1944/45.* Frankfurt am Main: Eichborn Verlag.

Pätzold, Kurt, und Manfred Weissbecker. 1995. *Adolf Hitler: Eine politische Biographie.* Leipzig: Militzke.

Payne, Stanley. 2001. *Geschichte des Faschismus: Aufstieg und Fall einer europäischen Bewegung.* Berlin: Propyläen Verlag.

Pekelder, Jacco, Joep Schenk und Cornelis van der Bas. 2021. *Der Kaiser und das »Dritte Reich« – Die Hohenzollern zwischen Restauration und Nationalsozialismus.* Göttingen: Wallstein Verlag.

Petty, Terrence. 2019. *Enemy of the People. The Munich Post and the Journalists Who Opposed Hitler.* New York: The Associated Press.

Pfister, René. 2023. *Ein falsches Wort. Wie eine neue linke Ideologie aus Amerika unsere Meinungsfreiheit bedroht.* München: Penguin Random House.

Picker, Henry. 1997. *Hitlers Tischgespräche im Führerhauptquartier.* Berlin: Propyläen bei Ullstein Verlag.

Pihl, Gunnar. 1944. *Germany: the last phase.* New York, NY, USA: Alfred A. Knopf.

Plöger, Christian. 2009. *Von Ribbentrop zu Springer. Zu Leben und Wirken von Paul Karl Schmidt alias Paul Carell.* Marburg: Tectum.

Ploppa, Hermann. 2016. *Hitlers amerikanische Lehrer: Die Eliten der USA als Geburtshelfer des Nationalsozialismus.* Marburg an der Lahn: Liepsen Verlag.

Poe, Edgar Allan. 2018. *Der Mann der Menge.* Hildesheim: Benu Verlag.

Politkovskaja, Anna. 2022. *In Putins Russland.* Köln: DuMont Buchverlag.

Pomerantsev, Peter. 2020. *Das ist keine Propaganda: Wie unsere Wirklichkeit zertrümmert wird.* München: Deutsche Verlags-Anstalt.

———. 2024. *How to win an information war. The propagandist who outwitted Hilter.* London: Faber & Faber Ltd.

Pope, Ernest R. 2015. *Munich Playground: The Nazi Leadership at Rest and Play.* Oxford, England: Fonthill Media.

Pötzl, Norbert F. 2017. *Casablanca 1943: Das geheime Treffen, der Film und die Wende des Krieges.* München: Siedler.

Price, G. Ward. 1939. *Führer und Duce.* Berlin: Holle & Co.

Pyta, Wolfram. 2015. *Hitler: Der Künstler als Politiker und Feldherr. Eine Herrschaftsanalyse.* München: Siedler.

Raichle, Christoph. 2014. *Hitler als Symbolpolitiker.* Stuttgart: Verlag W. Kohlhammer

Raleigh, John Mccutcheon. 1941. *Behind the Nazi Front.* London: Morrison & Gibb.

Randall, Stephen, und The Editors of Playboy Magazine, Hrsg. 2006. *The Playboy Interviews: Larger than Life.* Milwaukie: M Press.

Range, Peter Ross. 2016.*1924: The year that made Hitler.* New York, NY, USA: Back Bay Books.

———. 2022. *The Unfathomable Ascent. How Hitler Came to Power.* Cheltenham: The History Press.

Rastrelli, Carlo. 2010. *Carlo Scorza L'Ultimo Gerarca.* Mailand: Mursia.

Rathsman, Siri. 1945. *Vichy hat das Spiel verloren: Schilderungen aus dem geschlagenen Frankreich.* Zürich: Europa Verlag.

Rauschning, Hermann. 2004. *Gespräche mit Hitler.* Zürich: Europa Verlag.

Reed, Douglas. 1938. *Insanity Fair.* London: Jonathan Cape.

Reichel, Peter. 1993. *Der schöne Schein des Dritten Reiches: Faszination und Gewalt des Faschismus.* Frankfurt am Main: Fischer Taschenbuch.

Ressa, Maria. 2022. *How to Stand Up to a Dictator. Der Kampf um unsere Zukunft.* Köln: Bastei Lübbe/Quadriga.

Ribbentrop, Rudolf von. 2008. *Mein Vater Joachim von Ribbentrop: Erlebnisse und Erinnerungen.* Graz: Ares Verlag.

Ringsted, Henrik V. 2022 (zuerst 1945). *Omkring Tysklands fald.* O. O.: Lindhardt og Ringhof.

Rojek, Sebastian. 2017. *Versunkene Hoffnungen: Die Deutsche Marine im Umgang mit Erwartungen und Enttäuschungen 1871–1930.* Oldenbourg: Walter de Gruyter.

Roloff, Stefan. 2004. *Die Rote Kapelle: Die Widerstandsgruppe im Dritten Reich und die Geschichte Helmut Roloffs.* Berlin: Ullstein Verlag.

Ronald, Susan. 2021. *The Ambassador: Joseph P. Kennedy at the Court of St. James's, 1938–1940.* New York: Saint Martin's Press.

Rosenberg, Alfred. 1939. *Der Mythos des 20. Jahrhunderts.* München: Hoheneichen-Verlag.

Roussel, Stéphane. 1986. *Die Hügel von Berlin: Erinnerungen an Deutschland.* Reinbek bei Hamburg: Rowohlt Verlag.

Russel, William. 2010. *Berlin Embassy.* London: Thin Red Line Books.

Ryback, Timothy W. 2010. *Hitler's Private Library: The Books that Shaped his Life.* London: Vintage Books.

———. 2015. *Hitler's first victims: And one man's race for justice.* London: Vintage.

———. 2024. *Takeover: Hitler's final rise to power.* London: Headline Publishing Group.

Safrian, Hans. 1993. *Die Eichmann-Männer.* Wien: Europa Verlag.

Salewski, Michael. 1979. *Tirpitz: Aufstieg – Macht – Scheitern.* Göttingen: Musterschmidt.

Salle, Grégory. 2022. *Superyachten: Luxus und Stille im Kapitalozän.* Berlin: Suhrkamp.

Sandgruber, Roman. 2021. *Hitlers Vater: Wie der Sohn zum Diktator wurde.* Wien: Molden Verlag.

Sandner, Harald. 2018. *Hitler – Das Itinerar: Aufenthaltsorte und Reisen von 1889 bis 1945. 4 Bde.* Berlin: Berlin Story Verlag.

Sassin, Horst R. 1983. *Widerstand, Verfolgung und Emigration Liberaler 1933–1945.* Bonn: liberal-Verlag.

Schad, Martha. 2004. *Hitlers geheime Diplomatin: Das Leben der Stephanie von Hohenlohe.* München: Heyne.

Schaepman, Kees. 2020. *Max Blokzijl. Opkomst en ondergang van een journalist.* Zutphen: Uitgeversmaatschappij Walburg Pers.

Scheer, Maximilian. 1972. *So war es in Paris.* Berlin: Verlag der Nation.

Schejngeit, Alexander. 2021. *Moskaus Fenster zur Welt: Die Nachrichtenagentur TASS und die Auslandsberichterstattung in der Sowjetunion, 1918–1941.* Köln: Böhlau Verlag.

Schellenberg, Walter. 2000. *Invasion, 1940: The Nazi Invasion Plan for Britain.* London: St Ermin's Press.

Scheuch, Erwin K., Hrsg. 1968. *Die Wiedertäufer der Wohlstandsgesellschaft. Eine kritische Untersuchung der »Neuen Linken« und ihrer Dogmen.* Köln: Markus-Verlag.

Schieder, Wolfgang. 2017. *Adolf Hitler – Politischer Zauberlehrling Mussolinis.* Berlin: De Gruyter.

Schirach, Henriette von, Hrsg. 1983. *Frauen um Hitler: Nach Materialien von Henriette von Schirach.* München: F. A. Herbig.

Schivelbusch, Wolfgang. 2008. *Entfernte Verwandtschaft: Faschismus, Nationalsozialismus, New Deal. 1933–1939.* Frankfurt am Main: Fischer Taschenbuch.

Schlier, Paula. 2023. *Petras Aufzeichnungen oder Konzept einer Jugend nach dem Diktat der Zeit.* Herausgegeben von Ursula Schneider und Annette Steinsiek. Norderstedt: BoD Verlag.

(Schmidt, Fritz). 1947. *Presse in Fesseln: Eine Schilderung des NS-Pressetrusts.* Berlin: Verlag Archiv und Kartei.

Schmidt, Paul. 1984. *Statist auf diplomatischer Bühne 1923–45: Erlebnisse des Chefdolmetschers im Auswärtigen Amt mit den Staatsmännern Europas.* Wiesbaden: AULA-Verlag.

Schmitt, Carl. 2017. *Gespräche über die Macht und den Zugang zum Machthaber.* Stuttgart: Klett-Cotta.

Schmölders, Claudia. 2000. *Hitlers Gesicht: Eine physiognomische Biographie.* München: C. H. Beck.

Schneidermann, Daniel. 2018. *Berlin, 1933 – La presse internationale face à Hitler.* Paris: Éditions Points.
———. 2020. *Berlin, 1933. La presse internationale face á Hitler.* Paris: Points.
Schor, Ralph. 1992. *L'Antisémitisme en France – pendant les années trente.* Paris: Editions Complexe.
Schöttler, Peter, Hrsg. 1997. *Geschichtsschreibung als Legitimationswissenschaft 1918–1945.* Frankfurt: Suhrkamp Verlag.
Schultz, Sigrid, Hrsg. 1967. *The Overseas Press Club Cookbook.* New York: Award Books.
Schulze, Winfried, und Otto G. Oexle, Hrsg. 1999. *Deutsche Historiker im Nationalsozialismus.* Frankfurt am Main: Fischer Taschenbuch.
Schwaiger, Michael. 2017. *Hinter der Fassade der Wirklichkeit: Leben und Werk von Leo Lania.* Wien: Mandelbaum.
Schwarz, Angela. 1993. *Die Reise ins Dritte Reich. Britische Augenzeugen im nationalsozialistischen Deutschland (1933–39).* Vandenhoeck und Ruprecht: Göttingen/Zürich.
Scott, James B. 1976. *Djuna Barnes.* New York: G. K. Hall & Company.
Seipel, Hubert. 2022. *Putins Macht.* Hamburg: Hoffmann und Campe.
Seldes, George. 1947. *One Thousand Americans.* New York: Boni & Gaer.
Seufert, Michael. 2008. *Der Skandal um die Hitler-Tagebücher.* Frankfurt: Fischer.
Shirer, William L. 1997. *Berlin Diary 1934–1941: The Rise of the Third Reich. llustrated Edition.* London, England: Promotional Reprint.
———. 1999. *Berliner Tagebuch. Das Ende 1944–1945.* Berlin: Aufbau Taschenbuch.
Shirley, Craig. 2022. *April 1945: The Hinge of History.* Nashville: Thomas Nelson.
Shore, Zachary. 2003. *What Hitler Knew: The Battle for Information in Nazi Foreign Policy.* New York, NY, USA: Oxford University Press.
Shtyrkina, Olga. 2018. *Mediale Schlachtfelder: Die NS-Propaganda gegen die Sowjetunion (1939–1945).* Frankfurt am Main: Campus.
Sieg, Ulrich. 2019. *Die Macht des Willens: Elisabeth Förster-Nietzsche und ihre Welt.* München: Hanser.
Siemens, Daniel. 2022. *Hinter der Weltbühne – Hermann Budzislawski und das 20. Jahrhundert.* Berlin: Aufbau Verlag.
Silvester, Christopher. 1994. *The penguin book of interviews – An anthology from 1859 to the present day.* Harlow: Penguin Books.
Simms, Brendan. 2019. *Hitler – Eine gobale Biographie.* München: Deutsche Verlags-Anstalt.

Simpson, John. 2011. *Unreliable Sources. How the 20th century was reported.* London: Pan Books.

Sington, Derrick, und Arthur Weidenfeld. 1942. *The Goebbels Experiment: A Study of the Nazi Propaganda Machine.* London: Butler & Tanner.

Smith, Denis Mack. 2021. *Mussolini.* Mailand: BUR Biblioteca Univerzale Rizzoli.

Smith, Howard K. 1986. *Feind schreibt mit: Ein amerikanischer Korrespondent erlebt Nazi-Deutschland.* Frankfurt am Main: Fischer Taschenbuch.

Solomon, Harvey. 2020. *Such Splendid Prisons: Diplomatic Detainment in America during World War II.* Lincoln: Potomac Books

Sombart, Nicolaus. 2003. *Jugend in Berlin. 1933–43: Ein Bericht.* Frankfurt am Main: Fischer Taschenbuch.

Sommerfeldt, Martin H. 1952. *Das Oberkommando der Wehrmacht gibt bekannt – Ein Augenzeugenbericht des Auslandssprechers des OKW.* Frankfurt am Main: Westdeutsche Verlags- und Druckerei-Gesellschaft.

Sösemann, Bernd. 2000. *Theodor Wolff. Ein Leben mit der Zeitung.* München: Econ Verlag.

Sösemann, Bernd (Hrsg.). 2019 (zuerst 1946). *Friedrick Meinecke – Die deutsche Katastrophe.* Berlin: Edition Andreae/Lexxion Verlagsgesellschaft.

Soukup, Uwe. 2023. *Die Brandstiftung: Mythos Reichstagsbrand – was in der Nacht geschah, in der die Demokratie unterging.* München: Wilhelm Heyne Verlag.

Stephan, Werner. 1949 a. *Joseph Goebbels – Dämon einer Diktatur.* Stuttgart: Union Deutsche Verlagsgesellschaft.

———. 1949 b. *Joseph Goebbels: Dämon einer Diktatur.* Stuttgart: Union Deutsche Verlagsgesellschaft.

Stern, Carola. 2007. *Auf den Wassern des Lebens: Gustaf Gründgens und Marianne Hoppe.* Reinbek: Rowohlt Taschenbuch.

Sternhell, Zeev. 1983. *Ni droite, ni gauche. L'idéologie fasciste en France.* Paris: Editions du Seuil (US-Ausgabe 1987).

Stiller, Jesse. 1987. *George S. Messersmith: Diplomat of Democracy.* Chapel Hill, NC, USA: University of North Carolina Press.

Stöber, Gunda. 2000. *Pressepolitik als Notwendigkeit: Zum Verhältnis von Staat und Öffentlichkeit im Wilhelminischen Deutschland 1890–1914.* Stuttgart: Franz Steiner Verlag.

Stoddard, Lothrop. 2011. *Into The Darkness: An Uncensored Report From Inside the Third Reich at War.* Los Angeles, CA, USA: Indo-European Publishing.

Stone, Oliver. 2018. *Die Putin-Interviews: Die vollständigen Abschriften.* Rottenburg: Kopp Verlag.

Stoop, Paul. 1990. *Geheimberichte aus dem Dritten Reich 1933–1935*. Berlin: Argon.

Stratigakos, Despina. 2015. *Hitler at Home*. New Haven, CT, USA: Yale University Press.

Stresemann, Wolfgang. 1987. *Wie konnte es geschehen?: Hitlers Aufstieg in der Erinnerung eines Zeitzeugen*. Berlin: Ullstein.

Sweeney, John. 2022. *Der Killer im Kreml: Intrige – Mord – Krieg. Wladimir Putins skrupelloser Aufstieg und seine Vision vom großrussischen Reich*. München: Heyne.

Szablowski, Witold. 2019. *How to Feed a Dictator. Saddam Hussein, Idi Amin, Enver Hoxha, Fidel Castro and Pol Pot. Through the Eyes of Their Cooks*. München: Penguin.

Taschka, Sylvia. 2006. *Diplomat ohne Eigenschaften?: Die Karriere des Hans-Heinrich Dieckhoff (1884–1952)*. Stuttgart: Franz Steiner Verlag.

Thompson, Dorothy. 2023. *»Ich traf Hitler!« Der Reportage-Essay von 1932 erstmals vollständig auf Deutsch*. Herausgegeben von Oliver Lubrich. Wien: DVB Verlag.

Tießler, Walter. 2019. *Im Stab von Rudolf Heß: Verbindungsmann zu Dr. Goebbels*. Kiel: Arndt-Verlag.

Toland, John. 1996. *Adolf Hitler: Bd. 1: 1889–1938 Werden und Weg – Führer und Reichskanzler; Bd. 2: 1938–1945 Krieg und Untergang – Feldherr und Diktator*. Bergisch Gladbach: Bastei Lübbe.

Tolischus, Otto D. 1940. *They wanted war*. Cornwall: Cornwall press.

Tracey, Michael. 1984. *Sir Hugh Greene – Eine Biografie*. Berlin: Quadriga-Verlag.

Trittel, Günter J. 2013. *Man kann ein Ideal nicht verraten …: Werner Naumann – NS-Ideologie und politische Praxis in der frühen Bundesrepublik*. Göttingen: Wallstein.

Turner Sheehan, Marion, Hrsg. 1956. *The World At Home. Selections from the Writings of Anne O'Hare McCormick*. New York: Afred A. Knopf Verlag.

Tyas, Stephen. 2022. *RSHA Reich Security Main Office: Organisation, Activities, Personnel*. Oxford, England: Fonthill Media.

Ullmann, Bernard. 2004. *Lisette de Brinon, ma mère*. Paris: Editions Complexe.

Ullrich, Volker. 2013. *Adolf Hitler: Die Jahre des Aufstiegs 1889–1939. Biographie*. Frankfurt am Main: S. Fischer Verlag.

———. 2018. *Adolf Hitler: Die Jahre des Untergangs 1939–1945. Biographie*. Frankfurt am Main: S. Fischer Verlag.

———. 2022. *Deutschland 1923: Das Jahr am Abgrund*. München: C. H. Beck.

Urbach, Karina. 2023. *Hitlers heimliche Helfer: Der Adel im Dienst der Macht.* Darmstadt: wbg (Wissenschaftliche Buchgesellschaft).

Van Berk, Schwarz. 1935. *Die Stunde diktiert: Kurze Sprechstunde für Unpolitische.* Hamburg: Hanseatische Verlagsanstalt.

Vergez-Chaignon, Bénédicte. 2016. *Les vichysto-résistants.* Paris: Éditions Perrin.

Verley, Romain. 2023. *PPDA – Le prince Noir.* Paris: Librairie Artheme Fayard.

Viereck, George Sylvester. 1937. *The Kaiser On Trial.* Richmond: William Byrd Press.

Viereck, George Sylvester, und Paul Eldridge. 2001. *My First Two Thousand Years: The Autobiography of the Wandering Jew.* Dobbs Ferry, NY, USA: Sheridan House.

Viereck, Peter. 1961. *The roots of the Nazi Mind.* New York: Capricorn Books.

Wagner, Gottfried, und Abraham J. Peck. 2006. *Unsere Stunde Null: Deutsche und Juden nach 1945: Familiengeschichte, Holocaust und Neubeginn. Historische Memoiren.* Wien: Böhlau Verlag.

Wagner, Patrick. 2002. *Hitlers Kriminalisten: Die deutsche Kriminalpolizei und der Nationalsozialismus zwischen 1920 und 1960.* München: C. H. Beck.

Wainewright, Will. 2017. *Reporting on Hitler. Rothay Reynolds and the British Press in Nazi Germany.* London: Biteback Publishing.

Waldvogel, Florian, Hrsg. 2019. *Tom Kummer – Reportagen & Porträts. 1987–2016.* München: Edition Metzel.

Wallace, Max. 2003. *The American Axis: Henry Ford, Charles Lindbergh, and the Rise of the Third Reich.* New York: St Martin's Press.

Weber, Claudia. 2019. *Der Pakt: Stalin, Hitler und die Geschichte einer mörderischen Allianz.* München: Verlag C. H. Beck.

Weber, Ronald. 2019. *Dateline – Liberated Paris: The Hotel Scribe and the Invasion of the Press.* Lanham: Rowman & Littlefield.

Weber, Thomas. 2012. *Hitlers erster Krieg: Der Gefreite Hitler im Weltkrieg – Mythos und Wahrheit.* Übersetzt von Stephan Gebauer. Berlin: Propyläen Verlag.

Wember, Heiner. 1991. *Umerziehung im Lager – Internierung und Bestrafung von Nationalsozialisten in der britischen Besatzungszone Deutschlands.* Essen: Klartext.

Wendt, Lloyd. 1979. *Chicago Tribune: The rise of a great American newspaper.* Chicago: Rand McNally & Company.

Whitman, James Q. 2018. *Hitlers amerikanisches Vorbild. Wie die USA die Rassengesetze der Nationalsozialisten inspirierten.* München: C. H. Beck.

Wiehe, Hans-Jürgen. 1966. *Selbst ist der Held.* Gütersloh: Sigbert Mohn Verlag.

Wildt, Michael. 2002. *Generation des Unbedingten. Das Führungskorps des Reichssicherheitshauptamtes.* Hamburg: Hamburger Edition, HIS.

Willemsen, Roger. 1994. *An der Grenze. Gespräche mit Attentätern, Bankräubern, Mördern, politischen Gefangenen, Autoknackern, Todeskandidaten und Gewaltopfern.* Köln: Kiepenheuer & Witsch.

Winker, Klaus. 1996. *Fernsehen unterm Hakenkreuz: Organisation – Programm – Personal.* Köln: Böhlau Verlag.

Wiskemann, Elizabeth. 1966. *Europe of the dictators, 1919–45.* London: Fontana Press.

Woller, Hans. 2016. *Mussolini: Der erste Faschist.* München: C.H. Beck.

Wulf, Josef. 1961. *Das Dritte Reich und seine Vollstrecker: Die Liquidation von 500.000 Juden im Ghetto Warschau.* Berlin-Grunewald: Arani-Verlag.

Xammar, Eugeni. 2007. *Das Schlangenei: Berichte aus dem Deutschland der Inflationsjahre 1922–1924.* Berlin: Berenberg Verlag.

Ybarra, Thomas Russell. 1941. *Young Man of Caracas.* New York: Ives Washburn.

———. 1942. *Young Man of the World.* New York: Ives Washburn Inc.

York, Peter. 2006. *Zu Besuch bei Diktatoren. Mit einem Vorwort von Douglas Coupland.* München: Wilhelm Heyne Verlag.

Young, Gordon. 1945. *Outposts of Peace.* London, England: Hodder & Stoughton.

Zalampas, Michael. 1989. *Adolf Hitler & The Third Reich in American Magazines 1923–1939.* Bowling Green, OH, USA: Bowling Green University Popular Press.

Ziesemer, Bernd. 2012. *Ein Gefreiter gegen Hitler: Auf der Suche nach meinem Vater.* Hamburg: Hoffmann und Campe.

Zimmerer, Jürgen, Hrsg. 2023. *Erinnerungskämpfe: Neues deutsches Geschichtsbewusstsein.* Stuttgart: Reclam.

Zimmermann, Clemens. 2007. *Medien im Nationalsozialismus: Deutschland, Italien und Spanien in den 1930er und 1940er Jahren.* Köln: Böhlau Verlag.

Zitelmann, Rainer. 2017. *Hitler: Selbstverständnis eines Revolutionärs.* Reinbek: Lau-Verlag.

Züchner, Eva. 2010. *Der verschwundene Journalist: Eine deutsche Geschichte.* Berlin: Berlin Verlag.

Bildnachweis

S. 12: © Universal History Archive/UIG/Bridgeman Images
S. 21: © Bayerische Staatsbibliothek München/Bildarchiv
S. 43: © Library of Congress/Corbis/VCG
S. 81: © Laux/ullstein bild
S. 90: © CBS Photo Archive via Getty Images
S. 93: © Münchner Illustrierte
S. 111: © Hulton Archive/Getty Images
S. 148: © PVDE/Bridgeman Images
S. 155: © adoc-photos/Corbis via Getty Images
S. 173: © Kurt Hutton/Picture Post/Hulton Archive/Getty Images
S. 183: © ullstein bild via Getty Images
S. 203: © Walter Mori/Mondadori via Getty Images
S. 250: © Bettmann/Kontributor via Getty Images
S. 261: © U. S. Department of State
S. 344: © Bundesarchiv Berlin

S. 23, 51, 59, 138, 168, 176, 240, 277, 314: Privatarchiv Lutz Hachmeister

Personenregister